Ribbert, Jugendrecht – Jugendhilfe

Jugendrecht – Jugendhilfe

Teil 1: **Lehrbuch.** Best.-Nr. 18301

Teil 2: **Gesetzestexte.** Best.-Nr. 18302
Kurzausgabe Gesetzestexte. Best-.Nr. 18300

Teil 3: **Sammlung von Fällen.** Best.-Nr. 18303

Friedo Ribbert

Jugendrecht – Jugendhilfe

Teil 1:

Lehrbuch

2., überarbeitete Auflage

Best.-Nr. 18301

Ferdinand Schöningh · Paderborn

Der Verfasser: Dr. jur. Friedo Ribbert, geb. 1932, ist Jugendrichter in Mönchengladbach und unterrichtet an einer Fachschule für Sozialpädagogik.

ISBN 3-506-18301-X

Inhalt

C: Der junge Mensch in der Gesellschaft

1. Abschnitt: Das Recht auf Erziehung, Ausbildung und ungestörte Entwicklung

Vorwort

Das Jugendrecht bildet die rechtliche Grundlage für die Jugendhilfe, die Arbeit mit der Jugend und für die Jugend. Soziale Fachkräfte müssen daher im Jugendrecht ausgebildet werden. Das ist heute unbestritten. Neben der Vermittlung der für die Fachrichtung nötigen Kenntnisse halte ich es für das wichtigste Ziel der Ausbildung, den jungen Menschen zu zeigen, wo und wie ihr zukünftiges Arbeitsfeld in der Jugendhilfe rechtlich eingeordnet ist.
Gernhuber hat in seinem Lehrbuch des Familienrechts auf die Schwierigkeit hingewiesen, das Jugendrecht systematisch zu erfassen und zu gliedern. Das dürfte einer der Gründe sein, warum es bisher nur Abhandlungen einzelner Teile des Jugendrechts gab. Ich habe versucht, durch einen zusammenfassenden Überblick die Ausbildung in sozialen Berufen zu erleichtern. Dieser Zweck bestimmte die Auswahl des Stoffes und die Schwerpunkte. Einige Gebiete wie Ausbildungshilfe, Schulrecht und Arbeitsrecht, die teilweise zum Jugendrecht zählen, konnten nur kurz behandelt oder gestreift werden. Trotzdem wird dieses Lehrbuch für manche Ausbildungsrichtung, insbesondere für Erzieher, zu umfangreich sein, so daß Dozenten und Leser auswählen müssen, um bei der durch Gesetzgebung, Lehre und Praxis vorgegebene Fülle des Stoffs „exemplarisches Lernen" anzustreben.
Die Anregung, das Lehrbuch von den sozialen Arbeitsfeldern her aufzubauen, ist nach meiner Auffassung nicht zu verwirklichen und bedenklich, weil der Blick auf die Gemeinsamkeiten und die übergeordneten Zusammenhänge versperrt wird, um deren Darstellung ich mich besonders bemühe. Um nicht in „Schrebergartenideologie" zu verfallen, muß der von den einzelnen Arbeitsfeldern ausgehende Unterricht durch ein Lehrbuch ergänzt werden, das systematisches Verstehen ermöglicht.
Aus Platzgründen mußte ich auf Anmerkungen und Literaturhinweise verzichten. Sie dürften auch für die jugendrechtliche Ausbildung der Sozialarbeiter, Sozialpädagogen und Erzieher entbehrlich sein. Wer sich mit bestimmten Fragen eingehender beschäftigen will, findet in Lehrbüchern und Kommentaren der einzelnen Gebiete oder in Monographien regelmäßig ausführliche und neueste Zusammenstellungen der Lehre und Rechtsprechung. Im Text sind nur wenige kurze Beispiele enthalten. Die Lehrenden haben sicherlich hinreichende praktische Erfahrungen, um den Unterricht durch Fälle aufzulockern, die an die jeweils unterschiedlichen Vorkenntnisse und Erfahrungen der zu unterrichtenden Gruppe anknüpfen. Eine Sammlung von Fällen wird als Teil 3 folgen.
Die 1. Auflage ist sehr gut aufgenommen worden. Ich bin stolz darauf, daß ein so renommierter Sachkenner wie Albrecht Brühl das Buch sogar als „guten Wurf" gelobt hat (FamRZ 1977, 679). Die 2. Auflage mußte weitgehend neu bearbeitet werden, da inzwischen u. a. das Namensrecht, das Jugendarbeitsschutzgesetz, wichtige Teile des Sozialrechts, das Adoptionsrecht und das Scheidungsrecht grundlegend geändert wurden. Zahlreiche Fragen des Elternrechts und der „elterlichen Gewalt", die im Vorgriff

auf die zu erwartende Gesetzesänderung bereits als „elterliche Sorge“ bezeichnet wird, habe ich erneut durchdacht und ausführlicher dargestellt, beispielsweise das umstrittene elterliche Züchtigungsrecht und die Aufsichtspflicht. Neu aufgenommen wurden eine Übersicht über Organisation, Aufgaben und Verfahren der wichtigsten Behörden und gerichtlichen Stellen des Jugendrechts und der Jugendhilfe (Familienrechtliche Instanzen, § 9 V), der Versuch, den Begriff „Wohl des Kindes“ zu bestimmen (§ 9 VI) sowie Darstellungen der Aufsichtspflicht in der Jugendhilfe (§ 17 VI) und des Kindergartenrechts (§ 20 I 2 a). Das Kapitel „Jugendkriminologie“ wurde weggelassen, da es nicht zwingend zum Thema gehört und die notwendige Neubearbeitung für dieses Buch zu umfangreich geworden wäre.
Fremdwörter, Juristendeutsch und Soziologenjargon habe ich gemieden. Wenn dadurch bei einigen Lesern der Eindruck unzulässiger Vereinfachung entsteht, hätte ich mein Ziel erreicht, durch möglichst große Verständlichkeit den für viele junge Menschen schwierigen Zugang zum Jugendrecht zu ebnen.

Friedo Ribbert

Abkürzungen

Abs.	Absatz
a. F.	alte Fassung
AFG	Arbeitsförderungsgesetz
AG	Ausführungsgesetz
Altern.	Alternative
AnfG	Gesetz betreffend die Anfechtung von Rechtshandlungen eines Schuldners außerhalb des Konkursverfahrens
AO	Abgabenordnung
ArbGG	Arbeitsgerichtsgesetz
Art.	Artikel
AtomG	Atomgesetz
Aufl.	Auflage
BaW	Baden-Württemberg
BAföG	Bundesausbildungsförderungsgesetz
Bay	Bayern
BKGG	Bundeskindergeldgesetz
BGB	Bürgerliches Gesetzbuch
BBiG	Berufsbildungsgesetz
BeurkG	Beurkundungsgesetz
BBG	Bundesbeamtengesetz
BJagdG	Bundesjagdgesetz
Bre	Bremen
BSHG	Bundessozialhilfegesetz
BVerfGG	Bundesverfassungsgerichtsgesetz
BZRG	Bundeszentralregistergesetz
bzw.	beziehungsweise
EEA	Erbersatzanspruch
EGBGB	Einführungsgesetz zum BGB
EheG	Ehegesetz
Erw.	Erwachsene
FamRZ	Zeitschrift für das gesamte Familienrecht
FE	Fürsorgeerziehung
FEH	Freiwillige Erziehungshilfe
ff.	folgende
FGG	Gesetz über die Angelegenheiten der freiwilligen Gerichtsbarkeit
FGO	Finanzgerichtsordnung
franz.	französisch
gem.	gemäß
GG	Grundgesetz
ggf.	gegebenenfalls
GjS	Gesetz über die Verbreitung jugendgefährdender Schriften
GnO	Gnadenordnung
GVG	Gerichtsverfassungsgesetz
HaftpflichtG	Reichshaftpflichtgesetz
HandwO	Handwerksordnung
HS.	Halbsatz
Hw.	Heranwachsende
Hes	Hessen

IQ	Intelligenzquotient
i. V. m.	in Verbindung mit
J.	Jugendliche
JArbSchG	Gesetz zum Schutz der arbeitenden Jugend
JAVollzO	Verordnung über den Vollzug des Jugendarrestes
JGG	Jugendgerichtsgesetz
JHG	Jugendhilfegesetz
JHGDiskE	Diskussionsentwurf eines Jugendhilfegesetzes
JHGRefE 74	Referentenentwurf eines Jugendhilfegesetzes 1974
JHGRefE 77	Referentenentwurf eines Jugendhilfegesetzes 1977
JSchÖG	Gesetz zum Schutz der Jugend in der Öffentlichkeit
JVollzO	Jugendstrafvollzugsordnung
KO	Konkursordnung
lat.	lateinisch
LuftVG	Luftverkehrsgesetz
Mrd.	Milliarden
Mill.	Millionen
NamÄndG	Gesetz über die Änderung von Familiennamen und Vornamen
n. F.	neue Fassung
Nr.	Nummer
NRW	Nordrhein-Westfalen
OWiG	Gesetz über Ordnungswidrigkeiten
PStG	Personenstandsgesetz
PersVG	Personalvertretungsgesetz
RB	Regelbedarf
RdJ	Recht der Jugend und des Bildungswesens
RelKErzG	Gesetz über die religiöse Kindererziehung
RPf	Rheinland-Pfalz
RJWG	Reichsjugendwohlfahrtsgesetz
RPflG	Rechtspflegergesetz
RU	Regelunterhalt
RuStG	Reichs- und Staatsangehörigkeitsgesetz
RVO	Reichsversicherungsordnung
Sa	Saarland
SGB	Sozialgesetzbuch
sog.	sogenannte
SorgeRE	Entwurf eines Gesetzes zur Neuregelung des Rechts der elterlichen Sorge
SozGG	Sozialgerichtsgesetz
str.	streitig
StVG	Straßenverkehrsgesetz
StVZO	Straßenverkehrszulassungsordnung
StVollzG	Strafvollzugsgesetz
Verf	Verfassung
vgl.	vergleiche
VerschG	Verschollenheitsgesetz
VerwGG	Verwaltungsgerichtsgesetz
VO	Verordnung
WehrpflG	Wehrpflichtgesetz
z. B.	zum Beispiel
ZbJugR	Zentralblatt für Jugendrecht und Jugendwohlfahrt
ZGB	Zivilgesetzbuch (Schweiz)
ZPO	Zivilprozeßordnung

Paragraphen mit römischen und arabischen Ziffern ohne Angabe eines Gesetzes verweisen auf Kapitel und Abschnitte des Buches.

A: DER JUNGE MENSCH ALS RECHTSPERSÖNLICHKEIT

§ 1 Rechtsfähigkeit

I. Der lebende Mensch

Die Betrachtung der Rechtsstellung des jungen Menschen muß mit der Rechtsfähigkeit anfangen. § 1 BGB bestimmt: „Die Rechtsfähigkeit des Menschen beginnt mit der Vollendung der Geburt."
Das Bürgerliche Gesetzbuch erläutert nicht, was unter Rechtsfähigkeit zu verstehen ist. Es übernimmt einen von Rechtsprechung und Rechtslehre entwickelten Begriff. Rechtsfähigkeit ist danach die Fähigkeit, Träger von Rechten und Pflichten zu sein. Nur wer rechtsfähig ist, kann Eigentümer, Schuldner, Erbe, Mieter, Käufer oder Arbeitnehmer sein und die mit solchen Rechtsstellungen verbundenen Rechte und Pflichten haben. Wer nicht rechtsfähig ist, kann nicht aktiv am Rechtsleben, am Rechtsverkehr, teilnehmen.
Von allen Lebewesen ist nur der Mensch rechtsfähig. Nach unserer heutigen Rechtsordnung ist die Rechtsfähigkeit eine wesentliche Eigenschaft jeder natürlichen Person, also aller Menschen. Das war nicht immer so. Nach römischem Recht waren beispielsweise die Sklaven rechtsunfähig. Sie wurden wie Sachen behandelt. Die Tötung eines fremden Sklaven war Sachbeschädigung. Ein eigener Sklave konnte straflos getötet werden.
„Vollendung der Geburt" ist der vollständige natürliche oder künstliche Austritt des Kindes aus dem Mutterleib. Der Erwerb der Rechtsfähigkeit setzt voraus, daß das Kind nach Vollendung der Geburt lebt. Zum Nachweis der Lebendgeburt genügt, daß das Kind irgend ein Zeichen von Leben gegeben hat. Schreien oder Öffnen der Augen ist nicht erforderlich. Es reicht aus, wenn das Herz geschlagen oder die Atmung eingesetzt hat. Lebensfähigkeit ist dagegen nicht nötig. Auch wenn das Kind nach der Geburt nur einmal geatmet hat und dann stirbt, war es rechtsfähig. Mißbildungen und sogar Menschenunähnlichkeit der Leibesfrucht sind nach deutschem Recht unbeachtlich und hindern die Rechtsfähigkeit nicht.
Die Rechtsfähigkeit endet nur mit dem Tode des Menschen. Der Todeszeitpunkt ist ebenso wie die Frage, ob ein Kind gelebt hat, nach medizinischen Erkenntnissen zu beurteilen. Durch eine Todeserklärung wird die Rechtsfähigkeit nicht berührt, da sie nur die Vermutung des Todes begründet (§ 9 Abs. 1 VerschG). Als wesentliche Eigenschaft jedes Menschen kann die Rechtsfähigkeit zu Lebzeiten nicht verloren gehen. Ein schwer geisteskranker Mensch verliert die Handlungsfähigkeit, insbesondere die Geschäftsfähigkeit, bleibt aber rechtsfähig. Die Rechtsfähigkeit kann auch nicht aberkannt oder eingeschränkt werden, etwa durch Entmündigung oder als Strafe für schwere Verbrechen, wie sie in § 45 StGB für die Amtsfähigkeit, die Wählbarkeit und das Wahlrecht vorgesehen ist. Auf die Rechtsfähigkeit kann nicht verzichtet werden.

Der hier vorgetragene Begriff der Rechtsfähigkeit gilt grundsätzlich nur für das bürgerliche Recht. Er ist zwar von den meisten anderen Rechtsgebieten unverändert übernommen worden. Jedes Rechtsgebiet kann aber für seinen Geltungsbereich die Frage der Rechtsfähigkeit abweichend regeln. Das Strafrecht beispielsweise behandelt ein Kind schon ab Beginn der Geburt als lebenden Menschen, so daß dessen vorsätzliche Tötung während der Geburt Mord, Totschlag oder Kindestötung nach den §§ 211, 212, 217 StGB ist und nicht mehr Abtreibung nach § 218 StGB (zur Grundrechtsfähigkeit vgl. § 7 I).

II. Die Rechtsstellung des werdenden Menschen

1. Das Kind im Mutterleib

Wenn auch die volle Rechtsfähigkeit des Menschen aus Gründen der Rechtsklarheit erst nach der Geburt beginnen kann, so stellt sich doch die Frage nach der Rechtsstellung des Kindes im Mutterleib, vom Gesetzgeber manchmal „Leibesfrucht" und von Juristen meist „nasciturus" (lat. = der geboren werden wird) genannt. Es ist nicht rechtlos. Nach allgemeiner Ansicht hat es einen vom Grundgesetz in Art. 2 Abs. 2 garantierten und vom Strafrecht durch § 218 StGB geschützten Anspruch auf Leben und körperliche Unversehrtheit. Streitig ist nur, ob der strafrechtliche Schutz früher oder später beginnen soll.

Das geltende Recht und die Rechtsprechung gewähren dem bereits gezeugten, aber noch nicht geborenen Kind eine Reihe von weiteren Rechten.

Der nasciturus ist nach § 1923 Abs. 2 BGB erbfähig. Zu seinen Gunsten können Verträge geschlossen werden (§ 331 Abs. 2 BGB). Wenn eine dem Kind unterhaltspflichtige Person bei einem Unfall oder bei einer unerlaubten Handlung im Sinne von § 823 StGB, etwa einer Straftat, getötet wird, dann hat der Verantwortliche Schadenersatz für die Unterhaltsansprüche zu leisten, die durch den Tod des Unterhaltsverpflichteten entfallen (§ 844 Abs. 2 Satz 2 BGB, § 10 Abs. 2 Satz 2 StVG, § 5 Abs. 2 Satz 2 HaftpflichtG, § 35 Abs. 2 Satz 2 LuftVG, § 28 Abs. 2 Satz 2 AtomG). Für ein nichteheliches Kind kann schon vor der Geburt für die ersten drei Lebensmonate durch einstweilige Verfügung Unterhalt geltend gemacht werden (§ 1615 o BGB). Zur Wahrung dieser Rechte kann dem noch nicht geborenen Kind ein Pfleger bestellt werden (§ 1912 BGB).

Die Rechtsprechung hat ferner in solchen Fällen Ansprüche zugebilligt, in denen eine Schädigung der Mutter während der Schwangerschaft sich nachteilig auf das Kind ausgewirkt hatte. So wurden erst nach der Vertreibung und nach dem Krieg geborene Kinder als „Vertriebene", „Verschleppte" und „Opfer des Krieges" im Sinne der Gesetze über die Entschädigung von Kriegsfolgen anerkannt. Vielfach hat der Bundesgerichtshof Kindern Schadenersatz zugesprochen, die infolge von Verletzungen, die ihre schwangere Mutter bei einem Verkehrsunfall erlitten hatte, mit Schäden (z. B. spastischen Lähmungen und einem Gehirnschaden) geboren wurden. Ansprüche von Kindern, die durch Arbeitsunfälle der Mütter während der Schwangerschaft geschädigt wurden, hatte das Bundessozialgericht dagegen abgelehnt mit der Begründung, die gesetzliche Unfallversicherung schütze nur „Beschäftigte". Inzwischen hat das Bundes-

verfassungsgericht entschieden, daß es mit dem Gleichheitssatz (Art. 3 Abs. 1 GG) und dem Sozialstaatsprinzip (Art. 20 Abs. 1 GG) nicht vereinbar ist, ein Kind von den Leistungen der Sozialversicherung auszuschließen, das vor seiner Geburt durch einen Arbeitsunfall oder eine Berufskrankheit seiner Mutter geschädigt worden ist.
Erbrecht des ungeborenen Kindes, Ansprüche aus Verträgen zu seinen Gunsten, Unterhalts- und Schadenersatzansprüche bestehen schon vor der Geburt, allerdings unter der Bedingung, daß das Kind lebend geboren wird. Man kann somit von einer bedingten und auf die erörterten Bereiche beschränkten Rechtsfähigkeit sprechen. Soweit zur Sicherung dieser bedingten Ansprüche gerichtliche Verfahren und Maßnahmen (z. B. Hypothekenbestellung, Vormerkung im Grundbuch) erforderlich sind, ist der nasciturus parteifähig.

2. Das noch nicht gezeugte Kind

Das Recht schützt in einer Reihe von Vorschriften sogar die noch nicht erzeugte Nachkommenschaft. Da für das künftige Lebewesen noch jeder tatsächliche Anhalt fehlt und oft nicht einmal abzusehen ist, ob und wann Zeugung und Geburt stattfinden werden, ist man geneigt, von juristischer Spitzfindigkeit zu sprechen. Aber warum sollte ein Vater, der keine weiteren Nachkommen erwartet, nicht den ersten Sohn seiner 10jährigen Tochter zum Erben und Nachfolger im Familienunternehmen einsetzen können? Das Bürgerliche Gesetzbuch sieht in § 2102 vor, daß „eine zur Zeit des Erbfalls noch nicht erzeugte Person als Erbe eingesetzt" werden kann und bestimmt, daß eine solche testamentarische Anordnung als Nacherbschaft auszulegen ist. Bis zur Geburt des Erben ist dann eine andere Person Erbe (§ 2106 Abs. 2 BGB). Der nondum conceptus (lat. = der noch nicht Empfangene) kann auch Vermächtnisnehmer sein (§§ 2162 Abs. 2, 2178 BGB), zu seinen Gunsten können Verträge abgeschlossen werden (§ 331 Abs. 2 BGB). In diesem Rahmen ist das noch nicht gezeugte Kind parteifähig.
Eine vor der Zeugung eingetretene Schädigung der Mutter, die sich auf das Kind auswirkt, kann im übrigen ebenso zu Schadenersatzansprüchen führen wie beim Kind im Mutterleib. Der Bundesgerichtshof hat im Jahre 1952 einen solchen Fall entschieden, in dem ein Kind mit einer schweren Syphiliserkrankung geboren wurde, weil seine Mutter vor der Zeugung im Krankenhaus eine Transfusion mit verseuchtem Blut erhalten hatte.

§ 2 Minderjährigkeit – Volljährigkeit

Das Bürgerliche Gesetzbuch setzt die wichtigen Begriffe Minderjährigkeit und Volljährigkeit voraus. Es bestimmt in § 2 nur den Beginn der Volljährigkeit. Personen, die das 18. (bis 1974: 21.) Lebensjahr vollendet haben, sind volljährig, alle anderen sind minderjährig.

Der Gesetzgeber verwendet hier und bei der Festlegung anderer Altersgrenzen häufig den Begriff „Vollendung eines Lebensjahres". Das wird manchmal mißverstanden. Vollendet ist das 1. Lebensjahr, wenn das Kind 1 Jahr alt geworden ist. Nach Vollendung des 14. Lebensjahres oder des 16. Lebensjahres bedeutet daher, daß der junge Mensch mindestens 14 bzw. 16 Jahre alt sein muß. Volljährig wird man somit zu Beginn des Tages, an dem man 18 Jahre alt wird.

Bis zur Herabsetzung des Volljährigkeitsalters von 21 auf 18 Jahre konnte ein Minderjähriger, der mindestens 18 Jahre alt war, mit seiner und seiner Eltern Einwilligung durch das Vormundschaftsgericht für volljährig erklärt werden, sofern das seinem Wohl diente (vgl. die aufgehobenen §§ 3–5 BGB).

Eine zusammenhängende Regelung der Rechtsstellung des Minderjährigen sucht man im Gesetz vergeblich. Rechte und Pflichten des jungen Menschen sind in zahlreichen Vorschriften vieler Gesetze enthalten. Selbst in einer Darstellung des Jugendrechts können sie nicht alle behandelt werden. Eine Übersicht über die rechtserheblichen Altersstufen wird im Anhang gegeben.

Die wichtigsten Rechtsfolgen der Volljährigkeit sind:

- Beginn der vollen Geschäftsfähigkeit, § 106 BGB,
- Beginn der vollen Prozeßfähigkeit, §§ 51, 52 Abs. 1 ZPO,
- Beendigung der elterlichen Sorge, § 1626 Abs. 1 BGB,
- Beginn der Fähigkeit, elterliche Sorge auszuüben, § 1673 BGB,
- Beendigung einer Vormundschaft oder Pflegschaft wegen Minderjährigkeit, §§ 1882, 1773, 1909, 1915 BGB,
- Beendigung von Erziehungsbeistandschaft, Fürsorgeerziehung und Freiwilliger Erziehungshilfe, §§ 61, 75 Abs. 1 JWG,
- Ehemündigkeit, § 1 EheG,
- aktives und passives Wahlrecht zum Bundestag, den Landtagen, den Kommunalvertretungen sowie den Arbeitnehmervertretungen, z. B. Art. 38 Abs. 2 GG, §§ 7 u. 8 BetrVG.

Außerhalb des Zivilrechts wird der Bereich der Minderjährigkeit weiter unterteilt (vgl. §§ 10, 19 StGB, § 1 Abs. 2 JGG, § 1 Abs. 3 JSchÖG, § 3 GjS, § 2 JArbSchG, § 5 JHGDiskE, § 4 JHGRefE 77).

Man unterscheidet

- Kinder (0–13 Jahre) und
- Jugendliche (14–17 Jahre).

Das Jugendstrafrecht kennt ferner den Begriff des

- Heranwachsenden (18–20 Jahre).

Im Jugendhilferecht werden Personen bis zum Alter von 25 Jahren als

- junge Menschen

bezeichnet (§ 5 JHGDiskE, § 4 JHGRefE 77, § 8 SGB).

§ 3 Geschäftsfähigkeit

I. Allgemeines

1. Begriff

Von der Rechtsfähigkeit als der Fähigkeit, Träger von Rechten und Pflichten zu sein, ist zu unterscheiden die Fähigkeit, s e l b s t ä n d i g am Rechtsverkehr teilzunehmen und rechtswirksam zu handeln. Man bezeichnet diese Fähigkeit als Handlungsfähigkeit und versteht darunter

- die Fähigkeit, Rechtsgeschäfte selbständig vornehmen zu können, die Geschäftsfähigkeit,
- die Fähigkeit zu eigenverantwortlichem pflichtwidrigem oder unerlaubtem Handeln gem. §§ 276, 823 ff. BGB, die Deliktsfähigkeit.

Hier soll die Geschäftsfähigkeit erörtert werden. Die Haftung für pflichtwidriges Verhalten in vertraglichen und gesetzlichen Rechtsverhältnissen sowie für unerlaubtes Handeln folgen später (vgl. § 27).

Die Regelung der Geschäftsfähigkeit dient in erster Linie dem Schutz der Minderjährigen vor vermögensrechtlichen Nachteilen. Junge Menschen sind durch fehlende Reife, Unerfahrenheit und durch leichte Beeinflußbarkeit gefährdet. Sie brauchen Schutz vor unvernünftigem und unüberlegtem Handeln sowie vor Übervorteilung.

Wer nicht geschäftsfähig ist, muß sich bei der Abgabe von Willenserklärungen, also insbesondere beim Abschluß von Verträgen, nach Maßgabe der §§ 164 ff. BGB durch seine gesetzlichen Vertreter vertreten lassen. Das sind beim Minderjährigen regelmäßig beide Eltern (§ 1626 Abs. 2 BGB). Es können aber auch Vormund oder Pfleger sein. Einzelheiten werden später besprochen.

Die Vorschriften über die Geschäftsfähigkeit werden bei den Geschäften des täglichen Lebens weitgehend mißachtet. Geschäftsunfähige Kinder werden als beschränkt geschäftsfähig, beschränkt Geschäftsfähige als voll geschäftsfähig behandelt. Das kann für den Geschäftspartner gefährlich sein. Der gute Glaube an die Geschäftsfähigkeit eines älter aussehenden Minderjährigen wird nämlich nicht geschützt. Der Schutz des Minderjährigen geht vor.

2. Willenserklärung, Rechtsgeschäft

Rechtsgeschäfte kommen durch Abgabe von Willenserklärungen zustande. Das sind auf Rechtswirkung gerichtete Willensäußerungen. Jedes Rechtsgeschäft enthält mindestens eine Willenserklärung. Man kann daher die Geschäftsfähigkeit auch als die Fähigkeit bezeichnen, rechtswirksame Willenserklärungen abzugeben.

Einseitige Rechtsgeschäfte mit nur einer Willenserklärung sind selten. Als Beispiele seien die Kündigung, das Testament und die Anerkennung der nichtehelichen Vaterschaft genannt. Die meisten Rechtsgeschäfte bestehen aus mehreren Willenserklärungen. Haupterscheinungsform solcher zweiseitiger oder mehrseitiger Rechtsgeschäfte ist der Vertrag. Die für einen schuldrechtlichen Vertrag notwendigen wechselseitigen Willenserklärungen heißen Angebot und Annahme. Wenn Angebot und Annahme inhaltlich übereinstimmen, die Parteien also einig sind, kommt der Vertrag zustande.

Bei den folgenden Ausführungen über die Geschäftsfähigkeit wird entsprechend den Vorschriften der §§ 104 ff. BGB in erster Linie auf Willenserklärungen abgestellt. Nicht jedes rechtlich bedeutsame erlaubte Handeln enthält jedoch eine Willenserklärung. Es gibt andere Rechtshandlungen, die in Tathandlungen (Realakte) und geschäftsähnliche Handlungen eingeteilt werden. Unter Tathandlungen versteht man tatsächliches Verhalten, das ohne Rücksicht auf den Willen des Handelnden Rechtsfolgen hat. Als Beispiele seien die Zeugung eines Kindes oder das Finden eines Schatzes genannt. Beide Tathandlungen haben weitreichende rechtliche Folgen: Der Vater eines Kindes hat kraft Gesetzes zahlreiche Rechte und Pflichten, der Entdecker eines Schatzes wird nach § 984 BGB zur Hälfte dessen Eigentümer. Auf die Abgabe von Willenserklärungen und Geschäftsfähigkeit kommt es in beiden Fällen nicht an. Als Beispiele für geschäftsähnliche Handlungen kann man die Mahnung oder die Mängelrüge anführen. Sie bezwecken zumeist Rechtsfolgen, so daß die entsprechende Anwendung der Vorschriften über Willenserklärungen angebracht ist.

Willenserklärungen sind nicht nur ausdrückliche und eindeutige Erklärungen wie: „Ich will dieses Auto zum Preise von 8000,– DM kaufen." Auch durch schlüssiges Verhalten können rechtserhebliche Erklärungen abgegeben werden. Im täglichen Leben und im Geschäftsverkehr werden häufig Ausdrücke, Redewendungen und Handlungen gebraucht, deren tatsächliche und rechtliche Bedeutung durch Auslegung geklärt werden muß. Nach § 133 BGB ist bei der Auslegung einer Willenserklärung der wirkliche Wille zu ermitteln und nicht an dem buchstäblichen Sinne des Ausdrucks zu haften.

3. *Stufen der Geschäftsfähigkeit*

Das Gesetz unterscheidet drei Stufen der Geschäftsfähigkeit: Ein Mensch kann geschäftsunfähig, beschränkt geschäftsfähig oder voll geschäftsfähig sein.

Nach § 104 BGB sind geschäftsunfähig:

- Kinder unter 7 Jahren,
- Personen mit dauernder krankhafter Störung der Geistestätigkeit,
- Personen, die wegen Geisteskrankheit entmündigt sind.

In ihrer Geschäftsfähigkeit beschränkt sind:

- Minderjährige zwischen 7 und 17 Jahren, § 106 BGB,
- Personen, die wegen Geistesschwäche, Verschwendung, Trunksucht oder Rauschgiftsucht entmündigt sind, § 114 BGB,
- Personen, die nach Einleitung eines Entmündigungsverfahrens unter vorläufige Vormundschaft gestellt sind, §§ 114, 1906 BGB.

Volle Geschäftsfähigkeit haben Personen, die volljährig und nicht geisteskrank, entmündigt oder vorläufig unter Vormundschaft gestellt sind.

Die meisten Menschen sind voll geschäftsfähig. Die Vorschriften der § 104 ff. BGB regeln daher nur die unterschiedlichen Fähigkeiten von geschäftsunfähigen und beschränkt geschäftsfähigen Personen, Willenserklärungen abzugeben und Verträge abzuschließen.

Einfach ist die Rechtslage bei der ersten und dritten Stufe der Geschäftsfähigkeit: Die Erklärungen der Geschäftsunfähigen sind immer nichtig (§ 105 BGB), die Willenserklärungen der voll Geschäftsfähigen sind – abgesehen von hier nicht interessierenden Ausnahmen – wirksam.
Geschäftsunfähige können also selbst keine Rechtsgeschäfte vornehmen und keine Verträge schließen. Dieser Grundsatz gilt ohne Ausnahme. Anders als bei der beschränkten Geschäftsfähigkeit kommt es nicht darauf an, ob die Eltern mit dem Rechtsgeschäft einverstanden sind oder ob es sich um ein vorteilhaftes Geschäft handelt. Streng genommen, kann ein 6jähriges Kind also über das ihm gewährte Taschengeld nicht wirksam verfügen und nicht einmal ein Eis kaufen. Bei solchen unbedeutenden Geschäften setzt man sich jedoch allgemein über das Gesetz hinweg und behandelt die Verträge stillschweigend als rechtswirksam.
Der Grundsatz, daß die Willenserklärungen eines Geschäftsunfähigen nichtig sind, bedeutet aber nicht, daß sein Handeln immer rechtlich bedeutungslos und unbeachtlich ist. Ein Geschäftsunfähiger kann als Bote fremde Willenserklärungen übermitteln. Weil der Bote keine eigene Willenserklärung abgibt, sind die §§ 104 ff. BGB unanwendbar. Außerdem kann ein Geschäftsunfähiger durch Tathandlungen am Rechtsleben teilhaben, weil es dabei nicht auf die Geschäftsfähigkeit ankommt. Im Wege der Erbfolge kann ein Geschäftsunfähiger auch ohne Mitwirkung seiner gesetzlichen Vertreter Rechte und Pflichten erwerben, z. B. Eigentümer und Vermieter werden.
Soweit es aber um Rechtsgeschäfte oder geschäftsähnliche Handlungen geht, kann der Geschäftsunfähige nur durch seine gesetzlichen Vertreter berechtigt oder verpflichtet werden. Sogar eine in jeder Hinsicht vorteilhafte Schenkung kann der Geschäftsunfähige selbst nicht annehmen, denn die Schenkung ist ein Vertrag und die Annahme der Schenkung eine Willenserklärung.

II. Beschränkte Geschäftsfähigkeit

1. Grundsatz

Während also Geschäftsunfähige von der selbständigen Teilnahme am Rechtsverkehr ausgeschlossen sind, wird den übrigen jungen Menschen unter 18 Jahren eine beschränkte rechtsgeschäftliche Handlungsfähigkeit zuerkannt. Auch hier verfolgt die zu erörternde gesetzliche Regelung in erster Linie den Zweck, den Minderjährigen vor Nachteilen, insbesondere Vermögensnachteilen, zu schützen. Daneben soll ihm aus erzieherischen Gründen ein gewisser Spielraum zu selbständigem Handeln eingeräumt werden, soweit das mit dem Schutzzweck vereinbar ist: Der Minderjährige soll und muß allmählich auf seine volle Geschäftsfähigkeit und Selbstverantwortlichkeit vorbereitet werden. Man kann somit von einer Schutz- und einer Erziehungsfunktion der §§ 106 ff. BGB sprechen.

Das Gesetz geht in den §§ 107 und 108 Abs. 1 BGB von dem Grundsatz aus, daß die Willenserklärung eines beschränkt Geschäftsfähigen nur dann wirksam ist, wenn die gesetzlichen Vertreter ihr zustimmen.
Eltern, Vormund oder Pfleger können vor oder nach der Vornahme des Rechtsgeschäfts durch den Minderjährigen zustimmen (§§ 183 und 184 BGB). Die vorherige

Zustimmung heißt Einwilligung, die nachträgliche Genehmigung. Die Zustimmung kann regelmäßig sowohl gegenüber dem Minderjährigen als auch gegenüber dem Vertragspartner erklärt werden (§ 182 Abs. 1 BGB). Das kann, wie bei fast jeder anderen Willenserklärung, nicht nur ausdrücklich durch Worte oder Gesten, sondern auch stillschweigend (konkludent) geschehen und etwa einem schlüssigen Verhalten der gesetzlichen Vertreter zu entnehmen sein.

Eine Zustimmung kann sich auf ein einzelnes Rechtsgeschäft oder einen Kreis von Rechtsgeschäften beziehen. Wenn beispielsweise Eltern einem Minderjährigen gestatten, während seiner Ausbildung außerhalb des Elternhauses zu wohnen und ihm für seinen Lebensunterhalt einen bestimmten Geldbetrag pro Monat zur Verfügung stellen, dann liegt darin die allgemeine Einwilligung zu allen Rechtsgeschäften, die notwendig und üblich sind, um den Zweck zu erreichen (begrenzter Generalkonsens). Der Minderjährige kann also einen Mietvertrag schließen und auch selbständig kündigen (vgl. aber § 111 Satz 2 BGB), er kann Kaufverträge über Lebensmittel und Dinge des täglichen Bedarfs schließen. Eine solche generelle Einwilligung kann, wie jede vorherige Zustimmung, bis zur Vornahme des Rechtsgeschäfts grundsätzlich jederzeit ganz oder teilweise widerrufen werden (§ 183 BGB), etwa wenn die Eltern einen Mißbrauch der eingeräumten Freiheit befürchten.

Der Minderjährige hat gegen seine gesetzlichen Vertreter keinen Anspruch auf Zustimmung zu Rechtsgeschäften, und zwar auch dann nicht, wenn es sich um ein für ihn wirtschaftlich ausschließlich vorteilhaftes Geschäft handelt. Selbst das Vormundschaftsgericht kann die Einwilligung nicht ersetzen (Ausnahme: § 113 Abs. 3 BGB). Die gesetzlichen Vertreter haften allerdings für den Schaden des Minderjährigen, wenn sie eine Einwilligung pflichtwidrig und schuldhaft nicht erteilen (§§ 1664, 1833 BGB). Außerdem könnte ein solches Verhalten Anlaß zu vormundschaftsgerichtlichen Maßnahmen nach §§ 1667 und 1837, 1886 BGB geben.

Einige Besonderheiten gelten für einseitige Rechtsgeschäfte. Für sie verlangt § 111 Satz 1 BGB im Interesse der Rechtssicherheit ausnahmsweise vorherige Zustimmung (Einwilligung) der gesetzlichen Vertreter, die auf Verlangen des Erklärungsgegners sogar in schriftlicher Form vorgelegt werden muß.

Ein Vertrag, den ein Minderjähriger mit Einwilligung seiner gesetzlichen Vertreter schließt, ist von Anfang an voll wirksam. Wenn der Minderjährige dagegen einen Vertrag ohne vorherige Zustimmung schließt, hängt dessen Wirksamkeit von der Genehmigung der gesetzlichen Vertreter ab (§ 108 Abs. 1 BGB). Der Vertrag, genauer: die Willenserklärung des Minderjährigen, ist schwebend unwirksam. Das Verweigern der Genehmigung führt zur endgültigen Unwirksamkeit der Willenserklärung und – wie bei einem Geschäftsunfähigen – im Ergebnis zur Nichtigkeit.

Die Ungewißheit, die ein schwebend unwirksamer Vertrag zur Folge hat, verlangt nach weiterer gesetzlicher Regelung. Zunächst stellt § 108 Abs. 3 BGB klar, daß der Minderjährige den Vertrag selbst genehmigen kann, wenn er voll geschäftsfähig wird, bevor die gesetzlichen Vertreter die Genehmigung erteilt oder verweigert haben. Wichtiger ist, daß der Vertragspartner zwei Möglichkeiten hat, den Schwebezustand zu beenden. Er kann einmal die gesetzlichen Vertreter zur Erklärung über die Genehmigung auffordern. Das hat gem. § 108 Abs. 2 BGB zur Folge, daß die Erklärung (abweichend von § 182 Abs. 1 BGB) nur ihm gegenüber abgegeben werden kann, daß eine vor-

herige zustimmende oder ablehnende Erklärung gegenüber dem Minderjährigen unwirksam wird und daß eine nicht binnen zwei Wochen erklärte Genehmigung endgültig als verweigert gilt. Der Vertragsgegner kann die Ungewißheit aber auch dadurch beenden, daß er seine Willenserklärung widerruft und so das Wirksamwerden des Vertrages verhindert (§ 109 BGB). Das Recht zum Widerruf ist allerdings gem. § 109 Abs. 2 BGB ausgeschlossen, wenn dem Vertragspartner die Minderjährigkeit bei Vertragsabschluß bekannt war, sofern er nicht über eine vom Minderjährigen behauptete Einwilligung getäuscht worden ist. Der Grundgedanke der etwas verworrenen Vorschrift: Der andere Teil soll nicht widerrufen können, wenn er bei Abschluß des Vertrages wußte, daß dessen Wirksamkeit von der Genehmigung der gesetzlichen Vertreter abhängig war.
Festzuhalten bleibt, daß die Willenserklärung eines beschränkt Geschäftsfähigen nur mit Zustimmung der gesetzlichen Vertreter wirksam ist. Die nachfolgend erörterten Vorschriften der §§ 107, 110, 112 und 113 BGB lassen sich alle mit einer ausdrücklichen oder vermuteten Zustimmung der gesetzlichen Vertreter erklären.

2. *Ausnahmen*

Vorteilhafte Geschäfte

Eine erste Einschränkung dieses allgemeinen Grundsatzes ergibt sich aus § 107 BGB selbst. Der junge Mensch braucht nicht geschützt zu werden, wenn ihm bei dem Rechtsgeschäft keine Nachteile entstehen können. Das Gesetz stellt eine unwiderlegliche Vermutung dafür auf, daß die gesetzlichen Vertreter solchen Geschäften stets zustimmen.
Die Bedeutung dieser Vorschrift ist geringer, als es auf den ersten Blick scheint. Entscheidend ist, ob das durch die Willenserklärung des Minderjährigen bewirkte Rechtsgeschäft ausschließlich r e c h t l i c h e Vorteile bringt. Damit ist eine wirtschaftliche Betrachtungsweise mit Abwägung von Vor- und Nachteilen des Geschäfts ausgeschlossen. Man muß genau prüfen, ob das jeweilige Rechtsgeschäft für den Minderjährigen durch eine Haupt- oder Nebenpflicht mit irgend einem rechtlichen Nachteil verbunden ist. Das ist bei den gegenseitigen Verträgen des täglichen Lebens mit dem typischen Austausch von Leistung und Gegenleistung immer der Fall. Der Minderjährige kann also ohne Einwilligung der gesetzlichen Vertreter nach dieser Vorschrift keinen Kaufvertrag schließen, selbst wenn das Geschäft noch so günstig ist. Das scheitert daran, daß die Pflicht zur Zahlung des Kaufpreises ein rechtlicher Nachteil ist. Sogar bei unentgeltlichen Verträgen wie Leihe oder zinslosem Darlehen, bei denen die Gegenleistung fehlt, entstehen für den Begünstigten rechtlich nachteilige Haupt- und Nebenpflichten. Der Entleiher muß die geliehene Sache pfleglich behandeln und zurückgeben, der Darlehnsnehmer eine Sache von gleicher Art, Güte und Menge zurückerstatten.
Rechtlich vorteilhaft sind somit nur solche Rechtsgeschäfte, durch die der Minderjährige etwas ohne jede rechtliche Verpflichtung erlangt. Hauptanwendungsfall ist die Annahme einer Schenkung.
Bei der Prüfung, ob ein Vertrag ausschließlich vorteilhaft ist, muß man allerdings den jeweiligen Vertrag und etwaige mittelbare Folgeansprüche getrennt betrachten.

Auch wenn auf dem Geschenk Lasten ruhen, etwa auf einem Grundstück ein Nießbrauch, eine Hypothek oder öffentlich-rechtliche Verpflichtungen, bleibt der Abschluß des Schenkungsvertrages rechtlich vorteilhaft. Denn die nachteiligen Pflichten zur Gewährung des Gebrauchs oder zur Zahlung privater oder öffentlicher Lasten werden nicht durch den Schenkungsvertrag begründet, auf den allein abzustellen ist, sondern sind eine Beschränkung oder Bindung der geschenkten Sache. Um einen solchen unbeachtlichen Folgeanspruch handelt es sich auch bei der Verpflichtung des Beschenkten, die geschenkte Sache nach einem Widerruf der Schenkung wegen groben Undanks zurückzugeben. Aus dem gleichen Grund ist trotz der gefährlichen Haftung des Tierhalters oder Kraftfahrzeughalters die Annahme der Schenkung eines Hundes oder eines Motorrades lediglich vorteilhaft. Das wird klarer, wenn man bedenkt, daß die Befugnis, eine Schenkung anzunehmen, nicht die Erlaubnis der Erziehungsberechtigten umfaßt, die Sache zu behalten und zu benutzen. Ein geschenktes Kraftfahrzeug beispielsweise darf ein Minderjähriger gegen den Willen der Erziehungsberechtigten nicht in Betrieb nehmen, gleichgültig ob er den nötigen Führerschein besitzt.

Taschengeld

Die für den Rechtsverkehr wichtigste Ausnahme des Grundsatzes, daß die Willenserklärung eines jungen Menschen ohne Einwilligung der gesetzlichen Vertreter unwirksam ist, enthält § 110 BGB. Diese Bestimmung verbindet in besonderer Weise den Schutz der Minderjährigen mit dem Erziehungszweck.

Die Vorschrift ist ein Anwendungsfall des § 107 BGB. Der von dem Minderjährigen geschlossene (nicht nur rechtliche vorteilhafte) Vertrag, z. B. ein Kaufvertrag, wäre mangels Einwilligung der gesetzlichen Vertreter schwebend unwirksam (§ 108 Abs. 1 BGB). Aber der Vertrag „gilt als von Anfang an wirksam" (§ 110 BGB), wenn der Minderjährige die geschuldete Leistung aus ihm überlassenen Mitteln bewirkt, beispielsweise den Kaufpreis zahlt.

Die Wendung „ohne Zustimmung ... geschlossener Vertrag" in § 110 BGB ist irreführend. In Wahrheit liegt in der Überlassung der Mittel durch die gesetzlichen Vertreter eine ausdrückliche oder stillschweigende Einwilligung im Sinne von § 107 BGB. Das ist eindeutig, wenn die Mittel „zu diesem Zweck", also für ein bestimmtes Rechtsgeschäft, gegeben worden sind. In der Überlassung zur freien Verfügung liegt die Zustimmung zu jedem Rechtsgeschäft. Auch unerwünschte und mit dem Erziehungsziel nicht vereinbare Geschäfte des Minderjährigen sind gültig. Die gesetzlichen Vertreter können zwar kraft elterlicher Sorge Gegenmaßnahmen ergreifen, die aber die Wirksamkeit des Vertrages nicht berühren.

Nach § 110 BGB ist ein Rechtsgeschäft nur dann gültig, wenn der Minderjährige die Gegenleistung vollständig aus eigenen Mitteln bewirkt. Bei teilweiser Zahlung des Kaufpreises und gleichzeitigem Abschluß eines Ratenzahlungsvertrages ist das nicht der Fall, auch wenn die Raten aus freien Mitteln gezahlt werden sollen.

Die Mittel müssen dem Minderjährigen zu einem bestimmten Zweck oder zu freier Verfügung überlassen sein. Dabei ist in erster Linie an das Taschengeld zu denken, das der Vorschrift die Bezeichnung „Taschengeldparagraph" eingetragen hat. Taschengeld wird aus erzieherischen Gründen regelmäßig zu freier Verwendung gegeben. Es kommt aber auf die Umstände des einzelnen Falles an, ob der Minderjährige über sein

Taschengeld tatsächlich völlig frei verfügen darf oder ob das Geld nicht nach Weisung der Erziehungsberechtigten einem mehr oder weniger bestimmten „vernünftigen" Zweck dienen soll.
Die Bedeutung des § 110 BGB geht freilich weit über Verträge hinaus, die mit Taschengeld oder Geldgeschenken erfüllt werden. So handelt es sich bei dem „Monatswechsel" eines minderjährigen Schülers oder Studenten um Mittel, die im Sinne von § 110 BGB teils zweckgebunden und teils zur freien Verfügung überlassen werden. Ob ein Fall von § 110 BGB oder eine begrenzte allgemeine Zustimmung anzunehmen ist, hängt von den Umständen des Einzelfalles ab. Die Vorschrift ermöglicht ferner, einen Minderjährigen durch Bereitstellung der erforderlichen Mittel zum Abschluß eines bestimmten Vertrages zu ermächtigen, etwa zum Kauf von Kleidung. Die Überlassung des Arbeitsverdienstes zur eigenen Verwaltung und Verfügung ist ein weiterer Anwendungsfall des § 110 BGB.
Schließlich muß es sich um Mittel handeln, die dem Minderjährigen von den gesetzlichen Vertretern selbst oder mit deren Zustimmung von einem Dritten überlassen worden sind. Soweit die Vorschrift die von Dritten stammenden Mittel der Kontrolle der gesetzlichen Vertreter unterwirft, wird dem elterlichen Erziehungsrecht und der Aufsichtspflicht der Eltern entsprochen.

Ermächtigungen nach § 112 und § 113 BGB

Für zwei Bereiche des Erwerbslebens, nämlich

- den selbständigen Betrieb eines Erwerbsgeschäftes und
- die Eingehung eines Arbeits- oder Dienstverhältnisses

eröffnet das Gesetz in den §§ 112 und 113 BGB die Möglichkeit, durch eine Ermächtigung der gesetzlichen Vertreter dem Minderjährigen eine weiterreichende Selbständigkeit als Unternehmer oder Arbeitnehmer einzuräumen. Solche Ermächtigungen kamen früher hauptsächlich für Minderjährige über 18 Jahre in Betracht, deren Ausbildung abgeschlossen war. Durch die Herabsetzung des Volljährigkeitsalters haben die Bestimmungen wesentlich an Bedeutung verloren.
Den Vorschriften ist gemeinsam, daß dem Minderjährigen für bestimmte Kreise von Rechtsgeschäften die volle Geschäftsfähigkeit gewährt werden kann. Die Regelung ähnelt der früheren Volljährigkeitserklärung. Während diese aber die volle Geschäftsfähigkeit bewirkte, führen die Ermächtigungen nach § 112 oder § 113 BGB zu einer auf ein Teilgebiet begrenzten (partiellen) Geschäftsfähigkeit. Auf dem betreffenden Gebiet ist der Minderjährige voll geschäftsfähig und somit auch prozeßfähig (vgl. § 6 II 2), während er für alle anderen Bereiche beschränkt geschäftsfähig bleibt.
Gegen den Willen der Eltern kann eine solche Erweiterung der Geschäftsfähigkeit nicht durchgesetzt werden. Nach § 113 Abs. 3 BGB kann das Vormundschaftsgericht jedoch die Ermächtigung erteilen, wenn sie von einem Vormund verweigert wird. Nur in seltenen Fällen wird die Verweigerung einer Ermächtigung nach den §§ 112 oder 113 BGB Anlaß zu einer vormundschaftsgerichtlichen Maßnahme nach § 1666 BGB sein können. Seit der Herabsetzung des Volljährigkeitsalters ist kaum ein Fall denkbar.
Man kann die Ermächtigung der gesetzlichen Vertreter als allgemeine Einwilligung zu allen vorkommenden Rechtsgeschäften des betreffenden Gebietes und damit als

Unterfall des § 107 BGB erklären. Tatsächlich reicht aber die Ermächtigung weiter. Sie führt zu einer Beschränkung der Vertretungsmacht der gesetzlichen Vertreter. Diese können nicht – wie bei einem Generalkonsens – einzelne Geschäfte an sich ziehen und weiterhin für den Minderjährigen rechtsgeschäftlich tätig werden. Wohl kommt die Rücknahme oder Einschränkung der Ermächtigung in Frage (§§ 112 Abs. 2 und § 113 Abs. 2 BGB).

Die erste der beiden Vorschriften betrifft den selbständigen Betrieb eines Erwerbsgeschäftes. Das ist jede selbständig ausgeübte und auf Gewinn gerichtete Tätigkeit. Darunter fallen vornehmlich kaufmännische, handwerkliche oder gewerbliche Unternehmen. Die Ermächtigung kann nur von den gesetzlichen Vertretern selbst erteilt und nicht – wie in § 113 Abs. 3 BGB – durch das Vormundschaftsgericht ersetzt werden.
Wegen der großen Gefahren, die mit der selbständigen Führung eines Geschäftes verbunden sind, muß der Minderjährige die nötige geistige Reife sowie ausreichende berufliche Fähigkeiten besitzen. Das Gesetz macht deshalb zum Schutz des Minderjährigen die Gültigkeit der Ermächtigung von der Genehmigung des Vormundschaftsgerichts abhängig, der eine entsprechende Prüfung des Minderjährigen vorauszugehen hat. Zweckmäßig wird das Vormundschaftsgericht das Jugendamt hören und um geeignete Ermittlungen ersuchen. Eine Pflicht dazu besteht nach § 48 JWG allerdings nicht.
Abweichend von dem Grundsatz, daß eine im Rahmen der § 107 ff. BGB erteilte Einwilligung oder Ermächtigung bis zur Vornahme des Rechtsgeschäfts jederzeit widerruflich ist, bedarf die Rücknahme der Ermächtigung wegen der weitreichenden Folgen für das Unternehmen gleichfalls der Genehmigung des Vormundschaftsrichters. Anders als in § 113 Abs. 2 BGB kann die Ermächtigung nur insgesamt zurückgenommen und nicht etwa auf einzelne Geschäfte oder bestimmte Arten von Geschäften beschränkt werden.
Die nach § 112 BGB erworbene Geschäftsfähigkeit ist in zweifacher Hinsicht eingeschränkt. Einmal gilt sie nur für die Geschäfte, die der Geschäftsbetrieb des betreffenden Unternehmens nach der Verkehrsanschauung mit sich bringt. Bei dem erlaubten Betrieb eines Tabakwaren- und Spirituoseneinzelhandels sind also die Miete eines Ladenlokals, der Einkauf und Verkauf der zum Sortiment gehörenden Waren, Einstellung und Entlassung von Angestellten usw. erlaubt, nicht aber kaufmännische Tätigkeiten außerhalb des Geschäftszweiges oder Rechtsgeschäfte im privaten Bereich. Zum anderen sind solche Rechtsgeschäfte ausgeschlossen, die gesetzliche Vertreter für einen Minderjährigen nur mit Genehmigung des Vormundschaftsgerichts vornehmen dürfen (§§ 112 Abs. 1 Satz 2, 1643, 1821, 1822 BGB). Von besonderer Bedeutung ist, daß danach der Minderjährige keine Wechselverbindlichkeiten eingehen, keine Bürgschaft übernehmen und keine Prokura erteilen kann. Daraus folgt, daß die Ermächtigung nach § 112 BGB nur für den Betrieb kleinerer Geschäfte geeignet ist.

Die uneingeschränkte Ermächtigung nach § 113 BGB, eine unselbständige entgeltliche Tätigkeit aufzunehmen, gibt dem Minderjährigen Handlungsfreiheit zum Eingehen und Lösen von Dienst- und Arbeitsverhältnissen der gestatteten Art. Er kann alle Arbeitsbedingungen und die üblichen Nebenabreden selbst vereinbaren, auch einer Gewerkschaft beitreten. Wie bei § 112 BGB gilt die Einschränkung, daß die Geschäftsfähigkeit sich nicht auf solche Verträge erstreckt, zu denen die gesetzlichen Vertreter die

Genehmigung des Vormundschaftsgerichts brauchen, etwa zum Abschluß eines Vertrages für mehr als ein Jahr (§ 1822 Nr. 7 BGB). Eine einmal für einen bestimmten Beruf erteilte Ermächtigung gilt nach § 113 Abs. 4 BGB im Zweifel, falls also die gesetzlichen Vertreter keine klare Einschränkung gemacht haben, auch für zukünftige Arbeitsverhältnisse. Nicht unter § 113 BGB fällt der Abschluß eines Lehrvertrages, da dabei nicht das Arbeitsverhältnis, sondern die Ausbildung im Vordergrund steht.
Der Minderjährige kann auf Grund der Ermächtigung nach § 113 BGB seinen Verdienst selbst entgegennehmen und darüber selbst verfügen, soweit das zur Erfüllung des Arbeitsverhältnisses nötig ist (Berufskleidung, Arbeitsmittel, Fahrgeld, Verpflegung). Im übrigen unterliegt der Lohn weiter der elterlichen Verwaltung (§§ 1626, 1642 BGB). Meist wird jedoch mit der Ermächtigung nach § 113 BGB ausdrücklich oder stillschweigend eine Überlassung des Verdienstes zur freien Verfügung im Sinne von § 110 BGB oder eine begrenzte allgemeine Zustimmung nach § 107 BGB verbunden.
Die Ermächtigung der gesetzlichen Vertreter bedarf nicht der Genehmigung des Vormundschaftsgerichts. Sie kann, gleichfalls ohne Beteiligung des Vormundschaftsgerichts, jederzeit zurückgenommen oder eingeschränkt werden (§ 113 Abs. 2 BGB). Damit haben die gesetzlichen Vertreter die Möglichkeit, durch gleichzeitiges Beschränken der Ermächtigung praktisch jederzeit in Verhandlungen und Rechtsbeziehungen zwischen dem Minderjährigen und dessen Arbeitgeber einzugreifen. Wenn etwa die gesetzlichen Vertreter die Auszahlung des Lohnes an sich verlangen, dann liegt darin stillschweigend eine Einschränkung der Ermächtigung.

§ 4 Besondere Geschäftsfähigkeiten

Neben der in § 3 behandelten allgemeinen Geschäftsfähigkeit bestehen einige besondere Geschäftsfähigkeiten.

I. Vertretungsfähigkeit

An erster Stelle ist auf § 165 BGB hinzuweisen. Danach kann ein beschränkt Geschäftsfähiger als Vertreter für einen anderen beim Abschluß von Rechtsgeschäften tätig werden. Die Wirksamkeit der von ihm abgegebenen oder empfangenen Willenserklärungen wird durch die Beschränkung der Geschäftsfähigkeit nicht berührt. Einem Minderjährigen kann also Vollmacht zur Vornahme aller Rechtsgeschäfte erteilt werden, bei denen eine Vertretung überhaupt möglich ist. Er kann in einem kaufmännischen Unternehmen Handlungsbevollmächtigter oder Prokurist sein. Es ist ferner möglich, einen beschränkt Geschäftsfähigen als gesetzlichen Vertreter zu bestellen. Da ein Minderjähriger nicht Vormund werden soll (§ 1781 Nr. 1 BGB), käme aber nur die Bestellung zum Vorstandsmitglied einer juristischen Person, etwa eines eingetragenen Vereins, in Betracht.
Die Tätigkeit eines Minderjährigen als Vertreter ist mit dem Schutzzweck der §§ 104 ff. BGB durchaus vereinbar, weil aus Rechtsgeschäften, die von und mit einem Vertreter geschlossen werden, nicht der Vertreter, sondern der Vertretene verpflichtet wird (§ 164 Abs. 1 BGB). Ein Minderjähriger kann sogar gefahrlos als Vertreter ohne Vertretungsmacht (Vollmacht) für den Vertretenen handeln, da die Haftung des vollmachtlosen Vertreters nach § 179 Abs. 1 und 2 BGB für den beschränkt Geschäftsfähigen ausdrücklich ausgeschlossen ist (§ 179 Abs. 3 Satz 2 BGB). Auch hier wird der gute Glaube des Geschäftspartners an die Volljährigkeit nicht geschützt.

II. Einwilligungsfähigkeit

Ein weiteres Beispiel vorzeitiger rechtlicher Selbständigkeit junger Menschen sind Einwilligungen zur Vornahme tatsächlicher Handlungen, die mit Eingriffen in höchstpersönliche Rechtsgüter verbunden sind, wie körperliche Unversehrtheit, Gesundheit, Freiheit oder Ehre. Solche Gestattungen und Ermächtigungen sind Willenserklärungen oder geschäftsähnliche Handlungen, deren Wirksamkeit – jedenfalls im Zivilrecht – grundsätzlich nach den §§ 104 ff. BGB zu beurteilen ist. Sie sind im Sinne von § 107 BGB nicht lediglich rechtlich vorteilhaft, da sie die Verletzung des betreffenden Rechtes gestatten. Somit wäre zur Wirksamkeit einer Einwilligung in höchstpersönliche Rechtsgüter die Zustimmung der gesetzlichen Vertreter erforderlich.
Das kann jedoch zu unerträglichen Ergebnissen führen, die mit der heutigen Auffassung vom Persönlichkeitsrecht eines jungen Menschen nicht vereinbar sind. Die Problematik zeigt sich besonders an der Frage, wer die Einwilligung zu einer Operation eines Minderjährigen zu erteilen hat. Wenn beispielsweise ein 17jähriger mit

einer lebensgefährlichen Blutvergiftung vor der Wahl steht, sich ein Bein abnehmen zu lassen und als Behinderter weiterzuleben oder aber darauf zu hoffen, die Erkrankung ohne Operation zu überstehen, sollen dann die Eltern entscheiden? Wer soll berechtigt sein, die Einwilligung zu einer medizinisch nötigen Abtreibung bei einem ledigen Mädchen im Alter von 17 Jahren zu erteilen?
Ähnliche Beispiele lassen sich für andere höchstpersönliche Rechtsgüter bilden. Erteilen die Eltern oder ihr rauschgiftsüchtiger Sohn die Einwilligung zu der mit einer Entziehungskur verbundenen Freiheitsbeschränkung? Entscheiden die Eltern oder das 16jährige Mädchen, ob Dritte Einsicht in seine Briefe oder Tagebücher nehmen dürfen? Können junge Menschen rechtswirksam darüber entscheiden, wann und mit wem sie sexuelle Beziehungen aufnehmen wollen?
Der Bundesgerichtshof hat in richterlicher Rechtsfortbildung am Beispiel der Einwilligung in eine Operation entschieden, daß die Entscheidung über die Erlaubnis zu Eingriffen in höchstpersönliche Rechtsgüter dem Jugendlichen selbst zusteht, sobald er „nach seiner geistigen und sittlichen Reife die Bedeutung des Eingriffs und seiner Gestattung zu ermessen vermag". Der Entwurf eines Gesetzes zur Neuregelung der elterlichen Sorge greift diese Rechtsprechung in § 1626 a BGB auf. Die Bestimmung lautet: „Die Einwilligung in eine Heilbehandlung kann, soweit gesetzlich nichts anderes bestimmt ist, das Kind nach Vollendung des vierzehnten Lebensjahres selbst erteilen, wenn es fähig ist, Grund und Bedeutung der Heilbehandlung einzusehen und seinen Willen hiernach zu bestimmen; die Befugnis der Eltern, in eine Heilbehandlung des Kindes einzuwilligen, bleibt unberührt." Unklar ist allerdings die Bedeutung der Einwilligungsbefugnis der Eltern. Wenn eine Heilbehandlung grundsätzlich nur bei Einwilligung des entscheidungsreifen Kindes und der Eltern zulässig sein und bei einer Verweigerung der Einwilligung des Kindes gar die der Eltern genügen soll (so aber die Begründung zum Entwurf), wäre das ein nicht gerechtfertigter Rückschritt, der das angestrebte Selbstbestimmungsrecht des Jugendlichen mißachtet.
Feste Altersgrenzen lassen sich freilich nicht aufstellen. Vor dem in § 1626 a SorgeRE vorgesehenen Mindestalter kann die erforderliche Reife keinesfalls erwartet werden. Ähnlich wie bei der Deliktsfähigkeit oder der Strafmündigkeit (vgl. § 27 IV und § 28 II 1) muß im Einzelfall geprüft werden, ob die für die Einsichts- und Urteilsfähigkeit erforderliche Reife vorhanden ist. Dabei sind alle wesentlichen Umstände zu berücksichtigen. Alter, Art des Rechtsgutes, geistige und soziale Entwicklung des Jugendlichen, die Begründung für seine Meinung und anderes können nur einzelne, aber niemals allein ausschlaggebende Umstände der schwierigen Prüfung sein. Deren Ergebnis wird oft streitig bleiben. Das kann zu Rechtsunsicherheit führen. Das Mehr an Freiheit rechtfertigt jedoch die Einbuße an Rechtssicherheit.
Dieser Rechtsprechung, die vom Schrifttum überwiegend gebilligt wird, ist nicht nur für den entschiedenen Sonderfall der Einwilligung in eine Operation zu folgen. Durch die Teilnahme an gefährlichen Sportarten wird beispielsweise stillschweigend in fahrlässige Eingriffe in die körperliche Unversehrtheit eingewilligt, sofern die Verletzungen trotz Beachtung der Regeln entstehen. Auch hier kommt es allein auf die Entscheidung des jungen Menschen an, wenn dieser reif genug ist, die Gefährlichkeit der Sportart und die Tragweite seiner Einwilligung zu übersehen. Ein vertraglicher Haftungsausschluß dagegen, wie er bei Gefälligkeitsfahrten (kostenlose Mitnahme in Kraftfahrzeugen) oft vorkommt, bedarf gem. § 107 BGB der Zustimmung der gesetzlichen Vertreter.

Diese Grundsätze sind entsprechend anzuwenden auf Einwilligungen in Eingriffe in andere Rechtsgüter, etwa zur Vornahme sexueller Handlungen, die die Geschlechtsehre verletzen können.

Auch für das Strafrecht ist die Frage der Einwilligungsfähigkeit von erheblicher Bedeutung. Auf Grund einer Einwilligung entfällt manchmal schon der Tatbestand eines Strafgesetzes. Zumeist kommt sie aber als Rechtfertigungsgrund in Betracht. Sie nimmt dann einer Straftat die Rechtswidrigkeit, so daß der Täter nicht bestraft werden kann (vgl. § 28 I).
Eine wirksame Einwilligung setzt im Strafrecht zunächst voraus, daß der Betroffene über das verletzte Rechtsgut verfügen kann. Das ist der Fall bei den Rechtsgütern körperliche Unversehrtheit (vgl. aber § 226 a StGB), Ehre, Freiheit, Eigentum und Vermögen sowie dem Brief- und Berufsgeheimnis. Das Rechtsgut Leben dagegen unterliegt strafrechtlich nicht der Verfügungsgewalt des einzelnen. Zwar ist Selbstmord nach unserer Rechtsordnung nicht strafbar, die Tötung auf Verlangen, also mit Einwilligung des „Opfers", ist aber nach § 216 StGB unter Strafe gestellt.
Neben der – vom Alter nicht abhängigen – Verfügungsbefugnis über das Rechtsgut ist die Einwilligungsfähigkeit erforderlich. Während im Zivilrecht bis zu der erwähnten grundlegenden Entscheidung des Bundesgerichtshofes über die Einwilligung in eine Operation vielfach Geschäftsfähigkeit verlangt wurde, hat das Strafrecht sich seit langem mit einer von der Geschäftsfähigkeit unabhängigen Einsichts- und Urteilsfähigkeit begnügt. Die in Rechtsprechung und Lehre herrschende Meinung wendet die Vorschriften der §§ 104 ff. BGB selbst dann nicht entsprechend an, wenn es um einen Eingriff in Vermögensrechte des jungen Menschen geht. Ganz unbestritten ist, daß der einsichts- und urteilsfähige Jugendliche selbständig einwilligen kann in Eingriffe in höchstpersönliche Rechtsgüter wie Gesundheit, Freiheit, Ehre und Geheimnissphäre.
Für die Prüfung der Einsichts- und Entscheidungsfähigkeit im Strafrecht gelten ähnliche Grundsätze wie im Zivilrecht. Der Jugendliche muß Wesen, Bedeutung und Tragweite des gegen ihn gerichteten Eingriffs voll erfassen können. Das kann nicht nach bestimmten Altersgrenzen entschieden werden, sondern hängt von den Umständen des einzelnen Falles ab, insbesondere von der psycho-sozialen Reife des jungen Menschen und der Art des Rechtsgutes.

Fehlt dem Minderjährigen die Einsichts- und Urteilsfähigkeit, dann können nur die Inhaber des Sorgerechts Einwilligungen zu Rechtsverletzungen erteilen, z. B. zu Eingriffen in die körperliche Unversehrtheit bei Operationen oder zu Eingriffen in die Freiheit bei Behandlungen in geschlossenen Einrichtungen. Verweigern die Eltern ohne ausreichenden Grund notwendige Einwilligungen, dann muß das Vormundschaftsgericht nach § 1666 BGB die erforderlichen Maßnahmen treffen, notfalls die elterliche Sorge auf diesem Gebiet entziehen und sie einem Pfleger übertragen.
Problematisch bleiben sowohl im Zivilrecht als auch im Strafrecht die Fälle, in denen der Entwicklungsprozeß der sich allmählich bildenden Einsichts- und Urteilsfähigkeit des jungen Menschen noch nicht abgeschlossen ist. Jedenfalls bei höchstpersönlichen Rechtsgütern erscheint es uns heute nicht mehr vertretbar, den Willen des Jugendlichen einfach zu übergehen. Richtig dürfte sein, dann die gesetzlichen Vertreter zu verpflichten, bei ihrer Entscheidung den Willen des Minderjährigen angemessen zu berück-

sichtigen. Für diese Lösung spricht, daß verständige Eltern längst so verfahren. Die Mißachtung dieser Verpflichtung könnte als Mißbrauch des Sorgerechts angesehen werden. Es erscheint nicht angebracht, dem Jugendlichen – entsprechend der Rechtsprechung zum Zeugnisverweigerungsrecht (vgl. § 6 III 1) – ein Vetorecht einzuräumen, da dann eine nötige Entscheidung leicht aus unsachlichen Gründen verhindert werden könnte.
Schließlich kann sich ergeben, daß ein voll einsichts- und urteilsfähiger Jugendlicher eine offenbar unvernünftige Entscheidung trifft. Falls die Art der Entscheidung und einer etwaigen Begründung nicht doch Anlaß zu Zweifeln an der Einwilligungsfähigkeit gibt, ist die Entscheidung hinzunehmen. Auch Erwachsene handeln nicht immer vernünftig.

III. Testierfähigkeit

Als weitere Teilmündigkeit des Zivilrechts ist die sog. Testierfähigkeit zu erwähnen. Darunter versteht man die Fähigkeit, ein Testament zu errichten, zu ändern oder aufzuheben. Sie ist eine besonderen Regeln unterworfene Unterart der Geschäftsfähigkeit. Für das Jugendrecht ist nur die beschränkte Testierfähigkeit des Minderjährigen ab Vollendung des 16. Lebensjahres von Bedeutung. Er kann nach § 2229 Abs. 1 und 2 BGB selbständig ein Testament errichten. Neben der Altersgrenze besteht aber eine Beschränkung auf besondere Testamentsformen. Ein beschränkt testierfähiger junger Mensch kann nicht das übliche eigenhändige (selbst geschriebene und unterschriebene) Testament nach § 2247 BGB errichten, sondern seinen letzten Willen nur vor einem Notar mündlich zur Niederschrift oder durch Übergabe einer offenen Schrift erklären (§ 2233 Abs. 1 BGB).
Andere erbrechtliche Teilmündigkeiten sind durch die Herabsetzung des Volljährigkeitsalters und die Heraufsetzung des Alters für die Ehemündigkeit der Frau praktisch bedeutungslos geworden (vgl. §§ 2275 Abs. 2, 2282 Abs. 1, 2290 Abs. 2, 2296 Abs. 1, 2347 Abs. 2 und 2351 BGB).

IV. Sozialrechtliche Handlungsfähigkeit

Für das Sozialrecht hat der am 1. 1. 1976 in Kraft getretene Allgemeine Teil des Sozialgesetzbuches die Geschäftsfähigkeit der Minderjährigen beträchtlich erweitert. Nach § 36 SGB können Minderjährige, die das 15. Lebensjahr vollendet haben, selbständig Anträge auf Sozialleistungen stellen und solche Leistungen entgegennehmen. Die Sozialleistungen können aus Dienstleistungen (dazu zählen erzieherische Hilfen), Sachleistungen und Geldleistungen bestehen und von jedem auf Grund seiner sozialen Rechte in Anspruch genommen werden. Zu den sozialen Rechten gehören:

- ▶ Bildungs- und Arbeitsförderung,
- ▶ Jugendhilfe,
- ▶ Sozialhilfe,
- ▶ Ansprüche aus der gesetzlichen Krankenversicherung,
- ▶ Ansprüche aus der gesetzlichen Rentenversicherung,
- ▶ Ansprüche aus der Arbeitslosenversicherung.

In diesen Bereichen kann also jeder junge Mensch, sofern er mindestens 15 Jahre alt ist, selbständig Anträge auf Bewilligung der gesetzlich vorgesehenen Leistungen bei

den jeweiligen Leistungsträgern stellen, er kann die Bearbeitung der Anträge beeinflussen, die bewilligenden oder ablehnenden Bescheide entgegennehmen und die Leistungen rechtswirksam annehmen. Für die Jugendhilfe bedeutet das, daß der 15jährige junge Mensch beispielsweise Sach- und Geldleistungen der sogenannten wirtschaftlichen Jugendhilfe, also etwa Hilfen zum Lebensunterhalt, Hilfen zur Erziehung außerhalb des Elternhauses, Hilfen zur außerschulischen und außerberuflichen Bildung, Hilfen zur Erholung, selbständig in Anspruch nehmen kann. Er ist für die Jugendämter, die diese Leistungen für die öffentlichen Träger der Jugendhilfe erbringen, ein vollwertiger Gesprächspartner und kann nicht mehr unter Hinweis auf seine Minderjährigkeit „abgewimmelt" werden.
Allerdings gilt diese sozialrechtliche Handlungsfähigkeit nicht uneingeschränkt. Zunächst wird sie dadurch berührt, daß die gesetzlichen Vertreter von der Antragstellung und den erbrachten Leistungen durch die Leistungsträger unterrichtet werden sollen. Zudem kann der Minderjährige einige wichtige Handlungen, nämlich Rücknahme von Anträgen, Verzicht auf Sozialleistungen und Entgegennahme von Darlehen, nur mit Zustimmung der gesetzlichen Vertreter vornehmen. Am wichtigsten ist aber, daß die gesetzlichen Vertreter die Handlungsfähigkeit durch schriftliche Erklärung gegenüber dem Leistungsträger einschränken und somit im Ergebnis aufheben können. Damit bleibt es bei einer vom Willen der gesetzlichen Vertreter abhängenden beschränkten Geschäftsfähigkeit auf einem Teilgebiet. Sie ist vergleichbar mit den partiellen Geschäftsfähigkeiten der §§ 112 und 113 BGB.

§ 5 Familienrechtliche Teilmündigkeiten

Da die Regeln über die Geschäftsfähigkeit vornehmlich auf schuldrechtliche (wirtschaftliche) Rechtsgeschäfte zugeschnitten sind, passen sie im Familienrecht nicht immer. Für Teilbereiche und zahlreiche familienrechtliche Akte ist daher als Sonderregelung die Entscheidungsbefugnis den Eltern vorzeitig entzogen und dem beschränkt geschäftsfähigen jungen Menschen zugewiesen.

I. Höchstpersönliche Rechtsgeschäfte

Das gilt zunächst für eine Reihe höchstpersönlicher Rechtsgeschäfte, bei denen die persönliche Entscheidung so wichtig ist, daß die Eltern den jungen Menschen nicht vertreten können.
Dabei kann man zwei Fallgruppen unterscheiden. In einigen Fällen ist der Minderjährige völlig unabhängig und kann allein endgültig entscheiden (zustimmungsfreie Rechtsgeschäfte). In anderen Fällen kann er frei entscheiden und das Rechtsgeschäft nur selbst vornehmen, dessen Wirksamkeit hängt aber von der Zustimmung der gesetzlichen Vertreter ab (zustimmungsbedürftige Rechtsgeschäfte).

Zur ersten Gruppe gehören die bei der Ehelicherklärung (Legitimation) erforderlichen Einwilligungen der Mutter des nichtehelichen Kindes, der Ehefrau des Vaters oder – bei Ehelicherklärung auf Antrag des Kindes – des überlebenden Elternteils. Die Einwilligungen sind auch dann ohne Mitwirkung der gesetzlichen Vertreter gültig, wenn die Betreffenden nur beschränkt geschäftsfähig sind (§§ 1728 Abs. 3, 1740 b Abs. 3 Satz 2 BGB). Das gleiche gilt bei der Adoption für die Einwilligungserklärungen des Ehegatten und der Eltern des Adoptivkindes (§ 1750 Abs. 2 Satz 2 BGB) sowie für den Antrag auf Aufhebung einer Adoption wegen fehlender Einwilligung (§ 1762 Abs. 1 Satz 4 BGB). Weiter kann der beschränkt geschäftsfähige Scheinvater eines nichtehelichen Kindes die falsche Anerkennung der Vaterschaft persönlich anfechten, ohne der Zustimmung der gesetzlichen Vertreter zu bedürfen (§ 1600 k Abs. 1 Satz 1 BGB). Hier ist schließlich die Einwilligung einer beschränkt geschäftsfähigen Mutter zu nennen, ohne die das Vormundschaftsgericht die Genehmigung zur Anfechtung der Ehelichkeit oder zur Anfechtung der Anerkennung der Vaterschaft durch das Kind nicht erteilen darf (§§ 1597 Abs. 2 und Abs. 3 Satz 3, 1600 k Abs. 3 mit 1597 Abs. 3 BGB).

Zur Gruppe der zustimmungsbedürftigen höchstpersönlichen Rechtsgeschäfte zählen Ehe und Ehevertrag, die ein beschränkt Geschäftsfähiger nur selbst schließen kann (§ 13 Abs. 1 EheG, § 1411 Abs. 1 Satz 1 und 3 BGB). Ferner kann der beschränkt geschäftsfähige Vater eines nichtehelichen Kindes die Vaterschaft nur selbst anerkennen; seine Erklärung wird aber nur mit Zustimmung der gesetzlichen Vertreter wirksam (§ 1600 d Abs. 1 und Abs. 2 Satz 2 BGB). Als solche höchstpersönlichen Rechtsgeschäfte werden auch die Anträge und Einwilligungen bei der Ehelicherklärung angesehen (§§ 1728, 1740 c BGB). Die bei einer Legitimation auf Antrag des Vaters notwendigen Erklärungen können nur von den Beteiligten selbst und nicht von den gesetzlichen Vertretern abgegeben werden (§ 1728 Abs. 1 BGB). Stellt ein in der Geschäftsfähigkeit beschränkter Vater den Antrag auf Ehelicherklärung seines Kindes, dann müssen jedoch die gesetzlichen Vertreter zustimmen (§ 1728 Abs. 2 BGB). Bei der Ehelicherklärung auf Antrag des Kindes kann ein über 14 Jahre altes Kind den Antrag nur selbst stellen, bedarf aber ebenfalls der Zustimmung seiner gesetzlichen Vertreter (§ 1740 c Satz 2 BGB). Die gleiche Regelung gilt bei der Adoption: Nach Vollendung des 14. Lebensjahres kann ein beschränkt geschäftsfähiges Kind die Einwilligung zu seiner Adoption nur selbst und mit Zustimmung der gesetzlichen Vertreter erteilen (§ 1746 Abs. 1 BGB). Schließlich ist das Recht des 14 Jahre alten nichtehelichen Kindes zu nennen, sich einer Namensänderung der Mutter (infolge Wiederannahme des Geburtsnamens gem. § 1355 Abs. 4 Satz 2 BGB, infolge Legitimation oder Adoption gem. §§ 1720, 1737, 1740 Abs. 2, 1757 BGB, infolge Einbenennung gem. § 1618 BGB oder infolge Verwaltungsakt nach dem NamÄndG, nicht infolge Eheschließung, vgl. § 1617 Abs. 3 BGB) durch Erklärung gegenüber dem Standesbeamten anzuschließen, einer Namenserteilung durch den Ehemann der Mutter (Einbenennung) oder seinen Vater zuzustimmen (§ 1618 Abs. 2 BGB), ferner das Recht eines legitimierten Kindes, sich einer Namensänderung der Eltern (§§ 1720, 1737 Satz 3, 1740 f. Abs. 2 BGB) sowie das Recht eines adoptierten Kindes, sich einer Namensänderung der Adoptiveltern (§ 1757 Abs. 1 Satz 4 BGB) anzuschließen (vgl. auch die ähnliche Regelung in § 13 a Abs. 3 EheG).

II. Religionsmündigkeit

Zu den familienrechtlichen Teilmündigkeiten gehört die Religionsmündigkeit, die im Gesetz über die religiöse Kindererziehung vom 15. 7. 1921 geregelt ist.
Die Entscheidungsbefugnis der sorgeberechtigten Eltern, die nach § 1 des Gesetzes in freier Einigung über die religiöse oder weltanschauliche Erziehung ihres Kindes zu bestimmen haben, wird schon verhältnismäßig früh eingeschränkt und den Minderjährigen zur eigenen Entscheidung übertragen. Das Gesetz berücksichtigt, daß Kinder in religiösen Fragen schon sehr früh festgelegt sind. Das findet äußerlichen Ausdruck und einen gewissen Abschluß durch Kommunion oder Konfirmation. Entscheidungen gegen die religiöse Überzeugung des Kindes, etwa ein erzwungener Bekenntniswechsel oder Zwang zur Teilnahme an religiösen Veranstaltungen, können deshalb zu schweren Gewissensnöten und zu nachhaltigen Entwicklungsstörungen führen.
Man kann vier Stufen der Religionsmündigkeit unterscheiden:

- Bis zum 10. Lebensjahr sind Kinder religionsunmündig.
- Ab Vollendung des 10. Lebensjahres hat das Kind ein Anhörungsrecht im vormundschaftsgerichtlichen Verfahren, wenn die Eltern sich über die weitere religiöse Erziehung des Kindes nicht einigen können und Vermittlung oder Entscheidung des Vormundschaftsgerichts beantragen (§ 2 Abs. 2 und 3 RelKErzG). Das gleiche gilt, wenn das Sorgerecht einem Pfleger oder Vormund zusteht und dieser eine Entscheidung treffen will (§ 3 Abs. 2 RelKErzG).
- Ab Vollendung des 12. Lebensjahres ist ein Bekenntniswechsel nicht mehr gegen den Willen des Kindes möglich (§ 5 Satz 2 RelKErzG). Man kann von einer beschränkten Religionsmündigkeit sprechen.
- Mit Vollendung des 14. Lebensjahres wird das Kind voll religionsmündig. Es hat allein zu entscheiden, „zu welchem Bekenntnis es sich halten will“ (§ 5 Satz 1 RelK ErzG).

Ein Kind im Alter von 14 Jahren kann also selbständig das religiöse oder weltanschauliche Bekenntnis wechseln, sich gegen den Willen der Eltern vom Religionsunterricht abmelden, ja sogar aus der Kirche, Religions- oder Weltanschauungsgemeinschaft austreten, ohne sich einem anderen Bekenntnis zuzuwenden. Insoweit ist die elterliche Sorge aufgehoben. Abweichende Bestimmungen in einigen Länderverfassungen (z. B. Art. 137 Abs. 1 VerfBay, Art. 35 VerfRPf, Art. 29 Abs. 2 Satz 2 VerfSa) sind nichtig, weil sie dem nach Art. 31 GG vorrangigen Bundesrecht widersprechen.
Der Beginn der vollen Religionsmündigkeit bedeutet allerdings nicht das Ende jeder religiösen Erziehung des Kindes durch die Sorgeberechtigten. Nur autoritative Entscheidungen sind nicht mehr zulässig. Es bleibt den Eltern unbenommen, im Rahmen ihrer allgemeinen Erziehung auf die religiöse und weltanschauliche Haltung ihres Kindes einzuwirken.

III. Verlöbnisfähigkeit

Ein weiterer Fall familienrechtlicher Geschäftsfähigkeit ist die Verlöbnisfähigkeit.

Der Begriff Verlöbnis umfaßt zweierlei: Er kennzeichnet sowohl den Begründungsakt, die Verlobung, als auch das Gemeinschaftsverhältnis, den Brautstand. Von der eigentlichen Verlobung, dem wechselseitigen Eheversprechen von Mann und Frau, muß man die Verlobungsfeier unterscheiden, die ebenso wie der Ringwechsel und die Bekanntgabe der Verlobung ohne eigene rechtliche Bedeutung ist und regelmäßig der Verlobung folgt.
Ob ein Jugendlicher sich ohne Einwilligung seiner gesetzlichen Vertreter wirksam verloben kann, hängt von der Rechtsnatur des Verlöbnisses ab. Darüber herrscht ein lebhafter Streit, der nicht recht im Verhältnis zu der nur noch bescheidenen tatsächlichen und rechtlichen Bedeutung des Verlöbnisses steht.

Die in Rechtsprechung und Lehre herrschende Meinung behandelt die bei der Verlobung abgegebenen Eheversprechen als Willenserklärungen nach §§ 104 ff. BGB und die Verlobung als Vertrag (Vertragstheorie). Danach ist zum Verlöbnis eines Minderjährigen die Einwilligung der gesetzlichen Vertreter erforderlich, da eine Verlobung im Sinne von § 107 BGB nicht nur rechtlich vorteilhaft ist. Die Verlobten verpflichten sich nämlich, die Ehe zu schließen. Die Erfüllung dieser Verpflichtung kann zwar in keiner Weise erzwungen werden (vgl. § 1297 Abs. 1 und 2 BGB, § 888 Abs. 2 ZPO). Bei unbegründetem Rücktritt vom Verlöbnis drohen aber Schadenersatzansprüche nach §§ 1298 und 1300 BGB, sofern diese überholte Vorschrift nicht doch gegen die Gleichberechtigung verstößt und verfassungswidrig ist.
Ein ohne Einwilligung der gesetzlichen Vertreter eingegangenes Verlöbnis bleibt nach der Vertragstheorie bis zur Volljährigkeit des jungen Menschen und der dann nach § 108 Abs. 3 BGB möglichen eigenen Genehmigung des Vertrages schwebend unwirksam. Da aus einem unwirksamen Vertrag keine Ansprüche hergeleitet werden können, ist der Minderjährige bei einem unbegründeten Rücktritt des Partners nicht geschützt. Er kann weder nach den §§ 1298–1300 BGB Schadenersatz geltend machen noch nach § 1301 BGB die Herausgabe der Geschenke fordern. Auch die Legitimation auf Antrag eines aus dem Verlöbnis hervorgegangenen Kindes nach §§ 1740a ff. BGB wäre ausgeschlossen. Dieses Ergebnis wird von der herrschenden Meinung in Kauf genommen,

um den Minderjährigen vor gleichen Ansprüchen zu schützen, falls er selbst ohne Grund von einem schwebend unwirksamen Verlöbnis zurücktritt. Nach der Vertragstheorie kann man also entsprechend der Geschäftsfähigkeit drei in erster Linie vom Alter abhängige Stufen der Verlöbnisfähigkeit unterscheiden:

- Geschäftsunfähige können sich nicht wirksam verloben. Ihre Eheversprechen sind nichtig (§ 105 Abs. 1 BGB). Sie sind verlöbnisunfähig.
- Die Verlobung eines beschränkt Geschäftsfähigen bedarf der Einwilligung der gesetzlichen Vertreter (§ 107 BGB). Man kann von bedingter Verlöbnisfähigkeit sprechen.
- Die unbeschränkte Verlöbnisfähigkeit tritt mit Erlangen der vollen Geschäftsfähigkeit ein.

Die Vertragstheorie ist dem Vorwurf mangelnder Lebensnähe ausgesetzt. Wenn sich Liebende darüber einig werden, daß sie heiraten wollen, dann haben sie – anders als bei der Eheschließung – nur selten das Bewußtsein, rechtsgeschäftlich zu handeln und einen Vertrag zu schließen. Die Vertragstheorie muß wegen der familienrechtlichen und personenrechtlichen Besonderheiten des Verlöbnisses zahlreiche Ausnahmen von dem allgemeinen Vertragsrecht zulassen, die sie nicht zwanglos erklären kann. Die Schwierigkeiten zeigen sich besonders bei folgender Frage: Da das Verlöbnis eine höchstpersönliche Angelegenheit ist und keinerlei Zwang zur Eheschließung oder zur Fortsetzung des Verlöbnisses ausgeübt werden darf, kann ein beschränkt Geschäftsfähiger auch nach der Vertragstheorie trotz drohender Verpflichtung zum Schadenersatz ohne Einwilligung seiner gesetzlichen Vertreter grundlos vom Verlöbnis zurücktreten. Der Hinweis, daß der rechtsgeschäftliche Rücktritt von anderen tatsächlichen Formen des Verlöbnisbruches (z. B. Treulosigkeit) nicht zu trennen sei und deswegen gleich behandelt werden müsse, erklärt nicht diesen Widerspruch, sondern zeigt, daß die rechtsgeschäftliche Betrachtungsweise nicht angebracht ist. Die Vertragstheorie hat weiter hinnehmen müssen, daß im Strafrecht zum Begriff der Angehörigen in § 11 Abs. 1 StGB und im Prozeßrecht zur Frage des Zeugnisverweigerungsrechts (§ 383 Abs. 1 Nr. 1 ZPO, § 52 Abs. 1 Nr. 1 StPO) schon lange das ohne Einwilligung der gesetzlichen Vertreter geschlossene Verlöbnis eines Minderjährigen als wirksam anerkannt wird. Letztlich führt die Vertragstheorie zu dem seltsamen Ergebnis, daß ein Minderjähriger mit Hilfe des Vormundschaftsrichters gegen den Willen der Eltern heiraten kann, daß aber die Wirksamkeit eines Verlöbnisses an der verweigerten Einwilligung endgültig scheitern soll.

Nachdem versucht worden war, die Verlobung als familienrechtlichen Vertrag der Regelung der §§ 104 ff BGB zu entziehen, gewinnt neuerdings eine Auffassung an Raum, die das Verlöbnis nicht als Vertrag, sondern als gesetzliches Rechtsverhältnis ansieht, das seine Grundlage in gegenseitiger Gewährung und Inanspruchnahme von Vertrauen findet (Theorie vom gesetzlichen Rechtsverhältnis). Danach kommt ein Verlöbnis durch die Schaffung eines auf zukünftige Eheschließung gerichteten Vertrauenstatbestandes zustande.

Nach dieser Theorie ist zur Wirksamkeit eines Verlöbnisses keine Geschäftsfähigkeit erforderlich. Verlangt wird die zur Erkenntnis der Bedeutung eines Eheversprechens erforderliche geistige, sittliche und soziale Reife, und zwar gleichermaßen für ein ausdrückliches Eheversprechen wie für die Schaffung eines Vertrauenstatbestandes.

Die hiernach notwendige Prüfung der Reife kann kein ernsthaftes Hindernis sein. In zahlreichen wichtigeren Fragen des Jugendrechts hängt die rechtliche Entscheidung von der Beurteilung der Reife des Minderjährigen ab (vgl. z. B. § 828 Abs. 2 BGB, §§ 3 und 105 Abs. 1 Nr. 1 JGG).

Gegen die Theorie vom gesetzlichen Rechtsverhältnis wird eingewandt, ein Liebesverhältnis, das auch zu einem (vielleicht nur einseitigen) Vertrauenstatbestand führen könne, sei nicht hinreichend klar von einem Verlöbnis zu unterscheiden. Die Vertragstheorie steht aber vor denselben Schwierigkeiten. Da einerseits überkommene, Klarheit schaffende Verlobungsbräuche immer seltener geübt werden, andererseits ausdrückliche Eheversprechen wie im juristischen Lehrbuch kaum vorkommen, müssen die Vertreter der Vertragstheorie die Willenseinigung vielfach aus denselben tatsächlichen Umständen schließen, die nach der Theorie vom gesetzlichen Rechtsverhältnis den Vertrauenstatbestand erfüllen. Das ist nach beiden Theorien oft gleichermaßen schwierig. Es genügen weder längeres „Gehen" noch die Aufnahme sexueller Beziehungen. Bei der immer stärkeren Verbreitung der tatsächlichen Probeehe und der wilden Ehe stellen nicht einmal die gemeinsame Anschaffung einer Wohnungseinrichtung oder der Bezug einer gemeinsamen Wohnung sichere Anzeichen dar. Richtig ist, daß man bei der Feststellung eines Verlöbnisses auf eine klare, wenn auch auslegungsbedürftige Kundgebung des Willens nicht verzichten kann.

Nach der Theorie vom gesetzlichen Rechtsverhältnis lassen sich zwei Stufen der Verlöbnisfähigkeit unterscheiden:

- ▶ Wer nach seiner geistigen, sittlichen und sozialen Entwicklung reif genug ist, die Bedeutung eines Eheversprechens zu erkennen und sich sachgerecht zu entscheiden, ist verlöbnisfähig.
- ▶ Wer diese Reife nicht hat, ist verlöbnisunfähig.

IV. Ehefähigkeit

Junge Menschen können heiraten, sind ehefähig, wenn sie ehemündig sind und entweder volle Geschäftsfähigkeit besitzen oder beschränkt geschäftsfähig sind und ihre Sorgeberechtigten einwilligen.

1. Ehemündigkeit

Wegen der großen Bedeutung von Ehe und Familie für Staat und Gesellschaft besteht ein allgemeines Interesse daran, daß nur Personen mit ausreichender geistiger, sittlicher und sozialer Reife die Ehe schließen. Als Gewähr für diese Reife wird ein Mindestalter verlangt, das jetzt für Männer (früher: 21 Jahre) und Frauen (früher: 16 Jahre) auf 18 Jahre festgesetzt ist.

Von diesem Erfordernis der Ehemündigkeit kann das Vormundschaftsgericht Befreiung erteilen. Die Voraussetzungen sind für Mann und Frau gleich: Der Minderjährige muß einen Antrag stellen, er muß das 16. Lebensjahr vollendet haben, und sein zukünftiger Ehegatte muß volljährig sein (§ 1 Abs. 2 EheG).

Es bleibt gleich, ob der Mann oder die Frau der volljährige und somit voll geschäftsfähige Ehepartner ist. Die Volljährigkeitserklärung des minderjährigen Mannes, die früher Voraussetzung für die Befreiung war (§ 1 Abs. 2 a. F. EheG), ist weggefallen.

Durch die Festsetzung eines Mindestalters auch für Frauen sind jetzt Ehen von Mädchen unter 16 Jahren ausgeschlossen.

Nachdem die Altersgrenze für die Ehemündigkeit von 21 auf 18 Jahre herabgesetzt worden ist, besteht für eine Befreiung von dem Erfordernis der Ehemündigkeit kaum noch ein anerkennenswertes Bedürfnis. Für junge Menschen im Alter von 16 und 17 Jahren kann sie nur ganz ausnahmsweise in Betracht kommen. Der Vormundschaftsrichter hat sorgfältig zu prüfen, ob der Heiratswillige abweichend von der gesetzlichen Vermutung schon vor Vollendung des 18. Lebensjahres die zur Führung einer Ehe erforderliche Reife hat und ob die Befreiung mit dem Wohl des Jugendlichen vereinbar ist. Als Beurteilungsmaßstäbe für die Ehereife kommen beispielsweise in Betracht: ausreichende Vorstellung vom Wesen der Ehe und den Pflichten als Ehegatte, Fähigkeit, sich in die Lebensgemeinschaft einzuordnen, Dauer und bisheriger Verlauf der Bekanntschaft, wirtschaftliche Verhältnisse. Da der Gesetzgeber durch die Gleichstellung von Mann und Frau hinsichtlich der Ehemündigkeit das überholte patriarchalische Familienbild ausdrücklich abgelehnt hat, müssen an männliche und weibliche Heiratswillige die gleichen Anforderungen gestellt werden.
Bei der Prüfung, ob die Befreiung dem Wohl des jungen Menschen entspricht, darf nicht entscheidend sein, daß die Geburt eines Kindes bevorsteht. Die bei der Volljährigkeitserklärung für 18–20jährige Männer früher herrschende Ansicht, daß es „das Beste des Minderjährigen befördere" (vgl. § 5 a. F. BGB) wenn ihm die Eheschließung mit einer von ihm geschwängerten Frau und damit die Erfüllung einer sittlichen und moralischen Pflicht ermöglicht werde, kann für die Altersgruppe der 16- und 17jährigen nicht übernommen werden. Hier überwiegen regelmäßig die Nachteile. Das Wohl des Minderjährigen wird nur gewahrt, wenn durch die Ehe seine Persönlichkeitsentwicklung und seine Berufsausbildung nicht nachhaltig gestört werden, wenn er den Anforderungen der Ehe gewachsen ist und die Ehe voraussichtlich Bestand haben wird. Die mißliche Lage der Geschwängerten, drohende Benachteiligung des Kindes durch nichteheliche Geburt oder gar ein angebliches öffentliches Interesse an einer Eheschließung sind keine Gesichtspunkte, die das Wohl des jungen Menschen betreffen. Zu beachten ist, daß durch eine solche Frühstehe nicht nur der junge Mensch, sondern auch das Kind gefährdet wird. Die zu jungen Eltern sind den großen Belastungen durch Ehe und Kind oft nicht gewachsen. Eine vervielfachte Scheidungshäufigkeit, folgenreiche Erziehungsfehler, Kindesvernachlässigungen und Kindesmißhandlungen sind die Folgen.

Da die Ehemündigkeit der beschränkt Geschäftsfähigen im Alter von 16 und 17 Jahren von der Bedingung abhängt, daß ihnen Befreiung von dem Erfordernis der Ehemündigkeit erteilt wird, kann man von einer bedingten Ehemündigkeit sprechen. Somit sind drei Stufen der Ehemündigkeit zu unterscheiden:

- Minderjährige sind bis zur Vollendung des 16. Lebensjahres eheunmündig,
- Minderjährige im Alter von 16 und 17 Jahren sind bedingt ehemündig,
- Volljährige sind ehemündig.

2. *Geschäftsfähigkeit und Einwilligungen*

Als weitere Voraussetzung der Ehefähigkeit muß zur Ehemündigkeit entweder die volle Geschäftsfähigkeit oder die Einwilligung der Eltern hinzukommen. Einwilligungsberechtigt sind nur die gesetzlichen Vertreter (Eltern, Pfleger, Vormund), denen das Personensorgerecht zusteht (§ 3 Abs. 2 EheG).

Die fehlende Einwilligung eines gesetzlichen Vertreters kann auf Antrag des Heiratswilligen durch das Vormundschaftsgericht ersetzt werden, wenn sie ohne triftigen Grund verweigert wird (§ 3 Abs. 3 EheG). Nach der Herabsetzung des Ehemündigkeitsalters ist allerdings kaum ein solcher Fall denkbar, da regelmäßig allein das jugendliche Alter hinreichender Grund sein dürfte, die Einwilligung zu versagen. Die Befreiung von dem Erfordernis der Ehemündigkeit durch das Vormundschaftsgericht hindert die gesetzlichen Vertreter nicht, die Einwilligung zu verweigern. Sie haben ihre Entscheidung nach eigenem Ermessen nur am Wohl des Kindes auszurichten. Sie können etwa Bedenken gegen die Ehereife oder gegen den voraussichtlichen Bestand der Ehe geltend machen. Weitere Beispiele für triftige Gründe: schlechte Charaktereigenschaften, Vorstrafen oder schlechter Lebenswandel des Partners, ungünstige wirtschaftliche Verhältnisse, nicht abgeschlossene Ausbildung, erheblicher Altersunterschied. Mit Rücksicht auf die volle Religionsmündigkeit des Minderjährigen darf die Einwilligung dagegen nicht wegen unterschiedlicher Konfession versagt werden.

§ 6 Prozessuale Mündigkeiten

Die Fähigkeit junger Menschen, in einem gerichtlichen Verfahren selbständig zu handeln, kann man als prozessuale Mündigkeit bezeichnen. Neben der Parteifähigkeit interessieren hier die Prozeßfähigkeit und die Rechtsstellung des Minderjährigen als Zeuge. Die Rechtsstellung des Jugendlichen im Strafverfahren soll später im Zusammenhang mit dem Jugendstrafrecht behandelt werden.

Von der Fähigkeit, Rechte zu haben und selbst ausüben zu können, also der Rechts- und Geschäftsfähigkeit, ist die Fähigkeit zu unterscheiden, Rechte mit gerichtlicher Hilfe durchsetzen oder Ansprüche in einem Gerichtsverfahren abwehren zu können. Dabei geht es um zwei Fragen:

- Wer kann vor Gericht Partei sein?
- Wer kann einen Prozeß selbst führen?

Die erste Frage betrifft die Parteifähigkeit, die zweite die Prozeßfähigkeit.

Beide Fragen sind in den verschiedenen Prozeßordnungen geregelt, in erster Linie in der für das Verfahren vor den Zivilgerichten geltenden Zivilprozeßordnung (ZPO). Die übrigen Verfahrensordnungen, etwa das für das Verfahren vor dem Vormundschaftsgericht geltende Gesetz über die Angelegenheiten der freiwilligen Gerichtsbarkeit (FGG), das für das Verfahren vor dem Arbeitsgericht geltende Arbeitsgerichtsgesetz (ArbGG), das für das Verfahren vor dem Sozialgericht geltende Sozialgerichtsgesetz (SozGG), die für das Verfahren vor dem Verwaltungsgericht geltende Verwaltungsgerichtsordnung (VerwGO), die für das Verfahren vor dem Finanzgericht geltende Finanzgerichtsordnung (FGO) oder das für das Verfahren vor dem Bundesverfassungsgericht geltende Bundesverfassungsgerichtsgesetz (BVerfGG), verweisen zumeist auf die Vorschriften der Zivilprozeßordnung oder regeln nur Besonderheiten für ihre Verfahrensart (vgl. z. B. § 10 ArbGG, § 71 SozGG, §§ 61, 62 VerwGO, § 90 BVerfGG).

I. Parteifähigkeit

Nach § 50 Abs. 1 ZPO ist parteifähig, wer rechtsfähig ist. Die Vorschrift knüpft an den Begriff der Rechtsfähigkeit des bürgerlichen Rechts an. Die Parteifähigkeit ist das prozessuale Gegenstück zur Rechtsfähigkeit und kann deshalb als prozessuale Rechtsfähigkeit bezeichnet werden. Man versteht darunter die Fähigkeit, als Kläger oder Beklagter an einem Gerichtsverfahren beteiligt zu sein. Jeder lebende Mensch ist parteifähig. Kläger oder Beklagter in einem Verfahren zur Feststellung der Vaterschaft ist also beispielsweise das beteiligte Kind ohne Rücksicht auf sein Alter (vgl. §§ 1599 Abs. 1, 1600 Abs. 1 BGB).

Es wurde schon erwähnt, daß das Kind im Mutterleib (nasciturus) und das Kind vor der Zeugung (nondum conceptus) beschränkt parteifähig sind (§ 1 II).

II. Prozeßfähigkeit

1. Begriff, Stufen

Über „die Fähigkeit einer Partei, vor Gericht zu stehen" (§ 51 Abs. 1 ZPO), die Prozeßfähigkeit, bestimmt § 52 Abs. 1 ZPO, daß „eine Person insoweit prozeßfähig ist, als sie sich durch Verträge verpflichten kann". Die Prozeßfähigkeit entspricht damit der Geschäftsfähigkeit. Man kann sie als prozessuale Geschäftsfähigkeit oder prozessuale Handlungsfähigkeit bezeichnen.

Die Prozeßfähigkeit ist die Fähigkeit, einen Prozeß selbst – oder durch einen Prozeßbevollmächtigten – führen zu können. Wer prozeßfähig ist, kann alle Prozeßhandlungen selbst wirksam vornehmen, etwa eine Klage erheben oder zurücknehmen, ein Rechtsmittel einlegen. Wer nicht prozeßfähig ist, muß den Prozeß in seinem Namen durch gesetzliche Vertreter führen lassen.

Wie bei der Geschäftsfähigkeit unterscheiden wir drei Stufen der Prozeßfähigkeit:

- Prozeßunfähig sind alle Personen, die geschäftsunfähig oder beschränkt geschäftsfähig sind. Grundsätzlich sind auch beschränkt Geschäftsfähige prozeßunfähig.
- Als beschränkte Prozeßfähigkeit bezeichnet man die in bestimmten Verfahren oder bestimmten Bereichen bestehende Prozeßfähigkeit beschränkt geschäftsfähiger Personen.
- Voll prozeßfähig ist, wer voll geschäftsfähig ist, also jeder Volljährige, der nicht geisteskrank oder entmündigt ist.

2. *Beschränkte Prozeßfähigkeit*

Die beschränkte Prozeßfähigkeit ist volle Prozeßfähigkeit für Teilgebiete.

§§ 112, 113 BGB

An erster Stelle sind die minderjährigen Unternehmer und Arbeitnehmer zu nennen, die auf Grund von Ermächtigungen nach den §§ 112 oder 113 BGB für ihre Bereiche voll geschäftsfähig sind. Sie können sich im Sinne von § 52 ZPO „durch Verträge verpflichten" und sind somit für Streitigkeiten aus diesen Verträgen voll prozeßfähig. Der partiellen Geschäftsfähigkeit entspricht eine partielle Prozeßfähigkeit. Der Minderjährige, der gem. § 112 BGB zur Führung eines Blumengeschäftes ermächtigt ist, kann also ohne Beteiligung seiner gesetzlichen Vertreter einen Lieferanten auf Schadenersatz verklagen, der mangelhafte Blumen geliefert hat. Ein jugendlicher Arbeitnehmer kann auf Grund der Ermächtigung nach § 113 BGB vor dem Arbeitsgericht seinen Lohn oder Urlaubsansprüche einklagen oder gegen eine Kündigung vorgehen. In gleicher Weise können diese Minderjährigen verklagt werden und ihre Rechte als Beklagte selbst wahrnehmen.

Ehesachen

In Ehesachen, also Klagen auf Scheidung, Aufhebung oder Nichtigerklärung einer Ehe, ist ein in der Geschäftsfähigkeit beschränkter Ehegatte voll prozeßfähig (§ 612 Abs. 1 ZPO). Ausgenommen ist die gem. § 30 Abs. 1 EheG von gesetzlichen Vertretern erhobene Aufhebungsklage wegen fehlender Geschäftsfähigkeit oder fehlender elterlicher Einwilligung zur Heirat. Die Prozeßfähigkeit in Ehesachen beruht auf dem höchstpersönlichen Charakter der Ehe. Die gesetzlichen Vertreter können nicht darüber befinden, ob ein Minderjähriger die Ehe fortsetzen oder sich scheiden lassen soll. Die Prozeßfähigkeit erstreckt sich auf die Scheidungsfolgesachen, die höchstpersönliche Rechte betreffen, also die Regelung der elterlichen Sorge und des Umgangs mit den Kindern. In den anderen Folgesachen, insbesondere Unterhalt, Versorgungsausgleich,

Zugewinnausgleich, muß ein minderjähriger Ehegatte dagegen von seinen gesetzlichen Vertretern vertreten werden.

Kindschaftssachen

Ähnlich wie in Ehesachen gewährt § 640 b ZPO dem beschränkt geschäftsfähigen Elternteil in Kindschaftssachen Prozeßfähigkeit für Klagen auf Anfechtung der Ehelichkeit eines Kindes oder Anfechtung der Anerkennung der nichtehelichen Vaterschaft. Diese Regelung gilt nicht für das beschränkt geschäftsfähige Kind, das derartige Klagen nur durch einen gesetzlichen Vertreter erheben kann (§ 640 b Satz 1, 2. Halbsatz ZPO, §§ 1597 Abs. 1 1600 k Abs. 1 Satz 2 BGB).

Sozialgerichtsverfahren

In Verfahren vor dem Sozialgericht ist die Prozeßfähigkeit seit dem 1. 1. 1976 eingeschränkt worden. Früher war ein Minderjähriger, der das 16. Lebensjahr vollendet hatte, „in eigenen Sachen" voll prozeßfähig und brauchte nur zur Rücknahme eines Rechtsbehelfs die Zustimmung der gesetzlichen Vertreter (§ 71 Abs. 2 a. F. SozGG). Jetzt besteht die Prozeßfähigkeit in sozialgerichtlichen Verfahren nur noch, soweit die Minderjährigen nach bürgerlichem oder öffentlichem Recht für den Gegenstand des Verfahrens als geschäftsfähig anerkannt sind (§ 71 Abs. 2 SozGG). Damit ist insbesondere auf die ab 1. 1. 1976 geltende sozialrechtliche Handlungsfähigkeit Bezug genommen (vgl. § 4 IV). Danach ist ein Minderjähriger, der das 15. Lebensjahr vollendet hat, partiell geschäftsfähig und damit auch prozeßfähig, soweit die gesetzlichen Vertreter die sozialrechtliche Handlungsfähigkeit nicht ausdrücklich eingeschränkt haben. Unter dieser Voraussetzung können Minderjährige einen Rechtsstreit vor dem Sozialgericht ohne ihre Eltern oder sonstigen gesetzlichen Vertreter führen. Als Beispiel sei ein Streit über die Höhe des Krankengeldes oder einer Rente nach einem Berufsunfall angeführt.

Vormundschafts- und Familiensachen

In Verfahren vor dem Vormundschaftsgericht und dem Familiengericht, soweit es sich um frühere Vormundschaftssachen handelt, besteht eine beschränkte Prozeßfähigkeit eigener Art „in allen die Person des Minderjährigen betreffenden Angelegenheiten" (§ 56 Abs. 1 FGG).

Der Ausdruck Prozeßfähigkeit paßt in dem Verfahren der freiwilligen Gerichtsbarkeit nicht recht, weil es sich dabei nicht um ein Prozeßverhältnis der üblichen Art mit klagenden und beklagten Parteien handelt. Meist sind nicht einmal mehrere Personen als Antragsteller oder Antragsgegner an einem Verfahren beteiligt. Man könnte von „Verfahrensfähigkeit in Verfahren der freiwilligen Gerichtsbarkeit" sprechen. Der Sache nach handelt es sich aber um das, was bisher als Prozeßfähigkeit erörtert worden ist. Insbesondere im Beschwerdeverfahren kann der beschwerdeberechtigte Minderjährige alle Prozeßhandlungen vornehmen, die die Beschwerde mit sich bringt. Darum soll hier der Ausdruck Prozeßfähigkeit beibehalten werden.

Drei prozessuale Rechtsstellungen des Minderjährigen in Vormundschaftssachen sind darzustellen: Anhörungsrechte, Antragsrechte und Beschwerderecht.

Anhörungsrechte

In einer Reihe von Fällen sind Minderjährige vor einer Entscheidung des Vormundschaftsgerichts anzuhören:

- ab Vollendung des 10. Lebensjahres in bestimmten Fällen nach dem Gesetz über die religiöse Kindererziehung (§§ 2 Abs. 3 Satz 5, 3 Abs. 2 Satz 5 RelKErzG),
- ab Vollendung des 14. Lebensjahres vor Rückübertragung der elterlichen Sorge auf die Mutter bei Ausfall der elterlichen Sorge des Vaters nach einer Ehelicherklärung auf Antrag des Vaters (§ 1738 Abs. 2 BGB),
- ab Vollendung des 14. Lebensjahres vor Genehmigung eines Arbeits- oder Lehrvertrages oder vor Genehmigung der Entlassung aus der deutschen Staatsangehörigkeit (§ 1827 Abs. 1 BGB),
- ab Vollendung des 14. Lebensjahres vor Genehmigung eines Rechtsgeschäftes über Grundstücke, Schiffe oder Unternehmen (§ 1827 Abs. 2 BGB),
- ab Vollendung des 16. Lebensjahres vor einer Änderung des Familiennamens (§ 2 Abs. 2 NamÄndG).

Abgesehen von diesen Anhörungsrechten des Minderjährigen hat der Vormundschaftsrichter, der den Sachverhalt von Amts wegen aufklären muß, stets die Möglichkeit, das Kind vor einer Entscheidung zu hören. Manchmal ist darauf ausdrücklich hingewiesen (vgl. z. B. §§ 1695 Abs. 2, 1729 Abs. 2 BGB).

Antragsrechte

In zahlreichen Fällen haben Minderjährige ein eigenes Recht, durch einen Antrag ein Verfahren vor dem Vormundschaftsgericht in Gang zu setzen. Solche selbständigen Antragsrechte werden jungen Menschen, zumeist nach Vollendung des 14. Lebensjahres, in zahlreichen Bestimmungen des bürgerlichen Rechts ausdrücklich eingeräumt. Ohne Anspruch auf Vollständigkeit seien hier aufgeführt:

- der Antrag, den selbständigen Betrieb eines Erwerbsgeschäftes zu genehmigen (§ 112 Abs. 1 BGB),
- der Antrag, die verweigerte Genehmigung des Vormundes zur Eingehung eines Dienst- oder Arbeitsverhältnisses zu ersetzen (§113 Abs. 3 Satz 1 BGB),
- der Antrag auf Ehelicherklärung (§§ 1740 a Abs. 1 Satz 1, 1740 c Satz 1 BGB),
- der Antrag auf Aufhebung einer Adoption (§ 1762 Abs. 1 Satz 3 BGB),
- der Antrag auf Ersetzung der Einwilligung eines Elternteils zur Adoption (§ 1748 Abs. 1 BGB),
- der Antrag auf Entlassung eines Amts- oder Vereinsvormundes (§ 1887 Abs. 2 BGB),
- der Antrag auf Befreiung von dem Ehehindernis der fehlenden Ehemündigkeit (§ 1 Abs. 2 EheG),
- der Antrag, die ohne triftigen Grund verweigerte Einwilligung der Eltern zur Eheschließung zu ersetzen (§ 3 Abs. 3 EheG),
- der Antrag auf Befreiung von dem Eheverbot der Schwägerschaft (§ 4 Abs. 3 Satz 1 EheG),
- der Antrag, die verweigerte Genehmigung der gesetzlichen Vertreter zu einer nach § 30 EheG aufhebbaren Ehe zu ersetzen (§ 30 Abs. 3 EheG),
- der Antrag auf Entscheidung in einem Streit in Fragen der religiösen Kindererziehung (§ 7 RelKErzG).

Außerdem hat jeder Jugendliche in den Fällen, in denen das Vormundschaftsgericht oder das Familiengericht von Amts wegen in seinen Angelegenheiten tätig werden müssen, das Recht, einen Sachverhalt anzuzeigen und dadurch Anlaß zu dem Amtsverfahren zu geben. Gegen die Ablehnung der Einleitung eines Verfahrens ist Beschwerde gegeben. Als Beispiele seien genannt:

- Entziehung des Personensorgerechts, des Rechts der Vermögenssorge oder des Rechts der Vertretung des Kindes (§§ 1666, 1667, 1629 Abs. 2 Satz 2, 1796 BGB),
- Regelung des Umgangs mit dem nicht sorgeberechtigten Elternteil (§§ 1634 Abs. 2, 1711 Abs. 1 BGB),
- Aufhebung der Adoption zum Wohle des Kindes (§ 1763 BGB),
- Maßregelung oder Entlassung des Vormundes bei pflichtwidrigem Verhalten (§§ 1837, 1886 BGB),
- Anordnung einer Erziehungsbeistandschaft oder von Fürsorgeerziehung (§§ 57, 58 Abs. 1 Satz 2, 65 Abs. 1 JWG).

Beschwerderecht

Neben diesen unmittelbaren und „mittelbaren" Antragsrechten wird dem Minderjährigen, der das 14. Lebensjahr vollendet hat und nicht geschäftsunfähig ist, in § 59 FGG ein Beschwerderecht „in allen seine Person betreffenden Angelegenheiten ohne Mitwirkung seines gesetzlichen Vertreters" eingeräumt. Durch das Rechtsmittel der Beschwerde wird die Entscheidung des Vormundschaftsgerichts oder des Familiengerichts angefochten und eine Entscheidung eines höheren Gerichts herbeigeführt. Die Beschwerde in Angelegenheiten der freiwilligen Gerichtsbarkeit ist der Berufung in Verfahren der streitigen Gerichtsbarkeit vergleichbar.

Das Beschwerderecht nach § 59 FGG ist beschränkt auf Angelegenheiten, die unmittelbar oder mittelbar die Personensorge berühren. Kein Beschwerderecht besteht somit in Angelegenheiten der Vermögenssorge.

Zu den die Person des Minderjährigen betreffenden Angelegenheiten gehören alle bei der Erörterung der Anhörungs- und Antragsrechte aufgeführten Punkte. Weiter seien genannt:

- Genehmigung der im Namen des Kindes erhobenen Klage des gesetzlichen Vertreters auf Anfechtung der Ehelichkeit oder auf Anfechtung der nichtehelichen Anerkennung der Vaterschaft (§§ 1597, 1600 k Abs. 1 BGB),
- Entscheidung in einem Streit zwischen Sorgerechtspfleger und Eltern (§ 1630 Abs. 2 BGB),
- Entscheidung in einem Streit zwischen Eltern über die Ausübung des Sorgerechts (vgl. § 13 II 1),
- Entscheidung in einem Herausgabestreit zwischen Eltern (§ 1632 Abs. 2 BGB),
- Übertragung der elterlichen Sorge nach Scheidung oder bei dauerndem Getrenntleben der Eltern, ferner nach Verwirkung oder Entzug der elterlichen Sorge (§§ 1671, 1672, 1679, 1680 BGB),
- Feststellung des Ruhens der elterlichen Sorge (§ 1674 BGB),
- Aufhebung oder Beschränkung der Amtspflegschaft nach § 1707 BGB,
- Ersetzung der Einwilligung der Eltern bei einer Adoption (§ 1748 BGB),
- Genehmigung des Antrages eines Vormundes oder Pflegers zur Namensänderung des Minderjährigen (§ 2 Abs. 1 NamÄndG),
- Genehmigung der Entlassung eines Minderjährigen aus der deutschen Staatsangehörigkeit (§ 19 RuStG, § 1827 Abs. 1 BGB),

- Genehmigung einer mit Freiheitsentziehung verbundenen Unterbringung des Mündels (§ 1800 Abs. 2 BGB),
- Anordnung der Unterbringung des Mündels zur Erziehung in einer Familie oder einer Erziehungsanstalt (§ 1838 Satz 1 BGB),
- Genehmigung der Auswanderung eines unter 18 Jahre alten Mädchens (§ 9 Abs. 1 VO gegen Mißstände im Auswanderungswesen),
- Anordnung der Erziehungsbeistandschaft, der Freiwilligen Erziehungshilfe oder der Fürsorgeerziehung (§ 65 JWG, vgl. ferner § 19 IV 3).

Verwaltungsgerichtsverfahren

Eine beschränkte Prozeßfähigkeit Minderjähriger gibt es in einigen Fällen auch im Verwaltungsgerichtsverfahren (vgl. § 62 Abs. 1 Nr. 2 VwGG). So kann ein Minderjähriger nach Vollendung des 15. Lebensjahres auf Grund seiner sozialrechtlichen Handlungsfähigkeit (§ 4 IV) Ansprüche auf Ausbildungsförderung, Wohngeld, Sozialhilfe u. a. selbständig geltend machen. Ab Vollendung des 16. Lebensjahres kann er gegen die Versagung eines Personalausweises klagen. Wenn einem Minderjährigen, der die Voraussetzungen für bestimmte behördliche Erlaubnisse erfüllt (z. B. Fahrerlaubnis oder Jugendjagdschein), die beantragte Erlaubnis grundlos versagt wird, kann er dagegen Klage vor dem Verwaltungsgericht erheben. Ebenso können Wehrpflichtige im Einberufungs- und Musterungsverfahren und Kriegsdienstverweigerer im Verfahren vor dem Prüfungsausschuß selbständig Anträge stellen, Rechtsmittel einlegen und klagen (§§ 19 Abs. 5, 26 Abs. 6 WehrpflG). Erwähnt sei ferner die Befugnis des Minderjährigen, gegen Gewährung oder Versagung freiwilliger Erziehungsbeistandschaft oder Freiwilliger Erziehungshilfe vor dem Verwaltungsgericht zu klagen (vgl. § 19 IV 3) oder die Wahl der Jugendvertretung anzufechten (§ 58 Abs. 13 PersVG).

Verfassungsgerichtsverfahren

Schließlich ist eine beschränkte Prozeßfähigkeit auch für Verfahren vor dem Bundesverfassungsgericht anzunehmen. Nach § 90 BVerfGG kann „jedermann mit der Behauptung, durch die öffentliche Gewalt in einem seiner Grundrechte oder in einem seiner in Art. 33, 38, 101 und 104 des Grundgesetzes enthaltenen Rechte verletzt zu sein, die Verfassungsbeschwerde ... erheben". In allen den Fällen, in denen ein junger Mensch „grundrechtsmündig" ist (vgl. § 7), bedarf es nicht der Mitwirkung seiner gesetzlichen Vertreter bei der Erhebung der Verfassungsbeschwerde.

III. Zeugnis- und Eidesfähigkeit

Zu den prozessualen Mündigkeiten gehören ferner die Zeugnis- und die Eidesfähigkeit.

1. Zeugnisfähigkeit

Eine Bestimmung darüber, wer Zeuge sein kann, enthalten die Verfahrensordnungen nicht. Die Zeugnisfähigkeit ist somit nach allgemeinen Anforderungen zu beurteilen. Man kann sagen, daß alle Menschen die natürliche Fähigkeit haben, Zeuge zu sein, die

- genügend Verstand und Reife besitzen, um ein Geschehen zu erfassen,
- in der Lage sind, sich durch Sprache oder andere Ausdrucksmittel darüber zu äußern,
- verstehen können, daß sie die Wahrheit sagen müssen.

Kinder sind demnach zeugnisfähig. Feste Altersgrenzen gibt es nicht. Selbst Kleinkinder können in Ausnahmefällen brauchbare Zeugen sein, wenn sie alsbald nach dem zu beweisenden Ereignis durch geschulte Kräfte vernommen werden. Die besonderen Schwierigkeiten, die bei der Vernehmung und bei der Beurteilung der Glaubwürdigkeit kindlicher Zeugen auftreten, können hier nicht dargestellt werden.
Für jeden Menschen, der zeugnisfähig ist, besteht die staatsbürgerliche Zeugnispflicht, wenn er nach Auffassung des Gerichts als Zeuge in Betracht kommt und deshalb zur Verhandlung geladen wird. Die Zeugnispflicht umfaßt die Pflicht zu pünktlichem Erscheinen im Gerichtstermin, die Pflicht zur Aussage, sofern der Zeuge sich nicht auf ein Aussageverweigerungsrecht berufen kann, und die Pflicht, die Aussage zu beschwören, sofern nicht ein Eidesverbot oder ein Eidesverweigerungsrecht besteht. Die Erfüllung dieser Zeugnispflichten kann durch zwangsweise Vorführung sowie Ordnungsstrafen in Geld oder Haft erzwungen werden.
Die gesetzlichen Vertreter eines Minderjährigen haben auf dessen Zeugnispflicht keinen Einfluß. Es kommt nicht darauf an, ob sie mit der Vernehmung einverstanden sind. Wer die Zeugenvernehmung seines Kindes in einem Strafverfahren zu verhindern sucht, kann sich sogar wegen Begünstigung nach § 257 BGB strafbar machen. Dabei ist nicht zu verkennen, daß die Sorgeberechtigten ein verständliches Interesse haben, die nachteiligen Folgen für ein Kind zu vermeiden, die mit der Erfüllung der Zeugnispflicht nach geltendem Recht verbunden sein können. Es kommt beispielsweise nicht selten vor, daß ein Kind, das Opfer eines Sexualverbrechens geworden ist, zunächst im Ermittlungsverfahren von der weiblichen Kriminalpolizei und dann vom Jugendrichter vernommen wird. Ein drittes Mal, und zwar regelmäßig Monate später, muß das Kind in der Hauptverhandlung aussagen. Ergeben sich dabei Zweifel an seiner Glaubwürdigkeit, dann wird in vielen Fällen ein psychologisches Gutachten über die Glaubwürdigkeit eingeholt. Der Gutachter befragt das Kind nochmals ausführlich und möglicherweise wiederholt zum Tatgeschehen. In der anschließenden erneuten Hauptverhandlung, die meistens erst über ein Jahr nach der Tat stattfinden kann, muß das Kind sich die Tat nochmals ins Gedächtnis rufen. Bei diesem Beispiel ist nicht einmal berücksichtigt, daß die Hauptverhandlung nach einer Vernehmung des Kindes aus anderen Gründen vertagt und nochmals begonnen werden muß. Es ist auch nicht der ungünstige Fall angenommen worden, daß das Urteil der ersten Instanz mit der Berufung angefochten oder auf Revision aufgehoben worden ist, so daß es deswegen zu einer weiteren Hauptverhandlung kommt. Man kann verstehen, daß Eltern ihren Kindern diese Qualen ersparen wollen. Möglicherweise hätte das Opfer die Tat ohne das Strafverfahren längst vergessen und das Erlebnis verdrängt oder verarbeitet. Nicht selten bedauern die Eltern später, daß sie eine solche Tat überhaupt angezeigt haben, weil der Schaden, der durch die wiederholten Vernehmungen entsteht, größer sein kann als der Schaden, den das Kind durch die Tat selbst erlitten hat.
Die in letzter Zeit eingeführten Bestimmungen der §§ 241 a Abs. 1 und 247 Satz 2 StPO, wonach kindliche und jugendliche Zeugen unter 16 Jahren grundsätzlich nur vom Vorsitzenden des Gerichts allein und bei drohenden Nachteilen für die Entwicklung des Zeugen auch in Abwesenheit des Angeklagten vernommen werden, können nur weitere Schädigungen durch ungehöriges Befragen und Gegenüberstellung mit dem Täter verhindern, aber nicht die aufgezeigten Nachteile.

Etwas mehr Einfluß haben gesetzliche Vertreter bei der Entscheidung über ein dem Kind zustehendes Zeugnisverweigerungsrecht wegen Verwandtschaft oder Schwägerschaft oder über das gleichzubehandelnde Recht, in einem Strafverfahren eine körperliche Untersuchung zu verweigern (§ 52 StPO, § 383 Abs. 1 Nr. 3 ZPO, § 81 c StPO). Dabei geht es um zwei Fragen:

- ► Wer ist (gem. §§ 52 Abs. 2 Satz 1, 81 c Abs. 1 StPO, § 383 Abs. 2 ZPO) über das Recht zur Verweigerung der Aussage oder der Untersuchung zu belehren?
- ► Wer entscheidet, ob von dem Zeugnisverweigerungsrecht Gebrauch gemacht werden soll?

Beide Fragen waren bisher gesetzlich nicht geregelt. Rechtsprechung und Lehre haben folgenden Standpunkt entwickelt, der für das Strafverfahren in den §§ 52 Abs. 2 und 3, 81 c Abs. 3 StPO übernommen worden ist:

In jedem Fall ist das Kind über sein Recht zu belehren. Der Richter muß feststellen, ob es die zum Verständnis seines Zeugnisverweigerungsrechts erforderliche Reife besitzt. Dazu ist nicht erforderlich, daß es alle Folgen überblicken kann, die sich aus seiner Aussage für den Angehörigen ergeben können. In einem Strafverfahren beispielsweise muß ihm aber klar sein, daß dem Angehörigen Strafe droht und daß seine Aussage zu der Bestrafung beitragen kann. Dem kindlichen Zeugen muß ferner der Konflikt bewußt werden, der durch eine nachteilige Aussage entstehen kann. Er muß verstehen, daß er dem durch die Zeugnisverweigerung entgehen kann.
Kommt der Richter zu dem Ergebnis, daß dem Minderjährigen die zum Verständnis des Zeugnisverweigerungsrechts erforderliche geistige und soziale Reife fehlt, müssen die Sorgeberechtigten belehrt werden, die dann zur Vertretung des Kindes in der Ausübung des Zeugnisverweigerungsrechtes berufen sind.
Nun kommt es nicht selten vor, daß ein Elternteil oder beide Eltern Partei oder Beschuldigte des Verfahrens sind, in dem das Kind aussagen soll. Da sie in solchen Fällen an einer Aussage oder Verweigerung der Aussage selbst interessiert sind, können sie nicht sachgerecht und nur am Wohl des Kindes orientiert entscheiden. Dann muß ihnen das Vormundschaftsgericht die Vertretung entziehen und einem Ergänzungspfleger übertragen, der das Kind bei der Ausübung des Zeugnisverweigerungsrechtes vertritt (§§ 1626 Abs. 2, 1796, 1909 BGB). Er muß vom Prozeßgericht über das Zeugnisverweigerungsrecht belehrt werden.
Die Frage, wer über die Ausübung des Zeugnisverweigerungsrechtes entscheidet, hängt also zunächst davon ab, ob das Kind die zum Verständnis des Zeugnisverweigerungsrechts erforderliche psycho-soziale Reife besitzt. Ist es nach seiner Entwicklung in der Lage, selbst zu entscheiden, dann steht das Recht allein ihm zu. Auf die Zustimmung oder Mitwirkung der Eltern oder anderer gesetzlicher Vertreter kommt es nicht an. Fehlt dem Kind dagegen die nötige Reife, dann müssen die Sorgeberechtigten an seiner Stelle entscheiden. Steht, wie regelmäßig, das Sorgerecht beiden Eltern zu und entscheiden sie sich nicht einheitlich, dann muß die Vernehmung des Kindes unterbleiben.
Aber auch dann, wenn die gesetzlichen Vertreter einer Vernehmung des Kindes zustimmen, bleibt es letztlich dem Kind selbst überlassen, ob es aussagen will oder nicht. Das Zeugnisverweigerungsrecht ist ein höchstpersönliches Recht. Die möglichen Folgen des Verzichts auf das Recht hat das Kind zu tragen. Mit dem Schutzzweck der Regelung

ist jeder Aussagezwang unvereinbar. Über sein Recht, trotz Zustimmung der gesetzlichen Vertreter nicht auszusagen, ist das Kind in angemessener Form zu belehren. Es soll verstehen, daß es unabhängig vom Willen der Eltern nicht zu einer Aussage verpflichtet ist.

2. Eidesfähigkeit

Gegenüber dieser verwickelten Regelung des Zeugnisverweigerungsrechts ist die Darstellung der Eidesfähigkeit eines Minderjährigen einfach: Jugendliche unter 16 Jahren sind eidesunmündig und dürfen nicht vor Gericht schwören (§ 393 Nr. 1 ZPO, § 60 Nr. 1 StPO). Ab Vollendung des 16. Lebensjahres sind junge Menschen eidesmündig und können vereidigt werden, es sei denn, sie hätten wegen mangelnder Verstandesreife oder wegen Verstandesschwäche vom Wesen und der Bedeutung des Eides keine genügende Vorstellung.

§ 7 Grundrechtsmündigkeit

Vom Staatsrecht ausgehend, ist es im Familienrecht in den letzten Jahren zu einer lebhaften Diskussion unter dem Stichwort „Grundrechtsmündigkeit" gekommen.

I. Grundrechtsfähigkeit

Es geht zunächst darum, ob Minderjährige Träger von Grundrechten sein können. Der damit angesprochene Begriff der Grundrechtsfähigkeit für natürliche Personen ist teilweise enger und teilweise weiter als die Rechtsfähigkeit des bürgerlichen Rechts. Eine Erweiterung liegt darin, daß das Recht auf Leben und körperliche Unversehrtheit nach Art. 2 Abs. 1 GG schon das Kind im Mutterleib schützt. Eine Einschränkung folgt einmal daraus, daß einige Grundrechte nur Deutschen zustehen (z. B. die Versammlungsfreiheit nach Art. 8 Abs. 1 GG, die Vereinsfreiheit nach Art. 11 GG, das Recht auf freie Berufswahl nach Art. 12 Abs. 1 GG), zum anderen daraus, daß verschiedene Grundrechte bestimmte natürliche oder rechtliche Eigenschaften voraussetzen, die nicht jede rechtsfähige Person besitzt (z. B. die Eigenschaft als Mutter, Art. 6 Abs. 4 GG, die Eigenschaft als Abgeordneter, Art. 38 Abs. 1, 46, 47, 49 GG, das Alter für das aktive und passive Wahlrecht, Art. 38 Abs. 2 GG). Von diesen Ausnahmen abgesehen, decken sich die Begriffe Rechtsfähigkeit und Grundrechtsfähigkeit. Alter und allgemeine Mündigkeit haben für die Frage, ob Minderjährige Inhaber von Grundrechten sind, keine weitere Bedeutung. Ebenso wie bei der Rechtsfähigkeit ist die Grundrechtsfähigkeit eine Frage des Dürfens oder Habens und nicht des Könnens. Fehlende natürliche Handlungsfähigkeit beeinträchtigt die Grundrechtsfähigkeit nicht. Ein Kind hat also Grundrechte, obwohl es sie vielleicht aus tatsächlichen Gründen nicht ausüben kann. Das wird klarer, wenn man an Grundrechte wie den Schutz der Menschenwürde (Art. 1 Abs. 1 GG), das Recht auf freie Entfaltung der Persönlichkeit (Art. 2 Abs. 1 GG) oder das Recht auf Gleichheit vor dem Gesetz (Art. 3 Abs. 1 GG) denkt. Niemand zweifelt, daß einem Kind diese Grundrechte zustehen.

II. Grundrechtsmündigkeit

Eine ganz andere Frage ist, ob Minderjährige ihre Grundrechte selbständig ausüben können. Ein Vergleich mit der Geschäftsfähigkeit und der Mündigkeit des bürgerlichen Rechts drängt sich auf und hat zu dem Begriff der Grundrechtsmündigkeit geführt.

Als unproblematisch können zunächst die Fälle ausscheiden, in denen das Kind noch nicht die notwendigen natürlichen Fähigkeiten hat, ein Grundrecht selbst wahrzunehmen. Wenn es nicht ungeschützt sein soll, müssen die Eltern für das Kind handeln und es vertreten. Außer Betracht bleiben können ferner solche Grundrechte, deren Ausübung von bestimmten Fertigkeiten abhängt. Die Ausübung des Rechts auf freie Meinungsbildung durch Zeitungslektüre, ein Teil der Informationsfreiheit nach Art. 5 Abs. 1 GG, setzt regelmäßig voraus, daß der Grundrechtsinhaber lesen kann. Es gibt auch keinen Streit darüber, daß die Ausübung der Grundrechte den gesetzlichen Vertretern zusteht, wenn der Minderjährige infolge geistiger und sozialer Unreife noch keine sachgerechte, eigenverantwortliche Entscheidung treffen kann. In allen diesen Fällen sind die Eltern notwendige Sachwalter der Grundrechte des Kindes.

Andererseits sind die Fälle klar, in denen Minderjährige kraft ausdrücklicher gesetzlicher Regelung Grundrechte selbständig, auch gegen den Willen ihrer gesetzlichen Vertreter, ausüben können. Dazu gehört etwa das Grundrecht der Glaubens- und Bekenntnisfreiheit (Art. 4 Abs. 1 GG), dessen Ausübung durch Minderjährige in dem Gesetz über die religiöse Kindererziehung geregelt ist. Erwähnenswert ist in diesem Zusammenhang das Recht auf Kriegsdienstverweigerung (Art. 12 a Abs. 2 GG), das der Minderjährige nach §§ 26 Abs. 5, 19 Abs. 5 WehrpflG selbständig geltend machen kann. Hier sind auch die Grundrechte zu nennen, die sich auf das Strafverfahren beziehen, insbesondere das Recht auf Achtung der Menschenwürde (Art. 1 Abs. 1 GG), das Recht auf den gesetzlichen Richter (Art. 101 Abs. 1 Satz 2 GG), die Grundrechte des Angeklagten (Art. 103 Abs. 1–3 GG) und die Rechtsgarantien bei Freiheitsentzug (Art. 104 GG). Alle diese Grundrechte kann der strafmündige Jugendliche (vgl. § 28 II 1) selbständig ausüben. Er ist in diesen Teilbereichen grundrechtsmündig.

Schwierigkeiten bereitet dagegen die Frage, ob darüber hinaus eine allgemeine Grundrechtsmündigkeit angenommen werden kann, wenn der Jugendliche eine geistige, sittliche und soziale Reife erlangt hat, die ihn befähigt, die Vor- und Nachteile eines Sachverhalts zu erkennen und gegeneinander abzuwägen, sich also sachgerecht und verantwortlich zu entscheiden.

An dieser Stelle muß man zwei Problemkreise auseinanderhalten: Es geht einmal um die Frage, ob ein Minderjähriger mit der erforderlichen Reife seine Grundrechte gegenüber dem Staat selbständig durchsetzen kann. Die Beantwortung dieser Frage wird zunächst zurückgestellt. Zweitens handelt es sich um die Frage, ob ein Minderjähriger Grundrechte auch gegenüber seinen Eltern geltend machen kann.

Die zweite Frage hat den Anstoß zu der Diskussion über die Grundrechtsmündigkeit gegeben. Die Problematik wird besonders deutlich, wenn Grundrechte der Handlungsfreiheit, die die freie und eigenverantwortliche Selbstbestimmung und Selbstverwirklichung schützen sollen, mit der elterlichen Sorge in Widerspruch geraten. Zu diesen Grundrechten der Handlungsfreiheit zählen beispielsweise das Recht auf freie Entfaltung der Persönlichkeit (Art. 2 Abs. 1 GG), das Recht auf freie Meinungsäußerung (Art. 5 Abs. 1 GG), das Recht auf freie Wahl des Berufes, des Arbeitsplatzes und der Ausbildungsstätte (Art. 12 Abs. 1 GG), aber natürlich auch weniger hervorragende Grundrechte wie die Versammlungsfreiheit (Art. 8 GG) oder die Vereinsfreiheit (Art. 9 Abs. 1 und 3 GG).

Einige Fragen sollen die Problematik verdeutlichen:

- Darf ein minderjähriger Arbeitnehmer sich an den Wahlen zur Jugendvertretung beteiligen oder sich wählen lassen?
- Können die Eltern verhindern, daß ihre minderjährigen Kinder politischen Parteien beitreten?
- Haben die Eltern die Möglichkeit, ihrem 17jährigen Sohn die Mitarbeit an einer „roten“ Schülerzeitung zu verbieten?
- Müssen die Eltern dulden, daß sich ihre minderjährige Tochter an Demonstrationen, etwa für die Freigabe der Abtreibung, beteiligt?
- Sind die Eltern berechtigt, die Liebesbriefe ihrer 17jährigen Tochter zu kontrollieren? Dürfen sie den Umgang mit einem Freund ohne Grund oder deshalb verbieten, weil sie befürchten, die Tochter könne schwanger werden?

- Können Eltern ihren 16jährigen Sohn, der Theologie studieren will und nach seinen Fähigkeiten und Leistungen dazu in der Lage wäre, zwingen, die Oberschule zu verlassen und eine Lehre zu machen, damit er später den Familienbetrieb übernehmen kann?
- Dürfen Eltern ihre 16jährige Tochter durch Abschneiden der Haare und Festbinden an Bett und Stuhl daran hindern, weiter „auf den Strich zu gehen"?
- Dürfen Eltern eine fast 18 Jahre alte Tochter noch körperlich züchtigen, wenn ein triftiger Grund vorliegt? Auch in Gegenwart eines 3jährigen Kindes der Tochter?
- Hätten ihre Eltern der damals 16jährigen Ulrike Meyfarth die Teilnahme an den Olympischen Spielen verbieten können?

Die damit angesprochene Frage nach dem Verhältnis von Grundrechtsmündigkeit und elterlicher Sorge stellt sich allerdings nur, wenn Grundrechte unmittelbar zwischen Eltern und Kindern gelten. Das ist keinesfalls selbstverständlich. An sich sind Grundrechte Abwehrrechte gegen Übergriffe und Eingriffe des Staates in die Rechte des Bürgers. Ob alle oder einige Grundrechte über das Verhältnis Bürger – Staat hinaus zwischen gleichberechtigten Bürgern gelten, ist sehr streitig. Diese sog. Drittwirkung der Grundrechte wird vornehmlich von den Arbeitsgerichten vertreten, beispielsweise für das Grundrecht der Gleichberechtigung von Mann und Frau (Art. 3 Abs. 2 GG) zur Durchsetzung des Grundsatzes: Gleicher Lohn für gleiche Arbeit. Im übrigen wird eine unmittelbare Drittwirkung der Grundrechte von Rechtssprechung und Rechtslehre nur vereinzelt angenommen. Im Arbeitsrecht besteht nun allerdings die Besonderheit, daß Arbeitgeber und Arbeitnehmer nicht wirklich gleichgestellt sind, sondern daß sich der Arbeitnehmer in einem Verhältnis der Unterordnung und Abhängigkeit befindet, das an staatliche Gewaltverhältnisse erinnert. Ob ein solches tatsächliches Abhängigkeitsverhältnis aber zwischen Vermieter und Mieter besteht und es deswegen ein Gebot der Gerechtigkeit ist, im Mietrecht den Gleichberechtigungsgrundsatz anzuwenden, erscheint doch sehr zweifelhaft. Warum sollte es einem Vermieter verwehrt sein, verschieden hohe Mieten für gleich große und gleich ausgestattete Wohnungen zu verlangen? Und soll etwa, um ein Beispiel aus einem anderen Bereich des bürgerlichen Rechts zu bringen, ein Testament deswegen nichtig sein, weil ein Vater seine Tochter aus rechtlich unbeachtlichen Gründen anders bedenkt als seinen Sohn?

Die herrschende Meinung verneint eine unmittelbare Drittwirkung von Grundrechten im Verhältnis von Eltern und Kindern, so daß es danach nicht zu einem Streit zwischen Grundrechten eines Kindes und dem Elternrecht nach Art. 6 Abs. 2 GG kommen kann. Tatsächlich erscheint es vom Ansatz her verfehlt, das Eltern-Kind-Verhältnis einem besonderen Gewaltverhältnis des öffentlichen Rechts gleichzustellen, es also zu vergleichen mit den Beziehungen zwischen Beamten und Staat, Schüler und Schule, Soldat und Bundeswehr, Fürsorgezögling und Landesjugendamt. Damit würde der grundlegende Unterschied zwischen einem familienrechtlichen und öffentlich-rechtlichen Verhältnis mißachtet. Selbst ein Vergleich mit Abhängigkeitsverhältnissen im bürgerlichen Recht ist verfehlt. Anders als etwa Arbeitgeber oder Vermieter sind die Eltern regelmäßig nicht auf ihren Vorteil bedacht, sondern auf den ihrer Kinder. Sie wollen durch ihre Erziehung und die Ausübung der elterlichen Sorge erreichen, was sich die Verfassung durch den Schutz von Handlungsfreiheiten zum Ziel gesetzt hat: die freie Entfaltung des Menschen zu einer selbstverantwortlichen Persönlichkeit.

Man darf daher nicht von einem grundsätzlichen Gegensatz zwischen den Freiheitsrechten des Kindes und dem Elternrecht ausgehen. Das schließt nicht aus, daß es im Einzelfall zu Konflikten kommt. Die Lösung liegt aber nicht in einer unmittelbaren Drittwirkung der Grundrechte für das Eltern-Kind-Verhältnis, sondern darin daß die elterliche Sorge im Licht der Freiheitsrechte des Kindes neu gesehen werden muß.

Es ist anerkannt, daß Grundrechte bei der Auslegung des geltenden Rechts zu berücksichtigen sind. Das gilt besonders für die gerade im Familienrecht zahlreichen unbestimmten Rechtsbegriffe. Für die elterliche Sorge bedeutet es, daß nur eine die Grundrechte des Kindes achtende Fürsorge rechtmäßig ist. Durch eine an den Grundrechten orientierte Wertung und Auslegung der bestehenden Schutzvorschriften gegen Mißbrauch der elterlichen Sorge lassen sich die oben gestellten Fragen zufriedenstellend lösen, zumal wenn sich aus den hier nicht zu erfassenden Umständen des Einzelfalles weitere Gesichtspunkte für die Entscheidung ergeben. Das wird bei der Behandlung der elterlichen Sorge näher auszuführen sein. Hier kann gesagt werden, daß Inhalt und Ausübung der elterlichen Sorge nach dem Leitbild der Verfassung neu durchdacht werden müssen. Die Auffassung von einer unbeschränkten Herrschaft der Eltern über ihre minderjährigen Kinder stimmt nicht mehr. Das Bundesverfassungsgericht hat zum Elternrecht erklärt: „Eine Verfassung, welche die Würde des Menschen in den Mittelpunkt ihres Wertsystems stellt, kann bei der Ordnung zwischenmenschlicher Beziehungen grundsätzlich niemandem Rechte an der Person eines anderen einräumen, die nicht zugleich pflichtgebunden sind und die Menschenwürde des anderen respektieren.“ Eine allmähliche Erstarkung der Rechte des Kindes geht einher mit einem Abbau der elterlichen Sorge (vgl. § 13 V 2). Dann kann ein verhältnismäßig geringfügiger Eingriff in erstarkte Rechte des Kindes als Mißbrauch der elterlichen Sorge angesehen werden und Schutzmaßnahmen des Vormundschaftsgerichts rechtfertigen.

Die oben offen gebliebene Frage, ob ein Minderjähriger mit der erforderlichen Reife seine Grundrechte gegen den Staat selbständig ausüben kann, beantwortet die herrschende Auffassung dahin, daß eine selbständige Ausübung immer dann möglich sei, wenn das bürgerliche Recht eine Freistellung von den Befugnissen der familienrechtlichen Gewalthaber vorsehe. Die Grundrechtsmündigkeit soll also entsprechend der Regelung der beschränkten Geschäftsfähigkeit behandelt werden. Nach der hier vertretenen Auffassung vom allmählichen Abbau der elterlichen Sorge ist dagegen eine allgemeine Grundrechtsmündigkeit bei ausreichender Reife und Entscheidungsfähigkeit des Minderjährigen anzunehmen.

Danach ist als Ergebnis festzuhalten:

- Kinder sind grundrechtsfähig.
- Solange Kinder aus alters- und entwicklungsbedingten tatsächlichen Gründen keinen Gebrauch von ihren Grundrechten machen können, müssen sie von ihren Eltern vertreten werden.
- Sofern Jugendliche, die dazu tatsächlich in der Lage sind, Grundrechte nicht ohnehin kraft ausdrücklicher gesetzlicher Regelung selbständig wahrnehmen können, hängt ihre Grundrechtsmündigkeit im Einzelfall von der reifebedingten Entscheidungsfähigkeit ab.

- Für das Eltern-Kind-Verhältnis ist die Grundrechtsmündigkeit nur mittelbar von Bedeutung dadurch, daß Konflikte zwischen Freiheitsrechten des Kindes und elterlicher Sorge unter dem Gesichtspunkt des Mißbrauchs einer neu auszulegenden elterlichen Sorge gesehen werden müssen.
- Minderjährige können gegenüber der staatlichen Gewalt ihre Grundrechte selbst wahrnehmen, wenn sie reif genug sind, sich sachgerecht entscheiden zu können.

§ 8 Öffentlich-rechtliche Teilmündigkeiten

Einige weitere Teilmündigkeiten gibt es im öffentlichen Recht.

I. Behördliche Erlaubnisse

Zunächst ist die Rechtsstellung des Minderjährigen bei der Erlangung von behördlichen Erlaubnissen zu erwähnen.
So muß die Straßenverkehrsbehörde einem Jugendlichen, der die vorgeschriebene Fahrprüfung bestanden hat, eine Fahrerlaubnis der Klasse 4 oder 5 erteilen, wenn das Mindestalter von 16 Jahren (§ 7 StVZO) erreicht ist. Die Zustimmung der gesetzlichen Vertreter ist nicht erforderlich. Der Minderjährige kann den Antrag sogar gegen den Willen der Sorgeberechtigten stellen. Für Klagen vor dem Verwaltungsgericht wegen Versagung oder Entziehung der Fahrerlaubnis ist er unbeschränkt prozeßfähig. Das gleiche gilt für die Erteilung eines Jugendjagdscheines, der ab Vollendung des 16. Lebensjahres erworben werden kann (§§ 16, 17 Abs. 2 Nr. 1 BJagdG).
Diese Grundsätze sind ebenso anzuwenden, wenn der Minderjährige die sachlichen Voraussetzungen anderer Erlaubnisse, etwa nach dem Gaststättengesetz oder der Gewerbeordnung, erfüllt, die Gesetze aber kein Mindestalter verlangen. Es kommt für das öffentliche Recht nicht darauf an, ob der Minderjährige nach bürgerlichem Recht (vgl. § 112 BGB) nur mit Zustimmung der gesetzlichen Vertreter von der Erlaubnis selbständig Gebrauch machen kann. Zur Klarstellung: Auch die Erteilung eines Jagdscheines oder einer Fahrerlaubnis berechtigt den Jugendlichen nicht, gegen den Willen seiner Erziehungsberechtigten die Jagd auszuüben oder mit einem Kraftfahrzeug zu fahren.

II. Besondere Gewaltverhältnisse

Eine vom Einfluß der gesetzlichen Vertreter unabhängige Rechtsstellung hat der Minderjährige in besonderen Gewaltverhältnissen des öffentlichen Rechts.
Es wurde schon darauf hingewiesen, daß Wehrpflichtige im Musterungsverfahren und Kriegsdienstverweigerer im Prüfungsverfahren ihre Rechte selbständig ausüben können und unbeschränkt prozeßfähig sind (§§ 19 Abs. 5, 26 Abs. 1 WehrpflG). Während des Wehrdienstes steht ein (ausnahmsweise) Minderjähriger im Rahmen des besonderen Gewaltverhältnisses einem Volljährigen gleich. Ein Soldat kann beispielsweise frei darüber entscheiden, zu welcher Waffengattung er sich melden will, ob er eine Beförderung anstreben oder annehmen will, ob er sich zu Lehrgängen meldet usw.
Eben so kann ein jugendlicher Strafgefangener oder Untersuchungshäftling alle ihm nach der Strafvollstreckungsordnung oder der Untersuchungshaftvollzugsordnung zustehenden Rechte selbständig ausüben. Als weiteres besonderes Gewaltverhältnis des öffentlichen Rechts sei die Fürsorgeerziehung genannt.
Entsprechendes gilt für die Ausübung der einem Schüler zustehenden Rechte. Für die (höchstpersönlichen) Wahlrechte im Rahmen der Schülermitverwaltung wird das allgemein für selbstverständlich gehalten. Streitig ist aber beispielsweise, ob bei der Fächerwahl in der sogenannten differenzierten Mittelstufe oder der gymnasialen

Oberstufe der Schüler selbst oder seine gesetzlichen Vertreter oder beide gemeinsam zu entscheiden haben. Die Auffassung, das sei ebenso zu behandeln wie die Entscheidung über den Schulbesuch überhaupt, es komme also auf den Willen der Eltern an, erscheint nicht überzeugend. Damit ließe sich nahezu jede Einmischung selbst in rein schulische Belange und in höchstpersönliche Rechte des Schülers rechtfertigen. Die Tatsache, daß den Eltern die grundlegende Entscheidung über den Besuch einer weiterführenden Schule zusteht, bedeutet somit nicht, daß sie auch in Einzelfragen bestimmen können, die sich aus der Einordnung ihres Kindes in das besondere Rechtsverhältnis des öffentlichen Rechts ergeben. Selbstverständlich bleibt den Eltern unbenommen, ihr Kind von der Schule zu nehmen oder die Schule zu wechseln, sofern das mit dem Wohl des Kindes vereinbar ist und keinen Mißbrauch der elterlichen Sorge darstellt. Die Rechtslage ist dann vergleichbar mit dem Widerruf einer Ermächtigung nach den §§ 112 oder 113 BGB: Nach dem Widerruf und nach dem Ausscheiden des Kindes aus dem besonderen Rechtsverhältnis liegt die Entscheidungsbefugnis wieder bei den Eltern; so lange aber die Ermächtigung besteht oder das Kind der Schule angehört, kann der Minderjährige selbst und allein entscheiden.
Die elterliche Sorge erstreckt sich in allen diesen und ähnlichen Fällen nicht auf das besondere Gewaltverhältnis. Insoweit liegt eine auf das jeweilige Gewaltverhältnis beschränkte Teilmündigkeit vor. Sie schließt nicht aus, daß die gesetzlichen Vertreter neben dem Minderjährigen befugt bleiben, dessen Rechte zu verfolgen oder daß sie eigene Rechte geltend machen können.

III. Wahlrechte

Der elterlichen Sorge entzogen sind ferner die Jugendlichen zustehenden Wahlrechte. Nachdem durch die Herabsetzung des Volljährigkeitsalters nur noch Volljährige das aktive und passive Wahlrecht zu den Gesetzgebungsorganen (Bundestag, Landtag, Gemeindevertretung) haben, kommen vornehmlich aus dem Arbeitsverhältnis fließende Wahlrechte in Betracht, etwa das vom Alter unabhängige aktive und das ab Vollendung des 16. Lebensjahres bestehende passive Wahlrecht zur Jugendvertretung (§ 20 Abs. 2 BetrVG, § 23 Abs. 2 PersVG) oder das altersunabhängige aktive Wahlrecht für die Gesellenausschüsse bei den Handwerksinnungen und die Gesellenmitglieder bei den Handwerkskammern (§§ 64, 91 Abs. 2 HandwO). Man kann hier auch die Wahlrechte des Schülers nennen.

B: DER JUNGE MENSCH IN DER FAMILIE

§ 9 Familienrechtliche Grundbegriffe

I. Familie

Der natürliche Sprachgebrauch versteht unter Familie einmal die aus den Ehegatten allein (Gattenfamilie) oder aus Eltern und ledigen Kindern bestehende Kleinfamilie, zum anderen die Großfamilie, in der zahlreiche Verwandte mehrerer Generationen zusammenleben und die Sippe, die Gemeinschaft aller Verwandten. Soziologie und Pädagogik verwenden den Begriff Kernfamilie und verstehen darunter die aus Eltern oder zwei Dauerpflegepersonen verschiedenen Geschlechts und einer geringen Anzahl kleinerer Kinder bestehende Familie, in der die Kinder erzogen werden und die Prozesse der Sozialisation und Enkulturation stattfinden. Im Recht gibt es keine eigene Begriffsbestimmung der Familie. Die verschiedenen Erscheinungsformen der Familie kann man durch unterschiedlich große, sich deckende Kreise verdeutlichen.

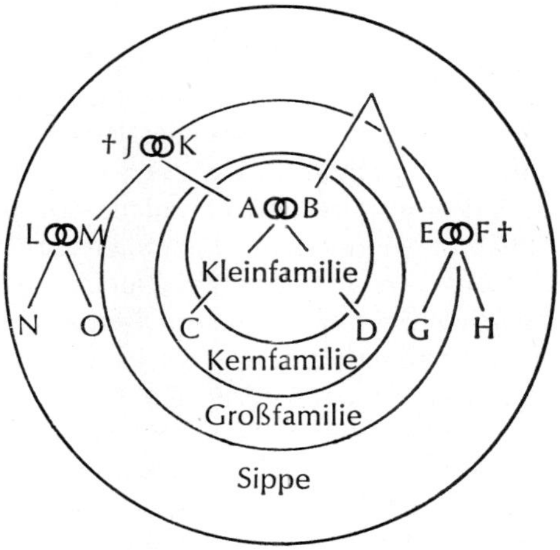

Der engste Kreis soll die – im Beispiel nur aus den Ehegatten A und B bestehende – Kleinfamilie darstellen. Der zweite Kreis umfaßt die Kernfamilie, die hier aus den Eltern A und B sowie den (minderjährigen) Kindern C und D gebildet wird. Im dritten Kreis sind die Mitglieder einer Großfamilie aufgeführt, im Beispiel die im Haushalt der Familie A/B lebenden E, G und K, nämlich die verwitwete Schwester (E) der B, deren Tochter (G) sowie die verwitwete Mutter (K) des A. Die übrigen mit A und B verwandten oder verschwägerten Personen, hier beispielhaft H und L–O, zählen zur Sippe.

Der Gesetzgeber hat im Eherecht und Kindschaftsrecht in erster Linie die Beziehungen zwischen den Mitgliedern der Kleinfamilie geordnet. Ihr allein gilt der verfassungsrechtliche Schutz des Staates nach Art. 6 GG oder den Bestimmungen der Länderverfassungen (z. B. Art. 124 VerfBay, Art. 21 VerfBre, Art. 4 VerfHes, Art. 5 VerfNRW, Art. 23 VerfRPf, Art. 22 VerfSa), und zwar nicht nur der vollständigen Kleinfamilie, sondern auch der unvollständigen Familie (Mutter- oder Vaterfamilie, Halbfamilie), der Gemeinschaft eines Elternteils mit seinem Kind. Für die aus geschiedenem oder verwitwetem Elternteil und Kindern bestehende unvollständige Familie (Restfamilie) ist das immer selbstverständlich gewesen. Das Bundesverfassungsgericht hat klargestellt, daß die aus Mutter und nichtehelichem Kind bestehende Familie gleichfalls unter dem besonderen Schutz des Grundgesetzes steht.

Soziologisch gesehen ist die Familie die grundlegende soziale Gruppe. Ihre Aufgaben sind:

- Reproduktion,
- biologische, emotionale und wirtschaftliche Erhaltung des Individuums,
- Statuszuweisung (soziale Plazierung),
- Sozialisation und soziale Kontrolle.

Die Erhaltung der Art und die Sicherung des Bevölkerungsnachwuchses sowie die Pflege, Betreuung und Versorgung der Familienmitglieder interessieren hier nicht. Die übrigen Aufgaben der Familie lassen sich auch als erzieherische (edukative) Funktion bezeichnen.

Die Sozialisation (auch: Sozialisierung) ist zweifellos der wichtigste Teil dieser Funktion. Man versteht darunter das Hineinwachsen des einzelnen in seine soziale und kulturelle Umwelt durch Vermittlung von Normen, Werten, Symbolen, Verhaltensweisen, Denkstilen, Kenntnissen, Techniken, Gefühlen und Motivationen der Gruppe und der Kultur, der das Individuum angehört. Anders: Sozialisation ist der Prozeß, durch den der junge Mensch die Normen und Kenntnisse der ihn umgebenden Gruppen erwirbt und die seiner Position in diesen Gruppen entsprechenden sozialen Rollen erlernt. Sozialisation vollzieht sich mit der Übertragung von Verhaltenserwartungen im Rahmen von Interaktionsprozessen. Sie ist ein zweiseitiger Lernvorgang. Das Kind lernt insbesondere durch das Vorbild der Eltern und durch Identifikation mit ihnen die von der Familie überlieferten Verhaltenserwartungen sowie seine Rollen. Unter der sozialen Kontrolle der Familie paßt es sich an und erwirbt so „gesellschaftliche Tüchtigkeit" (§ 1 Abs. 1 JWG). Ziel der Sozialisation ist die verinnerlichende Übernahme (Internalisierung) der Normen und Wertvorstellungen der Gruppen und der Gesellschaft als eigene. Die Familie ist der primäre und wichtigste Träger der Sozialisation.

Im folgenden Teil wird die Rechtsstellung des Kindes in der Kleinfamilie behandelt. Die Zugehörigkeit zur Großfamilie oder Sippe ist von erheblicher Bedeutung nur noch für Unterhaltsrecht und Erbrecht. Außerdem kann sie eine Rolle spielen für Eheverbote (§ 4 Abs. 1 EheG), Bevorrechtigungen im Strafrecht (z. B. §§ 35 Abs. 1, 139 Abs. 3, 157 Abs. 1, 213, 247, 258 a Abs. 6 StGB) und einige verfahrensrechtliche Fragen, nämlich Zeugnisverweigerungsrechte (§ 383 ZPO, § 52 StPO), die vorzugsweise Auswahl als

Vormund oder Pfleger (§§ 1779 Abs. 2 Satz 3, 1915 BGB), vormundschaftsgerichtliche Anhörungsrechte (§§ 1847, 1862 Abs. 1 Satz 2), Amtsausübungsverbote für Richter, Schöffen, Notare, Urkundsbeamte oder Gerichtsvollzieher (§ 41 Nr. 3 ZPO, § 22 StPO, § 6 FGG, § 31 StPO, §§ 3 Abs. 1 Nr. 3, 6 Nr. 3 und 4, 7 Nr. 3 BeurkG, § 155 GVG) sowie die Gläubigeranfechtung (§ 31 Nr. 2 KO, § 3 Abs. 1 Nr. 2 AnfG).

II. Verwandtschaft

Der Begriff der Verwandtschaft, wie er von der Umgangssprache gebraucht wird, deckt sich etwa mit dem Personenkreis, der im Recht als Angehörige bezeichnet wird (§ 11 Abs. 1 Nr. 1 StGB, § 1969 BGB). Nach der wohl umfassenden Aufzählung in § 11 Abs. 1 Nr. 1 StGB gehören dazu:

- Verwandte,
- Verschwägerte,
- Ehegatten,
- Verlobte,
- Adoptiveltern und -kinder,
- Pflegeeltern und -kinder.

Für das Familienrecht muß dieser weite Begriff der Verwandtschaft eingeschränkt werden. Im Recht bedeutet Verwandtschaft Blutsverwandtschaft, die durch Zeugung und Geburt vermittelt wird. Verwandtschaft beruht somit auf gemeinsamer Abstammung. Die einzige Ausnahme bildet die Begründung eines Verwandtschaftsverhältnisses durch Adoption (§ 1754 BGB). Allerdings begnügt sich die Rechtsordnung in einigen Fällen damit, daß die biologische Beziehung nur vermutet wird. Ein Kind, das in einer Ehe geboren wird, aber nicht vom Ehemann abstammt, gilt beispielsweise als Kind dieses Mannes, wenn dessen Vaterschaft nicht angefochten wird. Ebenso kann ein Mann als Vater eines nichtehelichen Kindes gelten, wenn er die Vaterschaft zu Unrecht anerkannt hat oder fälschlich durch gerichtliche Entscheidung als Vater festgestellt worden ist.

Die Familiensoziologie sieht dagegen Verwandtschaft weniger als biologische (genetische), sondern mehr als soziale Beziehung. Entscheidend ist danach, ob die entsprechenden sozialen Rollen als Elternteil, Kind oder sonstiger Verwandter übernommen und ausgefüllt werden. Aus der Jugendpsychologie stammt der Begriff der psychologischen Elternschaft. Sie meint die Bezugspersonen, die mit dem Kind zusammenleben, unter deren Obhut es sein Bewußtsein erlangt, denen es sich vertraut und zugehörig fühlt. In diesem Sinne spricht man bei Stief- oder Pflegeeltern, die rechtlich nicht mit dem Kind verwandt sind, ferner bei Adoptionseltern oder Verwandten, bei denen ein Kind aufwächst, von sozialer oder psychologischer Elternschaft. Für das Wohl des Kindes ist eine solche psychologische Bindung wichtiger als die biologische Beziehung. Deshalb fordern Jugendpsychologen beispielsweise zum Schutz des Kindes die Beschränkung des Herausgabeanspruchs der Sorgeberechtigten (vgl. § 13 II 1), wenn ein Kind zu Pflegeeltern eine starke Eltern-Kind-Beziehung aufgebaut hat und durch den erzwungenen und meistens plötzlichen Wechsel der Bezugspersonen die Entwicklung des Kindes nachhaltig gestört würde.

Wichtig ist der Unterschied zwischen Verwandtschaft in gerader Linie und Verwandtschaft in der Seitenlinie.
In gerader Linie sind zwei Personen verwandt, wenn eine von der anderen abstammt (§ 1598 Satz 1 BGB), beispielsweise Vater und Sohn, Großvater und Enkel.

Beispiel 1:

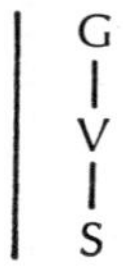

Im Beispiel 1 ist durch die senkrechte Linie angedeutet, daß Großvater (G), Vater (V) und Sohn (S) in gerader Linie miteinander verwandt sind.
Man unterscheidet bei den in gerader Linie miteinander verwandten Personen zwischen Verwandten der aufsteigenden Linie und solchen der absteigenden Linie, den sog. Abkömmlingen.

Beispiele 2 und 3:

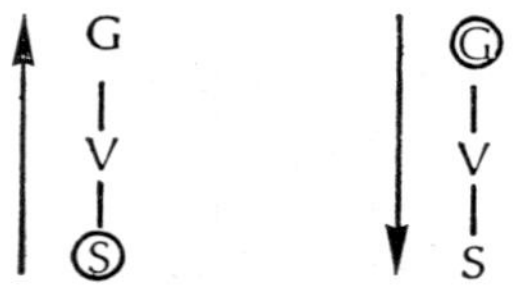

Im Beispiel 2 sind G und V Verwandte der aufsteigenden Linie der Ausgangsperson S und im 3. Beispiel V und S Verwandte der absteigenden Linie (Abkömmlinge) des G.
Verwandtschaft in der Seitenlinie besteht zwischen Personen, die nicht in gerader Linie verwandt sind, aber gemeinsam von einer dritten Person abstammen (§ 1589 Satz 2 BGB), etwa Geschwister, Vettern oder Onkel und Neffe.

Beispiel 4:

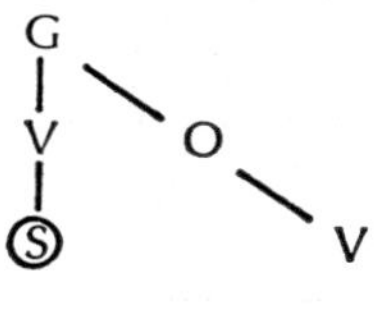

Im Beispiel 4 sind S, sein Onkel (O) und sein Vetter (V) in der Seitenlinie miteinander verwandt. Alle stammen von G ab.
Die Nähe der Verwandtschaft wird nach Graden gemessen. Der Grad der Verwandtschaft bestimmt sich nach der Zahl der sie vermittelnden Geburten (§ 1589 Satz 3 BGB). Dabei wird die Geburt des Stamm-Vorfahren nicht gezählt. Mit seinen Eltern ist man danach im 1. Grad, mit seinen Großeltern und seinen Geschwistern im 2. Grad verwandt.

Beispiel 5:

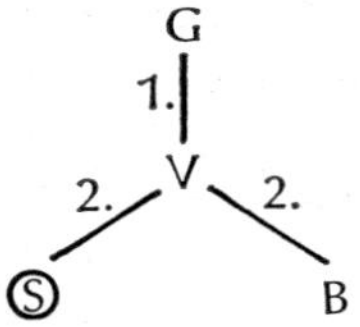

Wie schon in den vorstehenden Beispielen geschehen, kann man verwandtschaftliche Beziehungen am besten mit Hilfe von stammbaumähnlichen Skizzen darstellen, wobei jede gerade Linie zwischen zwei Personen eine Geburt und damit einen Grad der Verwandtschaft oder Schwägerschaft bezeichnet. Verlobung wird durch zwei Ringe, Heirat durch verschlungene Ringe, Auflösung der Ehe durch Kreuzung der Ringe und gemeinsame Elternschaft ohne Ehe durch einen waagerechten Strich dargestellt. Es empfiehlt sich, die Ausgangsperson durch einen Kreis hervorzuheben.

Beispiel 6:

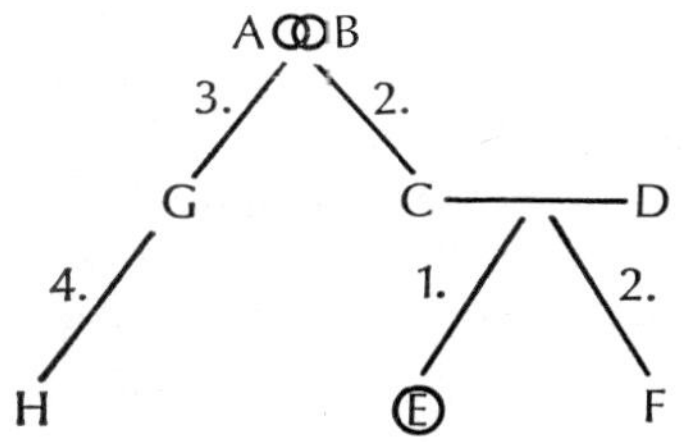

Im Beispiel 6 ist die Ausgangsperson E mit ihren unverheirateten Eltern C und D im 1. Grad in gerader aufsteigender Linie verwandt, mit ihren verheirateten Großeltern A und B sowie ihrer Schwester F im 2. Grad verwandt, und zwar mit A und B in gerader aufsteigender Linie und mit F in der Seitenlinie. Mit ihrem Onkel G und ihrem Vetter H ist sie in der Seitenlinie verwandt, und zwar mit G im 3. Grad und mit H im 4. Grad.

Wichtigste Rechtsfolgen der Verwandtschaft sind Unterhaltsansprüche und Erbrecht: Verwandte in gerader Linie sind verpflichtet, einander Unterhalt zu gewähren (§ 1601 BGB), die gesetzliche Erbfolge und das Pflichtteilsrecht richten sich nach verwandtschaftlichen Ordnungen. Ob daneben Eheverbote und die erwähnten verfahrensrechtlichen Besonderheiten bestehen, hängt vom Grad der Verwandtschaft ab. Während etwa das Eheverbot der Verwandtschaft in gerader Linie und Geschwister beschränkt ist (§ 4 Abs. 1 EheG), bestehen Zeugnisverweigerungsrecht und Amtsausübungsverbote bei Verwandtschaft in gerader Linie und bei Verwandtschaft in der Seitenlinie bis zum 3. Grad.

So wie entgegen dem Grundsatz gemeinsamer Abstammung Verwandtschaft ausnahmsweise durch Adoption begründet werden kann, bewirkt nach neuem Adoptionsrecht die Annahme eines Kindes das Erlöschen seiner bisherigen Verwandtschaftsverhältnisse (§ 1755 BGB).

III. Schwägerschaft

Wie die Verwandtschaft durch gemeinsame Abstammung, so wird die Schwägerschaft durch Ehe begründet. Verschwägert ist man mit reinen „angeheirateten Verwandten". Schwägerschaft besteht nämlich zwischen e i n e m Ehegatten und den Verwandten des anderen Ehegatten (§ 1590 Abs. 1 Satz 1 BGB). Die Verwandten des einen Ehegatten sind dagegen mit den Verwandten des anderen Ehegatten nicht verschwägert. Linie und Grad der Schwägerschaft bestimmen sich nach Linie und Grad der sie vermittelnden Verwandtschaft.

Beispiel 7:

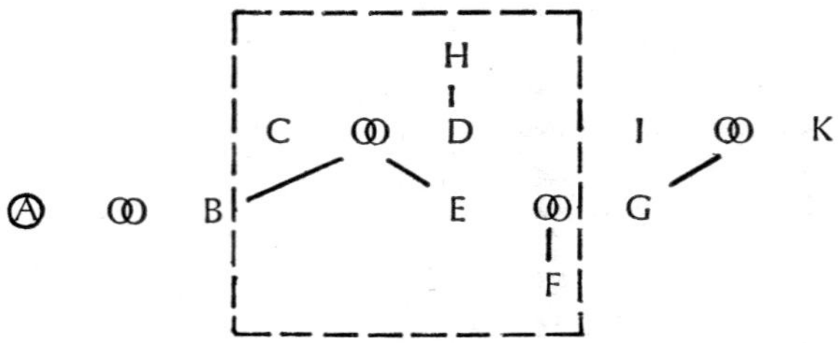

Im Beispiel 7 ist die Ausgangsperson A, der eine Ehegatte, mit den Verwandten seiner Ehefrau B verschwägert, und zwar mit seinen Schwiegereltern C und D im 1. Grad in gerader Linie, mit seinem Schwager E im 2. Grad in der Seitenlinie, mit H, dem Großvater seiner Frau, im 2. Grad in gerader Linie und mit dem Neffen seiner Frau, dem F, im 3. Grad in der Seitenlinie. Zwischen A und G, der Ehefrau seines Schwagers und deren Verwandten, hier den Eltern I und K, bestehen keine schwägerschaftlichen Beziehungen. G, I und K gehören nicht zu den Verwandten der B (mit denen A verschwägert ist).

Man kann die Verwandten des anderen Ehegatten, im Beispiel B, durch gestrichelte Linien deutlich machen, um sie so von den Verwandten des „einen" Ehegatten (A), die hier nicht aufgeführt sind, und von Schwägerschaften des Ehegatten abzugrenzen. Im Volksmund werden – die oft recht engen und herzlichen – Beziehungen zwischen den Ehegatten der Geschwister, im Beispiel 7: A und G, als Schwippschwägerschaft bezeichnet. Im Zivilrecht ist diese Art der „Schwägerschaft" bis auf eine unbedeutende Ausnahme (vgl. § 31 Nr. 2 KO, § 3 Abs. 1 Nr. 2 AnfG) ohne Bedeutung.

Keine Verwandtschaft, sondern Schwägerschaft, besteht zwischen Stiefkindern und Stiefeltern.

Beispiel 8:

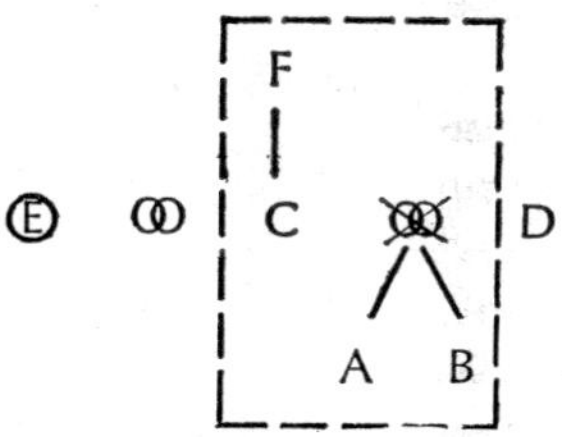

Im Beispiel 8 ist E, der zweite Ehemann der C, mit deren Verwandten, ihren Kindern A und B und ihrer Mutter F, verschwägert. Zwischen E und D, dem geschiedenen Ehemann der C, bestehen keine familienrechtlichen Beziehungen.
Schwägerschaft wird durch Auflösung der Ehe nicht beendet. Im Beispiel 8 bleiben daher D und seine frühere Schwiegermutter F verschwägert. Man kann also zwei Schwiegermütter haben.

Die Rechtsfolgen der Schwägerschaft sind gering. Es gibt insbesondere keine Unterhaltsansprüche und kein Erbrecht. Auch Eheverbot und verfahrensrechtliche Besonderheiten sind nicht so weitreichend wie bei der Verwandtschaft. Das Eheverbot wegen Schwägerschaft ist nur an Schwägerschaft in gerader Linie gebunden.

Beispiel 9:

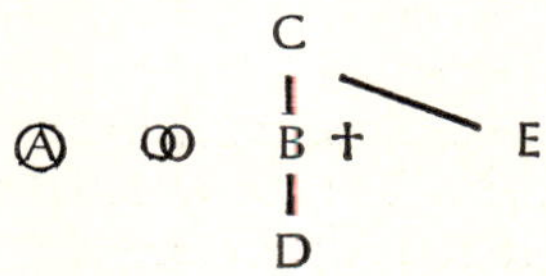

Im Beispiel 9 darf A nach dem Tode seiner Frau B weder seine Schwiegermutter C noch seine Stieftochter D heiraten, dagegen besteht kein rechtliches Hindernis gegen eine Ehe mit seiner Schwägerin E, mit der A nur im 2. Grad in der Seitenlinie verschwägert ist. Übrigens kann das Vormundschaftsgericht von dem Eheverbot wegen Schwägerschaft Befreiung erteilen (§ 4 Abs. 3 EheG), so daß A seine Stieftochter D heiraten könnte.
Bevorrechtigungen im Strafrecht beschränken sich auf Schwägerschaft aufsteigender und absteigender gerader Linie und auf Geschwister des Ehegatten. Ausgeschlossen sind also die übrigen Verschwägerten in der Seitenlinie.
Das Zeugnisverweigerungsrecht und die Amtsausübungsverbote bestehen nur bei Schwägerschaft in gerader Linie und Schwägerschaft in der Seitenlinie bis zum 2. Grad.

IV. Ehe

Ehe ist die dritte wichtige Form familienrechtlicher Beziehungen. Nachdem die Ehemündigkeit schon behandelt und die Eheverbote wegen Verwandtschaft und Schwägerschaft erwähnt worden sind, sollen hier nur einige für das Jugendrecht wichtige Fragen des Eherechts gestreift werden.
Eine Ehe kommt zustande, wenn sie vor einem Standesbeamten geschlossen wird (§ 11 Abs. 1 und 2 EheG), Grundsatz der notwendigen Zivilehe. Fehlt es daran, etwa bei einer Eheschließung vor einem Geistlichen oder Rabbiner, spricht man von einer Nichtehe. Die Kinder aus einer Nichtehe sind nichtehelich.

Eine gültige Ehe kann aufgelöst werden durch

- Nichtigerklärung (Vernichtung),
- Aufhebung,
- Scheidung.

Nichtigerklärung und Aufhebung einer Ehe kommen nur in bestimmten, im Gesetz abschließend aufgezählten Gründen in Betracht. Nichtigkeitsgründe sind: Mangel der Form (§§ 13 und 17 EheG), Mangel der Geschäftsfähigkeit (§§ 1 Abs. 3, 18 EheG), Doppelehe (§§ 5, 20 EheG) und verbotene Ehe mit Verwandten oder Verschwägerten (§§ 4, 21 EheG). Die Mängel der Form, der Geschäftsfähigkeit und der verbotenen Ehe sind unter bestimmten Voraussetzungen heilbar (§§ 17 Abs. 2, 18 Abs. 2, 21 Abs. 2 EheG). Nur die Doppelehe und Ehen mit den in § 4 Abs. 1 EheG genannten Verwandten sind unheilbar nichtig.
Aufhebungsgründe sind: Mangel der Einwilligung der gesetzlichen Vertreter bei einem

Formmangel: Ehe ohne Standesbeamte, ohne Trauzeugen usw.

beschränkt geschäftsfähigen Ehegatten (§§ 3, 30 EheG), Irrtum über die Tatsache der Eheschließung oder über die Person des anderen Ehegatten (§ 31 EheG), Irrtum über wesentliche persönliche Eigenschaften des anderen Ehegatten (§ 32 EheG), arglistige Täuschung (§ 33 EheG), Drohung (§ 34 EheG). Alle Aufhebungsgründe erlöschen, wenn der klageberechtigte Ehegatte zu erkennen gibt, daß er die Ehe trotz des Mangels fortsetzen will oder wenn er die Klagefrist von einem Jahr verstreichen läßt (§§ 30 Abs. 2, 31 Abs. 2, 32 Abs. 2, 33 Abs. 2, 34 Abs. 2 und 35 EheG).
Eine vernichtbare oder eine aufhebbare Ehe kann nur durch ein gerichtliches Urteil aufgelöst werden (§§ 23, 29 EheG). Bis zur Rechtskraft des Urteils ist die Ehe gültig. Für die vernichtbare Ehe ist ausdrücklich ausgesprochen, daß sich vorher niemand auf die Nichtigkeit berufen kann (§ 23 EheG). Für die aufhebbare Ehe stellt § 29 Satz 2 EheG klar, daß die Ehe erst mit Rechtskraft des Urteils aufgelöst ist. Eine für nichtig erklärte Ehe wird mit beschränkter Rückwirkung als nicht geschlossen angesehen. Die Aufhebung einer Ehe wirkt dagegen wie die Scheidung nur für die Zukunft.
Kinder aus für nichtig erklärten oder aufgehobenen Ehen haben die gleiche Rechtsstellung wie Kinder aus geschiedenen Ehen (§§ 1591 Abs. 1 Satz 1, 2. Halbsatz, 1671 Abs. 6 BGB, § 37 Abs. 1 EheG).

Auf die Darstellung des Scheidungsrechts und der Scheidungspraxis muß hier verzichtet werden (vgl. jedoch § 9 V 3).

V. Familienrechtliche Instanzen

Erfahrungsgemäß bereitet es erhebliche Schwierigkeiten, die verschiedenen Behörden und gerichtlichen Stellen auseinanderzuhalten, die im Familienrecht und der Jugendhilfe tätig sind. Es soll daher hier ein Überblick gegeben werden.

1. Jugendamt

An erster Stelle ist das Jugendamt zu nennen. Jeder Landkreis und jede kreisfreie Stadt haben ein Jugendamt. Die Mitarbeiter des Jugendamtes setzen sich aus Verwaltungskräften und sozialen Fachkräften (Sozialarbeiter, Sozialpädagogen, Erzieher, Psychologen, Psychagogen, Logopäden u. a.) zusammen. Während die Verwaltungskräfte vornehmlich den Innendienst in der Behörde verrichten, arbeiten die sozialen Fachkräfte, soweit sie nicht in sozialpädagogischen Einrichtungen des Jugendamtes tätig sind, vielfach im Außendienst.
Aufbau und Aufgaben der Jugendämter sind im Gesetz für Jugendwohlfahrt und in Ausführungsgesetzen der Länder geregelt. Der Aufbau der Jugendwohlfahrtsbehörden wird im Kapitel „Organisation der Jugendhilfe" dargestellt. Von den Aufgaben des Jugendamtes können hier nur die wichtigsten zusammengestellt werden.
Das Jugendamt ist zuständig für die

- Jugendfürsorge,

die Einzelfallhilfe für gefährdete oder geschädigte junge Menschen. Dazu zählen die Fürsorge für nichteheliche Kinder und für Kinder in Familien- oder Heimpflege, die Vormundschafts- und Familiengerichtshilfe, die Jugendgerichtshilfe, die Adoptionshilfe und die Erziehungshilfen.

Das Jugendamt ist ferner verantwortlich für die

- ▶ Jugendpflege,

das Gesamtangebot an jugendfördernden Aktivitäten außerhalb der familiären, schulischen und beruflichen Erziehung und Bildung. Dazu gehören insbesondere die Bereiche Freizeithilfen, außerschulische Jugendbildung sowie Kinder- und Jugenderholung.

Das Jugendamt ist außerdem der wichtigste

- ▶ Träger des Jugendschutzes.

Es ist in erster Linie berufen, für die staatliche Gemeinschaft darüber zu wachen, daß Eltern ihre Erziehungspflicht erfüllen und ihre Kinder beispielsweise nicht vernachlässigen, mißhandeln oder verwahrlosen lassen. Mißstände, die ihm bekannt werden, hat das Jugendamt dem Vormundschaftsgericht anzuzeigen (§ 48 Satz 2 JWG). Das Jugendamt sorgt für Aufklärung und Belehrung im erzieherischen und gesetzlichen Jugendschutz.

Das Jugendamt ist schließlich die wichtigste

- ▶ Anlauf- und Kontaktstelle

des Jugendrechts und der Jugendhilfe. Die Jugendämter arbeiten eng mit den anderen familien- und jugendrechtlichen Instanzen zusammen. Man kann sich daher in allen Fragen des Jugendrechts, insbesondere aber der Jugendhilfe und des Jugendschutzes, an das örtliche Jugendamt wenden. Soweit es nicht selbst zuständig ist, wird es die Angelegenheit an die zuständige Stelle weiterleiten oder die erforderlichen Kontakte herstellen.

Das Jugendamt ist nicht rechtlich selbständig, sondern Organ des öffentlichen Trägers der Jugendhilfe. Daher können seine Entscheidungen nur durch Klage gegen den Träger der Jugendhilfe vor dem Verwaltungsgericht angefochten werden.

2. *Vormundschaftsgericht*

Das Vormundschaftsgericht ist eine Abteilung des Amtsgerichts. Sie besteht aus dem Vormundschaftsrichter und Rechtspflegern, denen zahlreiche Aufgaben zur selbständigen Erledigung übertragen sind.

Die Aufgaben des Vormundschaftsgerichts finden sich in vielen Bestimmungen des Bürgerlichen Gesetzbuches, des Gesetzes für Jugendwohlfahrt, den Jugendschutzgesetzen und anderen Gesetzen. Eine Reihe von jugendrechtlichen Entscheidungen des Vormundschaftsgerichts sind bei den prozessualen Rechten der Minderjährigen im vormundschaftsgerichtlichen Verfahren bereits erwähnt. Die wichtigsten Aufgaben sollen hier hervorgehoben werden. Das Vormundschaftsgericht hat

- ▶ Meinungsverschiedenheiten zwischen Eltern in Fragen der elterlichen Sorge und des Umgangs zu schlichten und zu entscheiden (vgl. § 13 II 1, § 2 Abs. 3 RelKErzG, § 1711 Abs. 1 BGB),
- ▶ Streitigkeiten zwischen Eltern und unverheirateten Kindern über die Art der Unterhaltsgewährung zu entscheiden (§ 1612 Abs. 2 Satz 2 BGB),
- ▶ Einwilligungen zu ersetzen, die gesetzliche Vertreter ohne ausreichenden Grund verweigern (§§ 113 Abs. 3, 1746 Abs. 3 BGB, § 3 Abs. 3 EheG),
- ▶ die Eltern bei der Erziehung zu unterstützen und notfalls Erziehungshilfen anzu-

ordnen (§ 1631 Abs. 2 BGB, §§ 57, 64 JWG, § 12 Satz 2 JSchÖG, § 21 Abs. 4 Satz 2 GjS),

- alleinstehenden Elternteilen auf ihren Antrag einen Beistand zu bestellen (§ 1685 BGB),
- das Ruhen der elterlichen Sorge bei einem tatsächlichen Hindernis festzustellen (§ 1674 BGB),
- bei Verhinderung oder Aufall der Eltern die elterliche Sorge einem Vormund oder Pfleger zu übertragen (§§ 1679, 1680, 1773, 1909 BGB),
- zur Sicherung von Ansprüchen noch nicht geborener Kinder einen Pfleger zu bestellen (§§ 1708, 1912 BGB),
- die Ausübung der elterlichen Sorge durch Eltern, Vormünder, Pfleger oder Beistände zu überwachen und durch geeignete Maßnahmen die Rechte und das Wohl des Kindes zu wahren (§§ 1629 Abs. 2, 1666–1670, 1639 Abs. 1 Satz 2, 1683, 1682, 1837 BGB),
- bestimmte risikoreiche Rechtsgeschäfte zu prüfen und zu genehmigen, die gesetzliche Vertreter für die Kinder vornehmen (§§ 1643–1645, 1810 ff., insbesondere 1821–1823 BGB),
- über die Anfechtung der Ehelichkeit eines Kindes zu entscheiden oder den Vater eines nichtehelichen Kindes festzustellen, wenn der Mann oder das Kind verstorben ist (§§ 1599 Abs. 2, 1600 l Abs. 2, 1600 n Abs. 2 BGB),
- die wegen mangelnder Geschäftsfähigkeit oder Minderjährigkeit erforderlichen Genehmigungen bei der Anfechtung der Ehelichkeit oder der Feststellung der nichtehelichen Vaterschaft zu erteilen (§§ 1595 Abs. 2 Satz 1, 1595 a Abs. 3, 1597, 1600 d Abs. 1 Satz 2, 1600 k Abs. 1 Satz 2, Abs. 2),
- auf Antrag der Mutter anzuordnen, daß die Amtspflegschaft für ein nichteheliches Kind nicht eintritt oder die Pflegschaft einzuschränken oder aufzuheben (§ 1707 BGB),
- die bei Legitimationen und Adoptionen erforderlichen Entscheidungen (Ausspruch, Ersetzung von Einwilligungen, Aufhebung) zu treffen und Genehmigungen zu erteilen (§§ 1727, 1728 Abs. 2, 1740 a, 1746 Abs. 3, 1748, 1749 Abs. 1 Satz 2, 1752, 1757 Abs. 2, 1758 Abs. 2, 1759–1763, 1768, 1771, 1772 BGB),
- von Ehehindernissen zu befreien (§§ 1 Abs. 2, 5 Abs. 3, 7 Abs. 3 EheG).

Der Kreis der hier aufgezählten Vormundschaftssachen zeigt, daß die überkommene Bezeichnung Vormundschaftsgericht zu eng ist. Das Vormundschaftsgericht ist nicht etwa nur mit den Angelegenheiten befaßt, die mit Vormundschaften über Minderjährige oder Volljährige zusammenhängen. Es hätte eher die Bezeichnung Familiengericht verdient als die jetzt eingeführten Familiengerichte, die in Wirklichkeit nur Gerichte für Ehescheidungen und Scheidungsfolgen sind.

Das Verfahren vor dem Vormundschaftsgericht ist in dem Gesetz über die Angelegenheiten der freiwilligen Gerichtsbarkeit geregelt. Für einige Vormundschaftssachen finden sich Verfahrensvorschriften auch in materiellen Gesetzen, z. B. im JWG über das Verfahren zur Anordnung von Erziehungsbeistandschaft und Fürsorgeerziehung (§§ 57, 65–77 JWG). Im Gegensatz zu den meisten anderen Verfahrensordnungen, nach denen das Gericht grundsätzlich nur auf Antrag der Parteien tätig werden und nur das berücksichtigen darf, was die Parteien vortragen (Parteimaxime), gelten im vormundschaftsgerichtlichen Verfahren die Grundsätze des Amtsverfahrens (Offizialmaxime) und der Amtsermittlung (Inquisitionsmaxime). Das Gericht hat danach unabhängig vom Willen und vom Vorbringen der an der Sache Beteiligten ein Verfahren von Amts wegen einzuleiten und die für die Entscheidung erheblichen Tatsachen zu ermitteln. Allerdings darf das Gewicht nur solche Tatsachen und Beweisergebnisse verwerten, von denen die Beteiligten Kenntnis nehmen und zu denen sie Stellung nehmen konnten. Das ergibt sich aus dem Grundrecht auf rechtliches Gehör vor Gericht (Art. 103 Abs. 1 GG). In einigen Fällen müssen andere Behörden dem Vormundschaftsgericht Umstände anzeigen, die sein Einschreiten erforderlich machen. So erhält es vom Standesamt Mitteilung über die Geburten nichtehelicher Kinder, über den Tod von Personen, die minderjährige Kinder hinterlassen, oder über das Auffinden von Findelkindern (§ 48 FGG, § 44 JWG). Im Rahmen der Vormundschaftsgerichtshilfe hat das Jugendamt dem Vormundschaftsgericht Sachverhalte anzuzeigen, die vormundschaftsgerichtliche Maßnahmen erfordern, z. B. die Bestellung eines Pflegers oder den Entzug der elterlichen Sorge (§§ 47 Abs. 2, 48 Satz 3 JWG, vgl. § 19 III 2). Wenn es infolge eines gerichtlichen Verfahrens tätig werden muß, hat das betreffende Gericht das Vormundschaftsgericht zu benachrichtigen. Solche Verfahren anderer Gerichte sind etwa Entmündigung, Todeserklärung, Konkurs oder Strafverfahren, die zur Verwirkung der elterlichen Sorge geführt haben. Anregungen zur Einleitung eines Verfahrens und zu Ermittlungen können außer den Verfahrensbeteiligten auch die betroffenen Minderjährigen geben. Nicht alle Vormundschaftssachen werden mündlich verhandelt. Anhörung der betroffenen Kinder ist leider nur in wenigen Fällen vorgeschrieben. Sie wird aber oft unter dem Gesichtspunkt notwendig sein, den Sachverhalt von Amts wegen erschöpfend zu ermitteln. Eine Besonderheit des Verfahrens in Angelegenheiten der freiwilligen Gerichtsbarkeit besteht darin, daß das Gericht grundsätzlich berechtigt ist, seine Entscheidungen entsprechend den geänderten Verhältnissen oder auf Grund besserer Erkenntnis jederzeit zu ändern (§ 18 FGG, § 1696 BGB). Im übrigen ist das Gericht in der Gestaltung des Verfahrens weitgehend frei.

Das Vormundschaftsgericht entscheidet durch Verfügungen oder Beschlüsse. Rechtsmittel gegen diese Entscheidungen ist die Beschwerde. Sie entspricht dem Rechtsmittel der Berufung in anderen Verfahren. Auf die Beschwerde wird die Entscheidung in sachlicher und rechtlicher Hinsicht durch die Beschwerdekammer des Landgerichts überprüft. Gegen die Entscheidungen des Beschwerdegerichts kann in einigen Fällen weitere Beschwerde eingelegt werden. Diese gleicht der Revision in anderen Verfahrensarten und führt zur Überprüfung der Entscheidungen auf Rechtsverletzungen durch das Oberlandesgericht (in Bayern: Oberstes Landesgericht, in Berlin: Kammergericht).

3. Familiengericht

Seit dem 1. 7. 1977 sind bei den Amtsgerichten Abteilungen für Familiensachen eingerichtet worden, die als Familiengerichte bezeichnet werden. Das Familiengericht besteht aus dem Familienrichter und Rechtspflegern.

Nach der abschließenden Aufzählung in § 23 b Abs. 1 Nr. 1–10 GVG sind Familiensachen:

- Ehesachen, also Verfahren auf Scheidung, Aufhebung oder Nichtigerklärung einer

Ehe, auf Feststellung des Bestehens einer Ehe oder auf Herstellung des ehelichen Lebens (§ 606 Abs. 1 ZPO),

- Verfahren über die Regelung der elterlichen Sorge gem. §§ 1671, 1672 und 1696 BGB,
- Verfahren über die Regelung des Umgangs des nicht sorgeberechtigten Elternteils mit seinem ehelichen Kind nach §§ 1634, 1694 BGB,
- Streitigkeiten über die gesetzliche Unterhaltspflicht gegenüber einem ehelichen Kind gem. § 1601 ff. BGB,
- Streitigkeiten über die durch Ehe begründete Unterhaltspflicht der Ehegatten oder Geschiedenen gem. §§ 1360–1361 und 1569–1586 b BGB,
- Verfahren über den Versorgungsausgleich,
- Verfahren über die Verteilung der ehelichen Wohnung und des Hausrats,
- Streitigkeiten über Ansprüche aus dem ehelichen Güterrecht,
- Verfahren über die Stundung einer Forderung zum Ausgleich eines Zugewinns oder über die Übertragung von Gegenständen zur Anrechnung auf die Ausgleichsforderung gem. §§ 1382 und 1383 BGB.

Außerdem hat das Familiengericht zu entscheiden, falls der sorgeberechtigte Elternteil das Kind von dem anderen Elternteil herausverlangt (§ 1632 Abs. 2 BGB).

Aus dieser Aufzählung ergibt sich, daß Familiensachen in Wirklichkeit nur Ehesachen und Ehefolgesachen sind, also Streitigkeiten, die sich aus der Auflösung einer Ehe ergeben. Die Familiengerichte verdienen somit ihren anspruchsvollen Namen nicht. Sie sind nur für einen kleinen, allerdings besonders wichtigen Ausschnitt der familienbezogenen Verfahren zuständig. Im Ausland, beispielsweise in einigen Bundesstaaten der USA und in Japan, gibt es dagegen Familiengerichte, die mit einem Richter sowie Sachverständigen (Soziologen, Sozialpädagogen, Psychologen, Medizinern) besetzt sind und deren unterschiedlich weite Zuständigkeit sich nicht nur auf Ehesachen, Ehefolgesachen, alle Unterhaltsverfahren und Kindschaftssachen erstreckt, sondern auch auf Strafverfahren gegen Jugendliche und auf Jugendschutzsachen. Immerhin eröffnet das Gesetz (§ 23 b Abs. 2 Satz 1, § 23 c GVG) ausdrücklich die Möglichkeit, einem Richter neben den Familiensachen Vormundschaftssachen zu übertragen. Es ist auch zulässig, einem Familien- und Vormundschaftsrichter die anderen familienbezogenen Verfahren und die Jugendstrafsachen (vgl. § 34 Abs. 2 JGG) zuzuweisen, die denselben Personenkreis betreffen. Dafür spricht, daß die Beteiligten und Betroffenen in familienbezogenen Verfahren und Jugendstrafsachen vielfach identisch sind („Problemfamilien") und der Richter somit Kenntnisse über Familienverhältnisse und Umwelt, die er in einem Verfahren gewonnen hat, auch in den anderen Verfahren verwerten kann. Für ein Familiengericht mit allumfassender Zuständigkeit läßt sich auch anführen, daß die besondere Ausbildung und Sachkunde der Richter den Beteiligten, vor allem den betroffenen Kindern, zugute kommen. Ob die Zusammenfassung der Zuständigkeiten aber wirklich so zweckmäßig wäre, wie es auf den ersten Blick scheint, muß doch bezweifelt werden. Schon jetzt verhandelt der Familienrichter nach zwei unterschiedlichen Verfahrensordnungen und muß sich weitgehend spezialisieren. Die Bearbeitung der Kindschaftssachen und insbesondere der Jugendstrafsachen erfordert weitere Kenntnisse, Erfahrungen und Befähigungen. Nicht alle Richter sind dazu geeignet und nur verhältnismäßig wenige werden bereit sein, dieses zusätzliche Wissen zu er-

werben, das im rechtswissenschaftlichen Studium und in der richterlichen Ausbildung nicht oder nur unvollkommen vermittelt wird.
Wie schon erwähnt, gelten für das Verfahren vor dem Familiengericht zwei unterschiedliche Verfahrensordnungen. In Ehesachen sowie den Folgesachen über Unterhaltsansprüche und güterrechtliche Ansprüche richtet sich das Verfahren nach der Zivilprozeßordnung. In Eheverfahren gelten zudem die besonderen Vorschriften der §§ 606–628 ZPO. Für die übrigen Folgesachen (§ 23 b Abs. 1 Nr. 2, 3, 4, 7, 8 und 10 GVG) bestimmt sich das Verfahren nach dem Gesetz über Angelegenheiten der freiwilligen Gerichtsbarkeit und der Verordnung über die Behandlung der Ehewohnung und des Hausrats (HausratsVO). Für die zivilprozessualen Folgesachen (§ 23 b Nr. 5, 6 und 9 GVG) gilt der Verhandlungsgrundsatz (Parteimaxime). Die Parteien entscheiden darüber, ob sie sich an das Gericht wenden, welchen Sachverhalt sie dem Gericht zur Entscheidung vorlegen und welche Beweise sie anbieten wollen. Das Gericht ist daran gebunden. In Ehesachen gilt der eingeschränkte Verhandlungsgrundsatz. Das Gericht kann grundsätzlich nur das verwerten, was die Parteien vortragen, und nur die Beweise erheben, die die Parteien anbieten. Ausnahmsweise kann es jedoch solche Tatsachen ermitteln und berücksichtigen, die geeignet sind, der Erhaltung der Ehe zu dienen (§ 616 Abs. 2 ZPO). In den Familiensachen aus dem Bereich der freiwilligen Gerichtsbarkeit gelten die schon erläuterten Grundsätze des Amtsverfahrens und der Amtsermittlung.
Als verfahrensrechtliche Besonderheit ist auf den sogenannten Entscheidungsverbund hinzuweisen. Danach ist über die Folgesachen gleichzeitig und zusammen mit der Scheidung zu verhandeln und zu entscheiden. Das gilt unabhängig von den Anträgen der Parteien jedenfalls für die Regelung der elterlichen Sorge und dem Versorgungsausgleich (zwingender Entscheidungsverbund). Bei den anderen Folgesachen kommt es darauf an, ob die Parteien das beantragen (fakultativer Entscheidungsverbund). Gegenüber dem früheren Recht ermöglicht der Entscheidungsverbund die rationelle Erledigung aller mit der Scheidung zusammenhängenden Fragen und die Abkürzung der regelmäßig mit den Verfahren verbundenen seelischen Belastungen für Ehegatten und Kinder. Er führt außerdem dazu, daß die Ehegatten von Anfang an erkennen, welche Folgen die Ehescheidung haben wird. Früher kam es häufig zu bösen Überraschungen, wenn die Geschiedenen in jeweils besonderen Verfahren über Unterhalt, über die Regelung der elterlichen Sorge, über die Verteilung des Hausrats oder über den Ausgleich des Zugewinns stritten.
Gegen die Entscheidungen des Familiengerichts gibt es Beschwerde oder Berufung, über die ein Familiensenat des Oberlandesgerichts zu entscheiden hat (§§ 621 d, 621 e Abs. 1 ZPO). Gegen dessen Entscheidungen kann unter besonderen Voraussetzungen weitere Beschwerde oder Revision zum Bundesgerichtshof eingelegt werden (§§ 621 d, 621 e Abs. 2, 629 a ZPO).

4. Zivilgericht

Wie schon erwähnt, sind nicht alle familienbezogenen Verfahren dem Vormundschaftsgericht oder Familiengericht übertragen. Für drei Gruppen von Verfahren ist der Zivilrichter beim Amtsgericht zuständig. Nach § 23 a GVG handelt es sich um

- Streitigkeiten in Kindschaftssachen,

- Streitigkeiten über eine durch Ehe oder Verwandtschaft begründete Unterhaltspflicht, soweit nicht das Familiengericht zuständig ist,
- Ansprüche nach §§ 1615 k – 1615 m BGB.

Die Kindschaftssachen sind Verfahren über die Feststellung eines Eltern-Kind-Verhältnisses, über die Anfechtung der Ehelichkeit eines Kindes oder der Anerkennung der nichtehelichen Vaterschaft und über die Feststellung der elterlichen Sorge (§ 640 ZPO). In den meisten Verfahren geht es um die Anfechtung der Ehelichkeit eines Kindes gem. §§ 1593 ff. BGB (vgl. § 10 II) oder um die Feststellung der nichtehelichen Vaterschaft gem. § 1600 n BGB (vgl. § 10 IV).

Abgesehen von den hier nicht interessierenden vertraglichen Unterhaltsansprüchen oder Unterhaltsrenten, die als Schadenersatz gefordert werden, sind von den Unterhaltssachen den Familiengerichten nicht übertragen die Unterhaltsansprüche der Eltern und übrigen Verwandten gegen das Kind, die Ansprüche des Kindes gegen die übrigen Verwandten und die Unterhaltsansprüche des nichtehelichen Kindes. Die Vorschriften der §§ 1615 k – 1615 m BGB behandeln die Ansprüche der Mutter eines nichtehelichen Kindes auf Ersatz der Entbindungskosten, auf Unterhalt vor und nach der Geburt und auf Ersatz der Beerdigungskosten, falls die Mutter infolge der Schwangerschaft stirbt.

Der Zivilrichter ist darüber hinaus für weitere Ansprüche bis zum Streitwert von 3000 DM zuständig, die sich aus familienrechtlichen Beziehungen ergeben können. Zu erwähnen sind hier besonders Schadenersatzansprüche Dritter, etwa gegen Eltern oder Personen, die vertraglich die Aufsicht übernommen haben, wegen Verletzung der Aufsichtspflicht gem. § 832 BGB. Außerdem kann es sich um Ansprüche zwischen Eltern oder anderen gesetzlichen Vertretern und Kindern handeln, z. B. auf Ersatz von Aufwendungen (§ 1648 BGB), Verrichtungen von Diensten (§ 1619 BGB) oder Schadenersatz wegen pflichtwidriger oder unerlaubter Handlungen gegenüber Kindern, Mündeln oder Pfleglingen, etwa wegen mangelhafter Vermögensverwaltung. Auch der Anspruch auf Herausgabe eines Kindes, das sich nicht bei einem nicht sorgeberechtigten Elternteil, sondern bei Dritten befindet, ist vor dem Zivilgericht geltend zu machen (§ 1632 BGB).

Das Verfahren richtet sich nach der Zivilprozeßordnung. In Kindschaftssachen sind die besonderen Verfahrensregeln der §§ 640–641 k ZPO und in Verfahren über den Unterhalt des nichtehelichen Kindes die §§ 642–644 ZPO zu beachten. In Unterhaltssachen sind einige Verfahrensarten Rechtspflegern übertragen.

Gegen die Urteile des Zivilrichters kann Berufung eingelegt werden, über die in Kindschaftssachen ein Zivilsenat beim Oberlandesgericht und sonst die Berufungskammer beim Landgericht zu entscheiden hat. Gegen die Berufungsurteile des Landgerichts gibt es kein Rechtsmittel, gegen die Urteile des Oberlandesgerichts in Kindschaftssachen Revision zum Bundesgerichtshof.

5. *Jugendgericht*

Der Vollständigkeit halber sei hier der Jugendrichter erwähnt. Er hat entgegen seiner anspruchsvollen Bezeichnung keine allumfassende Zuständigkeit in jugendrechtlichen Streitigkeiten, sondern ist Jugend s t r a f richter. Sein Einschreiten setzt immer voraus, daß ein Jugendlicher oder Heranwachsender straffällig geworden ist oder daß ein

Erwachsener eine Straftat begangen hat, durch die ein Kind oder ein Jugendlicher verletzt oder geschädigt worden ist (Jugendschutzsachen gem. § 26 Abs. 1 GVG). Die Organisation der Jugendgerichte, ihre Aufgaben und das Jugendgerichtsverfahren werden später ausführlich dargestellt (§ 30).

VI. Das Wohl des Kindes

In zahlreichen wichtigen Vorschriften des Familienrechts wird auf das Wohl des Kindes abgestellt. Die Eltern haben beispielsweise die elterliche Sorge „zum Wohl des Kindes auszuüben" (§ 1627 Satz 1 BGB). Wenn „das geistige oder leibliche Wohl des Kindes" durch die Eltern gefährdet wird, muß das Vormundschaftsgericht die zur Abwendung der Gefahr erforderlichen Maßregeln treffen (§ 1666 Abs. 1 BGB). Wenn ein Elternteil die elterliche Sorge verwirkt hat oder sie ihm entzogen worden ist, hat das Vormundschaftsgericht zu prüfen, ob es „mit dem Wohl des Kindes vereinbar" ist, die elterliche Sorge dem anderen Elternteil allein zu übertragen (§§ 1679, 1680 BGB). Das Familiengericht kann den Umgang eines Elternteils mit seinem Kind „für eine bestimmte Zeit oder dauernd ausschließen, wenn dies zum Wohl des Kindes erforderlich ist" (§ 1634 Abs. 2 Satz 2 BGB). Dem Vater eines nichtehelichen Kindes kann das Vormundschaftsgericht entgegen dem Willen der Mutter zum Umgang mit dem Kind verhelfen, wenn das dem Wohl des Kindes dient (§ 1611 Abs. 1 BGB). Obwohl er nicht an der elterlichen Sorge beteiligt ist, kann das Vormundschaftsgericht den Vater eines nichtehelichen Kindes aus dem Gesichtspunkt des Kindeswohls anhören, bevor es in Fragen der elterlichen Sorge entscheidet (§ 1712 BGB). Der Mutter eines nichtehelichen Kindes ist die volle elterliche Sorge zu übertragen, wenn das „dem Wohl des Kindes nicht widerspricht" (§ 1707 Satz 2 BGB). Adoption und Ehelicherklärung auf Antrag des Vaters oder des Kindes setzen voraus, daß sie dem Wohl des Kindes entsprechen (§§ 1723, 1740 a, 1741 BGB). Eine Adoption ist aufzuheben, wenn das zum Wohl des Kindes erforderlich ist (§ 1763 BGB); trotz schwerer Mängel „darf sie nicht aufgehoben werden, wenn dadurch das Wohl des Kindes erheblich gefährdet würde" (§ 1761 BGB). Allein entscheidend ist das Wohl des Kindes jetzt für die Regelung der elterlichen Sorge nach Scheidung der Ehe oder dauernder Trennung der Eltern (§§ 1671, 1672 BGB). Das Familiengericht hat die Lösung zu wählen, die „dem Wohl des Kindes am besten entspricht". Von einem gemeinsamen Vorschlag der Eltern darf es nur abweichen, wenn das „zum Wohl des Kindes erforderlich ist". Aus Gründen des Kinderwohls kann es die elterliche Sorge aufteilen oder sie ganz einem Vormund oder teilweise einem Pfleger übertragen.

In anderen Bestimmungen werden die Interessen des Kindes angesprochen. So hat das Vormundschaftsgericht die im Interesse des Kindes erforderlichen Maßregeln zu treffen, wenn die Eltern verhindert sind, die elterliche Sorge auszuüben (§ 1693 BGB). Vormundschaftsgericht und Familiengericht können ihre Entscheidungen über die elterliche Sorge jederzeit ändern, „wenn sie dies im Interesse des Kindes für angezeigt halten" (§ 1696 BGB). Eine Ehe soll nicht geschieden werden, wenn das im Interesse der minderjährigen Kinder aus besonderen Gründen ausnahmsweise notwendig ist (§ 1568 BGB). Eine Adoption kann an den überwiegenden Interessen der Kinder des Annehmenden scheitern (§ 1745 BGB). Nach allgemeiner Ansicht bedeuten in diesen Bestimmungen Interessen und Wohl des Kindes dasselbe.

Man kann zusammenfassen: Das Kindeswohl

- ▶ bestimmt Inhalt und Schranken der elterlichen Sorge,
- ▶ bildet den Maßstab für die Regelung der elterlichen Sorge nach Scheidung oder Trennung der Eltern oder bei Ausfall eines Elternteils durch Verwirkung oder Entzug der elterlichen Sorge,
- ▶ ist entscheidend für den Umgang der nicht sorgeberechtigten Eltern,
- ▶ ist Voraussetzung für eine Änderung der rechtlichen Zuordnung eines Kindes durch Ehelicherklärung oder Adoption,
- ▶ verpflichtet und berechtigt das Vormundschaftsgericht, Maßnahmen für das Kind zu ergreifen und zu ändern,
- ▶ kann die Auflösung von Ehe und Adoption hindern oder ausschließen.

Die Beispiele zeigen, daß das Wohl des Kindes einen für das Jugendrecht grundlegenden Begriff darstellt. Um so mehr muß es überraschen, daß es bisher nicht gelungen ist, den Begriff ausreichend zu bestimmen. Von der Rechtsprechung sind bisher nur Einzelfälle unter Berufung auf das Wohl des Kindes entschieden worden, ohne den Begriff näher zu erläutern. Aus der Rechtslehre ist nur der Versuch einer Begriffsbestimmung bekannt, der aber so viele andere unbestimmte Begriffe enthält, daß er nicht brauchbarer ist als die ursprüngliche Formel. Auch der Vorschlag, unter Kindeswohl „die am wenigsten schädliche Alternative" zu verstehen, also zu fragen, welche Möglichkeit in einer bestimmten Situation für das Kind die wenigsten Nachteile bringt, klärt den Begriff nicht, sondern verzichtet nur auf den Versuch, einen positiven Inhalt zu ermitteln.

Die Unterscheidung zwischen wirtschaftlichem, körperlichem und seelischem Wohl führt nicht viel weiter. Das wirtschaftliche Wohl kann man mit den vermögensrechtlichen Interessen des Kindes gleichsetzen. Sie sind gewahrt, wenn das Vermögen des Kindes gut verwaltet, also sicher angelegt, erhalten und möglichst gemehrt wird. Das körperliche (leibliche) Wohl des Kindes verlangt ausreichende Pflege des Kindes und umfaßt neben Nahrung, Unterkunft und Kleidung insbesondere Hygiene und Gesundheit. Es geht dabei um die Frage, ob ein Kind gut versorgt wird. Ein Mangelzustand auf diesem Gebiet wird meist auf Vernachlässigung beruhen. Über die beim wirtschaftlichen oder körperlichen Wohl des Kindes maßgebenden Gesichtspunkte gibt es kaum Meinungsverschiedenheiten. Was aber bedeutet seelisches (geistiges) Wohl? Sicher ist, daß damit nicht nur die Intelligenz und die Entwicklung der geistigen und kreativen Anlagen und Fähigkeiten gemeint ist, sondern der gesamte psychische Bereich, das innere Leben und Erleben des Menschen, der durch Begriffe wie Seele, Gewissen, Charakter, Persönlichkeit, Glück usw. angesprochen werden kann.

Einen Hinweis auf den Inhalt des Begriffes „Wohl des Kindes" kann man den Bestimmungen des Jugendhilferechts über das Recht auf Erziehung und den Anspruch auf öffentliche Erziehungshilfe entnehmen. Nach § 1 Abs. 1 JWG hat das Kind „ein Recht auf Erziehung in leiblicher, seelischer und gesellschaftlicher Tüchtigkeit". Wenn „die leibliche, geistige oder seelische Entwicklung" eines Minderjährigen gefährdet oder geschädigt ist, sind ihm nach §§ 55, 62 und 64 JWG Erziehungshilfen zu geben. Auch in § 1 der Entwürfe zu einem Jugendhilfegesetz wird davon gesprochen, daß dem jungen Menschen ermöglicht werden solle, sich „körperlich, geistig und seelisch seinen Anlagen, Fähigkeiten und Neigungen gemäß zu entwickeln und seine Persönlichkeit zu

entfalten". Da die in den §§ 55, 62 und 64 JWG angesprochene Verwahrlosung und ihre Vorstufen zweifellos das Gegenteil vom Wohl des Kindes darstellen, kann man annehmen, daß die ungestörte Entwicklung der Anlagen und Fähigkeiten des Kindes zu den in § 1 JWG angesprochenen Erziehungszielen im wesentlichen das Wohl eines Kindes ausmachen.
Natürlich ist damit der Begriff nicht geklärt. Das Wohl des Kindes ist für den seelischen Bereich nur durch die gleichfalls unbestimmten Begriffe „geistige, seelische und gesellschaftliche Tüchtigkeit" ersetzt. Es wird dadurch aber klar, daß zum Wohl des Kindes einerseits

- eine möglichst störungsfreie Entwicklung und andererseits
- die Durchsetzung und Sicherung von Erziehungszielen

gehören.

Mit den seelisch-geistigen Entwicklungsstörungen eines Kindes befassen sich Jugendpsychologen und Jugendpsychiater. Sie können darüber Auskunft geben, wodurch im allgemeinen oder im Einzelfall die Entwicklung eines Kindes gestört werden kann. Zur Frage, welche Umstände allgemein die normale Entwicklung eines Kindes gefährden, gibt es inzwischen eine Reihe von gesicherten Erkenntnissen.
So weiß man, daß Kleinkinder, die in Heimen untergebracht sind, häufig einen seelisch-geistigen Reiferückstand aufweisen, der als Hospitalismus bezeichnet wird und darauf beruht, daß Kinder in Heimen nicht die persönliche Zuwendung und Förderung erhalten können, die sie regelmäßig in ihrer Familie erfahren. Neuere Untersuchungen sprechen allerdings dafür, daß nicht die fehlende Mutterliebe (emotionale Zuwendung), sondern der Mangel an Reizen und Anregungen (Deprivation) den Schaden verursacht. Deshalb läßt sich aus der Erscheinung des Hospitalismus (genauer: Deprivationssyndrom) nur die Forderung nach einer bestimmten Dauerpflegeperson ableiten, nicht aber die Folgerung, daß nur eine Frau oder gar nur die leibliche Mutter die Ansprüche des Kindes auf Zuwendung und Anregung der Sinne (sensorische Stimulation) erfüllen könne. Nach der herrschenden Rollenverteilung kommt natürlich der Mutter tatsächlich die entscheidende Bedeutung zu. Besonders in den ersten 3 Jahren ist sie die wichtigste Bezugsperson für ihr Kind. Darum muß beispielsweise bei einer Scheidung das Sorgerecht über Kleinkinder regelmäßig der Mutter übertragen werden.
Sicher ist auch, daß der Ausfall oder Wechsel der Bezugsperson die Entwicklung des Kindes stört, und zwar um so mehr und nachhaltiger, je jünger das Kind ist. Die Trennung von der Bezugsperson kann durch ein sogenanntes Trennungstrauma nicht nur zu einer Reifeverzögerung führen, sondern auch bleibende psychische Schäden (Psychopathien, Neurosen) hervorrufen. Besonders schädlich ist ein häufiger Wechsel der Bezugspersonen, weil einerseits der Mangel an dauerhafter Zuwendung das Kind unfähig macht, seinerseits Bindungen zu entwickeln, und weil andererseits die Identifikation mit einem Vorbild so sehr erschwert wird, daß das Lernen und Erwerben der sozialen Normen mißlingt und ein Sozialisationsdefizit entsteht.
Als weiterer Gesichtspunkt, der bei der Entscheidung einiger der eingangs aufgeführten Fälle von Bedeutung sein kann, sei der Grundsatz der Einheitlichkeit und Gleichmäßigkeit der Erziehung (Erziehungskontinuität) erwähnt. Erfahrungsgemäß bedeutet jeder Wechsel des Erziehenden, der Erziehungsziele oder des Erziehungsstils eine Störung

der Erziehung und damit der Entwicklung. Zur Begründung des Grundsatzes der Erziehungskontinuität kann man auch anführen, daß Erziehen das Aufbauen von Verhaltenskonstanten bedeutet.

Ob der Umgang der leiblichen Eltern mit ihren Kindern immer oder grundsätzlich dem Wohl des Kindes dient und deshalb auch gegen den Willen des Kindes oder den Widerstand der Bezugsperson durchgesetzt werden sollte, ist streitig. Diese Meinung wird vornehmlich von der Rechtsprechung vertreten. Jugendpsychologen weisen demgegenüber darauf hin, daß es für die seelische Entwicklung sehr schädlich ist, zwischen streitenden oder zwischen leiblichen und psychologischen Eltern hin und her gezogen zu werden.

Oft wird es unklar oder streitig sein, was im Einzelfall dem Wohl des Kindes entspricht. Das Gericht kann sich dann der Hilfe von Sachverständigen aus den Bereichen Jugendpsychologie, Jugendpsychiatrie, Kinderheilkunde, Pädagogik und Sozialpädagogik bedienen. Das darf aber nicht dazu führen, den Sachverständigen die Entscheidung darüber zu überlassen, was Wohl des Kindes bedeutet und was im Einzelfall die beste Lösung für das Kind darstellt. Sachverständige sind nur Gehilfen des Gerichts, das sich immer ein eigenes Urteil bilden muß. Sie können zudem nur den derzeitigen Stand der Forschung ihrer Wissenschaft vortragen. Nicht selten beruhen ihre Vorschläge auf Meinungen, die von anderen Vertretern ihres Fachs nicht gebilligt werden oder die im Widerspruch zu den Erkenntnissen anderer Disziplinen stehen.

Neben der ungestörten Entwicklung gehört zum Wohl des Kindes ein bestimmter Erziehungserfolg. Das Gesetz läßt offen, was unter leiblicher, geistiger und gesellschaftlicher Tüchtigkeit zu verstehen ist, sagt also nicht, welche Erziehungsziele dem Wohl des Kindes entsprechen. Auch die Frage, mit welchen Methoden die Erziehungsziele zu erreichen seien, ist nicht gesetzlich bestimmt. Die Entscheidung in diesen Fragen steht nach Art. 6 Abs. 2 GG den Eltern zu. Bis zu den Grenzen des Mißbrauchs und des offenbaren Mißerfolgs entscheiden sie, welche Erziehungsziele überhaupt und in welcher Reihenfolge sie verfolgen und welche Erziehungsstile und -methoden sie anwenden wollen. Nur wenn diese äußersten Grenzen überschritten werden, kann der Staat auf Grund seines Wächteramtes (Art. 6 Abs. 2 Satz 2 GG) lenkend und bestimmend eingreifen. Pädagogische und sozialpädagogische Erkenntnisse über angeblich richtige Erziehungsziele und Erziehungsmethoden können deshalb nur sehr beschränkt berücksichtigt werden. Es gibt zudem kein allgemeingültiges oder allgemein anerkanntes Erziehungskonzept. In Wirklichkeit ist es daher vermessen, von „richtiger" oder „ordentlicher" Erziehung zu sprechen. Auch die Gerichte sollten das nicht verkennen. Jedenfalls sind Richter nicht befugt, ihre persönlichen Wertvorstellungen und Verhaltensmuster oder die ihrer Schicht oder Gruppe der Entscheidung über „richtige" Erziehung zugrundezulegen. Erst recht dürfen moralische, weltanschauliche oder gar parteipolitische Grundsätze keine Rolle spielen. Allein ein Rückblick auf die letzten 40 Jahre zeigt, wie brüchig und wandelbar viele dieser „Grundwerte" sind. Sie haben sich oft als „Vorurteile" erwiesen.

Die Formel vom Wohl des Kindes scheint begrifflich die Berücksichtigung der Interessen anderer, insbesondere die der Eltern auszuschließen. Sie fördert ein „radikales Denken im Kindschaftsrecht", einen Kampf des Kindeswohls gegen das Elternrecht.

Letztlich bleibt es dabei, daß der Begriff „Wohl des Kindes" weitgehend unbestimmt und vielleicht sogar unbestimmbar ist. Er gleicht darin dem unser Recht beherrschenden Grundsatz von Treu und Glauben. Trotzdem dient er der Rechtsprechung als Leitbild und führt in der Vielzahl der Fälle zu Entscheidungen, die unter den im Einzelfall gegebenen wirtschaftlichen, sozialen, körperlichen und psychischen Umständen, die die Gerichte meist nicht ändern können, für die betroffenen Kinder die beste oder die am wenigsten nachteilige Lösung darstellen.

In Wirklichkeit geht es aber immer darum, einen Ausgleich zwischen den Interessen des Kindes und denen der Eltern zu finden.

§ 10 Die familienrechtliche Zuordnung eines Kindes

Verwandtschaft und die unterschiedlichen Rechtsstellungen ehelicher und nichtehelicher Kinder hängen ab von der rechtlichen Zuordnung eines Kindes zu bestimmten Personen. Die Vorschriften über die eheliche oder nichteheliche Abstammung eines Kindes sind daher für das Kindschaftsrecht von grundlegender Bedeutung.
Da fast immer zweifelsfrei feststeht, wer die Mutter eines Kindes ist, geht es vornehmlich um die Feststellung der ehelichen oder nichtehelichen Vaterschaft und um die Frage, wie die falsche Zuordnung eines Kindes zu einem Mann beseitigt werden kann.

I. Das eheliche Kind

Ehelich sind grundsätzlich alle Kinder, die von einer verheirateten Frau geboren werden (§ 1591 Abs. 1 Satz 1 BGB). Es kommt nicht darauf an, ob die Frau das Kind vor oder während der Ehe empfangen hat. Auch Kinder, die innerhalb einer Frist von 302 Tagen nach Auflösung der Ehe (z. B. durch den Tod des Ehemannes oder Scheidung) geboren werden, sind ehelich. Natürlich wird vorausgesetzt, daß der Ehemann das Kind gezeugt hat. Ob das aber tatsächlich so ist, bleibt zunächst einmal gleichgültig. Die Nichtehelichkeit eines Kindes, das während der Ehe oder innerhalb von 302 Tagen nach Auflösung der Ehe geboren ist, kann nur geltend gemacht werden, wenn die Ehelichkeit angefochten und die Nichtehelichkeit durch Urteil rechtskräftig festgestellt ist (§ 1593 BGB). Selbst solche Kinder, die offenbar nicht vom Ehemann der Mutter abstammen können, etwa wegen entgegenstehender Rassenmerkmale oder Abwesenheit des Mannes während der Empfängniszeit, sind also ehelich. Die biologische Vaterschaft des Ehemannes wird erst wichtig, wenn sie durch Anfechtung der Ehelichkeit des Kindes in Frage gestellt wird. Ein nicht vom Ehemann der Mutter abstammendes Kind, dessen Ehelichkeit (noch) nicht angefochten ist, bezeichnet man als scheinehelich.
Die Rechtsstellung ehelicher Kinder erhalten ferner nichtehelich geborene Kinder, die legitimiert oder adoptiert werden (§§ 1719, 1736, 1740 f., 1754 BGB).

II. Anfechtung der Ehelichkeit

1. Verfahren

Die Ehelichkeit eines Kindes wird durch Klage vor dem Amtsgericht angefochten. Für das Verfahren gelten besondere Vorschriften, die teils im Bürgerlichen Gesetzbuch (§§ 1594–1599), teils in der Zivilprozeßordnung (§§ 640–641 k) enthalten sind.

Anfechtungsberechtigt ist grundsätzlich nur der Mann (§ 1594 Abs. 1 BGB). Nach geltendem Recht steht ihm die Entscheidung über die Familienzugehörigkeit des Kindes praktisch allein zu. Diese Regelung ist mit der Abkehr vom patriarchalischen Familienleitbild nicht vereinbar. Streitig ist, ob ein Ehemann anfechtungsberechtigt ist, wenn er der künstlichen Befruchtung seiner Frau mit Samen eines anderen Mannes (heterologe Insemination) zugestimmt hat.

Nach dem Tod des Mannes können seine Eltern die Ehelichkeit anfechten, wenn er bis zu seinem Tode keine Kenntnis von der Geburt des Kindes erlangt hatte oder innerhalb von zwei Jahren nach der Geburt des Kindes verstorben war, ohne die Ehelichkeit angefochten oder auf die Anfechtung verzichtet zu haben (§ 1595 a Abs. 1 und 2 BGB).

Die Mutter und der wirkliche Vater des Kindes haben kein Anfechtungsrecht. Der Ausschluß der Mutter aus dem Kreis der anfechtungsberechtigten Personen verstößt wahrscheinlich gegen den Gleichberechtigungsgrundsatz des Art. 3 Abs. 2 GG. Es läßt sich nicht rechtfertigen, nur dem Ehemann die Möglichkeit einzuräumen, die familienrechtliche Stellung des Kindes entsprechend seiner biologischen Abstammung zu berichtigen. Die Interessen der Mutter werden durch das beschränkte Anfechtungsrecht des Kindes nicht gewahrt.

Gegen ein Anfechtungsrecht des wahren Vaters spricht, daß die von ihm betriebene Anfechtung der Ehelichkeit des Kindes einen (weiteren) schweren Eingriff in den Ehefrieden und die Privatsphäre der Eheleute darstellen kann. Ob diese Interessen ausreichen, dem Vater im Ergebnis das „natürliche" Elternrecht zu verweigern, erscheint im Hinblick auf Art. 6 Abs. 2 und 5 GG zweifelhaft.

Das Kind kann seine Ehelichkeit nur ausnahmsweise in den Fällen anfechten, die in § 1596 Abs. 1 Nr. 1–5 BGB aufgezählt sind. Es handelt sich dabei um Tatbestände, die entweder wegen Änderung der Familienverhältnisse der Beteiligten (Tod des Ehemannes, Auflösung oder Zerrüttung der Ehe, Eheschließung zwischen Mutter und leiblichem Vater) oder aus besonderen „sittlichen" Gründen (ehrloser oder unsittlicher Lebenswandel des Mannes, schwere Verfehlung gegenüber dem Kind, schwere Erbkrankheit des Mannes) die Abweichung von dem Grundsatz der alleinigen Anfechtungsberechtigung des Mannes rechtfertigen sollen.

Für den Fall, daß der Ehemann die Anfechtungsfrist versäumt hatte oder verstorben war, gab es bis 1961 ein Anfechtungsrecht des Staatsanwalts, das dieser im Interesse des Kindes und seiner Nachkommen oder im öffentlichen Interesse ausüben konnte (§ 1595 a a. F. BGB).

Für die Erhebung der Anfechtungsklage gelten verschieden lange Fristen mit unterschiedlichem Fristbeginn.

Der Ehemann kann nur binnen zwei Jahren anfechten (§ 1594 Abs. 1 BGB). Diese Frist gilt auch für eine Anfechtung des Kindes bei Änderung der Familienverhältnisse (§ 1596 Abs. 2 Satz 1 BGB). Die Eltern des Mannes können dagegen nur innerhalb eines Jahres Anfechtungsklage erheben, während die sittlich gerechtfertigte Anfechtung durch das Kind (§ 1596 Abs. 1 Nr. 4 und 5 BGB) an keine Fristen gebunden ist.

Die Anfechtungsfrist beginnt für den Mann frühestens mit der Geburt des Kindes und im übrigen in dem Zeitpunkt, in dem er Kenntnis von den Tatsachen erlangt, die für die Nichtehelichkeit des Kindes sprechen (§ 1594 Abs. 2 Satz 1 und 2 BGB). Wann diese Kenntnis anzunehmen ist, hängt von den Umständen des einzelnen Falles ab. Rechtsunkenntnis und Rechtsirrtum werden von der Rechtsprechung für unbeachtlich gehalten. So verliert ein Mann auch dann sein Anfechtungsrecht, wenn er wegen augenscheinlicher und von allen Beteiligten anerkannter Unmöglichkeit seiner Vaterschaft als selbstverständlich davon ausgeht, das Kind sei nichtehelich.

Für die Eltern des Mannes wird die Anfechtungsfrist durch die Kenntnis von dessen Tod und von der Geburt des Kindes in Gang gesetzt (§ 1595 a Abs. 1 Satz 5 BGB).
Ähnlich wie beim Ehemann beginnt die Frist für die Anfechtung durch das Kind einmal in dem Zeitpunkt, in dem ein gesetzlicher Vertreter Kenntnis erlangt von den für die Nichtehelichkeit sprechenden Umständen sowie von der Veränderung der Familienverhältnisse (§ 1596 Abs. 2 Satz 2 BGB). Die Tatbestände des § 1596 Abs. 1 Nr. 1 bis 3 BGB können nacheinander eintreten, etwa zunächst Scheidung der Ehe des Mannes und der Mutter (§ 1596 Abs. 1 Nr. 2 BGB) und später Heirat der Mutter und des leiblichen Vaters (§ 1596 Abs. 1 Nr. 3 BGB). Jede dieser Veränderungen setzt eine neue Frist in Lauf. Außerdem läuft eine weitere Anfechtungsfrist von zwei Jahren ab Volljährigkeit des Kindes, wenn die gesetzlichen Vertreter in den Fällen des § 1596 Abs. 1 Nr. 1–3 BGB die Ehelichkeit nicht rechtzeitig angefochten hatten.
Insgesamt handelt es sich um eine unübersichtliche Regelung, die die endgültige familienrechtliche Stellung des Kindes sehr lange in der Schwebe läßt.

Die Klage des Mannes oder seiner Eltern muß gegen das Kind erhoben werden; das Kind muß gegen den Scheinvater klagen (§ 1599 Abs. 1 BGB). Nach dem Tode des Mannes oder des Kindes findet das dann einseitige Verfahren vor dem Vormundschaftsgericht statt (§ 1599 Abs. 2 BGB).
Das minderjährige Kind braucht zur Erhebung der Anfechtungsklage die Genehmigung des Vormundschaftsgerichts (§ 1597 Abs. 1 BGB). Das Vormundschaftsgericht soll verhindern, daß die Klage gegen die wohlverstandenen Interessen des Kindes erhoben wird. Dabei können sowohl wirtschaftliche Gesichtspunkte als auch die Erhaltung der Rechtsstellung eines ehelichen Kindes für die Entscheidung maßgebend sein.
Das Kind muß stets vertreten werden. Die beschränkte Prozeßfähigkeit in Kindschaftssachen gem. § 640 b ZPO gilt nach Satz 1, 2. Halbsatz nicht für das Kind. Vertreter ist die sorgeberechtigte Mutter, wenn sie nicht wegen eines erheblichen Interessengegensatzes von der Vertretung ausgeschlossen ist, etwa weil die Ehe noch besteht (§§ 1629 Abs. 2 Satz 1 1. Halbsatz, 1795 Abs. 1 Nr. 1, 1596 Abs. 1 Nr. 2, 3. Alternative oder Nr. 4 und 5 BGB). In diesen Fällen ist zu befürchten, daß die Mutter wegen ihres Interesses an der Erhaltung der Ehe die Interessen des Kindes an der Feststellung seiner Abstammung nicht richtig wahrnimmt. Für das Verfahren der Anfechtung der Ehelichkeit gilt der Untersuchungsgrundsatz des §§ 622 Abs. 1 ZPO (Amtsermittlungsprinzip) mit der Einschränkung, daß Tatsachen, die für die Anfechtung günstig sind, nur dann berücksichtigt werden dürfen, wenn der Kläger damit einverstanden ist oder sie vorgetragen hat.
Nach § 640 e ZPO muß ein Elternteil, der nicht an dem Verfahren als Kläger oder Beklagter beteiligt ist, eine Klageschrift erhalten und zum ersten Termin geladen werden. Er kann dem Rechtsstreit als Streithelfer einer Partei beitreten.
Durch erfolgreiche Anfechtung der Ehelichkeit werden die rechtlichen Beziehungen des Kindes zu seinem „Scheinvater" (elterliche Sorge, Unterhaltspflicht, Erbrecht usw.) beendet, es bekommt die Rechtsstellung eines nichtehelichen Kindes (§ 1593 BGB). Im Interesse des Kindes muß deshalb möglichst bald der wahre Vater festgestellt werden (vgl. § 10 IV).

Anfechtung der Ehelichkeit

Anfechtungsberechtigte:	Anfechtungsfrist:
Ehemann, § 1594 Abs. 1 BGB	2 Jahre ab Kenntnis der Umstände, § 1594 Abs. 1 BGB
Mutter: nicht, evtl. wegen Art. 3 Abs. 2 GG doch	evtl. wie Mann
ausnahmsweise: Eltern des verstorbenen Mannes, § 1595 a BGB	1 Jahr ab Kenntnis vom Tod des Mannes und von der Geburt des Kindes, § 1595 a Abs. 1 Satz 4 und 5 BGB
ausnahmsweise: das Kind, falls einer der Tatbestände nach § 1596 Abs. 1 Nr. 1–5 BGB vorliegt, a) durch den gesetzlichen Vertreter, § 1597 Abs. 1 BGB, b) selbständig nach Volljährigkeit, § 1598, Abs. 1 BGB,	1. in den Fällen des § 1596 Abs. 1 Nr. 1–3 BGB: 2 Jahre a) ab Kenntnis der Umstände und des Tatbestandes, § 1596 Abs. 2 Satz 2 BGB, b) ab Eintritt der Volljährigkeit, § 1598 2. HS BGB, 2. in den Fällen des § 1596 Abs. 1 Nr. 4 und 5 BGB: unbefristet
nicht: leiblicher Vater, sonstige Erben des Mannes, Staatsanwalt	

2. *Beweis der Vaterschaft*

Nur im Verfahren der Anfechtung der Ehelichkeit kommt es darauf an, ob der Ehemann das Kind wirklich gezeugt hat oder nicht. Das eine oder andere muß bewiesen werden. Da Geschlechtsverkehr zwischen Ehegatten und Zeugung durch den Ehemann schwer zu beweisen sind, obwohl tatsächliche Vermutungen für sie sprechen, hat das Gesetz zwei Vermutungen für die Ehelichkeit eines Kindes aufgestellt, die widerlegt werden müssen, wenn das Gericht die Nichtehelichkeit feststellen soll.

Die erste Vermutung ist in § 1591 Abs. 2 Satz 1 BGB ausdrücklich ausgesprochen: Es wird vermutet, daß die Eheleute innerhalb der Empfängniszeit Geschlechtsverkehr hatten. Der Begriff Empfängniszeit ist in § 1592 Abs. 1 BGB bestimmt. An Hand der zu § 1592 BGB abgedruckten Tabelle zur Berechnung der gesetzlichen Empfängniszeit kann man leicht feststellen, daß die Frist vom 182. bis zum 302. Tag vor der Geburt des Kindes Tragezeiten von 6–10 Monaten einschließt. Eine längere oder kürzere Schwangerschaftsdauer ist sehr selten (kürzeste und längste bisher beobachtete Tragezeiten bei reifen Kindern: 229 bzw. 321 Tage). Die durchschnittliche Tragezeit beträgt 268 Tage.

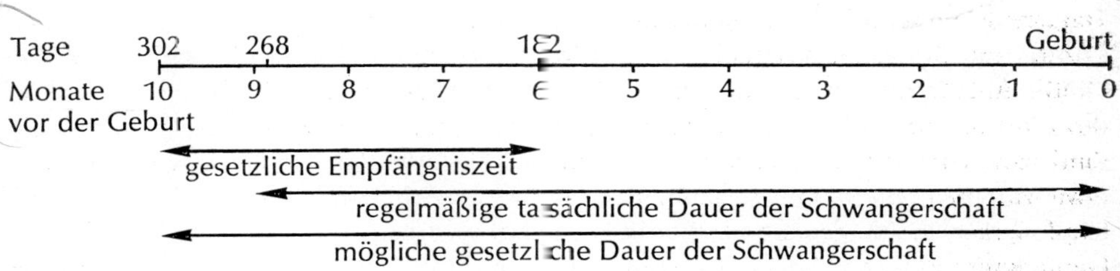

Die Vermutung des § 1591 Abs. 2 Satz 1 BGB gilt nur, wenn die Empfängniszeit in die Zeit der Ehe fällt. Voreheliche sexuelle Beziehungen müssen notfalls bewiesen werden. Wenn aber der Mann gestorben ist, ohne die Ehelichkeit des Kind angefochten zu haben, gilt die Beiwohnungsvermutung auch für die Empfängniszeit vor der Ehe (§ 1591 Abs. 2 BGB). Einem Geschlechtsverkehr zwischen Eheleuten steht die künstliche Befruchtung mit Samen des Mannes (homologe Insemination) gleich.

In der 120 Tage dauernden gesetzlichen Empfängniszeit kann die Frau nacheinander mit zwei Männern verheiratet gewesen sein. Nach § 1591 BGB könnte ein Kind somit mehrere Väter haben. Hier greift § 1600 BGB ein. Das Kind gilt – entsprechend einer tatsächlichen Vermutung – als Kind des zweiten Mannes.

Die Beiwohnungsvermutung kann durch jedes Beweismittel widerlegt werden. Stellt der Richter etwa auf Grund von Zeugenaussagen oder Urkunden fest, daß der Ehemann während der gesetzlichen Empfängniszeit eines normal ausgetragenen Kindes ununterbrochen auf Montage in Afrika oder in Strafhaft war, dann bedarf es keiner weiteren Beweiserhebung, etwa durch Einholung von Gutachten, ob das Kind vom Ehemann stammt. Es kann vielmehr sofort die Nichtehelichkeit des Kindes ausgesprochen werden.

Jeder nicht widerlegten Beiwohnungsvermutung und jedem bewiesenen vorehelichen Geschlechtsverkehr mit dem Ehemann folgt die sog. Empfängnis- oder Vaterschaftsvermutung. Es wird vermutet, daß der Geschlechtsverkehr ursächlich war für die Zeugung des Kindes. Diese Vermutung gilt nur dann nicht, „wenn es den Umständen nach offenbar unmöglich ist, daß die Frau das Kind von dem Manne empfangen hat" (§ 1591 Abs. 1 Satz 2 BGB).

In dieser Regelung wird die Absicht des Gesetzes deutlich, jedem Kind einer verheirateten Frau die bessere Rechtstellung eines ehelichen Kindes zu erhalten, auch wenn es nicht sicher ist, daß das Kind vom Ehemann stammt. Zweifel an der Vaterschaft des Mannes, etwa weil die Frau während der gesetzlichen Empfängniszeit auch mit anderen Männern verkehrt hat (sog. Mehrverkehr) oder weil die Eheleute empfängnisverhütende Mittel benutzt haben, genügen nicht, um die Nichtehelichkeit des Kindes festzustellen.

Der Nachweis der offenbaren Unmöglichkeit der Vaterschaft kann nur durch Gutachten erbracht werden, insbesondere durch

- Tragezeitgutachten,
- Blutgruppengutachten,
- Gutachten über die Zeugungsfähigkeit,
- anthropologisch-erbbiologische Gutachten.

Tragezeitgutachten (Reifegradgutachten) beruhen auf statistisch gesicherten Erfahrungssätzen zur Schwangerschaftsdauer und entsprechenden Reifemerkmalen (Gewicht, Größe und Kopfumfang, Behaarung, Länge der Finger- und Fußnägel) bei der Geburt des Kindes. Durch die Bestimmung der Tragezeit kann nachgewiesen werden, daß ein Kind nach seinem Reifegrad nur aus einem Geschlechtsverkehr in einem Zeitraum von etwa vier Wochen stammen kann, der also wesentlich kürzer ist als die gesetzliche Empfängniszeit. Die genaue Bestimmung der nur wenige Tage dauernden biologischen Empfängniszeit ist an Hand der Reifemerkmale nicht möglich. Durch die Einschränkung

der sehr langen gesetzlichen Empfängniszeit kann aber beispielsweise die Vaterschaft eines Mannes ausgeschlossen werden, der vor oder nach dem ermittelten Zeitraum verstorben oder der während des Zeitraums infolge Reise oder Strafhaft von der Mutter dauernd getrennt war.
Das Ergebnis eines Tragezeitgutachtens kann nur lauten, daß ein Mann als Vater auszuschließen oder nicht auszuschließen ist. Die positive Feststellung der Vaterschaft erlaubt es nicht.

Blutgruppengutachten (serologische Gutachten) beruhen auf Vererbungsgesetzen, nach denen sich Bluteigenschaften vererben. Die Vaterschaft eines Mannes kann insbesondere ausgeschlossen werden, wenn entweder beim Kind eine Bluteigenschaft festgestellt wird, die weder die Mutter noch der Mann haben (klassischer Ausschluß) oder wenn Kind und Mann bestimmte Bluteigenschaften entgegengesetzt reinerbig aufweisen (Reinerbigkeitsausschluß).
Die Erforschung der Blutbestandteile, nämlich der Blutflüssigkeit (Serum), der roten Blutkörperchen (Erythrozyten), der weißen Blutkörperchen (Leukozyten, Lymphozyten) und der Blutplättchen (Thrombozyten), hat in den letzten Jahren stürmische Fortschritte gemacht. Außer dem allgemein bekannten Blutgruppensystem ABO mit den Blutgruppen A (mit Untergruppen A_1–A_5), B und O sowie der Kombination aus A und B stehen inzwischen über 20 weitere Blutgruppensysteme für serologische Vaterschaftsgutachten zur Verfügung, die, wie die ABO-Blutgruppen, an den roten Blutkörperchen festgestellt werden können. Genannt seien das MN- und Ss-Blutgruppensystem, das Rhesus-Blutgruppensystem mit den Typen CDE und dem Merkmal C^w, das P/p-System, das Kell-System, das Kidd-System und das Duffy-System. Weiter werden Bluteigenschaften zur Begutachtung herangezogen, die an das Eiweiß des Serums gebunden sind. Man kann drei Eiweißgruppen unterscheiden, nämlich die Haptoglobingruppe (Hp), die Gammaglobingruppe (Gm) und die group-specific-component-Gruppe (Gc). Während man bei der Haptoglobingruppe und der Gc-Gruppe je drei Typen kennt, konnten bisher mehr als 30 verschiedene erbliche Gammaglobineigenschaften festgestellt werden, von denen derzeit 3–4 Systeme zur Begutachtung benutzt werden (Gm^1, Gm^2, Gm^x und Inv 1).
Seit einiger Zeit werden außerdem Enzyme (Fermente) der Erythrozyten untersucht. Es handelt sich bisher um die Systeme der sauren Erythrozytenphosphatase (SEP), der Phosphoglukomutase (PGM), der Adenylatkinase (AK), der Adenosindesaminase (ADA), der 6-Phosphoclucomat-Dehydrogenase (6-PDG), der Glutamat-Pyruvat-Transaminase (GPT) und der Esterase D (EsD).
Inzwischen hat sich auch das HL-A-System (Human Leucozyte Locus A), das an den Lymphozyten nachgewiesen wird, durchgesetzt.
Die Blutformel eines Menschen lautete (in der Reihenfolge der behandelten Merkmale) im Jahre 1978 beispielsweise:

A_1 MN ss cD D. ee C^w– P+ K– Jk(a+b+) Fy^a+Fy^b– Gm^1– Gm^2– Inv – Hp 2–1 Gc 1–1 C'3 (FS) SEP (BA) PGM 2–2 AK 1–1 ADA 1–1 6-PGD (A) GPT_1 EsD 1 HLA-A 2, A 28, B 12, Bw 15, Cw 3

Für die Zukunft erwartet man weitere Erkenntnisse über Erbeigenschaften der weißen Blutkörperchen und der Blutplättchen.

Auch Blutgruppengutachten können grundsätzlich nur zum Ausschluß oder Nichtausschluß der Vaterschaft führen. Den positiven Beweis der Vaterschaft kann man mit ihrer Hilfe (noch) nicht erbringen. Allerdings läßt sich mit zunehmender Zahl der festgestellten Bluteigenschaften die Vaterschaftswahrscheinlichkeit nach statistischen Methoden errechnen. Sie beruhen auf der unterschiedlichen Häufigkeitsverteilung der Bluteigenschaften in der Bevölkerung. Wenn beispielsweise seltene Eigenschaften, die der Mutter fehlen, sowohl beim Kind als auch beim Mann festgestellt werden, dann spricht eine hohe Wahrscheinlichkeit für dessen Vaterschaft. Im übrigen ergibt sich der Grad der Wahrscheinlichkeit aus der Kombination der verschiedenen Eigenschaften.
Der Beweiswert der serostatistischen Gutachten, die zumeist nach einer Formel von Essen-Möller erstellt werden, ist noch umstritten. Es kommt vor, daß für zwei Männer, die während der gesetzlichen Empfängniszeit mit der Mutter geschlechtliche Beziehungen hatten, nahezu gleich hohe Vaterschaftswahrscheinlichkeiten errechnet werden, weil ihre Blutformeln ähnlich sind. Daher bedeutet eine Wahrscheinlichkeit von beispielsweise 97,6% nicht, daß der betreffende Mann mit dieser Wahrscheinlichkeit der Vater des Kindes ist, sondern nur, daß ein Mann, der die ausgewerteten Bluteigenschaften hat, mit einer Wahrscheinlichkeit von 97,6% der Vater ist. Die Irrtumserwartung beträgt immerhin noch 2,4%. Folgende Beurteilung der Grade der Vaterschaftswahrscheinlichkeit hat sich durchgesetzt:

unter 0,2%	Vaterschaft praktisch ausgeschlossen,
0,2– 1,0%	Vaterschaft höchst unwahrscheinlich,
1,1– 4,0%	Vaterschaft sehr unwahrscheinlich,
4,1–10,0%	Vaterschaft unwahrscheinlich,
10,1–89,9%	Vaterschaft unentschieden,
90,0–94,9%	Vaterschaft wahrscheinlich,
95,0–98,9%	Vaterschaft sehr wahrscheinlich,
99,0–99,7%	Vaterschaft höchst wahrscheinlich,
99,8–99,9%	Vaterschaft praktisch erwiesen.

Mit Hilfe der serostatistischen Gutachten läßt sich somit ein positiver Beweis der Vaterschaft führen. Im übrigen steigt die Wahrscheinlichkeit laufend, einen Scheinvater als Erzeuger durch Blutgruppengutachten auszuschließen (Ausschlußwahrscheinlichkeit). Sie liegt zur Zeit bei 93%. Man hofft, die Ausschlußwahrscheinlichkeit durch das HL–A–System auf annähernd 100% steigern zu können.

Die Vaterschaft eines Mannes kann ausgeschlossen werden, wenn er während der gesetzlichen Empfängniszeit zeugungsunfähig war. Die Zeugungsfähigkeit (Fertilität) umfaßt die Beischlaffähigkeit und die Fortpflanzungsfähigkeit. Die Fähigkeit, den Geschlechtsverkehr ausüben zu können, ist nur die äußere Vorbedingung für eine regelrechte Befruchtung. Entscheidend ist daher die Fortpflanzungsfähigkeit, die sich durch Untersuchung der Samenflüssigkeit feststellen läßt (Spermiogramm). Ein Mann ist unfruchtbar, wenn seine Samenflüssigkeit (Ejakulat) keine reifen oder nur tote oder unbewegliche Samenfäden (Spermien) enthält. Nur wenn das festgestellt wird und außerdem sicher ist, daß dieser Zustand schon während der Empfängniszeit bestand, führt ein Gutachten über die Zeugungsfähigkeit zu einem eindeutigen Ergebnis. Im übrigen kann man nach der Zahl der gesunden Spermien und dem Grad ihrer Beweglichkeit mehrere Stufen der Zeugungsfähigkeit unterscheiden, bei denen sich nur mit unterschiedlicher statistischer Wahrscheinlichkeit sagen läßt, ob der betreffende Mann ein Kind zeugen kann. Eine hohe Unwahrscheinlichkeit schließt die tatsächliche Zeugung nicht aus. In diesen Fällen hat das Fertilitätsgutachten daher nur geringe Bedeutung.

Wie das serologische Gutachten beruht das (anthropologisch-erbbiologische) Ähnlichkeitsgutachten auf Regeln, nach denen sich äußerliche menschliche körperliche (anthropomorphologische) Merkmale vererben. Außer den Bluteigenschaften stehen etwa 200 alters- und umweltunabhängige Merkmale zur Verfügung, an denen die Ähnlichkeit zwischen Vater und Kind gemessen werden kann. Besondere Bedeutung haben solche Merkmale, in denen Mutter und Kind nicht übereinstimmen, die das Kind also von seinem Vater geerbt haben muß.
Man kann drei Gruppen von Merkmalen unterscheiden: den Papillarstatus, metrische Merkmale und morphologische Merkmale. Der Papillarstatus (Hautleistenuntersuchung) umfaßt die Fingerabdruck- und Handformel sowie die Beschreibung der Muster der Fingerbeeren, der Handlinien, der Zehenbeeren und der Fußsohlenlinien. Metrische Merkmale sind die meßbaren Verschiedenheiten des Gesichts und des Kopfes. Man errechnet, in welchem Verhältnis die Maße zueinander stehen (Indicesberechnung). Die übrigen morphologischen Merkmale werden durch vergleichende Betrachtung subjektiv erfaßt.
Wie bei den serologischen Gutachten gestattet das Zusammentreffen der vielen Merkmale, die für sich allein betrachtet unbedeutend sein mögen, eine Aussage über die Ähnlichkeiten von Personen. Eine Häufung von Übereinstimmungen läßt auf den Besitz gleicher Erbanlagen und damit Blutsverwandtschaft schließen. Ähnlichkeitsgutachten ermöglichen also nicht nur den Ausschluß, sondern auch die positive Feststellung der Vaterschaft. Die Ergebnisse werden in Wahrscheinlichkeitsstufen eingeteilt:

1. Vaterschaft im höchsten Grad wahrscheinlich, praktisch erwiesen,
2. Vaterschaft sehr wahrscheinlich,
3. Vaterschaft wahrscheinlich (wahrscheinlicher als Nichtvaterschaft).
4. unentschieden, Vaterschaft möglich,
5. Vaterschaft unwahrscheinlich,
6. Vaterschaft sehr unwahrscheinlich,
7. Vaterschaft im höchsten Grad unwahrscheinlich, praktisch ausgeschlossen,
8. Vaterschaft offenbar unmöglich.

Es gibt verschiedene Verfahren, die morphologischen Merkmale statistisch auszuwerten und – wie bei dem serostatistischen Gutachten – eine prozentuale Wahrscheinlichkeit zu errechnen.

III. Das nichteheliche Kind

Die Voraussetzungen der nichtehelichen Abstammung sind im Gesetz nicht besonders geregelt. Sie ergeben sich aus den Vorschriften über die eheliche Abstammung. Ein Kind ist entweder ehelich oder nichtehelich. Die Rechtsstellungen schließen einander aus.

Nichtehelich sind also solche Kinder,

- die von ledigen Frauen geboren werden,
- die von verheiratet gewesenen Frauen später als 302 Tage nach Auflösung der Ehe geboren werden,
- deren Nichtehelichkeit durch erfolgreiche Anfechtung der Ehelichkeit festgestellt worden ist (§ 1593 BGB).

Die Zahl der nichtehelich geborenen Kinder ist seit dem 2. Weltkrieg ständig gesunken (1950: 79 075, 1960: 61 330, 1970: 44 280, 1973: 39 839, 1976: 38 251). Ihr Anteil an der Gesamtzahl der Geburten ist jedoch in den letzten Jahren wieder gestiegen (1950: 9,74%, 1960: 6,33%, 1970: 5,46%, 1973: 6,28%, 1976: 6,33%).

IV. Feststellung der nichtehelichen Vaterschaft

Anders als bei einem ehelichen Kind, dessen Abstammung von seinem Vater durch die Ehe offenkundig ist, muß die Abstammung eines nichtehelichen Kindes festgestellt werden. Das geltende Recht eröffnet in § 1600 a BGB zwei gleichwertige Möglichkeiten:

- die Anerkennung der Vaterschaft (§§ 1600 b – 1600 e BGB)
- die gerichtliche Entscheidung (§§ 1600 n und 1600 o BGB).

Ebenso wie sich vor einer rechtskräftigen erfolgreichen Anfechtung der Ehelichkeit niemand darauf berufen kann, das Kind sei nichtehelich (§ 1593 BGB), können die Rechtswirkungen der Vaterschaft (z. B. Unterhalt, Erbansprüche) erst geltend gemacht werden, wenn die Vaterschaft „mit Wirkung für und gegen alle" festgestellt ist (§ 1600 a BGB). Vorher haben beide Bestimmungen eine Sperrwirkung.
Die Zahl der Väter, die die Vaterschaft ihrer nichtehelich geborenen Kinder anerkennen, ist in den letzten Jahren gestiegen. Sie liegt jetzt über 60%. Durch Klage werden etwa 20% der Vater festgestellt. In etwa 12% der Fälle können Väter nicht ermittelt werden.

1. *Anerkennung der Vaterschaft*

Die Feststellung der Vaterschaft durch Anerkennung erfordert ein Vaterschaftsanerkenntnis und die Zustimmung des Kindes zur Anerkennung (§ 1600 c Abs. 1 BGB).
Das Vaterschaftsanerkenntnis ist eine (einseitige) Willenserklärung mit besonderen Formerfordernissen. Sie darf nicht unter einer Bedingung oder Zeitbestimmung stehen (§ 1600 b Abs. 1 BGB), kann grundsätzlich nur persönlich abgegeben werden (§ 1600 d BGB) und muß öffentlich beurkundet werden (§ 1600 e Abs. 1). Die Beurkundung kann ein Notar vornehmen oder durch das Amtsgericht (§ 62 Nr. 1 BeurkG, § 641 c ZPO), durch den Standesbeamten (§ 29 a PStG) oder durch das Jugendamt (§ 49 Abs. 1 Satz 1 JWG) geschehen. Ein beschränkt Geschäftsfähiger kann nur selbst anerkennen, bedarf aber der Zustimmung seiner gesetzlichen Vertreter.
Die Erklärung ist dem Standesbeamten sowie dem Kind und der Mutter mitzuteilen (§ 1600 e Abs. 2 BGB). Der Standesbeamte muß die Anerkennung im Geburtenbuch eintragen (§ 29 Abs. 1 PStG). Das Kind oder sein gesetzlicher Vertreter soll über die Erteilung der Zustimmung entscheiden können. Die Mutter soll die Möglichkeit haben, den gesetzlichen Vertreter des Kindes von der Zustimmung zu einem falschen

Anerkenntnis abzuhalten oder notfalls die Anerkennung anzufechten (§ 1600 h Abs. 4 BGB).

Die Anerkennung wird erst wirksam durch die Zustimmung des Kindes, die dem Anerkennenden oder dem Standesbeamten zu erklären ist (§ 1600 c BGB). Das Erfordernis der Zustimmung des Kindes soll falsche Anerkenntnisse verhindern. Für die Zustimmung gelten im wesentlichen die gleichen Formvorschriften wie für das Anerkenntnis (§§ 1600 d, 1600 e BGB). Außerdem besteht eine Frist von sechs Monaten ab Beurkundung des Anerkenntnisses (§ 1600 e Abs. 3 BGB). Für ein noch nicht 18 Jahre altes Kind kann nur der gesetzliche Vertreter zustimmen (§ 1600 d Abs. 2 BGB).

Eine formgerechte Anerkennung hat den Rechtsschein der Wirksamkeit und Richtigkeit für sich (§§ 1600 f und 1600 m BGB). Sie kann nur nach den besonderen Vorschriften der §§ 1600 g bis 1600 m BGB und nicht etwa wegen Irrtums, arglistiger Täuschung oder Drohung angefochten werden.

2. Gerichtliche Entscheidung

In den Fällen, in denen entweder der Mann die Vaterschaft nicht anerkennt oder das Kind die Zustimmung zur Anerkennung verweigert, kann die Vaterschaft nur durch gerichtliche Entscheidung festgestellt werden (positive Abstammungsklage). Außerdem ist für die vor 1970 geborenen nichtehelichen Kinder und durch die Anfechtung der Anerkennung der Vaterschaft eine Feststellung der Nichtvaterschaft (negative Abstammungsklage) möglich. Positive Feststellungsklagen werden regelmäßig vom Kind, vertreten durch das Jugendamt als Amtspfleger (§ 1706 Nr. 1 BGB), erhoben, die negative Feststellungsklage ist vornehmlich für den Mann gedacht.

Wie für die anderen Kindschaftssachen ist für die gerichtliche Feststellung der nichtehelichen Vaterschaft das Amtsgericht zuständig (§ 23 a GVG), und zwar im Normalfall das Zivilgericht. Feststellungen nach dem Tode des Mannes oder des Kindes obliegen dagegen – wie die Anfechtung der Ehelichkeit und die Anfechtung der Anerkennung in einem solchen Fall – dem Vormundschaftsgericht (§ 1600 n Abs. 1 und 2 BGB).

Da Rechtswirkungen der nichtehelichen Abstammung erst ab positiver Feststellung der Vaterschaft geltend gemacht werden können (§ 1600 a Satz 2 BGB), besteht für eine negative Feststellung nach dem Tod des Kindes kein Bedürfnis. Der Kreis der Antragsberechtigten für das vormundschaftsgerichtliche Feststellungsverfahren ist nach dem Tod des Mannes auf das Kind und nach dessen Tod auf die Mutter beschränkt. Nach dem Tode von Mutter und Kind können weder der Vater noch interessierte Dritte (Erbansprüche!) die Vaterschaft feststellen lassen.

Für das Verfahren gilt uneingeschränkt Amtsermittlung (§§ 640, 622 Abs. 1 ZPO). Das Gericht hat alle Beweise von Amts wegen zu erheben und auch solche Tatsachen zu berücksichtigen, die die Parteien nicht vortragen (§§ 640 Abs. 1, 622 Abs. 1 ZPO). Bei einer Klage des Kindes oder gegen das Kind ist die Mutter beizuladen und kann dem Rechtsstreit zur Unterstützung einer Partei beitreten (§ 640 e ZPO). Die rechtskräftige Entscheidung wirkt für und gegen alle, selbst wenn sie nicht am Rechtsstreit beteiligt waren (§§ 640 h Satz 1, 641 k ZPO, § 1600 a Satz 1 BGB). Mit der Klage des Kindes auf Feststellung der Vaterschaft kann eine Verurteilung zur Zahlung des Regelunterhaltes verbunden werden (§§ 640 c Satz 3, 643 ZPO).

Anders als bei der Anerkennung der nichtehelichen Vaterschaft wird in den gerichtlichen Feststellungsverfahren sorgfältig nach dem wirklichen Vater des Kindes gesucht. Als Vater ist der Mann festzustellen, der das Kind gezeugt hat (§ 1600 o Abs. 1 BGB).

Der schwierige Beweis der Vaterschaft wird durch eine gesetzliche Vermutung erleichtert. Es wird vermutet, daß der Mann der Erzeuger des Kindes ist, mit dem die Mutter während der gesetzlichen Empfängniszeit geschlechtliche Beziehungen unterhalten hat (§ 1600 o Abs. 2 Satz 1 BGB). Diese Vermutung gilt erst, wenn der Geschlechtsverkehr, etwa durch Zugeständnis des Mannes oder durch glaubwürdige Aussage der Mutter bewiesen ist. Sie ist widerlegt, wenn nach Würdigung aller Umstände des einzelnen Falles und nach der gebotenen Ausschöpfung aller Beweismittel schwerwiegende Zweifel an der Vaterschaft verbleiben (§ 1600 o Abs. 2 Satz 2 BGB).

Wann solche Zweifel vorliegen, kann nur im Einzelfall entschieden werden. Die Zweifel müssen von sehr erheblichem Gewicht sein. Leichte (geringe) und „mittlere" (beachtliche, beachtenswerte, gewichtige, triftige) Zweifel genügen nicht. Bewiesener Mehrverkehr schließt die Feststellung eines Mannes als Vater nicht aus. Die Mehrverkehrseinrede des früheren Rechts, die Unterhaltsansprüche des Kindes gegen den Vater ausschloß, gibt es nicht mehr. Auch eine „Liederlichkeitseinrede" oder „Einrede des unzüchtigen Lebenswandels" (Art. 315 schweiz. ZGB) ist nicht anzuerkennen. Bei möglichem, vermutetem, wahrscheinlichem oder nachgewiesenem Mehrverkehr muß mit Hilfe von Gutachten versucht werden, die Vaterschaft aller anderen in Frage kommenden Männer auszuschließen. Falls das nicht möglich ist oder nicht gelingt, bedarf es nicht schon des nur selten zu erbringenden positiven Nachweises der Vaterschaft des Mannes, sondern es ist zu prüfen, ob verbleibende Zweifel so gewichtig sind, daß sie eine erhebliche Ungewißheit begründen. Theoretisch kann man von mehreren möglichen Erzeugern den relativ und absolut wahrscheinlichsten als Vater feststellen. Es kommt darauf an, mit höchstmöglicher Sicherheit den wirklichen Vater zu ermitteln. Das immer geringer werdende Risiko von Fehlentscheidungen infolge ungenügender Beweise tragen sowohl der Mann als auch das Kind: Einerseits kann ein Mann als Vater festgestellt werden, obwohl seine Vaterschaft nur wahrscheinlich ist und mit geringer Wahrscheinlichkeit auch ein anderer Mann der Vater sein könnte, andererseits verbleiben in etwa 5% der Fälle schwerwiegende Zweifel, so daß diese Kinder – rechtlich gesehen – keinen Vater haben.

V. Berichtigung einer falschen Feststellung

1. Anfechtung der Anerkennung der Vaterschaft

Bei der Anerkennung der Vaterschaft wird nicht oder nicht ausreichend geprüft, ob der Anerkennende wirklich der Vater des Kindes ist. Das Jugendamt, das regelmäßig als gesetzlicher Vertreter des Kindes die Zustimmung zur Anerkennung zu erteilen hat (vgl. § 1706 Nr. 1 BGB), ist auf die Angaben der Mutter angewiesen. Es kann natürlich von der Vermutung ausgehen, daß niemand zu Unrecht die Vaterschaft eines Kindes anerkennt und damit freiwillig Unterhaltsverpflichtungen auf sich nimmt. Tatsächlich sind aber bewußt oder unbewußt unrichtige Anerkennungen nicht selten. Bewußt falsche Anerkenntnisse werden etwa abgegeben, wenn der Anerkennende die Mutter heiraten will oder wenn die Vorschriften über die Adoption umgangen werden sollen. Häufiger sind Fälle, in denen der Anerkennende irrt oder getäuscht worden ist. Es kommt auch vor, daß jemand die Vaterschaft trotz erheblicher Zweifel anerkennt, weil er einen Prozeß scheut.

Der Gesetzgeber hat mit solchen falschen Anerkenntnissen gerechnet und entsprechend der Anfechtung der Ehelichkeit die Möglichkeit eröffnet, die Anerkennung der Vaterschaft anzufechten. Bei den Gefälligkeitsanerkennungen aus Anlaß einer Eheschließung mit der Mutter des Kindes scheitert eine Berichtigung aber regelmäßig daran, daß die Fristen versäumt sind, wenn beispielsweise durch Scheidung der Ehe die Grundlage für die Anerkennung entfällt.

Die Anfechtung der Anerkennung geschieht durch Klage vor dem Amtsgericht oder – falls der Mann oder das Kind verstorben ist – durch Antrag beim Vormundschaftsgericht (§ 1600 1 BGB). Das Verfahren ist in den §§ 1600 g bis 1600 m BGB und den schon erwähnten für Kindschaftssachen geltenden Vorschriften der §§ 640 ff. ZPO geregelt.

Anders als bei der Anfechtung der Ehelichkeit steht die Anfechtungsberechtigung gleichberechtigt dem Mann, der Mutter und dem Kind nebeneinander zu (§ 1600 g BGB). Wenn der Mann innerhalb eines Jahres nach der Anerkennung gestorben ist, ohne die Anerkennung angefochten oder darauf verzichtet zu haben, geht das Recht auf seine Eltern über (§ 1600 g Abs. 2 mit § 1595 a Abs. 2 Satz 2 BGB). Nicht anfechtungsberechtigt ist der wirkliche Vater des Kindes. Auch die Erben des Mannes oder seine Ehefrau und seine Kinder haben kein Anfechtungsrecht, obwohl sie ein großes Interesse (Unterhalt, Erbrecht) an der Feststellung der wahren Abstammung und Beseitigung der falschen Zuordnung haben können.

Die Anfechtungsfristen betragen für den Mann, seine Eltern und die Mutter des Kindes ein Jahr (§ 1600 h Abs. 1 BGB) und für das Kind zwei Jahre (§ 1600 i Abs. 1 BGB). Für den Mann und regelmäßig auch für das Kind beginnen die Fristen ab Kenntnis der Umstände, die gegen die Vaterschaft sprechen, für die Mutter ab Kenntnis der Anerkennung und für die Eltern ab Kenntnis des Todes ihres Sohnes und der Anerkennung (§ 1600 h Abs. 2–4 BGB). Wenn der Mann durch Irrtum, arglistige Täuschung oder Drohung zur Anerkennung veranlaßt worden ist, dann endet die Frist erst, wenn der Mann den Irrtum oder die Täuschung entdeckt hat oder die Zwangslage beendet ist und die für die Anfechtung von Willenserklärungen wegen dieser Tatbestände geltenden Fristen der §§ 121 Satz 1, 124 Abs. 2 Satz 1 BGB verstrichen sind (§ 1600 h Abs. 2 Satz 2 BGB). Von großer Bedeutung ist das für den Fall, daß ein Mann arglistig getäuscht worden ist. Die Jahresfrist des § 124 BGB beginnt dann erst mit der positiven Entdekkung der Täuschung. So lange diese Frist nicht abgelaufen ist, kann der getäuschte Mann die Anerkennung anfechten. Seine Lage ist sogar in zweifacher Hinsicht günstiger: Er ist nicht schon zur Anfechtung gezwungen, wenn ihm Tatsachen bekannt werden, die zu Zweifeln an seiner Vaterschaft Anlaß geben. Außerdem gilt im Prozeß nicht die Vermutung der Richtigkeit der Anerkennung (§ 1600 m Satz 2 BGB). Streitig ist, ob die Mutter den Mann auch dann arglistig täuscht, wenn sie geschlechtliche Beziehungen zu einem anderen Mann während der gesetzlichen Empfängniszeit verschweigt. Nach herrschender Meinung liegt eine Täuschung nicht schon in bloßem Schweigen, sondern erst in einer ausdrücklichen falschen Versicherung.

Wie bei der Anfechtung der Ehelichkeit kann das Kind nach Eintritt seiner Volljährigkeit binnen zwei Jahren anfechten, wenn der gesetzliche Vertreter die Anfechtung versäumt hat (1600 k Abs. 4 Satz 2 BGB). Außerdem eröffnet das Gesetz in zwei Fällen weitere Anfechtungsfristen: Wenn die Anerkennung im Zusammenhang mit einer Eheschließung des Anerkennenden und der Mutter des Kindes erfolgt ist, dann kann das Kind anfechten, wenn die Ehe aufgelöst oder getrennt ist (§ 1600 i Abs. 2 BGB) Ferner kann das Kind anfechten, wenn der leibliche Vater und die Mutter heiraten, einer Legitimation nach § 1719 BGB also die falsche Anerkennung durch den anderen Mann entgegensteht (§ 1600 i Abs. 3 BGB). In beiden Fällen läuft die Frist von zwei Jahren ab Kenntnis der Änderung der Familienverhältnisse. Schließlich ist ein unbefristete Anfechtung durch das Kind möglich bei den schon von der Anfechtung der Ehelichkeit her bekannten Tatbeständen der schweren Verfehlung des Mannes gegen das Kind, des ehrlosen oder unsittlichen Lebenswandels oder einer schweren Erbkrankheit des Mannes (§ 1600 i Abs. 5 BGB).

Die Klage muß von dem Mann oder dessen Eltern gegen das Kind und vom Kind oder der Mutter gegen den Mann erhoben werden (§ 1600 e Abs. 1 BGB). Nach dem Tod des Mannes oder des Kindes können das Kind oder die Mutter beim Vormundschaftsgericht anfechten (§ 1600 l Abs. 2 BGB). Der gesetzliche Vertreter des Kindes kann die Klage nur mit Genehmigung des Vormundschaftsgerichts erheben (§ 1600 k Abs. 1 Satz 2 BGB). Falls der Anerkennende und die Mutter des Kindes geheiratet und das Kind so legitimiert haben (§ 1719 BGB), soll das Vormundschaftsgericht die Genehmigung nur mit Einwilligung der Mutter erteilen (§ 1600 k Abs. 3 mit § 1597 Abs. 3 BGB).

In dem Anfechtungsverfahren gilt die gesetzliche Vermutung, daß der Mann, der die Vaterschaft anerkannt hat, der leibliche Vater ist (§ 1600 m Satz 1 BGB). Der Anfechtende muß diese Vermutung widerlegen. Er muß entweder beweisen, daß der Mann und die Mutter innerhalb der gesetzlichen Empfängniszeit des § 1592 BGB keinen Geschlechtsverkehr hatten oder daß eine Beiwohnung in der fraglichen Zeit nicht zur Empfängnis geführt hat. Die erste Tatsache kann durch alle Beweismittel, die Folgenlosigkeit des Geschlechtsverkehrs kann nur durch Gutachten bewiesen werden. Wie schon erwähnt, gilt die gesetzliche Vermutung nicht, wenn der Mann die Anfechtung betreibt und nachweist, daß er durch einen Irrtum im Sinne von § 119 Abs. 1 BGB oder durch arglistige Täuschung oder Drohung im Sinne von § 123 Abs. 1 BGB zur Anerkennung bestimmt worden ist (§ 1600 m Satz 2 BGB).

Hinsichtlich der weiteren verfahrensrechtlichen Besonderheiten kann auf die Bemerkungen zur Anfechtung der Ehelichkeit verwiesen werden. Die Beiladung des § 640 e ZPO gilt für das Kind, falls die Mutter gegen den Mann auf Anfechtung der Anerkennung klagt und das Kind deshalb nicht als Partei an dem Rechtsstreit beteiligt ist (§ 640 e Satz 2 ZPO).

2. *Wiederaufnahme gerichtlicher Verfahren*

Gegenüber der Feststellung der Vaterschaft durch Anerkennung mindert die Ausgestaltung der gerichtlichen Feststellung der Vaterschaft das Risiko einer falschen Zuordnung eines Kindes ganz entscheidend. Deswegen ist eine Anfechtungsklage gegen rechtskräftige gerichtliche Feststellungen der Vaterschaft nicht nötig. § 641 i ZPO bringt aber für die positive oder negative Vaterschaftsfeststellung eine wesentliche Erleichterung der sonst im Interesse des Rechtsfriedens stark eingeschränkten Möglichkeit, ein rechtskräftiges Urteil zu ändern. Die Wiederaufnahme des Verfahrens ist auch zulässig, wenn eine Partei ein neues Gutachten vorlegt, das eine abweichende Entscheidung herbeigeführt hätte, wenn es in dem früheren Verfahren bekannt gewesen wäre. So kann etwa dem stürmischen Fortschritt der Blutgruppenforschung oder der Entdeckung neuer Beweisverfahren Rechnung getragen werden. Allerdings kann die Beibringung eines neuen Gutachtens daran scheitern, daß die Beteiligten außerhalb des Verfahrens nicht zu einer Untersuchung gezwungen werden können, da § 372 a ZPO nur für das laufende gerichtliche Verfahren gilt.

Anfechtung der Anerkennung der Vaterschaft

Anfechtungsberechtigte:	Anfechtungsfrist:
Mann, § 1600 g Abs. 1 BGB	1. grundsätzlich 1 Jahr ab Kenntnis der Umstände, § 1600 h Abs. 1 BGB, 2. bei Irrtum, arglistiger Täuschung oder Drohung verlängert sich die Frist um die Anfechtungsfristen der §§ 121, 124 BGB, § 1600 h Abs. 2 Satz 2 BGB
ausnahmsweise: Eltern des verstorbenen Mannes, § 1600 g Abs. 1 BGB	1 Jahr ab Kenntnis des Todes und der Anerkennung, § 1600 h Abs. 3 BGB
Mutter, § 1601 g Abs. 1 BGB	1 Jahr ab Kenntnis der Anerkennung, § 1600 h Abs. 4 BGB
Kind, § 1600 g Abs. 1 BGB a) durch den gesetzlichen Vertreter, § 1600 k Abs. 1 Satz 2 BGB, b) selbständig nach Eintritt der Volljährigkeit, § 1600 k Abs. 4 Satz 2 BGB	1. 2 Jahre a) ab Kenntnis der Anerkennung und der Umstände, § 1600 i Abs. 1 BGB, b) ab Auflösung der Ehe zwischen Mann und Mutter, § 1600 i Abs. 2 BGB, c) ab Heirat der Mutter und des Vaters, § 1600 i Abs. 3 BGB, d) ab Eintritt der Volljährigkeit, § 1600 k Abs. 4 Satz 2 BGB, 2. unbefristet in den Fällen des § 1600 i Abs. 5 BGB
nicht: leiblicher Vater, Erben des Mannes, Ehefrau des Mannes	

§ 11 Die Änderung der familienrechtlichen Zuordnung eines Kindes

Die rechtliche Zuordnung eines Kindes zu bestimmten Personen und seine Rechtsstellung als nichteheliches Kind können durch Adoption (Annahme als Kind) und Legitimation (Ehelicherklärung) verändert werden. Die Adoption bewirkt eine neue Verwandtschaft als eheliches Kind des oder der Annehmenden. Die Legitimation verschafft einem bisher nichtehelichen Kind die Rechtsstellung eines ehelichen Kindes.

I. Adoption

Die Adoption ist ein Rechtsverhältnis, durch den Annehmende einen anderen, den Angenommenen, als Kind annehmen.

1. Zweck

Die Adoption Minderjähriger, die heute nach Häufigkeit und Bedeutung im Vordergrund steht, verfolgt ein wichtiges sozialpolitisches Ziel: Kinder aus strukturell oder funktional gestörten Familien, insbesondere nichteheliche Kinder und Waisen, die in Heimen oder Pflegestellen aufwachsen müssen, sollen auf Dauer in vollständige und erziehungstüchtige Familien eingegliedert werden. Die Adoption ist am ehesten geeignet, die fehlende eigene Familie zu ersetzen. Daneben steht der Wunsch kinderloser Ehepaare nach einem Kind oder – wie bei der Volljährigenadoption – nach einem Erben und Namensträger.

Die Zahl der Adoptionen in der Bundesrepublik Deutschland hat in den letzten Jahren ständig zugenommen und liegt derzeit bei über 8000 Fällen jährlich (1950: 4279, 1960: 6185, 1970: 7165, 1975: 9308, 1976: 9551 Fälle). Etwa 52% der Kinder werden in den ersten Lebensjahren adoptiert oder zur Vorbereitung der Adoption den zukünftigen Adoptiveltern in Pflege gegeben. Der Anteil der nichtehelichen Kinder beträgt 80 bis 90%. Etwa 25% der Kinder werden von Verwandten adoptiert. Die Vermittlung von Adoptionen obliegt nach dem Gesetz vom 2. 7. 1976 besonderen Adioptionsvermittlungsstellen der Jugendämter und einiger freier Träger der Jugendhilfe (vgl. § 19 III 4). Um die besonders erstrebenswerte Annahme von Heimkindern zu fördern, sind die Träger von Pflegeheimen verpflichtet, den Landesjugendämtern jährlich alle Minderjährigen unter 16 Jahren zu melden und sich darüber zu äußern, ob sie für eine Adoption in Betracht kommen (§ 78 a JWG).

2. Formen

Die hier nicht interessierende Adoption Volljähriger und die Minderjährigenadoption unterscheiden sich grundlegend durch ihre Rechtsfolgen. Die Erwachsenenadoption ist eine „schwache" Adoption, die Minderjährigenadoption Volladoption. Die Annahme eines Kindes durch nahe Verwandte (Verwandtenadoption) ist als Sonderfall der Minderjährigenadoption geregelt und bewirkt eine abgeschwächte Volladoption (§ 1756 BGB).

Dem sozialpolitischen Ziel der Minderjährigenadoption entspricht am besten die Annahme als gemeinschaftliches Kind durch ein Ehepaar (Ehegattenadoption, § 1741 Abs. 2 BGB). Dasselbe Ergebnis wird erzielt, wenn zunächst ein Ehegatte und später der andere Ehegatte das Kind adoptiert. Diese sog. Zweitadoption ist in § 1742 BGB

ausdrücklich zugelassen. Die rechtliche Stellung eines gemeinschaftlichen ehelichen Kindes wird ferner erreicht, wenn ein Ehegatte das (eheliche oder nichteheliche) Kind des anderen Ehegatten annimmt (Stiefkinderadoption, § 1747 Abs. 2 Satz 2 BGB).
Die Einzeladoption wird heute als Ausnahme behandelt. Sie ist vornehmlich für Stiefkinder und für eigene nichteheliche Kinder verheirateter Eltern gedacht (§ 1741 Abs. 2 Satz 2 BGB). Eine Ehegatte kann ein Kind außerdem dann alleine annehmen, wenn der andere Ehegatte nicht voll geschäftsfähig ist (§ 1741 Abs. 2 Satz 3 BGB). In allen drei Fällen wächst das Kind trotz Einzeladoption in einer vollständigen Familie auf. Seine Lage gleicht der eines Kindes, das gemeinschaftlich von Eheleuten angenommen wird. Eine wirkliche Ausnahme ist daher nur die Annahme eines fremden oder des eigenen nichtehelichen Kindes durch eine nicht verheiratete Person (§ 1741 Abs. 3 BGB).

3. Voraussetzungen

Die Voraussetzungen der Adoption sind 1961, 1973 und 1977 wesentlich geändert worden.
Eine Adoption ist nur zulässig, wenn sie dem Wohl des Kindes dient. Diese Voraussetzung steht heute an erster Stelle (§ 1741 Abs. 1 BGB). Es kommt darauf an, ob durch die Adoption die Lage des Kindes verbessert wird. Das kann nur unter Berücksichtigung aller Umstände des einzelnen Falles entschieden werden. Allgemein gültige Regeln lassen sich nur schwer aufstellen. Zu prüfen ist etwa, ob das Kind durch die Adoptiveltern besser versorgt (körperliches Wohl) werden kann und ob sie seine Erziehung und Ausbildung, die Entwicklung seiner Anlagen und Fähigkeiten (geistig-seelisches Wohl) eher fördern können als die leiblichen Eltern. In erster Linie kommt es auf die Bereitschaft und die Fähigkeit der Annehmenden an, das Kind zu versorgen und zu erziehen. Neben der pflegerischen und erzieherischen Eignung der Adoptionsbewerber, die durch Gespräche mit sozialen Fachkräften der Adoptionsvermittlungsstelle geklärt werden kann, sind äußerliche Dinge wichtig wie Gesundheit und Alter der Adoptiveltern, Dauer und voraussichtlicher Bestand ihrer Ehe, berufliche Beanspruchung, Wohnverhältnisse, wirtschaftliche Lage. Es ist weiter zu prüfen, ob die Adoptionsbewerber gerade für das in Aussicht genommene Kind geeignet sind. Ältere Kinder, die bereits konfessionell oder weltanschaulich geprägt sind, sollten nur in gleichgesinnte Familien vermittelt werden. Behinderte Kinder verlangen größere körperliche und seelische Belastbarkeit, entwicklungs- oder verhaltensgestörte Kinder besondere erzieherische Fähigkeiten und großes Durchhaltevermögen. Wirtschaftliche Gesichtspunkte sollen nicht entscheidend sein. Zu berücksichtigen ist aber, daß vermögende Adoptiveltern trotz aller staatlichen Ausbildungsförderung dem Kind regelmäßig eine bessere Ausbildung zuteil werden lassen können. Aus wirtschaftlicher Sicht wird der Annahme eines eigenen nichtehelichen Kindes durch dessen Mutter regelmäßig entgegenstehen, daß es durch die Adoption Unterhalts- und Erbansprüche gegen den Vater und dessen Verwandte verliert (§ 1755 Abs. 1 BGB).
Die zweite grundlegende Voraussetzung für eine Adoption ist die Erwartung, daß zwischen den Annehmenden und dem Kind ein Eltern-Kind-Verhältnis entsteht. Hier geht es insbesondere um die Frage, ob die Adoptivbewerber tatsächlich bereit und in der Lage sind, die Rollen und Aufgaben der Eltern zu übernehmen und auszufüllen. Von Bedeutung ist in diesem Zusammenhang beispielsweise der Altersunterschied

zwischen dem Kind und den Adoptiveltern. Wenn er zu gering ist, wird eher ein freundschaftliches oder geschwisterliches Verhältnis entstehen. Da es sich um eine zweiseitige Beziehung handelt, kommt es weiter darauf an, ob das Kind die Eltern als elterliche Bezugspersonen annehmen wird. Bei älteren Kindern, die schon starke Bindungen zu leiblichen Eltern oder Pflegeeltern entwickelt haben, wird man in diesem Punkt mit Schwierigkeiten zu rechnen haben.

Der Zweck der Erwachsenenadoption, aus der sich die heutige Minderjährigenadoption entwickelt hat, verlangte Kinderlosigkeit oder jedenfalls den Schutz der leiblichen Abkömmlinge. Das sozialpolitische Ziel der Minderjährigenadoption wird dagegen gefördert, wenn das Adoptivkind in Gemeinschaft mit Geschwistern aufwachsen kann. Heute darf die Annahme im Hinblick auf Kinder der Annehmenden nur dann nicht ausgesprochen werden, wenn ihr überwiegende Interessen der Kinder entgegenstehen oder wenn zu befürchten ist, daß die Interessen des Adoptivkindes durch vorhandene Kinder gefährdet werden. Dabei sollen vermögensrechtliche Interessen, etwa eine Schmälerung des Erbteils oder die Gefährdung der Unterhaltsansprüche, nicht ausschlaggebend sein (§§ 1745 BGB).

Die Annehmenden müssen unbeschränkt geschäftsfähig und grundsätzlich 25 Jahre alt sein. Bei der Ehegattenadoption muß einer der Ehegatten das 25. Lebensjahr, der andere das 21. Lebensjahr vollendet haben. Dieses Alter reicht auch aus für die Annahme des eigenen nichtehelichen Kindes oder eines Kindes des Ehegatten (§ 1743) BGB). Die Vorschriften über das Mindestalter sollen sicherstellen, daß die Persönlichkeitsentwicklung der Annehmenden im wesentlichen abgeschlossen ist und sie somit reif sind, Kinder zu erziehen.

Das Adoptivkind muß mindestens 8 Wochen alt sein. Vorher können die leiblichen Eltern ihre Einwilligung nicht erteilen (§ 1747 Abs. 3 BGB).

Die Adoption bedarf immer der Einwilligung des Kindes und regelmäßig der Einwilligung der Eltern des Kindes sowie der Einwilligung eines beteiligten Ehegatten. Die Einwilligungen sind höchstpersönliche Rechtsgeschäfte und können deshalb bei beschränkter Geschäftsfähigkeit eines Beteiligten nicht von dessen gesetzlichen Vertretern erteilt werden. Die Erklärungen müssen von einem Notar beurkundet und dann dem Vormundschaftsgericht übermittelt werden (§ 1750 BGB). Von den rechtsverbindlichen Einwilligungen sind die Erklärungen der Bereitschaft zu unterscheiden, ein Kind anzunehmen oder zur Adoption „freigeben" zu wollen. Sie sind die Grundlage für die vorbereitende Tätigkeit der Adoptionsvermittlungsstellen (vgl. auch § 19 III 4). Die Einwilligungen von Eltern des Kindes oder von Ehegatten des Annehmenden oder des Kindes sind nicht erforderlich, wenn der Betreffende (z. B. wegen Geisteskrankheit) zur Abgabe einer Willenserklärung dauernd außerstande oder wenn sein Aufenthalt dauernd unbekannt ist (§§ 1747 Abs. 4, 1749 Abs. 3 BGB). Die Gründe, aus denen eine erteilte Einwilligung unwirksam sein kann, sind in § 1760 Abs. 2 BGB abschließend aufgezählt.

Die Einwilligung des Kindes ist für ein noch nicht 14 Jahre altes oder geschäftsunfähiges Kind von seinen gesetzlichen Vertretern zu erteilen, im übrigen nur durch das Kind selbst (§ 1746 BGB). Sie kann nicht durch das Vormundschaftsgericht ersetzt werden.

Die Adoption eines ehelichen Kindes ist nur mit Zustimmung beider Eltern möglich. Das Einwilligungserfordernis folgt aus dem Elternrecht und ist daher unabhängig von

der elterlichen Sorge. Auch der Elternteil, der nicht Inhaber der elterlichen Sorge ist, muß einwilligen. Das gilt selbst dann, wenn die elterliche Sorge verwirkt oder entzogen ist. Zur Annahme eines nichtehelichen Kindes ist nur die Einwilligung der Mutter erforderlich. Der Vater eines nichtehelichen Kindes ist anzuhören. Er ist vom Jugendamt über sein Recht zu belehren, sein Kind zu legitimieren oder zu adoptieren und damit sein natürliches Elternrecht durchzusetzen (§ 51 b JWG). Falls er einen entsprechenden Antrag stellt, darf die Adoption durch fremde Adoptionsbewerber nicht ausgesprochen werden (§ 1747 Abs. 2 BGB). Die Einwilligungen der Eltern müssen sich auf die Adoption durch bestimmte, schon feststehende Personen beziehen. Eine „Freigabe" des Kindes zur Annahme durch irgendwen (sog. Blanko-Einwilligung) ist unwirksam. Allerdings ist nicht erforderlich, daß der einwilligende Elternteil die zukünftigen Adoptionseltern kennt. Es genügt, wenn ihm die persönlichen, familiären und wirtschaftlichen Verhältnisse der Annehmenden beschrieben werden (§ 1747 Abs. 3 Satz 2 BGB). Die somit zulässige Inkognitoadoption begünstigt die angestrebte völlige Lösung des Kindes von seinen bisherigen Verwandten und seine Einordnung in die Adoptionsfamilie. Sie verhindert eine unerwünschte Aufdeckung der Adoption (vgl. § 1758 BGB) und Störungen seiner Beziehungen zu den Adoptiveltern durch die leiblichen Eltern.
Eine fehlende elterliche Einwilligung kann das Vormundschaftsgericht auf Antrag des Kindes nach § 1748 BGB ersetzen, wenn der betreffende Elternteil seine Pflichten gegenüber dem Kind anhaltend gröblich verletzt hat oder durch sein Verhalten gezeigt hat, daß ihm das Kind gleichgültig ist und wenn das Unterbleiben der Annahme dem Kind in diesen beiden Fällen zu unverhältnismäßigem Nachteil gereichen würde. Die Ersetzung der Einwilligung ist ferner möglich, wenn die Pflichtverletzung zwar nicht anhaltend, aber besonders schwer ist und das Kind voraussichtlich nicht mehr der Obhut des Elternteils anvertraut werden kann. Der dritte Fall setzt aber voraus, daß der Elternteil vom Jugendamt über die Möglichkeit der Ersetzung belehrt und gem. § 51 a JWG über Hilfen beraten worden ist und seitdem mindestens 3 Monate vergangen sind. Diese Belehrung ist nicht nötig, wenn der Aufenthalt des Elternteils nicht bekannt ist und nicht ermittelt werden kann (§ 1748 Abs. 2 Satz 1 BGB). Eine vierte Ersetzungsmöglichkeit besteht, wenn der Elternteil wegen besonders schwerer geistiger Gebrechen zur Pflege und Erziehung des Kindes dauernd unfähig ist und wenn das Kind bei Unterbleiben der Annahme nicht in einer Familie aufwachsen könnte und dadurch in seiner Entwicklung schwer gefährdet wäre.

Die Ersetzung der Einwilligung eines Elternteils ist durch die Teilreform des Adoptionsrechts im Jahre 1973 wesentlich erleichtert worden. Sie gehört zu den schwierigen Interessenabwägungen im Familienrecht. Das Vormundschaftsgericht muß sich zwischen Elternrecht und Wohl des Kindes entscheiden.

Sofern es nicht ausnahmsweise um die Adoption eines eigenen nichtehelichen Kindes oder eines Kindes des Ehegatten geht, hat eine erteilte oder ersetzte elterliche Einwilligung nach § 1751 BGB einschneidende Folgen für das Eltern-Kind-Verhältnis. Die elterliche Sorge des einwilligenden Elternteils ruht, darf also nicht ausgeübt werden (§ 1675 BGB). Wenn der andere Elternteil noch nicht eingewilligt hat, übt er die liche Sorge allein aus (§ 1678 BGB). Wenn ein allein einwilligungsberechtigter Elternteil (z. B. die Mutter eines nichtehelichen Kindes) oder beide Eltern die Einwilligung zur Adoption erklärt haben, wird das Jugendamt kraft Gesetzes Vormund des Kindes. Eine bestehende Pflegschaft (z. B. die Amtspflegschaft nach §§ 1706, 1707 BGB) bleibt unberührt. Der einwilligende Elternteil darf auch nicht mehr mit dem Kind Umgang haben. Wenn das Kind nach erteilter oder ersetzter elterlicher Einwilligung zur weiteren Vorbereitung der Adoption in Obhut der Adoptionsbewerber genommen wird (Adoptionspflege), ändern sich außerdem die Unterhaltsverpflichtungen gegenüber dem Kind. Die zukünftigen Adoptiveltern werden dem Kind unterhaltspflichtig, die (noch weiterbestehenden) Unterhaltspflichten der leiblichen Eltern und der übrigen Verwandten treten im Rang zurück. Diese Regelung soll einerseits mögliche Nachteile für die Entwicklung des Kindes verhindern. Die sich bildenden Beziehungen zwischen den zukünftigen Adoptiveltern und dem Kind sollen nicht durch fortdauernde Einflußnahme der leiblichen Eltern gestört werden. Andererseits sollen die Adoptiveltern erkennen, welche wirtschaftlichen Belastungen sie zu erwarten haben.

Eine fehlende Einwilligung des Ehegatten des Annehmenden kann das Vormundschaftsgericht ersetzen, sofern nicht berechtigte Interessen des widersprechenden Ehegatten entgegenstehen (§ 1749 Abs. 1 BGB). Die verweigerte Einwilligung des Ehegatten eines Verheirateten, der adoptiert werden soll, kann dagegen nicht ersetzt werden.

Die Annahme soll durch das Vormundschaftsgericht regelmäßig erst dann angesprochen werden, wenn die zukünftigen Adoptiveltern das Kind eine angemessene Zeit in Pflege (Adoptionspflege) gehabt haben (§ 1744 BGB). Das soll der gegenseitigen Eingewöhnung und Erprobung dienen und somit Fehlschläge möglichst verhindern. Einer solchen Probezeit bedarf es nicht bei der Adoption des eigenen nichtehelichen Kindes durch seine Mutter oder bei der Annahme eines Kindes des Ehegatten. Die Dauer der Pflege hängt von den Umständen des einzelnen Falles ab. Die Pflegezeit kann kurz bemessen werden, wenn das Kind (z. B. nach Unfalltod der Eltern) von nahen Verwandten angenommen wird, zu denen es schon bisher tragfähige Beziehungen hatte. Bei älteren, behinderten oder durch Heimaufenthalt geschädigten Kindern wird eine längere Zeit nötig sein.

4. Annahmeverfahren

Früher erfolgte die Adoption durch einen notariellen Vertrag zwischen Annehmendem und Kind, der vom Vormundschaftsgericht genehmigt werden mußte. Jetzt wird die Annahme als Kind auf Antrag der Annehmenden durch staatlichen Hoheitsakt in Form eines Beschlusses des Vormundschaftsgericht ausgesprochen (Dekretsystem statt Vertragssystem). Das Vormundschaftsgericht muß die erörterten Voraussetzungen der Adoption (Wohl des Kindes, Eltern-Kind-Verhältnis, keine entgegenstehenden Interessen, Alterserfordernisse, Geschäftsfähigkeit, Einwilligungen, Adoptionspflege) prüfen. Vor einer Entscheidung hat das Gericht ein Gutachten der beteiligten Adoptionsvermittlungsstelle oder des Jugendamtes darüber einzuholen, ob das Kind und die Adoptivfamilie für die Annahme geeignet sind (§ 56 d FGG). Außerdem ist das Jugendamt zu hören (§ 48 a Abs. 1 Satz 1 Nr. 10 JWG). Gutachten und Anhörung sollen vornehmlich zu den Voraussetzungen Wohl des Kindes und Eltern-Kind-Verhältnis Stellung nehmen und dem Gericht aus sozialpädagogischer und psychologischer Sicht Entscheidungshilfe geben. Das Vormundschaftsgericht kann in geeigneten Fällen

auch mit einem Kind Fühlung nehmen, das noch nicht 14 Jahre alt und somit nicht durch seine eigene Einwilligung an dem Verfahren beteiligt ist (§ 55 c FGG).
Die Annahme kann noch nach dem Tod des Annehmenden, aber nicht mehr nach dem Tod des Kindes ausgesprochen werden (§ 1753 BGB). Der Beschluß wird mit Zustellung an den Annehmenden, nach dessen Tod mit Zustellung an das Kind wirksam. Er ist nicht mit Rechtsmitteln anfechtbar und darf anders als sonstige Entscheidungen des Vormundschaftsgerichts nicht abgeändert werden (§ 56 e FGG). Auch wenn das Gericht Voraussetzungen der Adoption zu Unrecht angenommen oder schwerwiegende Verfahrensfehler gemacht hat, kann eine Adoption im Interesse einer ungestörten Entwicklung des Kindes nur unter den engen Voraussetzungen der §§ 1760 ff. BGB wieder aufgehoben werden.
Während des gesamten Verfahrens und nach Ausspruch der Adoption gilt ein Ausforschungs- und Offenbarungsverbot. Tatsachen, die geeignet sind, die Adoption oder ihre Umstände aufzudecken, dürfen grundsätzlich nicht ohne Einwilligung der Beteiligten ausgeforscht oder offenbart werden (§ 1758 BGB).

5. *Wirkungen*

Durch die Annahme erlangt das Kind bei einer Ehegatten-, Stiefkinder- oder Zweitadoption die Rechtsstellung eines gemeinschaftlichen ehelichen Kindes der Ehegatten, bei einer Einzeladoption die rechtliche Stellung eines ehelichen Kindes des Annehmenden (§ 1754 BGB).
Bisher galten von dieser Regel zwei wichtige Ausnahmen. Einmal blieb die neue Verwandtschaft auf das Kind und die Adoptiveltern beschränkt, erstreckte sich also nicht auf die Verwandten der Adoptiveltern. Mit seinen neuen Großeltern oder leiblichen Kindern der Annehmenden beispielsweise wurde das Adoptivkind nicht verwandt, war also insbesondere nicht unterhaltsberechtigt- und verpflichtet, und es bestand auch kein gegenseitiges Erbrecht. Außerdem erloschen die verwandtschaftlichen Beziehungen zu den bisherigen Verwandten des Kindes nicht. Nur die elterliche Sorge und das Umgangsrecht der leiblichen Eltern ruhten. Die gegenseitige Unterhaltspflicht und das Erbrecht blieben erhalten, so daß das Adoptivkind sowohl seinen Adoptiveltern als auch seinen leiblichen Eltern unterhaltsverpflichtet war, aber notfalls auch von seinen leiblichen Eltern Unterhalt verlangen konnte. Rechtlich gehörte das Kind zu zwei Familien.
Diese unbefriedigende Rechtslage ist durch die Einführung der Volladoption geändert worden. Mit Ausnahme der Verwandtenadoption erlöschen nunmehr einerseits die verwandtschaftlichen Beziehungen zwischen dem Kind und seinen bisherigen Verwandten, andererseits wird das Kind ohne Einschränkungen mit den Verwandten seiner Adoptiveltern verwandt. Das Kind wird somit vollständig aus seiner Ursprungsfamilie gelöst und voll in die Familien der Annehmenden eingegliedert (integriert). Allerdings bleiben einige Wirkungen der Blutsverwandtschaft erhalten, insbesondere das Ehe- und Blutschandeverbot (§ 4 Abs. 1 Satz 2 EheG, § 173 Abs. 2 2. HS StGB), ferner auf Verwandtschaft beruhende Ansprüche des Kindes z. B. auf Renten oder Waisengeld (§ 1755 Abs. 1 Satz 2 BGB). Da außerdem die bisherige Verwandtschaft bei einer Aufhebung der Adoption wieder aufleben kann (§ 1764 Abs. 3 BGB), könnte man eher von einem Ruhen der Verwandtschaft als von einem Erlöschen sprechen.

Eine Sonderregelung besteht naturgemäß für die Annahme eines Kindes durch nahe Verwandte. Bei einer Annahme durch den Ehegatten des leiblichen Elternteils (Stiefkinderadoption) erlöschen nur die verwandtschaftlichen Beziehungen des Kindes zu dem anderen, außenstehenden Elternteil und dessen Verwandten (§§ 1755 Abs. 2, 1756 Abs. 2 BGB). Etwas anderes gilt nur bei einem ehelichen Kind, wenn die Ehe durch den Tod eines Ehegatten aufgelöst wurde (§ 1756 Abs. 2 BGB). In diesem Fall (Stiefkinderadoption bei Halbwaisen) bleibt die Verwandtschaft zu den Angehörigen des verstorbenen Elternteils erhalten, so daß das Kind verwandtschaftliche Beziehungen zu drei Familien hat, also beispielsweise drei Großelternpaare haben kann.

Durch die Adoption ergeben sich Änderungen insbesondere für die elterliche Sorge, den Namen des Kindes, seine Staatsangehörigkeit, seine unterhaltsrechtlichen Beziehungen und sein Erbrecht.

Im Regelfall der Minderjährigenadoption werden die annehmenden Ehegatten gemeinsam Inhaber der elterlichen Sorge. Das Recht der leiblichen Eltern, das seit der Erteilung ihrer Einwilligungen und dem Beginn der Adoptionspflege ruhte, erlischt endgültig. Die Vormundschaft des Jugendamtes (§ 1751 Abs. 1 Satz 2 BGB) ist aufzuheben. Bei einer Stiefkinderadoption wird die bisher einem leiblichen Elternteil allein zustehende elterliche Sorge gemeinsame Obliegenheit. Bei einer Einzeladoption wird der Annehmende alleiniger Inhaber der elterlichen Sorge. Die bei einem nichtehelichen Kind bestehende Amtspflegschaft des Jugendamtes muß aufgehoben werden.

Als Geburtsnamen erhält das Kind den Familiennamen der Annehmenden, und zwar bei der Ehegattenadoption den gem. § 1355 Abs. 2 BGB gewählten Familiennamen und nicht einen aus neuem Ehenamen und ursprünglichen Namen gebildeten Doppelnamen (§ 1757 Abs. 1 Satz 1 und 2 BGB). Wenn es aus schwerwiegenden Gründen zum Wohl des Kindes erforderlich ist, kann das Vormundschaftsgericht auf Antrag der Annehmenden und mit Einwilligung des Kindes zusammen mit dem Ausspruch der Adoption Vornamen des Kindes ändern oder ausnahmsweise (z. B. bei einer Verwandtenadoption) den neuen Familiennamen dem bisherigen Familiennamen hinzufügen, so daß das Kind einen Doppelnamen trägt (§ 1757 Abs. 2 BGB).

Durch die Adoption erwirbt ein ausländisches Kind die deutsche Staatsangehörigkeit (§ 6 RuStG). Umgekehrt verliert ein deutsches Kind seine Staatsangehörigkeit bei einer Adoption durch einen Ausländer, wenn es dadurch die Staatsangehörigkeit des Annehmenden erwirbt (§ 27 RuStG). Erwerb und Verlust erstrecken sich jeweils auf Abkömmlinge des Kindes.

Zwischen den Adoptiveltern und den neuen Verwandten einerseits und dem Kind andererseits entstehen gegenseitige Unterhaltsberechtigungen und -verpflichtungen im Sinne von §§ 1603 ff. BGB. Die Berechtigung und die – seit der Erteilung der Einwilligungen der Eltern und dem Beginn der Adoptionspflege nachrangige – Verpflichtung der leiblichen Verwandten erlischt (ruht). Eine Durchbrechung dieses Grundsatzes liegt darin, daß Ansprüche des Kindes, die auf der bisherigen Verwandtschaft beruhten und bis zur Adoption entstanden waren, nicht wegfallen (§ 1755 Abs. 1 Satz 2 BGB). Das Gesetz erwähnt beispielhaft Renten, Waisengeld und andere wiederkehrende Leistungen. Danach bezieht ein Kind, dessen Eltern bei einem Verkehrsunfall ums Leben gekommen sind, von dem schuldigen Teil (bzw. dessen Haftpflichtversicherung) eine nach § 844 Abs. 2 BGB oder § 10 Abs. 2 StVG zugebilligte Unterhaltsrente auch nach der Adoption weiter. Die rechtspolitische Berechtigung dieser Regelung erscheint zweifelhaft.

Das neue Erbrecht des Adoptivkindes entspricht der Regelung des Unterhaltsrechts. Die gegenseitigen erbrechtlichen Beziehungen zwischen dem Kind und seinen leiblichen Verwandten erlöschen. Das Kind wird erbrechtlich in die neue Familie eingeordnet, also erbberechtigt nicht nur – wie bisher – nach seinen Adoptiveltern, sondern auch nach seinen übrigen Verwandten, etwa den neuen Großeltern. Umgekehrt sind die Adoptiveltern und notfalls die übrigen neuen Verwandten beim Tode des Kindes dessen gesetzliche Erben.

Die erörterten Folgen einer Adoption gelten uneingeschränkt nur für die Volladoption. Bei der Verwandten- und Stiefkinderadoption kommt es darauf an, ob das für die unterhalts- und erbrechtlichen Ansprüche maßgebende Verwandtschaftsverhältnis erlischt oder nicht.

6. *Aufhebung*

Schon nach bisherigem Recht wurden Adoptionen sehr selten (etwa 0,6%) aufgehoben, und zwar überwiegend (mehr als ²/₃ der Fälle) einverständlich durch Vertrag zwischen Angenommenen und Annehmenden. Im Interesse der Kinder und der Gesellschaft an dauerhaften Adoptionsverhältnissen sind die Aufhebungsgründe weiter eingeschränkt worden.

Durch eine entgegen dem Verbot des § 4 Abs. 1 Satz 2 EheG geschlossene Ehe zwischen dem Angenommenen und dem Annehmenden wird das zwischen ihnen bestehende Adoptionsverhältnis kraft Gesetzes aufgelöst (§ 1766 BGB). Weitere Folgen treten nicht ein.

Im übrigen kann die Annahme als Kind nur noch durch Beschluß des Vormundschaftsgerichts aufgehoben werden, wenn sie grob fehlerhaft zustande gekommen war oder wenn die Aufhebung aus schwerwiegenden Gründen zum Wohl des Kindes erforderlich ist. Eine Aufhebung durch Vertrag gibt es nicht mehr.

Die Verfahrensfehler sind in § 1760 BGB abschließend aufgeführt. Nur wenn der Antrag der Annehmenden oder eines leiblichen Elternteils fehlten oder im Sinne von § 1760 Abs. 2 BGB unwirksam waren und die Erklärungen auch nicht ausdrücklich oder stillschweigend nachgeholt worden sind, kann die Adoption aufgehoben werden. Weitere Voraussetzungen sind aber einmal, daß derjenige, dessen Antrag oder Einwilligung fehlte, innerhalb einer Ausschlußfrist von längstens 3 Jahren einen notariell beurkundeten Aufhebungsantrag stellt (§ 1762 BGB). Zum anderen darf die Adoption trotz des Mangels nicht aufgehoben werden, wenn dadurch das Wohl des Kindes erheblich gefährdet würde und diesem Gesichtspunkt nicht überwiegende Interessen des Annehmenden entgegenstehen (§ 1761 Abs. 2 BGB).

Das Vormundschaftsgericht kann außerdem von Amts wegen die Adoption aus schwerwiegenden Gründen zum Wohl des Kindes aufheben. Bei einer Ehegattenadoption kann das Annahmeverhältnis nur zu einem Ehegatten aufgehoben werden. Die Aufhebung zum Wohl des Kindes setzt voraus, daß ein verbleibender Adoptivelternteil oder ein leiblicher Elternteil bereit ist, die elterliche Sorge zu übernehmen und daß

diese Regelung der elterlichen Sorge dem Wohl des Kindes nicht widerspricht (§ 1763 BGB).
Durch die Aufhebung erlöschen für die Zukunft die durch die Adoption begründete Verwandtschaft und die sich aus ihr ergebenden Rechte und Pflichten. Die früheren verwandtschaftlichen Beziehungen mit Ausnahme der elterlichen Sorge leben wieder auf. Diese hat das Vormundschaftsgericht den leiblichen Eltern zurückzuübertragen, sofern das nicht dem Wohl des Kindes widerspricht. Grundsätzlich verliert das Kind auch den durch die Adoption erworbenen Familiennamen (§ 1765 BGB). Die Staatsangehörigkeit dagegen ändert sich durch eine Aufhebung nicht.

II. Legitimation

Nichteheliche Kinder können die Rechtsstellung ehelicher Kinder erhalten durch

- Heirat ihrer Eltern (§§ 1719 ff. BGB),
- Ehelicherklärung auf Antrag des Vaters (§ 1723 ff. BGB),
- Ehelicherklärung auf Antrag des Kindes (§§ 1740 a ff. BGB).

Die Legitimation (legitimieren = für rechtmäßig, gesetzmäßig erklären) wurde im Mittelalter aus dem spätrömischen und kanonischen Recht in das deutsche Recht übernommen, als die nicht ungünstige Rechtsstellung der Kinder aus „unechter Geburt" nach germanischem Recht auf Drängen der Kirche einer gesellschaftlichen und rechtlichen Benachteiligung gewichen war. Durch die Legitimation sollen die noch bestehenden Unterschiede durch rechtliche Gleichstellung mit ehelichen Kindern vermieden oder gemildert werden.
Insbesondere das komplizierte Recht der Legitimation auf Antrag des Vaters oder des Kindes wird kritisiert, weil es „allzu deutlich jener Gedankenwelt entstammt, die zur Diskriminierung der Nichtehelichen führte". Die rechtspolitische Forderung, das Legitimationsrecht der §§ 1723–1740 g BGB ersatzlos zu streichen und statt dessen – wie in der DDR – die nichtehelichen und ehelichen Kinder völlig gleichzustellen, erscheint erwägenswert. Bemängelt wird auch, daß der Gesetzgeber keine Ehelicherklärung mit Wirkung für beide Elternteile eingeführt hat, obwohl nichteheliche Kinder genauso behandelt werden könnten wie Kinder aus geschiedenen Ehen, die auch nicht „einseitig ehelich" sind.
Jede Legitimation oder Ehelicherklärung setzt voraus, daß es sich um ein im Rechtssinne nichteheliches Kind handelt. Ein scheineheliches Kind oder ein infolge unrichtiger Legitimation als ehelich geltendes Kind können erst nach erfolgreicher Anfechtung der Ehelichkeit oder Beseitigung der falschen Vaterschaftsfeststellung legitimiert werden. Die im Ehebruch oder in Blutschande erzeugten Kinder sind nach deutschem Recht nicht von der Legitimation ausgeschlossen. In zahlreichen Rechtsordnungen europäischer Länder (z. B. Spanien, Belgien, Niederlande, Italien) hat sich dagegen die auf das kanonische Recht zurückgehende schlechtere Rechtsstellung dieser Kinder erhalten.

1. Legitimation durch nachfolgende Ehe

Die Legitimation nichtehelicher Kinder durch Heirat ihrer Eltern hat große praktische Bedeutung. Zwischen 30 und 40% der in der Bundesrepublik nichtehelich geborenen Kinder werden so legitimiert.

Voraussetzungen

Neben der Nichtehelichkeit des Kindes muß die Vaterschaft des Ehemannes der Mutter feststehen. Dieser muß also die Vaterschaft anerkannt haben oder gerichtlich als Vater festgestellt worden sein (§§ 1600 a ff. BGB). Wenn das Kind auf Grund einer unrichtigen Anerkennung oder einer falschen gerichtlichen Entscheidung als nichteheliches Kind eines anderen Mannes gilt, dann ist die Legitimation durch Heirat der biologischen Eltern erst möglich, wenn die falsche Zuordnung beseitigt ist. Das wird dadurch erleichtert, daß die Heirat der Eltern dem Kind eine neue Frist für die Anfechtung der Ehelichkeit oder die Anfechtung der Anerkennung der Vaterschaft eröffnet (§§ 1596 Abs. 1 Nr. 3 und 1600 i Abs. 3 BGB).

Es muß schließlich eine gültige Eheschließung vorliegen. Durch eine Nichtehe wird das Kind nicht legitimiert. Nichtigkeit, Aufhebung und Scheidung der Ehe berühren dagegen die Wirksamkeit einer Legitimation nicht (vgl. § 1719 2. Halbsatz BGB für den Fall der Nichtigerklärung).

Eine vorangegangene Adoption des Kindes hindert eine Legitimation durch Heirat der Eltern (§ 1719 Satz 2 BGB). Eine frühere Ehelicherklärung auf Antrag des Vaters steht dagegen einer Legitimation durch Heirat nicht entgegen, da diese stärkere Wirkungen hat. Sonst stünde dem Vater trotz Heirat der Eltern die elterliche Sorge allein zu (vgl. § 1738 Abs. 1 BGB).

Wirkungen

Das Kind wird ab Eheschließung, also nicht mit Rückwirkung ab Geburt, eheliches Kind. Es gelten ohne Einschränkung die Vorschriften für eheliche Kinder. Die alleinige elterliche Sorge der Mutter endet und wird gemeinsames Recht der Eltern (§ 1626, 1627 BGB). Amtspflegschaft oder Amtsvormundschaft des Jugendamtes enden dagegen erst mit ausdrücklicher Aufhebung durch das Vormundschaftsgericht (§§ 1883, 1915 BGB). Das Kind steht also zeitweise sowohl unter elterlicher Sorge als auch unter Pflegschaft oder Vormundschaft. Bei einer Amtsvormundschaft wegen Minderjährigkeit der Mutter sind bis zur Aufhebung der Vormundschaft sowohl der Vater (vgl. §§ 1626, 1673 Abs. 2, 1678 BGB) als auch das Jugendamt jeweils für sich allein uneingeschränkte Inhaber der elterlichen Sorge. Diese Überschneidungen können zu widersprechenden Verfügungen und Anordnungen führen. Dann gilt die frühere Entscheidung.

Die Wirkungen der Legitimation treten kraft Gesetzes ein, also unabhängig vom Willen der Beteiligten und ohne Rücksicht auf das Alter des Kindes. Früher führte das dazu, daß ein erwachsenes und möglicherweise selbst schon verheiratetes „Kind" den Familiennamen des Vaters erhielt und so zu einer oft peinlichen Namensänderung gezwungen wurde. Nun bestimmt § 1720 BGB, daß ein Kind, das das 14. Lebensjahr vollendet hat, wählen kann, ob es sich einer Namensänderung anschließen oder weiter seinen bisherigen Familiennamen führen will. Ein verheirateter Abkömmling und dessen Ehegatte, die von einer Namensänderung infolge Legitimation betroffen werden, können die Erklärung nur gemeinsam abgeben.

Nach § 1722 BGB wirkt die Legitimation für die Abkömmlinge des nichtehelichen Kindes, also die Enkelkinder des späten Brautpaares, auch dann, wenn das „Kind" vor der Eheschließung verstorben ist.

2. *Ehelicherklärung auf Antrag des Vaters*

Die Ehelicherklärung auf Antrag des Vaters soll diesem ermöglichen, das Kind rechtlich und tatsächlich in seine Familie einzugliedern. In erster Linie ist an die Fälle gedacht, in denen eine Eheschließung mit der Mutter aus rechtlichen (z. B. bestehende Ehe, Tod, Geisteskrankheit) oder anderen Gründen nicht möglich oder nicht gewollt ist. Das Kind wird bei dieser Form der Legitimation ehelich, obwohl eine Ehe der Eltern, aus der diese Rechtsstellung abgeleitet werden könnte, nicht besteht (ähnlich: § 1754 Abs. 2 BGB). Die Zahl der auf diese Weise legitimierten Kinder ist gering. Das hängt wohl damit zusammen, daß die Mütter sich mit ihrer Entrechtung nicht abfinden (vgl. § 1738 Abs. 1 BGB).
Eine Legitimation auf Antrag der Mutter kennt das geltende Recht nicht. Es ist fraglich, ob das mit der Gleichberechtigung vereinbar ist. Einen Ausweg bietet die Adoption des eigenen Kindes nach § 1741 Abs. 2 Satz 2 und Abs. 3 Satz 2 BGB.

Voraussetzungen und Verfahren

Wie bei der Legitimation durch Heirat muß das Kind nichtehelich sein und die Vaterschaft des Antragstellers feststehen. Während die Legitimation durch Heirat kraft Gesetzes und auch als ungewollte Rechtsfolge der Eheschließung der Eltern eintritt, ist hier ein ausdrücklicher Antrag des Vaters erforderlich (§ 1723 BGB).
Die Ehelicherklärung muß dem Wohl des Kindes entsprechen. Auch hier ist unter Abwägung aller Gesichtspunkte zu fragen, ob durch die Ehelicherklärung die Lage des Kindes verbessert oder jedenfalls nicht verschlechtert wird. In Betracht kommen beispielsweise Aufnahme in eine vollständige Familie, bessere Betreuung und Versorgung, bessere Erziehungs- und Ausbildungsmöglichkeiten, Schaffung und Vertiefung von Bindungen zum Vater und den väterlichen Verwandten.
Ferner dürfen der Ehelicherklärung keine schwerwiegenden Gründe entgegenstehen. Auch dieser unbestimmte Rechtsbegriff ist durch richterliche Wertung auszufüllen. Selbst wenn eine Legitimation in höchstem Maße dem Wohl des Kindes entspricht, kann ein triftiger Grund die Ehelicherklärung ausschließen, wenn er gegenüber dem Wohl des Kindes ganz besonderes Gewicht hat. Es ist also abzuwägen, wobei wieder alle Umstände des Einzelfalles zu berücksichtigen und zu würdigen sind. Bei einer beabsichtigten Aufnahme des Kindes in die väterliche Familie könnte beispielsweise drohender anhaltender familiärer Unfrieden wegen Widerstandes der Halbgeschwister oder anderer naher Verwandter ein schwerwiegender Grund sein. Die Interessen der Familie könnten höher zu bewerten sein als die des Kindes (Art. 6 Abs. 1 GG). Streitig ist, ob die Legitimation verweigert werden darf, weil eine Eheschließung der Eltern möglich und zumutbar ist. Diese Frage ist für Kinder aus wilden Ehen, („Onkelehen" oder „Rentenkonkubinaten") von Bedeutung. Die herrschende Meinung verneint das, da auf die Eltern auch nicht mittelbar ein Zwang zur Heirat ausgeübt werden darf und es nicht durch Art. 6 Abs. 1 GG gedeckt wird, Familienschutz auf Kosten der nichtehelichen Kinder zu betreiben.
Schließlich sind zur Ehelicherklärung auf Antrag des Vaters die Einwilligungen von Kind und Mutter sowie der Ehefrau des Vaters nötig (§§ 1726, 1729 BGB). Vor Vollendung des 14. Lebensjahres ist die Einwilligung des Kindes, das vom Vormundschaftsgericht

gehört werden kann (§ 1729 Abs. 2 BGB), von seinem gesetzlichen Vertreter, also gem. § 1706 Nr. 1 BGB regelmäßig dem Jugendamt, zu erteilen, danach nur von ihm selbst (§ 1729 Abs. 1 BGB). Die Einwilligung der Mutter ist nur bei Minderjährigkeit des Kindes erforderlich (§ 1726 Abs. 1 Satz 1 BGB). Sie kann auf Antrag des Kindes durch das Vormundschaftsgericht ersetzt werden, wenn die Ehelicherklärung aus schwerwiegenden Gründen zum Wohle des Kindes erforderlich ist (§ 1727 Abs. 1 BGB). Die Regelung gleicht der Ersetzung der elterlichen Einwilligung zur Adoption. Sie ist verschiedentlich wegen Zwangsentrechtung der Mutter für verfassungswidrig gehalten worden. Man wird aber auch das natürliche Elternrecht des Vaters eines nichtehelichen Kindes beachten müssen. Ein Vergleich mit Kindern aus geschiedenen Ehen zeigt, daß die Übertragung der elterlichen Sorge auf einen Elternteil rechtlich unbedenklich ist. Die Einwilligung der Ehefrau des Vaters kann auf Antrag des Kindes ersetzt werden, wenn die Eheleute getrennt leben und nicht berechtigte Interessen der Frau und der Familie entgegenstehen (§ 1727 Abs. 2 BGB).
Die Anträge und Einwilligungen können von voll Geschäftsfähigen nur persönlich erklärt werden, im übrigen bedarf es teilweise der Zustimmung der gesetzlichen Vertreter, teilweise der Genehmigung des Vormundschaftsgerichts (§§ 1726 Abs. 2, 1728, 1729 BGB). Die Erklärungen müssen durch einen Notar beurkundet werden (§ 1730 BGB).
Die Ehelicherklärung erfolgt durch Beschluß des Vormundschaftsgerichts. Sofern die Voraussetzungen erfüllt sind, muß das Vormundschaftsgericht dem Antrag entsprechen.

Wirkungen

Im Verhältnis zum Vater und zur väterlichen Verwandtschaft erlangt das Kind mit der Bekanntgabe des Beschlusses an den Vater (Ausnahme: § 1733 Abs. 2 und 3 BGB) die Rechtsstellung eines ehelichen Kindes (§ 1736 BGB). Für die Rechtsbeziehungen zwischen Vater und Kind gelten die allgemeinen Vorschriften über das Eltern-Kind-Verhältnis. Einschränkungen des früheren Rechts sind weggefallen.
Die Mutter dagegen verliert nach § 1738 Abs. 1 BGB das Recht, die elterliche Sorge auszuüben, also nicht das Recht selbst. Man kann den Zustand mit dem Ruhen der elterlichen Sorge (§ 1673, 1674 BGB) vergleichen. Das natürliche Elternrecht der Mutter und die verwandtschaftlichen Beziehungen zwischen Mutter und Kind mit den daraus folgenden Rechten und Pflichten werden dagegen durch die Legitimation nicht berührt. Die Mutter behält beispielsweise das Recht auf Umgang mit dem Kind (vgl. § 1634 BGB). Das Verhältnis des Kindes zu seiner Mutter ist vergleichbar mit dem eines ehelichen Kindes aus einer geschiedenen Ehe zu dem Elternteil, dem nach § 1671 BGB die elterliche Sorge nicht übertragen worden ist. Die gegenseitige Unterhaltspflicht und das gegenseitige Erbrecht bleiben bestehen. Hinsichtlich der Unterhaltspflicht soll nach § 1739 BGB die Besonderheiten gelten, daß der Vater in Abweichung von § 1606 Abs. 3 BGB vor der Mutter und deren Verwandten auf Unterhalt haftet. Danach könnte also zunächst der Vater bis zur Grenze seiner Leistungsfähigkeit in Anspruch genommen werden, bevor sich die Mutter beteiligen müßte. Mit Recht wird diese Vorschrift für verfassungswidrig gehalten. Für die Ungleichbehandlung der Eltern besteht kein durchschlagender Grund im Sinne von Art. 3 Abs. 2 GG.

3. Ehelicherklärung auf Antrag des Kindes

Durch das Nichtehelichengesetz 1970 wurde eine dritte Form der Legitimation für die sog. „Brautkinder" eingeführt, deren Eltern verlobt waren, aber wegen des Todes eines Elternteils nicht heiraten konnten. Die Kinder stehen soziologisch den ehelichen Kindern nahe. Durch das Verlöbnis bestehen regelmäßig engere Beziehungen zwischen den Familien der Eltern. Das Kind wird daher meist auch von den Angehörigen eines verstorbenen Vaters als zur Familie gehörend angenommen. Durch die Ehelicherklärung wird dem Kind die Stellung zuteil, die es ohne den Tod eines Elternteils durch die Eheschließung erlangt hätte (§ 1591 oder §§ 1719 ff. BGB).

Voraussetzungen und Verfahren

Auch hier müssen die Nichtehelichkeit des Kindes und Vaterschaft des Mannes feststehen. Wenn der Vater vor der Geburt des Kindes verstorben ist, ohne seine Vaterschaft anerkannt zu haben (vgl. dazu § 1600 b Abs. 2 BGB) oder wenn er nach der Geburt verstorben ist, bevor die Vaterschaft festgestellt werden konnte, dann muß zunächst das vormundschaftsgerichtliche Verfahren nach § 1600 n Abs. 2 BGB durchgeführt werden. Es bedarf ferner eines Antrages des Kindes (§ 1740 a Abs. 1 BGB) und der Einwilligung des überlebenden Elternteils (§ 1740 b BGB).

Solange das Kind nicht 14 Jahre alt ist, kann nur der gesetzliche Vertreter (vgl. § 1706 Nr. 1 BGB) den Antrag stellen, später nur das Kind persönlich, bei beschränkter Geschäftsfähigkeit mit Zustimmung des gesetzlichen Vertreters (§ 1740 c BGB). Grundsätzlich ist der Antrag an keine Frist gebunden. Nach dem Tode des Vaters kann er aber nur binnen Jahresfrist gestellt werden, die regelmäßig mit der Feststellung der Vaterschaft beginnt (§ 1740 e BGB). Eine solche Ausschlußfrist ist bei Tod der Mutter nicht nötig, da sich die Rechtsstellung des Kindes im Verhältnis zu den mütterlichen Verwandten durch eine Ehelicherklärung auf Antrag des Kindes nicht ändert, während wegen des unterschiedlichen Erbrechts eines ehelichen oder nichtehelichen Kindes (vgl. § 16 III) sowohl das Kind als auch die Familie des Vaters an einer alsbaldigen Klärung interessiert sein müssen.

Die Einwilligung des überlebenden Elternteils kann nur persönlich erteilt werden, und zwar bei beschränkter Geschäftsfähigkeit ohne Zustimmung des gesetzlichen Vertreters (§ 1740 b Abs. 3 BGB).

Weiter muß ein wirksames Verlöbnis der Eltern vorgelegen haben, das nur durch den Tod eines Elternteils, also nicht durch Rücktritt oder Aufhebung, aufgelöst worden sein darf (§ 1740 a Abs. 1 Satz 1 BGB). Neben der hier zu prüfenden Frage, ob das Verlöbnis trotz etwaiger Minderjährigkeit eines Partners gültig war, muß beachtet werden, daß ein Verlöbnis wegen Gesetz- oder Sittenwidrigkeit gem. §§ 134, 138 BGB nichtig sein kann. Nichtig ist etwa das Verlöbnis mit einem verheirateten oder noch verlobten Partner. Auch ein Verlöbnis bei nicht überwindbarem Eheverbot (Verwandtschaft) ist unwirksam.

Schließlich muß die Ehelicherklärung dem Wohl des Kindes entsprechen (§ 1740 a Abs. 1 Satz 2 BGB).

Vor einer Entscheidung muß das Vormundschaftsgericht die Angehörigen des verstorbenen Elternteils hören. Die Entscheidung ergeht durch Beschluß.

Wirkungen

Durch die Ehelicherklärung erlangt das Kind ab Rechtskraft des Beschlusses, jedoch mit Rückwirkung vor den Tod des Vaters (§§ 1740 a Abs. 2, 1733 Abs. 3 BGB), die Rechtsstellung eines Kindes, das durch Eheschließung seiner Eltern legitimiert worden ist (§ 1740 f BGB).

Das Kind erhält den Familiennamen des überlebenden Elternteils. Auf seinen Antrag und mit Zustimmung des überlebenden Elternteils kann ihm das Vormundschaftsgericht den Familiennamen des verstorbenen Elternteils erteilen. Damit keine Namensverschiedenheit zwischen Kind und überlebendem Elternteil auf die nichteheliche Geburt hinweist, ist ihm auf seinen Antrag der Familienname des Kindes zu erteilen, sofern er nicht inzwischen geheiratet hat (§§ 1740 f und 1740 g BGB).

§ 12 Allgemeine Rechtsbeziehungen zwischen Eltern und Kindern

Das rechtliche Verhältnis zwischen Eltern und Kindern wird hauptsächlich geprägt durch die elterliche Sorge und die Unterhaltspflicht. Daneben bestehen rechtliche Beziehungen, die nicht zu einem der beiden Bereiche gehören und zunächst erörtert werden sollen.

I. Elternrecht

Nach Art. 6 Abs. 2 GG sind „Pflege und Erziehung der Kinder das natürliche Recht der Eltern und die zuvörderst ihnen obliegende Pflicht". Die Verfassung hat damit das natürliche Elternrecht in den Rang eines Grundrechts erhoben.

Inhaber des Elternrechts sind vornehmlich die leiblichen Eltern, und zwar ohne Unterschied. Für geschiedene Eltern ist das immer selbstverständlich gewesen. Für die Mutter eines nichtehelichen Kindes ist das Elternrecht erst durch das Bundesverfassungsgericht durchgesetzt worden. Aber auch der Vater eines nichtehelichen Kindes kann sich auf sein natürliches Elternrecht berufen. Es kann nur als peinliches Überbleibsel überholter moralischer und rechtlicher Auffassungen angesehen werden, Elternrecht nur den durch Ehe verbundenen Eltern zubilligen zu wollen. Trotz fehlender natürlicher (biologischer) Elternschaft gehören die Adoptiveltern zu den Eltern im Sinne von Art. 6 Abs. 2 GG.

Der Inhalt des Elternrechts ist streitig. Von allen anderen Grundrechten unterscheidet sich das Elternrecht dadurch, daß es nicht nur Recht, sondern auch Pflicht ist (vgl. § 13 I). Das Grundgesetz erwähnt nur Pflege und Erziehung, also nur Teile der Personensorge. Man darf daher nicht elterliche Sorge und Elternrecht inhaltlich gleichsetzen und so die geltende Regelung der elterlichen Sorge als unabänderliches Verfassungsrecht (vgl. Art. 79 Abs. 3 GG) behandeln. Neben Pflege und Erziehung wird das Recht auf Umgang mit dem Kind zum Elternrecht gezählt.

Das Elternrecht garantiert den Eltern eigenständige und selbstverantwortliche Pflege und Erziehung ihrer Kinder (zu den Begriffen vgl. § 13 III 1) mit Vorrang vor jeder öffentlichen Erziehung. Die Eltern entscheiden in freier Verantwortung, wie sie ihr Kind pflegen und wie sie es erziehen wollen. Sie bestimmen somit insbesondere die Erziehungsziele und Erziehungsmethoden. Über die Betätigung des Elternrechts wacht die staatliche Gemeinschaft (Art. 6 Abs. 2 Satz 2 GG). Dieses „Wächteramt" ist vornehmlich dem Jugendamt, dem Vormundschaftsgericht und dem Familiengericht übertragen. Die staatlichen Eingriffsmöglichkeiten sind jedoch auf die Fälle beschränkt, in denen Eltern entweder ihre Befugnisse zum Schaden des Kindes mißbrauchen oder sich ihren Pflichten entziehen und das Kind vernachlässigen oder das Kind auch ohne Pflichtverletzung der Eltern zu verwahrlosen droht. Damit ist den Eltern ein sehr weiter verfassungsrechtlich geschützter Ermessensspielraum eingeräumt. Der Grundrechtsschutz besteht für alle elterlichen Handlungen und Entscheidungen, die – so das Bundesverfassungsgericht – „bei weitester Anerkennung der Selbstverantwortlichkeit der Eltern noch als Pflege und Erziehung gewertet werden" können. Das bedeutet einmal, daß staatliche Stellen nicht in den Freiraum eindringen und nach eigenem Ermessen darüber entscheiden dürfen, ob bestimmte Erziehungsziele und -methoden oder einzelne erzieherische Handlungen und Entscheidungen richtig oder zweckmäßig sind, zum anderen, daß nicht jedes Versagen oder jede Nachlässigkeit der Eltern staatliche Eingriffe in das Elternrecht rechtfertigt. Diese freie Selbstverantwortung und ihre eingeschränkte Nachprüfbarkeit in Verbindung mit der Wehrlosigkeit der Kinder machen elterliche Befugnisse in besonderem Maße gegen Mißbräuche anfällig. Das ist aus der Sicht des Kindes gelegentlich zu beklagen, aber letztlich nicht zu vermeiden, wenn man nicht das Tor öffnen will für vielfältige staatliche Eingriffe bis hin zur Zwangserziehung, wie sie aus Diktaturen bekannt ist. Zudem konnte das Grundgesetz davon ausgehen, daß Eltern ganz überwiegend nicht eigennützig oder willkürlich handeln, sondern die Interessen ihrer Kinder verfolgen und auf Grund ihrer Beziehungen zum Kind regelmäßig am besten entscheiden können, was seinem Wohl dient.

II. Familienname

Weiter ist der Familienname des Kindes zu behandeln. Die Rechtslage ist bei ehelichen und nichtehelichen Kindern verschieden.

Das eheliche Kind erhält als Familiennamen den Ehenamen seiner Eltern. Die frühere Regelung, wonach der Name des Mannes Familienname der Ehegatten und des Kindes wurde (§§ 1355 und 1616 a. F. BGB), war mit dem Gleichberechtigungsgrundsatz des Art. 3 Abs. 2 GG nicht vereinbar. Jetzt können die Ehegatten bei der Eheschließung den Geburtsnamen des Mannes oder den der Frau als gemeinsamen Familiennamen (Ehenamen) wählen (§ 1355 Abs. 2 BGB). Der Ehegatte, dessen Geburtsname nicht Familienname wird, kann seinen Geburtsnamen dem Familiennamen voranstellen (§ 1355 Abs. 3 BGB). Ein solcher Doppelname wird nicht Familienname des Kindes.

Eine Änderung des Familiennamens erstreckt sich bei einer Namensänderung durch Verwaltungsakt nach § 4 NamenÄndG auf das minderjährige Kind, wenn es unter elterlicher Sorge steht. Was in den übrigen Fällen einer Änderung des Familiennamens geschehen soll, ist nicht gesetzlich geregelt. Aus dem Schweigen des Gesetzgebers könnte man schließen, daß das eheliche Kind unabhängig von seinem Alter jede privatrechtliche Namensänderung mitmachen muß. Von der Rechtslehre wird dagegen aus Gründen der Gleichbehandlung eine entsprechende Anwendung des § 13 a Abs. 3 EheG (Wahlrecht des 14 Jahre alten Kindes bei nachträglicher Bestimmung des Familiennamens nach einer Auslandsheirat) und für nichteheliche oder adoptierte Kinder geltenden Vorschriften (§§ 1617 Abs. 2, 1618 Abs. 2, 1720, 1737, 1740 Abs. 2, 1757 Abs. 1 BGB) befürwortet und auch dem über 14 Jahre alten ehelichen Kind ein Selbstbestimmungsrecht eingeräumt.

Den oder die Vornamen eines Kindes bestimmen die Personensorgeberechtigten, bei ehelichen Kindern also beide Eltern. Mit der Eintragung der Vornamen in das Geburtenbuch verlieren die Eltern das Recht, den Vornamen zu ändern (§§ 21 Abs. 1 Nr. 4, 22 PStG, § 11 NamenÄndG). Die Bestimmung, welcher der Vornamen Rufname sein soll, kann dagegen jederzeit geändert werden.

Das nichteheliche Kind erwirbt stets den Familiennamen, den die Mutter zur Zeit der Geburt führt (§ 1617 Abs. 1 BGB). Durch das Nichtehelichengesetz 1970 ist die mit der Namensverschiedenheit verbundene Diskriminierung des früheren Rechts beseitigt worden, die dem nichtehelichen Kind einer verheirateten oder verheiratet gewesenen Frau deren Mädchennamen erteilte (§ 1706 a. F. BGB).

Die erstrebte Namensgleichheit zwischen Mutter und Kind bleibt erhalten, wenn die Mutter vor dem 5. Lebensjahr des Kindes, also vor der Einschulung, ihren Namen ändert, beispielsweise nach einer Scheidung den Geburtsnamen wieder annimmt (§ 1355 Abs. 4 Satz 2 BGB, weitere Fälle der Namensänderung vgl. § 5 I am Ende). Ab Vollendung des 14. Lebensjahres kann das Kind in einem solchen Fall wählen, ob es seinen Familiennamen behalten oder den Familiennamen der Mutter annehmen will (§ 1617 Abs. 2 BGB). Das gilt allerdings nicht bei einer Änderung des Familiennamens der Mutter infolge Eheschließung (§ 1617 Abs. 3 BGB).

Der Familienname eines nichtehelichen Kindes kann sich ferner durch Namenserteilung ändern. Schon nach früherem Recht konnte der Ehemann der Mutter dem Kind seinen Namen erteilen (Einbenennung, § 1706 Abs. 2 Satz a. F. BGB), um die nichteheliche Geburt des Kindes zu verschleiern. Jetzt hat dieses Recht auch der Vater des Kindes (§ 1618 Abs. 1 Satz 1 BGB). Die Namenserteilung ist in beiden Fällen nur mit Einwilligung des Kindes und der Mutter möglich (§ 1618 Abs. 1 und 2 BGB).

Schließlich ändert sich der Familienname des nichtehelichen Kindes durch Legitimation (§§ 1719, 1616 BGB), durch Ehelicherklärung auf Antrag des Vaters (§§ 1736, 1616 BGB), durch Ehelicherklärung auf Antrag des Kindes (§§ 1740 f, 1719, 1616 BGB) und – wie bei ehelichen Kindern – durch Adoption (§ 1757 BGB).

III. Staatsangehörigkeit

Die Staatsangehörigkeit eines Menschen entscheidet regelmäßig darüber, welche nationale Rechtsordnung für ihn gilt (vgl. z. B. Art. 7 Abs. 1, 13 Abs. 1, 15, 18–23 EGBGB, Art. 1 des Haager Übereinkommens zur Regelung der Vormundschaft über Minderjährige). Außerdem hängen zahlreiche öffentlich-rechtliche Rechte und Pflichten (z. B. Wahlrechte, einige Grundrechte, konsularischer Schutz im Ausland, Wehrpflicht, Steuerpflicht) davon ab, welche Staatsangehörigkeit eine Person besitzt.

Das eheliche Kind erwirbt durch Geburt die deutsche Staatsangehörigkeit, wenn ein Elternteil Deutscher ist (§ 4 Abs. 1 Nr. 1 RuStG). Die frühere Regelung, wonach bei unterschiedlicher Staatsangehörigkeit nur der deutsche Vater die Staatsangehörigkeit vermittelte, ist vom Bundesverfassungsgericht wegen Verstoßes gegen die Gleichberechtigung (Art. 3 Abs. 2 GG) für verfassungswidrig erklärt worden. Eheliche Kinder deutscher Mütter und ausländischer Väter erhalten daher möglicherweise mehrere Staatsangehörigkeiten.

Das nichteheliche Kind einer deutschen Mutter bekommt gleichfalls mit Geburt die deutsche Staatsangehörigkeit (§ 4 Abs. 1 Nr. 2 RuStG). Die Staatsangehörigkeit des Vaters spielt nach deutschem Recht keine Rolle. Ein nichteheliches Kind eines deutschen Vaters und einer ausländischen Mutter erhält dagegen nicht automatisch die deutsche Staatsangehörigkeit, sondern hat nur einen Rechtsanspruch auf Einbürgerung, wenn die Vaterschaft wirksam festgestellt worden ist und das Kind sich seit drei Jahren dauernd im Inland aufhält (§ 10 RuStG). Sog. Touristenkinder, die im Ausland leben und regelmäßig keine engeren Bindungen an Deutschland haben, sind vom Erwerb der deutschen Staatsangehörigkeit grundsätzlich ausgeschlossen. Ein nichteheliches Kind eines deutschen Vaters kann die deutsche Staatsangehörigkeit aber durch Legitimation erlan-

gen (§ 5 RuStG). Ein minderjähriges Kind fremder Staatsangehörigkeit erwirbt die deutsche Staatsangehörigkeit ferner bei Annahme als Kind durch einen Deutschen (§ 6 RuStG).
Eine Entlassung der Eltern aus der deutschen Staatsangehörigkeit gilt nicht für das Kind. Sie muß von den gesetzlichen Vertretern gesondert beantragt werden (§ 19 RuStG). Die Verleihung der deutschen Staatsangehörigkeit an einen Ausländer (Einbürgerung) wirkt dagegen für alle unter elterlicher Sorge stehenden Kinder mit Ausnahme einer verheirateten oder verheiratet gewesenen Tochter (§ 16 RuStG).

IV. Wohnsitz

Wohnsitz ist der Ort, den ein Mensch zum dauernden räumlichen Mittelpunkt seines Lebens wählt, an dem er sich „ständig niederläßt" (§ 7 Abs. 1 BGB). Er ist zu unterscheiden vom Aufenthaltsort, der vom Ort des Wohnsitzes verschieden sein kann (z. B. bei Reisen, während der Ausbildung oder außerfamiliärer Erziehung). Der Wohnsitz ist insbesondere von Bedeutung für gerichtliche oder behördliche Zuständigkeiten (z. B. § 36 FGG, § 13 ZPO, § 8 StPO, § 15 EheG); er kann darüber entscheiden, welches nationale Recht anwendbar ist (z. B. Art. 8, 11 Abs. 1 Satz 2, 13 Abs. 3, 16 Abs. 1 EGBGB). In einigen jugendrechtlichen Vorschriften wird dagegen auf den („gewöhnlichen") Aufenthalt abgestellt (z. B. §§ 11, 30, 42 Abs. 3 JWG, § 43 Abs. 3 JWG, Art. 1 Abs. 1 und 2 des Haager Übereinkommens über das auf Unterhaltsverpflichtungen gegenüber Kindern anzuwendende Recht, Art. 1 des Haager Übereinkommens über die Zuständigkeit der Behörden und das anzuwendende Recht auf dem Gebiet des Schutzes von Minderjährigen). Den Aufenthalt eines minderjährigen Kindes bestimmen nach § 1631 Abs. 1 BGB die Eltern als Inhaber der Personensorge (vgl. § 13 III 1).
Mit Ausnahme eines minderjährigen verheirateten oder verheiratet gewesenen Kindes kann ein Jugendlicher ohne Einwilligung seiner gesetzlichen Vertreter keinen eigenen Wohnsitz begründen oder aufheben. Das Kind teilt den Wohnsitz der Sorgeberechtigten. Ein eheliches Kind, dessen Eltern verschiedene Wohnsitze haben, teilt die Wohnsitze beider Eltern, solange beide personensorgeberechtigt sind.

V. Zugehörigkeit zum elterlichen Haushalt

Einige rechtliche Folgen ergeben sich aus der Zugehörigkeit zum elterlichen Haushalt.
Kinder, die im elterlichen Haushalt leben, sind zu Dienstleistungen im Hauswesen (Haus, Hof und Garten) oder im elterlichen Geschäft verpflichtet, wenn sie entweder noch erzogen werden, also minderjährig sind, oder als Volljährige von den Eltern unterhalten werden (§ 1619 BGB).
Für dieses familienrechtliche Dienstverhältnis gelten nicht die Bestimmungen des Arbeitsrechts. Das Kind hat keine Ansprüche auf Vergütung, Urlaub oder Sozialversicherung. Es ist aber auch nicht zu vollem Einsatz seiner Arbeitskraft verpflichtet, sondern nur zu Diensten „in einer seinen Kräften und seiner Lebensstellung entsprechenden Weise". Die Ausbildung des Kindes darf dadurch nicht beeinträchtigt werden. Einer Überforderung des minderjährigen Kindes durch die Eltern kann als Mißbrauch des Sorgerechts nach § 1666 BGB durch geeignete Maßnahmen des Vormundschafts-

gerichts entgegengetreten werden. Ein volljähriges Kind kann sich der Verpflichtung jederzeit durch Verlassen des Haushalts entziehen.

Über Beiträge minderjähriger Kinder zu den Haushaltskosten können die Eltern in beschränktem Umfang auf Grund der Vermögenssorge entscheiden. Von den Einkünften aus einem Vermögen des Kindes, seinem Arbeitseinkommen oder Gewinnen aus einem Erwerbsgeschäft können sie den Beitrag verwenden, den sie für den Unterhalt des Kindes benötigen (§ 1649 Abs. 1 BGB). Soweit es nach den wirtschaftlichen Verhältnissen der Beteiligten der Billigkeit entspricht, können sie darüber hinaus Einkünfte aus einem Vermögen des Kindes (nicht anderes Einkommen!) für den Familienunterhalt verbrauchen (§ 1649 Abs. 2 BGB). Damit soll ein gleicher Lebensstandard in der Kleinfamilie erreicht werden.

Die Abgabe eines „Kostgeldes" durch minderjährige Kinder mit Arbeitseinkommen beruht auf einer anderen rechtlichen Überlegung. In Höhe des Arbeitseinkommens entfällt die Bedürftigkeit des Kindes (vgl. § 14 I 2) und damit die Unterhaltspflicht der Eltern. Die Eltern gewähren dem Kind dann Unterkunft und Verpflegung gegen Entgelt oder gegen Kostenbeteiligung.

Für ein volljähriges Kind gilt die Vermutung, daß es für Beiträge zu den Haushaltskosten im Zweifel keinen Ersatz verlangen will (§ 1620 BGB).

VI. Recht zum Umgang

Das Recht der Eltern, mit ihren Kindern persönlichen Umgang zu pflegen, ist Ausfluß des natürlichen Elternrechts im Sinne von Art. 6 GG, nach anderer Auffassung Rest der Personensorge. Die Bedeutung dieses Rechts zeigt sich nur an der Ausnahme: Eltern, denen das Personensorgerecht nicht zusteht, die deshalb nicht mit ihren Kindern zusammenleben, behalten das Recht (nicht die Pflicht), mit dem Kind persönlich zu verkehren, insbesondere das Kind zu Besuch zu haben (Besuchsrecht) oder mit ihm Briefe zu wechseln (§ 1634 Abs. 1 BGB). Der Umgang des Elternteils mit dem Kind soll die Pflege der verwandtschaftlichen Beziehungen ermöglichen, dem gegenseitigen Liebesbedürfnis Rechnung tragen, der Entfremdung vorbeugen sowie der wechselseitigen Aussprache und fortlaufenden Information über das Befinden und Entwicklung des Kindes dienen.

Das Sorgerecht des einen Elternteils wird durch das Verkehrsrecht des anderen Elternteils eingeschränkt, soweit es dessen Zweck erfordert. Allerdings schließt das Recht weder eine Befugnis zur erzieherischen Beeinflussung des Kindes noch zur Überwachung des sorgeberechtigten Elternteils ein.

Sobald ein Elternteil die Einwilligung zur Adoption seines Kindes erteilt hat, darf er sein Umgangsrecht nicht mehr ausüben (§ 1751 Abs. 1 Satz 1 2. HS BGB). Dagegen bleibt den Eltern die Befugnis auch dann, wenn sie die elterliche Sorge wegen Straftaten zum Nachteil des Kindes gem. § 1676 Abs. 1 BGB verwirkt haben oder wenn ihnen wegen Mißbrauchs der Personensorge oder Vernachlässigung des Kindes die Personensorge gem. § 1666 Abs. 1 BGB entzogen worden ist. In diesen Fällen kann jedoch das Familiengericht den Umgang stark einschränken oder ausschließen (§ 1634 Abs. 2 BGB).

Die übrigen Verwandten, beispielsweise Geschwister oder Großeltern des Kindes, haben keinen Anspruch auf Umgang. Falls die Personensorgeberechtigten jedoch den

Umgang des Kindes mit Geschwistern, Großeltern oder anderen nahen Verwandten ohne triftigen Grund verhindern, kann das als Mißbrauch der Personensorge Maßnahmen des Vormundschaftsgerichts nach § 1666 BGB begründen. Denn die Pflege der verwandtschaftlichen Beziehungen dient regelmäßig dem Wohl des Kindes.

1. Umgang mit ehelichen Kindern

Über die Regelung und die Ausübung des Verkehrsrechts kommt es vielfach zu unerfreulichen und für die Kinder nachteiligen Streitereien zwischen verfeindeten Eltern. Das ist erklärlich, wenn man die Fälle bedenkt, in denen verheirateten oder verheiratet gewesenen Eltern das Sorgerecht nicht gemeinsam zusteht, nämlich nach Scheidung, bei dauerndem Getrenntleben, bei Entzug des Sorgerechts oder Verwirkung der elterlichen Sorge. Besonders schlimm ist es, wenn die Eltern versuchen, das Kind gegen den anderen Elternteil einzunehmen oder zur Parteinahme zu veranlassen. Familiengericht und Jugendamt müssen im Interesse des Kindes möglichst früh eingreifen, die Eltern belehren und beraten, Streit schlichten und Mißbräuchen notfalls nach § 1634 Abs. 2 Satz 2 BGB entgegentreten.

Falls sich die Eltern in Fragen des Umfangs und der Ausgestaltung des Umgangs nicht einigen, muß das Familiengericht eine Regelung nach Art, Ort und Zeit treffen, nachdem es das Jugendamt und möglicherweise das Kind angehört hat (§ 1634 Abs. 2 Satz 1 BGB, § 48 a Abs. 1 Nr. 4 JWG). Das Gericht hat sich dabei in erster Linie am Wohl des Kindes und an dem Zweck des Verkehrsrechts auszurichten. Es muß aber auch beachten, daß nicht mehr als unvermeidbar in das Erziehungsrecht des personensorgeberechtigten Elternteils eingegriffen wird.

Der Wille des Kindes wird oft für unbeachtlich gehalten, da er leicht zu beeinflussen sei. Richtig ist, daß der sorgeberechtigte Elternteil ein widerstrebendes Kind zu Besuchen des anderen anhalten, in geeigneter Weise vorbereiten und notfalls Zwang anwenden muß, um sich nicht gerichtlichen Maßnahmen nach § 1634 Abs. 2 BGB oder gar § 1666 BGB auszusetzen. Ältere Kinder können aber durch beharrlichen Widerstand jeden sinnvollen Umgang vereiteln. Mit zunehmender Reife des Kindes muß deshalb dem Wunsch des Kindes nach mehr oder weniger oder keinem Umgang Rechnung getragen werden. Nach § 1634 Abs. 1 Satz 2 des Entwurfs zur Neuregelung der elterlichen Sorge soll das Umgangsrecht gegen den Willen eines über 14 Jahre alten Kindes nicht mehr ausgeübt werden können.

Typische Beispiele für Umgangsregelungen aus der Rechtsprechung: zweimal monatlich Besuche für einige Stunden; monatlich einmal für ein Wochenende; Ferienbesuch für zwei Wochen einmal jährlich.

2. Umgang des Vaters mit seinem nichtehelichen Kind

Dem früheren Recht war der Gedanke eines Verkehrsrechts des nichtehelichen Vaters mit seinem Kind fremd. Die Beziehungen beschränkten sich auf die Unterhaltspflicht des Vaters, die sog. Zahlvaterschaft. Ein nichteheliches Kind und sein Vater galten als nicht verwandt (§ 1706 Abs. 2 a. F BGB).

Auch das Nichtehelichengesetz 1970 hat in § 1711 BGB kein Recht auf persönlichen Umgang gebracht, sondern überläßt grundsätzlich dem Sorgeberechtigten, regelmäßig also der Mutter, die Bestimmung, ob und in welchem Umfang dem Vater Gelegenheit gegeben werden soll, mit dem Kind persönlich zu verkehren (§ 1711 Abs. 1 Satz 1

BGB). Es erscheint zweifelhaft, ob diese Regelung mit dem natürlichen Elternrecht des nichtehelichen Vaters nach Art. 6 GG vereinbar ist. Immerhin eröffnet das Gesetz dem interessierten Vater jetzt eine Befugnis, die das fehlende Recht ersetzen kann. Er kann nämlich das Jugendamt und das Vormundschaftsgericht anrufen. Zunächst muß das Jugendamt in geeigneten Fällen zwischen Vater und Sorgeberechtigtem vermitteln (§ 1711 Abs. 2 BGB). Geeignet sind grundsätzlich alle Fälle, in denen der Vater den Umgang mit dem Kind wünscht, vornehmlich aber die Fälle, in denen er die Vaterschaft anerkannt hatte und es deswegen nicht zu der oft mit persönlichen Verdächtigungen und Vorwürfen begleiteten gerichtlichen Vaterschaftsfeststellung gekommen war. Scheitert der Vermittlungsversuch des Jugendamtes, dann kann das Vormundschaftsgericht entscheiden, wenn der persönliche Umgang mit dem Vater dem Wohl des Kindes dient (§ 1711 Abs. 1 Satz 2 BGB). Die verbreitete einschränkende, gegen den Vater gerichtete Auslegung dieser Vorschrift ist unzulässig dem früheren Recht verhaftet und hält die Diskriminierung der nichtehelichen Kinder aufrecht. In Wirklichkeit dienen der Umgang mit dem Vater und das persönliche Kennenlernen grundsätzlich dem Wohl des Kindes. Schlechte Erfahrungen der Vergangenheit können deswegen nicht zur Rechtfertigung dienen, weil sie nicht zuletzt die Folge des früheren unbefriedigenden Rechts waren. Etwas anderes mag (zeitweise) gelten, wenn die Mutter geheiratet und der Ehemann die Vaterrolle übernommen hat. Der Umgang mit dem leiblichen Vater könnte dann für die Entwicklung des Kindes wichtige Beziehungen zu seinem psychologischen Vater stören und sich so nachteilig auf das Wohl des Kindes auswirken. Aber es leuchtet nicht ein, warum das nichteheliche Kind und sein Vater anders behandelt werden sollen als ein eheliches Kind aus einer geschiedenen Ehe (Scheidungswaise) und sein Vater. Die Interessen und Gefühle der Mutter sind für das Wohl des Kindes grundsätzlich unbeachtlich. So kann der Umgang nicht etwa deshalb versagt werden, weil die Mutter dem Vater nachträgt, daß er sie nicht geheiratet hat, oder weil sie den Wunsch hat, den Abschnitt ihres Lebens völlig abzuschließen, in dem der Vater eine Rolle gespielt hat. Sicherlich können sich Spannungen in der Ehe der Mutter oder ablehnende Gefühle der Mutter gegen den Vater, die durch den Umgang hervorgerufen oder verstärkt werden, für das Kind ungünstig auswirken. Das kann jedoch bei einer Scheidungswaise genau so sein und rechtfertigt deshalb keine Ungleichbehandlung. Falls nach einer Scheidung die sorgeberechtigte Mutter eines ehelichen Kindes aus solchen oder ähnlichen Gründen den Umgang des Vaters mit seinem Kind hindern würde, müßte das Familiengericht gegen sie einschreiten und ihr notfalls sogar das Sorgerecht entziehen.
Es erscheint schließlich nicht unproblematisch, ob der Umgang des nichtehelichen Kindes mit seinem Vater wirksam dadurch ausgeschlossen werden kann, daß die Mutter ihr Kind adoptiert (§§ 1741 Abs. 2 Satz 2, 1755 Abs. 1 BGB). Der den Regelfall rechtfertigende Gesichtspunkt der ungestörten Entwicklung des Kindes in seiner neuen Familie gilt hier nicht. Allerdings wird der Vater durch die Adoption von seiner Unterhaltspflicht befreit, so daß er nicht nur seine Rechte, sondern auch seine Pflichten verliert.

§ 13 Die elterliche Sorge

I. Begriff

Mit dem Begriff „elterliche Sorge (Gewalt)" umschreibt das Gesetz eine vielschichtige, zahlreiche Rechte und Pflichten umfassende Rechtsstellung der Eltern gegenüber ihren Kindern und der Gesellschaft. Man kann die elterliche Sorge (Gewalt) als familienrechtliches Schutzverhältnis kennzeichnen. Das Bundesverfassungsgericht hat von Elternverantwortung gesprochen, weil das Recht der Eltern durch die Pflicht gebunden ist, dem Wohl des Kindes zu dienen. Und weiter: Das Kind „ist ein Wesen mit eigener Menschenwürde und dem eigenen Recht auf Entfaltung seiner Persönlichkeit im Sinne der Art. 1 Abs. 1 und Art. 2 Abs. 1 GG. Eine Verfassung, welche die Würde des Menschen in den Mittelpunkt ihres Wertsystems stellt, kann bei der Ordnung zwischenmenschlicher Beziehungen grundsätzlich niemandem Rechte an der Person eines anderen einräumen, die nicht zugleich pflichtgebunden sind und die Menschenwürde des anderen respektieren. Die Anerkennung der Elternverantwortung findet daher ihre Rechtfertigung darin, daß das Kind des Schutzes und der Hilfe bedarf, um sich zu einer eigenverantwortlichen Persönlichkeit innerhalb der sozialen Gemeinschaft zu entwickeln, wie sie dem Menschenbilde des Grundgesetzes entspricht."

Daraus ergeben sich für den Inhalt der elterlichen Sorge grundlegende Folgerungen, die noch nicht allgemein klar geworden sind. Die elterliche Sorge ist zwar ein absolutes Recht in dem Sinne, daß sie gegen störende Eingriffe Dritter geschützt ist. Sie ist aber kein absolutes Recht wie die in § 823 Abs. 2 BGB genannten Rechte, über die der Inhaber nach seinem freien Belieben entscheiden kann. Diese unzulässige Gleichsetzung (der elterlichen Sorge z. B. mit dem Eigentum an einer Sache) hat zu zahlreichen schon im Ansatz falschen Entscheidungen geführt und letztlich das Kind zum Objekt der elterlichen „Gewalt" degradiert. In Wirklichkeit hat im deutschen Recht ein Herrschaftsrecht mit unbeschränkter Verfügungsmacht über die Kinder, das das aus dem römischen Recht (patria potestas) übernommene Wort „Gewalt" andeutet, nie bestanden. Die bevorstehende Änderung der §§ 1626 ff. BGB wird den Ausdruck „elterliche Gewalt" durch den zutreffenden Ausdruck „elterliche Sorge" ersetzen, der hier schon verwendet wird.

Auch der Bundesgerichtshof hat sich gegen das noch weit verbreitete Mißverständnis gewandt und klargestellt: „Die mit der elterlichen Gewalt verbundenen Befugnisse sind den Eltern nicht um ihrer selbst willen verliehen, sondern nur als Hilfsmittel bei der Erziehung ihrer Kinder." Anders: Die elterlichen Rechte dürfen nicht nach Belieben oder gar eigennützig, sondern nur im Interesse und zum Wohl des Kindes ausgeübt werden; das Recht der Eltern ist zugleich Verpflichtung gegenüber dem Kind (pflichtgebundenes Recht, Pflichtrecht).

Die elterliche Sorge ist eine höchstpersönliche Rechtsstellung. Die Eltern können deshalb auf ihre Rechte und Pflichten nicht verzichten und sie nicht abtreten oder gar veräußern. Eine Übertragung ist nicht insgesamt, dem Grunde nach, möglich, sondern nur zur Ausübung einzelner Rechte oder Pflichten.

Bis zur Einführung der Gleichberechtigung im Jahre 1953 gab es nur eine väterliche Gewalt, die sich aus der germanischen munt (=schützende Hand, vgl. Vormund, Mündel) entwickelt hatte. Die Mutter war nur an der Personensorge beteiligt.

II. Inhaber der elterlichen Sorge

Inhaber der elterlichen Sorge sind die leiblichen Eltern oder Adoptiveltern oder an deren Stelle Pfleger oder Vormünder. Andere Erziehungsträger, vor allem die Schule und die öffentliche Jugendhilfe, sind an der elterlichen Sorge nicht beteiligt. Auch Stiefeltern, Pflegeeltern oder Verwandte haben grundsätzlich keinen Anteil an der elterlichen Sorge.
Im übrigen ist die Rechtslage für eheliche und nichteheliche Kinder verschieden. Die unterschiedliche Regelung verstößt nicht gegen das Grundgesetz.

1. bei ehelichen Kindern

Die elterliche Sorge über ein minderjähriges eheliches Kind steht seit der Gleichberechtigung von Mann und Frau dem Vater und der Mutter gemeinsam zu (§ 1626 Abs. 1 BGB). Beide haben sie in eigener Verantwortung und im gegenseitigen Einvernehmen auszuüben (§§ 1627 Satz 1 BGB).
Der Grundsatz der Eigenverantwortung schließt nicht aus, daß Dritte bei der Ausübung der elterlichen Sorge mitwirken. Die Eltern können anderen Personen, etwa Ausbildern, Erziehern, Lehrern, Stief- oder Pflegeeltern, das Recht übertragen, die elterliche Sorge vollständig oder teilweise für sie auszuüben. Sie können sich der Hilfe eines Beistandes bedienen, der auf ihren Antrag vom Vormundschaftsgericht oder dem Jugendamt bestellt werden muß (vgl. §§ 1685 ff. BGB, §§ 55 ff. JWG).
Die gemeinsame Ausübung der elterlichen Sorge durch beide Elternteile bedeutet nicht, daß in jedem einzelnen Fall von beiden Eltern gemeinsam beschlossen und gehandelt werden muß. Das wäre bei vielen Maßnahmen des täglichen Lebens oder bei Notfällen gar nicht möglich. Bei Angelegenheiten geringerer Bedeutung reicht es aus, sich nach gemeinsam aufgestellten Grundsätzen (z. B. Einigung über Erziehungsziele und Erziehungsmethoden) zu richten. Oft liegen auch stillschweigende gegenseitige Bevollmächtigungen oder ausdrückliche Aufgabenverteilungen vor. Nur in wichtigen Angelegenheiten des Kindes müssen die Eltern gemeinsam beschließen.
Bei Meinungsverschiedenheiten müssen die Eltern versuchen, sich zu einigen (§ 1627 Satz 2 BGB). Was bei einem Scheitern des Einigungsversuchs geschehen soll, ist zur Zeit nicht gesetzlich geregelt. Das Gleichberechtigungsgesetz hatte in § 1628 Abs. 1 BGB dem Vater den sog. Stichentscheid übertragen. Das Bundesverfassungsgericht hat diese Lösung wegen Verstoßes gegen die Gleichberechtigung für verfassungswidrig und daher nichtig erklärt. Die Eltern können jetzt in wichtigen Angelegenheiten, die im Interesse des Kindes unbedingt entschieden werden müssen, das Vormundschaftsgericht anrufen. Das Vormundschaftsgericht hat den Streit dadurch zu beenden, daß es der Meinung eines Elternteils beitritt und diesem die Entscheidungsbefugnis überträgt (Kompetenzentscheidung). Das Recht zu einer eigenen, von den Vorschlägen der Eltern abweichenden Entscheidung (Sachentscheidung) hat das Vormundschaftsgericht nicht. Diesen von der Rechtsprechung entwickelten Weg geht auch die Reform in § 1628 Abs. 1 des Entwurfes. Für den Sonderfall einer Meinungsverschiedenheit der Eltern über eine Änderung der religiösen Erziehung des Kindes vgl. § 2 RelKErzG.
Wenn die eheliche Lebensgemeinschaft der Eltern durch Auflösung der Ehe oder durch dauernde Trennung aufgehoben ist, wird die gemeinschaftliche Ausübung der elterlichen Sorge erheblich erschwert oder gar unmöglich. Das Familiengericht entscheidet deshalb bei Auflösung der Ehe von Amts wegen und bei dauernder Trennung auf

Antrag eines Elternteils, wem die elterliche Sorge zustehen soll (§§ 1671, 1672 BGB). Der Familienrichter kann während der Dauer eines Ehescheidungsverfahrens die elterliche Sorge durch einstweilige Anordnung regeln (§ 620 Abs. 1 Nr. 1 ZPO).

Die Eltern haben die Möglichkeit, sich über die Verteilung der elterlichen Sorge zu einigen. Das Familiengericht darf von einem übereinstimmenden Vorschlag der Eltern nur dann abweichen, wenn das zum Wohl des Kindes erforderlich ist (§ 1671 Abs. 2 BGB).

Regelmäßig soll einem Elternteil die elterliche Sorge allein übertragen werden (§ 1671 Abs. 4 Satz 1 BGB). Im Interesse des Kindes können aber Personensorge und Vermögenssorge getrennt und beispielsweise die Personensorge der Mutter und die Vermögenssorge dem Vater übertragen werden. Eine weitere sachliche Aufteilung, die nur in seltenen Fällen zweckmäßig sein kann, hält die Rechtsprechung nicht für zulässig.

Wenn die Eltern keinen gemeinsamen Vorschlag machen oder das Familiengericht den Vorschlag nicht billigen kann, muß es eine Regelung finden, die unter Berücksichtigung der gesamten Verhältnisse dem Wohl des Kindes am besten entspricht (§ 1671 Abs. 3 Satz 1 BGB). Vor einer Entscheidung hat das Familiengericht das Jugendamt zu hören (§ 48 a Abs. 1 Nr. 6 JWG). Oft ist es zweckmäßig, die Kinder zu Wort kommen zu lassen. Die Reform der elterlichen Sorge will – anders als das geltende Recht – den Wunsch eines über 14 Jahre alten Kindes berücksichtigen, einem Elternteil seiner Wahl das Sorgerecht zu übertragen. Von einem solchen Begehren des Kindes soll das Familiengericht nur abweichen, wenn es zum Wohl des Kindes erforderlich ist (§ 1671 Abs. 3 des Entwurfes). Diese Regelung trägt der zunehmenden Selbständigkeit des Kindes und der Tatsache Rechnung, daß eine Entscheidung dann nicht dem Wohl des Kindes entspricht, wenn sich der Inhaber des Sorgerechts und das Kind nicht verstehen oder nicht vertragen.

Nach bisherigem Recht sollte die elterliche Gewalt grundsätzlich dem an der Scheidung oder Trennung schuldlosen Teil übertragen werden (§ 1671 Abs. 3 Satz 2 BGB). Mit der Einführung des Zerrüttungsprinzips ist die Scheidung aus Verschulden und damit dieser umstrittene Gesichtspunkt für die Verteilung der elterlichen Sorge entfallen. Nunmehr entscheidet allein das Wohl des Kindes. Das Familiengericht hat zu prüfen, welcher Elternteil die günstigsten Bedingungen für die alleinige Ausübung der elterlichen Sorge und die weitere Entwicklung des Kindes bietet. Dabei kommt es nicht nur darauf an, bei wem das Kind die bessere Versorgung, Erziehung und Ausbildung erhalten kann. Für das seelische Wohl des Kindes ist es oft wichtiger, die Bindungen zu seiner Bezugsperson zu erhalten (vgl. § 9 VI).

Wenn das geistige oder leibliche Wohl des Kindes geschiedener Eltern gefährdet ist, kann das Familiengericht Personensorge und/oder Vermögenssorge einem Vormund oder Pfleger übertragen (§ 1671 Abs. 5 BGB).

Das Familiengericht kann seine Anordnungen jederzeit ändern, wenn das im Interesse des Kindes angezeigt ist (§ 1696 BGB).

Wenn ein Elternteil verstorben oder für tot erklärt ist oder wenn die elterliche Sorge eines Teils ruht, steht sie dem anderen Teil alleine zu (§§ 1681 Abs. 1, 1678 BGB). Wenn dagegen ein Elternteil die elterliche Sorge verwirkt hat oder sie ihm entzogen worden ist, muß der Vormundschaftsrichter prüfen, ob es mit dem Wohl des Kindes vereinbar ist, die elterliche Sorge dem anderen Elternteil allein zu übertragen und notfalls einen Vormund oder Pfleger bestellen (§§ 1679, 1680 BGB).

Falls beide Eltern die elterliche Sorge nicht ausüben können (Tod, Ruhen aus tatsächlichen Gründen) oder dürfen (Verwirkung, Ruhen aus rechtlichen Gründen) muß das Vormundschaftsgericht einen Vormund bestellen, der dann Inhaber der elterlichen Sorge ist. Das gleiche gilt für Findelkinder. Falls die Eltern Teile der elterlichen Sorge nicht ausüben können oder dürfen (insbesondere Entzug), ist ein Pfleger zu bestellen, der damit Inhaber eines Teilbereichs der elterlichen Sorge wird.

2. bei einem nichtehelichen Kind

Bei einem nichtehelichen Kind ist seit dem Nichtehelichengesetz 1970 grundsätzlich die Mutter alleinige Inhaberin der elterlichen Sorge. Früher hatte sie nur das tatsächliche Personensorgerecht, also ohne das Recht der Vertretung in Angelegenheiten der Personensorge. Die übrigen Teile der elterlichen Sorge lagen beim Jugendamt als Amtsvormund. Zudem hatte das Jugendamt auf dem Gebiet der Personensorge die Stellung eines Beistandes.

Reste der Amtsvormundschaft haben sich bis heute erhalten. Für den in § 1706 Nr. 1 bis 3 BGB aufgeführten Kreis von Angelegenheiten ist die elterliche Sorge der nichtehelichen Mutter eingeschränkt und dem Jugendamt als Amtspfleger übertragen (§ 1709, § 40 JWG). Dabei handelt es sich um

- die Feststellung der Abstammung, Änderung der rechtlichen Zuordnung oder des Familiennamens,
- Unterhaltsansprüche des Kindes,
- Erb- und Pflichtteilsansprüche des Kindes.

Mit dieser Regelung ist aber nur der Schutz des Kindes und keinerlei Diskriminierung der nichtehelichen Geburt beabsichtigt. Das zeigt § 1707 BGB: Wenn die Mutter die Hilfe des Jugendamtes nicht braucht und nicht wünscht, ist die Pflegschaft aufzuheben, sofern das nicht dem Wohl des Kindes widerspricht.

Falls die Mutter bei Geburt des Kindes noch minderjährig ist und ihre elterliche Sorge deshalb ruht (§ 1673 Abs. 2, 1675 BGB), wird das Jugendamt mit der Geburt des Kindes Amtsvormund (§§ 1773, 1791 c BGB, § 41 JWG). Diese Amtsvormundschaft wandelt sich in eine Amtspflegschaft, sobald die Mutter volljährig wird (§ 1710 BGB).

Der Vater eines nichtehelichen Kindes kann sein Kind legitimieren oder adoptieren und so Inhaber der elterlichen Sorge werden. Von diesen Ausnahmen abgesehen, ist er nach geltendem Recht an der elterlichen Sorge nicht beteiligt. Er hat bisher nicht einmal einen Anspruch auf Auskunft über die persönlichen Verhältnisse und die Entwicklung seines Kindes (anders § 1634 Abs. 3 SorgeRE). Selbst auf die in § 1712 BGB vorgesehene Anhörung des Vaters vor einer Entscheidung des Vormundschaftsgerichts in Angelegenheiten der elterlichen Sorge besteht kein durchsetzbarer Anspruch. Die Anhörung steht im Ermessen des Vormundschaftsgerichts, das sich am Wohl des Kindes auszurichten hat (§ 1712 BGB). Es kann kaum zweifelhaft sein, daß diese weitgehende Entrechtung des nichtehelichen Vaters gegen sein natürliches Elternrecht verstößt und deshalb verfassungswidrig ist.

Die Benachteiligung des Vaters eines nichtehelichen Kindes zeigt sich ferner in § 1779 Abs. 2 BGB. Danach steht es in freiem Ermessen des Vormundschaftsgerichtes, ob es den Vater oder dessen Verwandte bei der Auswahl eines Vormunds berücksichtigt. Sie setzt sich fort in den §§ 1595 a Abs. 1 Satz 2 und 1600 g Abs. 2 BGB, wonach dem

Vater als Elternteil des verstorbenen Mannes die Anfechtung der Ehelichkeit oder Anfechtung der Anerkennung der nichtehelichen Vaterschaft nicht zusteht. Wesentlich verbessert worden ist dagegen die Rechtsstellung des Vaters im Adoptionsverfahren. Er ist vom Jugendamt über sein Recht zu belehren, sein Kind zu adoptieren (§ 51 b JWG). Falls er sich dazu entschließt, darf das Vormundschaftsgericht die Annahme des Kindes durch Dritte nicht aussprechen (§ 1747 Abs. 2 BGB).

3. Wechsel der Inhaber

Die Inhaber der elterlichen Sorge wechseln durch Adoption oder Legitimation eines Kindes.
Bei der Adoption eines Minderjährigen erlöschen die rechtlichen Beziehungen des Kindes zu seinen leiblichen Verwandten und damit auch die elterliche Sorge. Eine etwa bestehende Pflegschaft oder Vormundschaft ist aufzuheben. Das Adoptivkind wird – im Regelfall der Ehegatten- oder Stiefkinderadoption – gemeinsames eheliches Kind der Ehegatten, die damit beide Inhaber der elterlichen Sorge werden (§§ 1754, 1755 BGB).
Bei der Legitimation durch nachfolgende Ehe der Eltern endet die alleinige elterliche Sorge der Mutter und wird gemeinschaftliches Recht der Eheleute (§§ 1719, 1626, 1627 BGB). Bei der Ehelicherklärung auf Antrag des Vaters wird dieser alleiniger Inhaber der elterlichen Sorge. Die Mutter verliert das Recht und die Pflicht, die elterliche Sorge auszuüben (§ 1738 Abs. 1 BGB). Bei der Ehelicherklärung auf Antrag des Kindes kommt es darauf an, welcher Elternteil vor der Eheschließung verstorben ist. War der Vater verstorben, so stand die elterliche Sorge der Mutter unter Beteiligung des Jugendamtes als Amtspfleger zu. Durch die Ehelicherklärung wird die Mutter allein berechtigt und verpflichtet. Nach dem Tod der Mutter wurde – da der Vater eines nichtehelichen Kindes nicht Mitinhaber der elterlichen Sorge ist – ein Vormund oder das Jugendamt als Amtsvormund Inhaber der elterlichen Sorge. Durch die Ehelicherklärung wird der Vater alleiniger Inhaber. In allen drei Fällen sind Amtspflegschaften oder Amtsvormundschaften aufzuheben.

III. Inhalt der elterlichen Sorge

Die elterliche Sorge gliedert sich in Personensorge und Vermögenssorge. Zu beiden Teilen gehört das Recht und die Pflicht, das Kind zu vertreten (§ 1626 Abs. 2 BGB). Die Eltern vertreten ihr Kind, wenn sie sich in seinem Namen an Dritte wenden, insbesondere Willenserklärungen für das Kind abgeben. Die Vertretung betrifft somit den Außenbereich des Eltern-Kind-Verhältnisses. Manchmal sind Personensorge und das Recht zur Vertretung in Angelegenheiten der Personensorge getrennt (z. B. §§ 1633, 1673 Abs. 2 Satz 2 BGB). Die Personensorge ohne das Recht der Vertretung bezeichnet man als tatsächliche Personensorge. Als Übersicht:

Elterliche Sorge:

a) tatsächliche Personensorge + Vertretung in Angelegenheiten der Personensorge,
b) tatsächliche Vermögenssorge + Vertretung in Angelegenheiten der Vermögenssorge.

Um zu betonen, daß die elterliche Sorge trotz der Unterscheidung in Personensorge (PS), Vermögenssorge (VS) und Vertretung in beiden Bereichen ein Ganzes ist, kann man sie vielleicht besser mit dem folgenden Schema darstellen:

In einigen Bestimmungen werden Erziehungsberechtigte angesprochen. Das sind personensorgeberechtigte Eltern, Vormünder, Personensorgepfleger und Personen, denen die Erziehung übertragen ist.

1. Personensorge

Die tatsächliche Personensorge umfaßt den Innenbereich des Eltern-Kind-Verhältnisses. Sie ist in mehrere Gebiete zu gliedern. Das Gesetz nennt in den §§ 1631 Abs. 1 und 1632 Abs. 1 BGB Erziehung, Beaufsichtigung, Aufenthaltsbestimmung und Herausgaberecht.
Das Vormundschaftsgericht und das Jugendamt sind verpflichtet, die Eltern bei der Ausübung der Personensorge zu unterstützen (§ 1631 Abs. 2 BGB, §§ 5 Abs. 1 Nr. 1, 51 Abs. 1 JWG). Wer einen Minderjährigen den Personensorgeberechtigten durch List, Drohung oder Gewalt entzieht oder wer eine minderjährige ledige Frau mit ihrem Willen, aber ohne Einwilligung der Inhaber der Personensorge „entführt, um sie zu außerehelichen sexuellen Handlungen zu bringen", wird gem. §§ 235 bzw. 236 StGB bestraft. Die Vorschriften schützen das Sorgerecht bzw. das Erziehungs- und Aufsichtsrecht.

Pflege

Die Sorge für das leibliche und seelische Wohl des Kindes, seine physische und psychische Erhaltung und Entwicklung, hat der Gesetzgeber offenbar für so selbstverständlich gehalten, daß er sie nicht einmal erwähnt hat. Zu diesem Gebiet, das man als Pflege bezeichnet, zählen die Gewährung von Nahrung, Unterkunft und Sauberkeit (Hygiene), die Beschaffung und Instandhaltung der Kleidung, also die körperliche Versorgung. Hierher gehört die Gesundheitsfürsorge, die sich bei einer Erkrankung des Kindes beispielsweise nicht auf tatsächliche Handlungen der Krankenpflege beschränkt, sondern auch die Auswahl eines Arztes oder Krankenhauses umfaßt. Soweit die Eltern die bei einer Heilbehandlung, insbesondere bei einer Operation, nötige Einwilligung für ihr Kind erteilen (vgl. § 4 II), handelt es sich um einen Fall der Vertretung im Bereich der Pflege. Zur Pflege des Kindes ist auch die emotionale Zuwendung und Erhaltung zu rechnen.

Erziehung

Die Erziehung der Kinder ist nach Art. 6 Abs. 2 GG und § 1631 Abs. 1 BGB Recht und Pflicht der Eltern. Der Verpflichtung der Eltern entspricht ein Erziehungsanspruch des Kindes (vgl. § 17 I). Dem bisherigen Rechtsdenken entsprechend, ist aber das Kindesrecht gegenüber dem Elternrecht nicht ausdrücklich hervorgehoben. Die Erziehung bildet den Kernbereich der Personensorge und des Elternrechts.

Man kann Erziehung in Anlehnung an § 1 Abs. 1 JWG und entsprechende Bestimmungen in einigen Länderverfassungen (z. B. Art. 126 VerfBay, Art. 55 VerfHes, Art. 25 VerfRPf, Art. 24 VerfSa) als planmäßiges und gezieltes Einwirken der Erziehungsberechtigten auf die Entwicklung junger Menschen zu körperlicher, geistiger und gesellschaftlicher Tüchtigkeit umschreiben. Der Begriff Erziehung ist mehrschichtig. Er umfaßt zunächst das Handeln der Erzieher, ihre Erziehungspraktiken, ferner die Einstellungen und Methoden, die dem Handeln zugrunde liegen, die Erziehungsstile, und schließlich die Sollsetzungen, die die Erzieher durch ihr Handeln und die Art und Weise der Erziehung erreichen wollen, die Erziehungsziele.

Aus der Pädagogik sind die drei unterschiedlichen Erziehungsstile bekannt: der (sozialintegrative, kooperative, partnerschaftliche) demokratische Erziehungsstil, der (autokratische, diktatorische) autoritäre Erziehungsstil und der (antiautoritäre) laisser-faire Stil (franz. = Laß sie nur machen).

Das in § 1 JWG formulierte Erziehungsziel der Erziehung zu körperlicher, geistiger und gesellschaftlicher Tüchtigkeit ist so allgemein, daß sich daraus kaum Maßstäbe und klare Anweisungen herleiten lassen. Es sei nur daran erinnert, daß sich die herrschenden Auffassungen darüber, was unter „gesellschaftlicher Tüchtigkeit" zu verstehen sei, in den letzten 50 Jahren mehrfach grundlegend gewandelt haben und daß auch heute „gesellschaftliche Tüchtigkeit" in beiden Teilen Deutschlands nicht dasselbe ist. Aus der Wertordnung des Grundgesetzes läßt sich als oberstes Erziehungsziel die Entfaltung des Kindes zu einer eigenverantwortlichen Persönlichkeit in der sozialen Gemeinschaft entnehmen. Einige Länderverfassungen haben bestimmte Erziehungsziele formuliert, ohne sie allerdings den Erziehungsträgern verbindlich vorzuschreiben oder eine Rangordnung aufzustellen. Als Beispiele seien genannt: Achtung vor der Würde des Menschen (Bre, NRW, RPf), Arbeitswille (Bre), Aufrechtigkeit (Bre), Bereitschaft zu sozialem Handeln (NRW), berufliche Tüchtigkeit/Bewährung (BaW, NRW, Sa), Brüderlichkeit (BaW), demokratische, freiheitliche Gesinnung (BaW, NRW, RPf, Sa,) Ehrfurcht vor Gott (BaW, NRW, RPf, Sa), Friedensliebe (BaW, Bre, NRW), Gemeinschaftsgesinnung (Bre, Hes), Gerechtigkeit (Bre, RPf), Lebenstüchtigkeit (Bre), Liebe zu Volk und Heimat (BaW, NRW, RPf, Sa), Menschlichkeit (NRW), Nächstenliebe (BaW, RPf, Sa), politische Verantwortlichkeit (BaW, Bre, Sa), Sachlichkeit (Bre), sittliche Verantwortlichkeit (BaW, RPf, Sa), soziale Bewährung (BaW, Sa), Teilnahme am kulturellen Leben (Bre), Toleranz (Bre, NRW, RPf), Völkerversöhnung (RPf, Sa) und Wahrheitsliebe (Bre, RPf). Mit diesen Erziehungszielen werden bestimmte Erziehungsinhalte gefordert und andere (z. B. Militarismus, Rassismus, Gewalttätigkeit) ausgeschlossen. Sie bezeichnen Grenzen des elterlichen Bestimmungsrechts. Hervorzuheben und zu wiederholen ist, daß nach Art. 6 Abs. 2 GG allein die Eltern das Recht haben, Leitbilder und Wertvorstellungen auszuwählen, ihren Rang zu bestimmen und sie nach ihren Vorstellungen zu vermitteln (vgl. § 12 I). Bis zur Grenze des Mißbrauchs oder des offenbaren Mißerfolgs (Verwahrlosung) bestimmen also die Eltern die Erziehungspraktiken, die Erziehungsstile und die Erziehungsziele. Trotz der teils eigenständigen, teils unterstützenden und ergänzenden Erziehungsaufgaben von Schule, Ausbildung, Jugendhilfe und Kirche haben die Eltern damit praktisch ein Erziehungsmonopol, das noch dadurch gestärkt wird, daß ein Versagen der Eltern – schon wegen des ihnen verfassungsrechtlich zustehenden Ermessensspielraums – von der Gesellschaft nur unzureichend kontrolliert werden kann.

Zwischen den sozialen Schichten bestehen deutliche Unterschiede in den Erziehungspraktiken, Erziehungsstilen und Erziehungszielen. In den unteren Schichten wird mehr auf formelle Ziele wie Sauberkeit, Ordnung, Gehorsam, Fleiß, Aufmerksamkeit, Unterordnung und Anpassung an – nicht reflektierte – gesellschaftliche Normen (Konformität) Wert gelegt; die Ziele werden mit autoritären Methoden einschließlich körperlicher Züchtigung durchgesetzt. Demgegenüber steht in den oberen Schichten die Erziehung zu Selbständigkeit, Selbstverantwortung und Selbstkontrolle im Vordergrund; als Methoden werden in erster Linie Erklärung, Überredung und Überzeugung, also Mittel des demokratischen Erziehungsstils, angewandt.

Um sie von anderen Bereichen der Erziehung abzugrenzen, kann man als allgemeine Erziehung bezeichnen die frühkindliche Erziehung zur Sauberkeit, das Erlernen der Sprache, die Vermittlung und Einübung von Verhaltensregeln aller Art, die Vermittlung von Wertvorstellungen und gesellschaftlichen Normen, die Bildung eines ethischen und sozialen Gewissens, die Förderung der intellektuellen, musischen und kreativen Fähigkeiten, die Vermittlung von Leistungsmotivation, der Erwerb von Selbstvertrauen und emotionaler Ausgeglichenheit, die Ausbildung von sozialen Eigenschaften wie Ehrlichkeit, Fairneß, Verantwortungsbewußtsein, Duldsamkeit, ferner die Entwicklung von Fähigkeiten zur Verhaltenssteuerung, zur Bedürfniskontrolle, zur Frustrationstoleranz und zur Selbsterziehung.

Erziehung und Sozialisation (vgl. § 9 I) kann man vornehmlich aus zwei Gründen unterscheiden: Einmal meint Erziehung die gezielte Einwirkung durch Erzieher, während Sozialisation sich durch eine Vielzahl von Kommunikations- und Interaktionsprozessen vollzieht, an denen der junge Mensch nicht nur in Familie, Kindergarten und Schule teilhat, sondern die zunehmend im Freizeitbereich (z. B. Spielplatz, Spielgemeinschaften, Gruppen, Freunde, Medien, insbesondere Fernsehen) und in der sozialen Umwelt (Nachbarschaft, Milieu, berufliche Ausbildung, Arbeitsplatz usw.) stattfinden. Beide Bereiche sind der Einwirkung der Erzieher weitgehend entzogen („heimliche Miterzieher"). Zum anderen betont der Begriff Sozialisation den besonderen sozialen Charakter und die gesellschaftlichen Bedingungen dieses Lernprozesses. Die Begriffe lassen sich jedoch nicht genau abgrenzen und werden gelegentlich bedeutungsgleich gebraucht. Im Jugendstrafrecht ist der Begriff Erziehung schon immer im Sinne von Sozialisation verstanden worden (vgl. § 28 III). Die Familiensoziologie behandelt die Erziehung als Teil der Sozialisation. Das zeigt sich beispielsweise im 2. Familienbericht. Dort sind Gewissensbildung, die Entwicklung der intellektuellen Fähigkeiten, der Erwerb von Selbstsicherheit, die Vermittlung von Leistungsmotivation, die Ausbildung der Fähigkeiten, die Bedürfnisse anderer wahrzunehmen (Emphatie) und sie bei eigenem Handeln zu berücksichtigen (Solidarität) sowie das Lernen angemessener (produktiver) Konfliktbewältigung als Sozialisationsziele herausgestellt, obwohl es sich nach herkömmlichem Verständnis überwiegend um Erziehungsziele handelt.

Einen Teilbereich der Erziehung bildet die religiöse und weltanschauliche Erziehung. Die Eltern bestimmen und leiten bis längstens zum 14. Lebensjahr die religiöse Erziehung ihrer Kinder in eigener Verantwortung (§ 1 RelKErzG). Zu den ihnen obliegenden Entscheidungen gehören Wahl oder Wechsel des Bekenntnisses, Entscheidung über Taufe sowie Teilnahme an Kommunion oder Konfirmation, Teilnahme am schulischen und kirchlichen Religionsunterricht, Besuch von religiösen Veranstaltungen usw. Wegen der verhältnismäßig frühen Selbständigkeit des Kindes wird auf die Erörterung der Religionsmündigkeit verwiesen (vgl. § 5 II).

Das Erziehungsrecht der Eltern umfaßt die Bestimmung der schulischen und beruflichen Ausbildung des Kindes, insbesondere die Entscheidung über die Art der Schule und die Dauer des Schulbesuchs, die Wahl des Berufs und der beruflichen Qualifikation. Eine angemessene Beteiligung des Kindes an den Entscheidungen der Eltern sicherzustellen, gehört zu den schwierigen Fragen der elterlichen Sorge. Die früher herrschende Auffassung, eine Bestimmung der Eltern könne nur dann als Mißbrauch der Personensorge angesehen werden, wenn sie willkürlich, böswillig oder so unverständlich sei, daß sie sich in keiner Weise rechtfertigen lasse, ist mit dem Inhalt des Elternrechts, wie es das Bundesverfassungsgericht versteht, nicht mehr vereinbar. Die Lehre vom allmählichen Abbau der elterlichen Sorge (vgl. § 13 V 2) hilft hier kaum weiter, da die grundlegenden Weichenstellungen, wie Wechsel zur weiterführenden Schule oder Berufswahl nach Abschluß der Hauptschule, zu einer Zeit geschehen müssen, da das Kind selten reif genug ist, um sich sachgerecht zu entscheiden. Die Neuregelung des elterlichen Sorgerechts sieht in § 1626 Abs. 2 Satz 2 des Entwurfs vor, daß die Eltern Angelegenheiten der Ausbildung oder des Berufs mit dem Kind erörtern, bei Meinungsverschiedenheiten den Rat eines Berufs- und Bildungsberaters einholen sollen und bei ihrer Entscheidung auf Begabung und Neigung des Kindes Rücksicht nehmen müssen. Diese Lösung erscheint in Verbindung mit einer erweiterten vormundschaftsgerichtlichen Kontrolle geeignet, die Interessen des Kindes ausreichend zu wahren. Tatsächlich wird in vielen Familien noch großzügiger verfahren und dem Kind nach Beratung und Entscheidungshilfe die Auswahl des Berufs weitgehend selbständig überlassen. Falls die persönlichen Voraussetzungen des Kindes mehrere gleich aussichtsreiche Berufe zulassen und keine sonstigen sachlichen Gründe für eine bestimmte Wahl der Eltern sprechen, sollte der Wille des Kindes entscheiden.

Zur Ausübung des elterlichen Erziehungsrechts im Bereich der vorschulischen, schulischen und beruflichen Ausbildung gehört, die Erziehung durch Erzieher, Lehrer und Ausbilder zu überwachen und mitzubestimmen. Soweit es sich um die Erziehung in staatlichen Schulen und Anstalten handelt, sind die Grenzen dieses Rechts durch die derzeitige Neuordnung der elterlichen Mitwirkung im Schulwesen schwer zu bestimmen. Im übrigen ist das elterliche Erziehungsrecht durch die Schule eingeschränkt, die ein eigenes Recht auf Erziehung hat. Die beiden Erziehungsrechte sind gleichrangig. Das Elternrecht endet dort, wo der rein schulische Bereich beginnt; umgekehrt ist der häusliche Bereich grundsätzlich der schulischen Einwirkung entzogen. Die Bereiche können sich überschneiden, z. B. bei der Sexualerziehung. Das Bundesverfassungsgericht hat die Erziehung und Bildung des Kindes als gemeinsame Aufgabe von Eltern und Schule bezeichnet und gefordert, daß sie in sinnvoll aufeinander bezogenem Zusammenwirken zu erfüllen sei.

Züchtigungsrecht

Zum Erziehungsrecht der Eltern rechnet ein Straf- und Züchtigungsrecht. Es erlaubt nicht nur die körperliche Züchtigung, insbesondere die Prügelstrafe, sondern berechtigt die Eltern allgemein, ihre Kinder zum Zwecke der Erziehung angemessen zu bestrafen. Das wird gelegentlich übersehen, wenn wegen der hohen Zahl der mißhandelten Kinder statt eines Verbots der Prügelstrafe die Abschaffung des elterlichen Züchtigungsrechts überhaupt gefordert wird. Im übrigen erscheint fraglich, ob durch ein Verbot der körperlichen Züchtigung die Lage der Kinder wirklich gebessert werden kann. Zwar würde durch ein solches Verbot die Möglichkeit geschaffen, jede körperliche Züchtigung als Körperverletzung gem. § 223 StGB zu bestrafen. Das gleichliegende Problem der Mißhandlung von Frauen zeigt aber, daß die Androhung von Strafen nicht genügend abschreckt. Zudem bedeuten alle Formen der elterlichen Bestrafung und Züchtigung „Gewalt gegen Kinder", und psychische Strafen sind oft folgenschwerer als körperliche Züchtigungen. Liebesentzug und Isolation können zu Angst, Mutlosigkeit, Verlust des Selbstvertrauens, Aggressivität, Sprach- und Lernstörungen, ja sogar zu somatischen und motorischen Störungen führen. Wenn man also Kinder umfassend gegen Mißhandlungen schützen will, müßte eine gewaltfreie Erziehung durchgesetzt und tatsächlich das elterliche Züchtigungsrecht in vollem Umfang abgeschafft werden. Eine Erziehung ohne die Möglichkeit, mißbilligtes Verhalten mit Sanktionen zu belegen, ist aber in unserer Gesellschaft nur theoretisch denkbar. Wahrscheinlich sind die rechtlichen Möglichkeiten des Verbots, der Bestrafung und des Entzugs des Sorgerechts überhaupt ungeeignet, das Problem befriedigend zu lösen. Eine Bewußtseins- und Verhaltensänderung der Eltern dürfte mit einiger Aussicht auf Erfolg nur durch eine stetige sozialpädagogische Aufklärung und Beratung zu erreichen sein. Zur Klarstellung sei betont, daß es nicht darum geht, körperliche Züchtigungen zu rechtfertigen. Hier ist das geltende Recht darzustellen.

Inhaber des Züchtigungsrechts sind nur die Sorgeberechtigten, also Eltern, Vormünder oder Pfleger. Ein gewohnheitsrechtliches Züchtigungsrecht der Lehrer an Volksschulen oder der Erzieher in Heimen kann nicht mehr anerkannt werden, nachdem körperliche Züchtigungen diesen Personen durch Erlasse und Dienstanweisungen seit vielen Jahren verboten sind und das Rechtsbewußtsein sich geändert hat. Dritte, also Erzieher, Lehrer, Stiefeltern, Pflegeeltern, Nachbarn usw., können nur dann zur Züchtigung eines Kindes berechtigt sein, wenn ihnen die Sorgeberechtigten das Recht zur Ausübung übertragen haben. Nicht jede Überlassung von Erziehungsbefugnissen schließt aber eine Übertragung des Züchtigungsrechts ein, sicher nicht der Besuch eines Kindergartens oder anderer sozialpädagogischer Einrichtungen oder die Teilnahme an sozialpädagogischen Veranstaltungen. Eine stillschweigende Übertragung wird man nur ausnahmsweise annehmen dürfen, etwa bei einem Stiefelternteil.

Der Inhalt des Züchtigungsrechts ist schwer zu bestimmen. Es gelingt nur unzureichend, erlaubte und verbotene Züchtigungen gegeneinander abzugrenzen. Gesetzliche Regelungen fehlen oder sind ungenügend.

Man muß zunächst verschiedene Formen der Züchtigung unterscheiden. Die mildeste Form einer Reaktion auf mißbilligendes Verhalten des Kindes sind verbale Strafen wie Ermahnung, Zurechtweisung, Tadel und Rüge. Als Entzug von Privilegien kann man z. B. Fernsehverbot, Spielverbot, Verbot beliebter Freizeitbeschäftigungen, Kürzung des Taschengeldes oder Entzug von Genußmitteln bezeichnen. Die Auferlegung besonderer Pflichten, etwa Arbeiten in Haushalt und Garten, zusätzliche Aufgaben für Schule und Ausbildung, ist als erzieherisch wertvolle Sanktion in das Jugendstrafrecht übernommen worden (§ 10 Abs. 1 Nr. 4 JGG). Erlaubte Freiheitsbeschränkungen sind z. B. beschränktes Ausgangsverbot, Hausarrest, Stubenarrest, Einschließung. Unter pyschischen Strafen werden zeitweiliger Liebesentzug, Nichtbeachten, Beschämung und Isolation verstanden. Sie werden oft an Stelle körperlicher Strafen vorgeschlagen, sind aber keineswegs ungefährlicher. Die wohl schärfste Form der Züchtigung stellen körperliche (physische) Strafen dar. Dazu zählen Handlungen, die vom Klaps bis zur Tracht Prügel mit einem Rohrstock reichen, aber auch der Entzug von Mahlzeiten.

Um das Ausmaß einer erlaubten Züchtigung zu bestimmen, muß in erster Linie daran erinnert werden, daß Eltern nur zur Erziehung des Kindes strafen dürfen (vgl. § 13 I), also etwa um eine Ungezogenheit zu ahnden, ein Verbot durchzusetzen oder eine Verhaltensänderung herbeizuführen. Ohne hinreichenden Anlaß oder bei Schuldlosigkeit des Kindes ist eine Bestrafung ausgeschlossen. Weiter haben die Eltern das Alter des Kindes, seine körperliche und seelische Verfassung und seine Reife zu berücksichtigen. Außerdem gelten die Grundsätze der Nachrangigkeit (Subsidiarität) und Verhältnismäßigkeit: Es darf nur so viel gestraft werden, wie nötig ist, um das Erziehungsziel zu erreichen (So viel wie nötig, so wenig wie möglich), und je schwerer die Verfehlung des Kindes wiegt, desto empfindlicher darf die Bestrafung sein. Bei der Auswahl des Zuchtmittels und dessen Zumessung haben die Eltern den schon mehrfach erörterten verfassungsrechtlich geschützten weiten Ermessensspielraum. Die Frage der Zweckmäßigkeit einer Züchtigung oder eines Züchtigungsmittels unterliegt als Ermessensentscheidung nicht der gerichtlichen Nachprüfung. Die Gerichte können den Eltern also beispielsweise nicht vorschreiben, daß es nicht richtig sei, mit Hilfe körperlicher Strafen zu erziehen oder daß allgemein oder in einem bestimmten Fall eine bestimmte Form der Züchtigung angebracht sei. Das gilt ebenso für das Maß der Züchtigung. Das Gericht wäre auch überfordert, wenn es entscheiden sollte, daß bei einer bestimmten Verfehlung eines bestimmten Kindes nur eine bestimmte Form der Züchtigung in einem genau bestimmten Maß zulässig sei.

Die Schranken der Züchtigung ergeben sich zunächst aus dem Zweck des Züchtigungsrechts selbst: Längeranhaltende, schwere oder gar bleibende Schäden der körperlichen oder seelischen Gesundheit des Kindes können nicht der Erziehung dienen und sind deshalb unzulässig. Die meisten der aufsehenerregenden Fälle von Kindesmißhandlung gehören hierher. Außerdem verbietet § 223 b StGB eine quälende oder rohe Mißhandlung (vgl. § 23 II 6). Schließlich darf wegen Art. 1 Abs. 1 GG eine Bestrafung nicht gegen die Würde des Kindes und nicht gegen das Anstands- und Sittlichkeitsgefühl verstoßen. Deshalb sind beispielsweise das (vom Verfasser beobachtete) Anspucken oder die körperliche Züchtigung eines Kindes ab der Pubertät in Gegenwart von Freunden nicht erlaubt.

Verbotene Züchtigungen können als Körperverletzung, bei Benutzung gefährlicher Werkzeuge als gefährliche Körperverletzung oder als Mißhandlung Schutzbefohlener gem. §§ 223, 223 a oder 223 b StGB, als Freiheitsberaubung oder Nötigung gem. §§ 239 oder 240 StGB oder als Beleidigung gem. § 185 StGB strafbar sein. Bei einer Bestrafung mit einer Freiheitsstrafe von mindestens 6 Monaten verwirkt der Elternteil zugleich die elterliche Sorge (§ 1676 BGB). Bei einem Mißbrauch des Züchtigungsrechts kann das Vormundschaftsgericht außerdem die Personensorge entziehen (§ 1666 BGB) und die Unterbringung des Kindes in einer Pflegestelle oder einem Heim anordnen. In besonders schweren Fällen von Kindesmißhandlung kann das Vormundschaftsgericht die elterliche Einwilligung zur Adoption des Kindes ersetzen (§ 1748 Abs. 1 Satz 2 BGB). Schließlich macht sich ein Elternteil bei einer verbotenen Züchtigung schadenersatzpflichtig (§§ 823, 847 BGB).

Umgangskontrolle

Regelung und Überwachung des persönlichen und brieflichen Umgangs des Kindes mit anderen Personen liegen auf der Grenze zwischen Erziehung und Beaufsichtigung.
Es kann nicht zweifelhaft sein, daß Eltern berechtigt und verpflichtet sind, für schlecht gehaltenen Einfluß von ihren Kindern fernzuhalten. Ebenso selbstverständlich ist, daß sie nicht jede Berührung des Kindes mit der Außenwelt verhindern können. Alle zu dieser Frage vertretenen Ansichten stimmen darin überein, daß unabhängig vom Alter des Kindes ein völlig unbeschränkter elterlicher Wille nicht anzuerkennen ist. Mit zunehmendem Alter des Kindes wird es aber immer schwieriger, die Befugnis der Eltern sachgerecht abzugrenzen.
Die Problematik hat die Rechtsprechung insbesondere beschäftigt, wenn Eltern sexuelle Beziehungen heranwachsender Kinder zu Personen des anderen Geschlechts unterbinden wollten. Während entsprechend dem herkömmlichen Verständnis von elterlicher „Gewalt" zunächst die Grenze im Mißbrauch des Elternrechts gesehen und daher grundsätzlich eine unbeschränkte Umgangsregelung bis zur Volljährigkeit für zulässig gehalten wurde, beginnt sich jetzt die Auffassung durchzusetzen, daß sich die Anordnung eines Umgangsverbots grundsätzlich am Kindeswohl orientieren muß und die Erziehung des Kindes zu einer auch in Fragen seines Umgangs selbstverantwortlichen, entscheidungsfähigen Persönlichkeit nicht gefährden darf und daß die Eltern einem gereiften Jugendlichen den Umgang mit anderen Personen nur ausnahmsweise aus triftigen, nachprüfbaren Gründen verbieten können. Ein „verständliches Mißtrauen der Eltern" oder „eine nicht ganz haltlose Vermutung" reichen dazu nicht aus. Auch auf diesem Gebiet führt die zunehmende Reife des Kindes zu einem allmählichen Abbau der elterlichen Sorge. Klare Altersgrenzen können nicht gezogen werden. Es kommt auf die Umstände des einzelnen Falles an. Als Beispiel für begründet erscheinende Umgangsverbote bei einem reiferen Jugendlichen seien genannt: Umgangspartner gehört zur Drogenszene oder zu radikalen Gruppen oder ist wegen besonders ehrrühriger oder für das Kind besonders gefährlicher Delikte (z. B. Zuhälterei) vorbestraft. Auch den Umgang eines 16jährigen Mädchens mit einem wesentlich älteren und verheirateten Mann dürfen die Eltern unterbinden.
Kraft ihrer insoweit absolut wirkenden Sorge können die Eltern nicht nur ihren Kindern den Umgang mit Dritten verbieten, sondern auch Dritten den Umgang mit ihren Kindern. Dieses Abwehrrecht kann mit Hilfe der Zivilgerichte durchgesetzt werden. Dem Dritten, der das rechtskräftige Umgangsverbot mißachtet, drohen Ordnungsgelder oder Ordnungshaft (§ 890 ZPO).

Beaufsichtigung

Kinder gefährden durch ihren Spieltrieb, durch Unkenntnis, Unerfahrenheit, typisch jugendlichen Leichtsinn und Übermut sowie durch Überschätzung der eigenen Fähigkeiten sich und andere. Sie sind zudem besonders verletzlich. Um Kinder vor Selbstbeschädigung oder vor Schädigung durch Dritte zu bewahren, aber auch um zu verhindern, daß sie andere Personen schädigen, bedürfen sie der Beaufsichtigung. Diese ist in § 1631 Abs. 1 BGB den Eltern zugewiesen. Bei Ausfall der Eltern sind Vormund oder Pfleger kraft Gesetzes aufsichtspflichtig (§§ 1793, 1800, 1915 BGB), während der Schulzeit außerdem die Schule, bei außerfamiliärer Erziehung des Kindes das Landesjugendamt (§ 69 JWG i. V. m. Ausführungsbestimmungen der Länder).

Neben diesen Fällen der gesetzlichen Aufsichtspflicht über Minderjährige gibt es vertragliche Aufsichtspflichten, wenn die Sorgeberechtigten ihre gesetzliche Verpflichtung auf Dritte übertragen. Im täglichen Leben wird die Aufsicht beispielsweise von Angehörigen, Nachbarn, Babysittern oder Kindermädchen übernommen. Die Personensorgeberechtigten müssen sich vergewissern, ob die Beauftragten tatsächlich bereit und in der Lage sind, das Kind ordnungsgemäß zu beaufsichtigen. Durch eine nachlässige Auswahl werden sie von ihrer Verantwortung nicht entbunden. Von der vertraglichen Verpflichtung zur Aufsicht ist die sog. Gefälligkeitsaufsicht abzugrenzen, bei der sich jemand ohne rechtlichen Bindungswillen, aus Gefälligkeit, bereit erklärt, für kürzere Zeit auf Kinder „aufzupassen". In solchen Fällen werden die Sorgeberechtigten von ihrer Verpflichtung und Haftung nicht befreit. Im sozialpädagogischen Bereich entstehen vertragliche Aufsichtspflichten, wenn Kinder in Einrichtungen wie Kindergärten, Tagesstätten, Pflegestellen oder Heime aufgenommen werden oder an Veranstaltungen wie betreuten Spielplätzen oder Erholungs- und Ferienmaßnahmen teilnehmen. Die Aufsicht kann ausdrücklich (so beim Babysitter) oder stillschweigend als selbstverständlicher Bestandteil einer Betreuung (so regelmäßig bei sozialpädagogischen Einrichtungen und Veranstaltungen) übernommen werden.

Inhalt und Umfang der Aufsichtspflicht richten sich nach Alter, Entwicklung, Reife, Verständigkeit und Erfahrung des Kindes. Ein Kleinstkind etwa muß nahezu immer beobachtet werden. Es muß von allen typischen Gefahren wie Straßenverkehr, Medikamenten, gefährlichen Gegenständen ferngehalten werden. Kinder im Vorschulalter bedürfen einer eingehenden, wenn auch nicht ständigen Aufsicht, insbesondere bei gefährlichen Spielen und Tätigkeiten. Schulkinder brauchen mit zunehmender Reife immer weniger beaufsichtigt zu werden. Sie müssen jedoch belehrt, kontrolliert und ermahnt werden. Der Aufsichtspflichtige muß sich darum kümmern, wie sie ihre Freizeit verbringen, ob sie gefährliches Spielzeug, Streichhölzer, Feuerwerkskörper, Waffen und dergleichen besitzen oder gefährliche Spiele wie Fahrradwettfahrten, Bandenkämpfe veranstalten oder sich an gefährlichen Orten wie Baustellen, Ruinen, verkehrsreichen Straßen, Kirmesplätzen aufhalten oder gar strafbare Handlungen begehen. Vereinfachend kann man das Maß der erforderlichen Aufsicht vom Alter des Kindes abhängig machen: Je jünger ein Kind ist, desto umfassender und sorgfältiger muß es beaufsichtigt werden; mit zunehmendem Alter verringert sich die Aufsichtsbedürftigkeit.

Die Aufsichtspflicht wird durch die zumutbaren tatsächlichen Möglichkeiten der Überwachung und die gebotene Erziehung des Kindes zur Selbständigkeit eingeschränkt. Einerseits können ein älteres Kind oder ein Jugendlicher einfach nicht ständig und umfassend von den Eltern überwacht werden. Andererseits würde ein junger Mensch, der von allen Gefahren ferngehalten wird und dessen möglicherweise nicht ungefährliche Aktivitäten von überängstlichen und überbesorgten Eltern völlig unterbunden werden, lebensuntüchtig, weil er nicht lernt, Gefahren zu erkennen und ihnen zu begegnen. Man muß, auf das jeweilige Kind abgestellt, fragen, welche Maßnahmen in einer bestimmten Situation verständigen Eltern vernünftigerweise zuzumuten sind, um ihr Kind vor Schäden zu bewahren oder die Schädigung anderer durch ihr Kind zu verhindern. Ein zu üblen Streichen neigendes, ein besonders wildes oder gar ein verhaltensgestörtes Kind muß sorgfältiger beaufsichtigt werden als ein ruhiges und braves Kind. Im Einzelfall können besondere Umstände erhöhte Aufmerksamkeit und Sorgfalt erfordern. Wenn die Eltern beispielsweise ihrem Kind ein Fahrrad schenken, müssen sie dafür sorgen, daß es ausreichend sicher fahren kann und es über die wichtigsten Regeln und Gefahren des Straßenverkehrs wiederholt belehren. Sie müssen sich gelegentlich davon überzeugen, daß das Fahrrad in verkehrssicherem Zustand ist und daß das Kind sich verkehrsgerecht verhält. Wenn ein Jugendlicher ein Luftgewehr besitzt, müssen die Eltern ihn sorgfältig, eindringlich und wiederholt über die Gefahren des Umgangs mit Schußwaffen belehren, ihn vor allem ermahnen, nie auf Menschen zu schießen und das geladene oder vermeintlich ungeladene Gewehr nicht einmal auf Menschen zu richten.

Durch eine Verletzung der Aufsichtspflicht können sich die Inhaber der Aufsichtspflicht sowohl einem Dritten als auch dem Kind schadenersatzpflichtig machen.
Die Haftung des Aufsichtspflichtigen gegenüber einem Dritten behandelt § 832 BGB. Gesetzliche oder vertragliche Inhaber der Aufsichtspflicht haften danach grundsätzlich für einen Schaden, den das aufsichtsbedürftige Kind einem Dritten rechtswidrig zufügt. Die schuldhafte Verletzung der Aufsichtspflicht und die Ursächlichkeit der Verletzung der Aufsichtspflicht für den Eintritt des Schadens werden gesetzlich vermutet. Die Ersatzpflicht tritt nur dann nicht ein, wenn die Aufsichtspflichtigen beweisen, daß sie ihre Pflicht erfüllt haben und sie deshalb kein Verschulden trifft oder der Schaden auch bei gehöriger Aufsichtsführung entstanden wäre, die Verletzung der Aufsichtspflicht für die Entstehung des Schadens also nicht ursächlich war. Da beide Beweise schwer zu führen sind, ist die Haftung nach § 832 BGB für die Aufsichtspflichtigen sehr gefährlich.
Eine Schadenersatzpflicht der Aufsichtspflichtigen gegenüber dem Kind besteht, wenn das Kind einem Dritten nach den §§ 827, 828 BGB persönlich haftet und dieser Vermögensschaden des Kindes ohne die schuldhafte Verletzung der Aufsichtspflicht nicht entstanden wäre. Außerdem kann das Kind selbst einen Schaden erlitten haben. Dabei ist jedoch zu berücksichtigen, daß die Eltern dem Kind nicht schon für – normalerweise ausreichende – leichte Fahrlässigkeit bei Verletzung der Aufsichtspflicht haften, sondern daß hier nur die Verletzung der Sorgfalt in Betracht kommt, die die Eltern in eigenen Angelegenheiten anzuwenden pflegen (§ 1664 BGB). Außerdem muß das Kind alle Voraussetzungen seines Anspruchs beweisen. Die Vermutungen des § 832 BGB gelten nicht für den Ersatzanspruch des Kindes.

Eltern, die ihre Aufsichtspflicht mehrfach verletzen und dadurch das Kind vernachlässigen, kann das Vormundschaftsgericht notfalls gem. § 1666 BGB die Personensorge entziehen.
Früher war die Vernachlässigung der Aufsichtspflicht in § 143 StGB besonders unter Strafe gestellt. Die Vorschrift lautete: „Wer einen noch nicht Achtzehnjährigen, dessen Beaufsichtigung ihm obliegt, nicht gehörig beaufsichtigt, wird . . . bestraft, wenn der zu Beaufsichtigende eine als Verbrechen oder Vergehen mit Strafe bedrohte Handlung begeht, die der Aufsichtspflichtige durch gehörige Aufsicht hätte verhindern können."
Aber auch nachdem die Bestimmung aufgehoben worden ist, kann die Verletzung der Aufsichtspflicht zu einer Bestrafung führen. Wenn beispielsweise infolge mangelhafter Aufsicht das Kind oder ein Dritter verletzt oder getötet wird, hat sich der Aufsichtspflichtige wegen fahrlässiger Körperverletzung oder fahrlässiger Tötung (§§ 230, 222 StGB) zu verantworten. Strafrechtlich steht das pflichtwidrige Unterlassen eines Tuns, dem eigenen Handeln gleich (§ 13 StGB). Eine Bestrafung kommt ferner bei allen anderen Delikten in Betracht, die fahrlässig begangen werden können, insbesondere fahrlässige Brandstiftung, fahrlässige Straßenverkehrsvergehen, fahrlässige Störung von Fernmeldeanlagen, fahrlässige Gemeingefährdung (§§ 309, 315 a. ff., 317, 326 StGB).
Wegen der Besonderheiten der Aufsichtspflicht in der Jugendhilfe vgl. § 17 VI.

Aufenthaltsbestimmung

Aufenthaltsbestimmung bedeutet elterliche Bestimmung des tatsächlichen Aufenthalts des Kindes. Das Recht wird nur an der Ausnahme deutlich. Regelmäßig leben Eltern und Kinder in der Familie zusammen. Als Ausnahme kommt vor allem die Unterbringung bei Verwandten, in einer Pflegestelle, in einem Heim, einem Internat oder einer Anstalt in Betracht. Im Gegensatz zu freiwilligen Aufenthalten in Ferien- oder Wohnheimen ist die unfreiwillige und mit Freiheitsentziehung verbundene Unterbringung von Kindern in geschlossenen Anstalten (z. B. Krankenhäusern für psychisch Kranke, Erziehungsheimen oder Entziehungsanstalten) im Hinblick auf Art. 104 Abs. 2 GG nicht unproblematisch. Nach einer Entscheidung des Bundesverfassungsgerichts darf ein Vormund sein Mündel nur mit richterlicher Genehmigung in einer geschlossenen Anstalt unterbringen (vgl. jetzt § 1800 Abs. 2 BGB). Die Unterbringung durch die Eltern fällt aber nicht unter die Freiheitsgarantie des Art. 104 Abs. 2 GG, weil die Eltern nicht, wie der Vormund, in Ausübung öffentlicher Fürsorge handeln. Die Neuregelung der elterlichen Sorge will trotzdem die Zulässigkeit einer mit Freiheitsentziehung verbundenen Unterbringung des Kindes in einer Heil- oder Pflegeanstalt von der Genehmigung des Vormundschaftsgerichts abhängig machen (vgl. § 1631 a des Entwurfes).
Aus der Pflicht der Eltern, den Aufenthalt ihrer Kinder zu bestimmen, folgt, daß sie ein Kind nicht aus dem Haus weisen können, ohne für eine anderweitige Unterbringung zu sorgen. Die Verpflichtung zur Pflege, Erziehung und Beaufsichtigung erlischt gleichfalls nicht in einem solchen Fall. Die Eltern müssen vielmehr wissen, wo sich ihr Kind dauernd aufhält und – notfalls mit Hilfe des Jugendamtes und der Polizei – nach seinem Verbleib forschen.
Ein Mißbrauch des Aufenthaltsbestimmungsrechts kann in der ungerechtfertigten Unterbringung des Kindes in einer geschlossenen Einrichtung liegen, aber auch in einem ohne triftigen Grund vorgenommenen schroffen Aufenthaltswechsel.

Herausgabeanspruch

Als Bestandteil der Personensorge hat das Gesetz ferner das Recht bestimmt, die Herausgabe des Kindes von jedem zu verlangen, der es dem sorgeberechtigten Elternteil widerrechtlich vorenthält (§ 1632 Abs. 1 BGB).

Die Durchsetzung dieses selbstverständlich erscheinenden Rechts kann im Einzelfall problematisch sein. So kann eine Mutter, die sich jahrelang nicht um ihr nichteheliches Kind gekümmert hat, nach § 1632 BGB die Herausgabe des Kindes von den Pflegeeltern verlangen, selbst wenn dadurch eine gute Eltern-Kind-Beziehung zerstört wird und das Kind Schaden zu nehmen droht. Nur selten wird ein Mißbrauch des Elternrechts anzunehmen sein.

Ein Kind, das auf freiwilliger Grundlage in einer sozialpädagogischen Einrichtung ist (z. B. im Rahmen offener Erziehungshilfe oder wegen vorübergehenden Ausfalls der Pflegepersonen), können die sorgeberechtigten Eltern jederzeit herausverlangen. In dem Verlangen liegt die Rücknahme des Antrages (vgl. §§ 63, 75 Abs. 3 JWG für die Freiwillige Erziehungshilfe) oder der Widerruf der Zustimmung. Bei gerichtlich angeordneten Maßnahmen, insbesondere bei Fürsorgeerziehung, Freiheitsentzug durch den Jugendrichter oder Unterbringung des Kindes in einem psychiatrischen Krankenhaus oder einer Entziehungsanstalt, wird das Sorgerecht eingeschränkt. Das Aufenthaltsbestimmungsrecht und damit das Recht auf Herausgabe des Kindes liegt dann bei der Ausführungs- oder Vollstreckungsbehörde.

Der Herausgabeanspruch ist gegen Außenstehende, etwa Pflegeeltern oder Verwandte, durch Klage vor dem Zivilgericht geltend zu machen, gegenüber einem Elternteil durch Antrag an das Familiengericht, das vor einer Entscheidung das Jugendamt zu hören hat (§ 1632, Abs. 2 BGB, § 48 a Abs. 1 Nr. 3 JWG). Die Gerichte können die Herausgabe nicht wegen eines angeblichen Verstoßes gegen das Kindeswohl verweigern. Ob der Personensorgeberechtigte mit dem Herausgabeverlangen sein Sorgerecht mißbraucht und dadurch das Wohl des Kindes gefährdet, hat nach § 1666 BGB allein das Vormundschaftsgericht zu entscheiden. In geeigneten Fällen können das Zivilgericht oder das Familiengericht ihr Verfahren bis zu einer Entscheidung des Vormundschaftsgerichts aussetzen.

Die Vollstreckung der Entscheidungen obliegt letztlich dem Gerichtsvollzieher, der das Kind dem Herausgabeverpflichteten notfalls gewaltsam wegzunehmen und es dem Berechtigten zu übergeben hat. Eltern, die ihr Kind an den anderen Elternteil herausgeben müssen, sind zuvor durch Androhung und Verhängung eines Zwangsgeldes dazu anzuhalten (§ 33 FGG).

Sonstiges

Neben den im Gesetz ausdrücklich genannten und bisher behandelten Rechten und Pflichten umfaßt die Personensorge zahlreiche weitere Befugnisse, die sich einer systematischen Erfassung entziehen. Als Beispiele seien genannt: die Bestimmung des Vornamens, Ermächtigungen nach den §§ 112 und 113 BGB, Einwilligung zur Eheschließung, Ausübung des Zeugnisverweigerungsrechts, Antrag auf Ausstellung eines Reisepasses, Entscheidung, ob das Kind seine Ehelichkeit gem. § 1596 BGB anfechten soll,

Zustimmungen zu höchstpersönlichen Rechtsgeschäften des Kindes (vgl. § 5 I), Stellung von Strafanträgen (§ 37 Abs. 3 Satz 1 StGB), Mitwirkung in einem Strafverfahren gegen Jugendliche (§ 67 JGG) usw. Eine vollständige Aufzählung ist ausgeschlossen.
In Zweifelsfällen kann man die Personensorge nur über den Begriff der Vermögenssorge abgrenzen, der leichter zu bestimmen ist. Alle Handlungen der Eltern, die die finanziellen und wirtschaftlichen Verhältnisse des Kindes betreffen, sind Vermögenssorge. Alle anderen elterlichen Maßnahmen sind Personensorge. Es gibt allerdings auch Angelegenheiten, die beide Bereiche betreffen (vgl. z. B. § 1630 Abs. 2 BGB).

2. Vermögenssorge

Die Gesamtheit der tatsächlichen und rechtlichen Maßnahmen der Eltern, die der Verwaltung, also der Erhaltung, Anlage und Vermehrung des Kindesvermögens dienen, bezeichnet man als Vermögenssorge. Mit möglicher Ausnahme ererbter oder geschenkter Teile des Vermögens (vgl. dazu §§ 1638, 1639 BGB) unterliegt das gesamte Vermögen des Kindes, einschließlich des Arbeitsverdienstes oder der Gewinne aus einem selbständig betriebenen Erwerbsgeschäft, der elterlichen Verwaltung. Als Beispiele für die Vermögenssorge seien hier genannt das Recht, das Vermögen des Kindes in Besitz zu nehmen, und das Recht, im Namen des Kindes Verträge zu schließen oder in seinen Vermögensangelegenheiten Prozesse zu führen.
Die Eltern haben auch die Vermögenssorge in eigener Verantwortung auszuüben (§ 1627 Satz 1 BGB). Sie unterliegen jedoch im Interesse des Kindes einigen Beschränkungen. Dem Stellenwert, den der Gesetzgeber um die Jahrhundertwende dem Vermögen eingeräumt hat, entspricht eine im Gegensatz zur Personensorge sehr ausführliche gesetzliche Regelung der Vermögenssorge. Notwendige Einzelheiten werden bei den Schranken der elterlichen Sorge aufgeführt (§ 13 V 3).

3. Vertretung

Personensorge und Vermögenssorge umfassen jeweils für sich das Recht und die Pflicht, das Kind auf dem betreffenden Gebiet zu vertreten (§ 1626 Abs. 2 2. Halbsatz BGB). Die Vertretung des Kindes durch Eltern, Vormund oder Pfleger ist die notwendige Folge der durch Minderjährigkeit beschränkten Rechtsstellung. Überall dort, wo der Minderjährige im Verkehr mit Dritten nicht selbst rechtswirksam handeln kann, sind die Eltern und bei deren Ausfall Vormund oder Pfleger notwendige Sachwalter des Kindes.
Als Vertreter kraft Gesetzes („gesetzliche Vertreter") handeln die Eltern im Namen des Kindes. Sie geben für das Kind Willenserklärungen ab, schließen insbesondere Verträge ab, aus denen das Kind berechtigt und verpflichtet wird. Vertragspartner des Dritten ist also das minderjährige Kind. Auch in Prozessen, die das prozeßunfähige Kind führt oder die gegen es angestrengt werden, müssen die Eltern für das Kind handeln, es vertreten. Partei ist jedoch das Kind.
Von den Handlungen in gesetzlicher Vertretung des Kindes muß man Angelegenheiten aus den Bereichen der elterlichen Sorge unterscheiden, in denen die Eltern kraft eigenen Rechts gegenüber Dritten tätig werden. So wird etwa ein Pflegekinder-

vertrag (§§ 27 ff. JWG) von den Eltern im eigenen Namen mit der Pflegeperson geschlossen. Die Verpflichtung zur Zahlung des vereinbarten Pflegegeldes trifft die Eltern, nicht das Kind. Gleiches gilt für den Kindergartenvertrag oder die Beauftragung eines Arztes, der das Kind behandeln soll. Auch Eingriffe in ihr Personensorgerecht, etwa durch Mißachtung eines Umgangsverbotes oder durch Vorenthaltung des Kindes, können die Eltern nur im eigenen Namen mit gerichtlicher Hilfe abwehren. Nicht das Kind, sondern die Eltern sind Kläger in einem solchen Verfahren.
Nicht zur Vertretung gehören schließlich Einwilligungen und Zustimmungen, die Eltern in zahlreichen Fällen erteilen müssen, damit Rechtshandlungen ihrer beschränkt geschäftsfähigen Kinder wirksam werden (vgl. § 3 II, 4 II, 5 I, III und IV).
Die Vertretung der Eltern eines ehelichen Kindes ist sog. Gesamtvertretung. Sofern nicht die elterliche Sorge insgesamt oder in dem betreffenden Teilbereich einem Elternteil allein zusteht, sind grundsätzlich nur beide gemeinsam befugt, Willenserklärungen im Namen des Kindes abzugeben oder in seinem Namen zu handeln. Natürlich können die Eltern auch hier ausdrücklich oder stillschweigend einen von ihnen bevollmächtigen, das Kind allein zu vertreten. Falls die Eltern sich in einer wichtigen Frage nicht einigen, können sie sich an das Vormundschaftsgericht wenden, das einem die Alleinvertretung in dieser Angelegenheit überträgt (vgl. § 13 II 1). Eine Ausnahme von dem Grundsatz der Gesamtvertretung gilt für Not- und Eilfälle (z. B. die Einwilligung zu einer Operation nach einem Unfall des Kindes). Außerdem kann der Elternteil, der ein Kind in seiner Obhut hat, Unterhaltsansprüche des Kindes gegen den anderen Elternteil allein geltend machen, wenn die Ehegatten getrennt leben oder Scheidung der Ehe beantragt haben (§ 1629 Abs. 2 Satz 2 und Abs. 3 BGB).

IV. Schranken der elterlichen Sorge

1. *Allgemeine Schranken*

Allgemeine Schranken der elterlichen Sorge ergeben sich zunächst aus den erörterten Teilmündigkeiten des Kindes. Mündigkeit oder Teilmündigkeit des Kindes schließen die elterliche Sorge ganz oder in dem Teilbereich aus.
Heirat macht nicht mündig. Bei einem verheirateten minderjährigen Kind entfällt jedoch die tatsächliche Personensorge (§ 1633 BGB). Die Vertretung in Angelegenheiten der Personensorge und die Vermögenssorge bleiben bestehen.
Die elterliche Sorge erstreckt sich gleichfalls nicht auf Angelegenheiten, für die ein Pfleger oder Amtspfleger bestellt ist (§§ 1630, 1706 BGB).
Die Vertretungsmacht der Eltern ist ferner ausgeschlossen in solchen Angelegenheiten, in denen auch ein Vormund nach § 1795 BGB das Kind nicht vertreten dürfte. Die Verweisung betrifft Insichgeschäfte nach § 181 BGB sowie Rechtsgeschäfte und Prozesse des Kindes mit einem Elternteil oder nahen Verwandten (vgl. § 1795 Abs. 1 Nr. 1–3, Abs. 2 mit § 181 BGB). In diesen Fällen können Eigeninteressen oder Befangenheit der Eltern die Interessen des Kindes gefährden. Dem Kind muß vom Vormundschaftsgericht ein Ergänzungspfleger bestellt werden, der es vertritt (§ 1909 BGB).

2. Allmählicher Abbau der elterlichen Sorge im Bereich der Personensorge

Schon mehrfach wurde die Auffassung vertreten, daß die elterliche Sorge nicht in den starren Grenzen von Minderjährigkeit und Volljährigkeit begriffen werden kann, sondern bis zur Volljährigkeit mit zunehmender Reife des Kindes einem allmählichen Abbau unterliegt.

Die umfangreichen Teilmündigkeiten des geltenden Rechts zeigen, daß es ein falsches Bild vermittelt, die nach und nach wachsende Selbständigkeit junger Menschen nur oder vornehmlich an der Geschäftsfähigkeit zu messen. Gerade die Geschäftsfähigkeit ist dazu ungeeignet, weil sie zu den wenigen Gebieten gehört, die im Interesse der Sicherheit des Rechtsverkehrs klare, jederzeit und von jedermann leicht nachprüfbare Grenzen verlangen. In vielen anderen Bereichen des Jugendrechts sind solche starren Altersgrenzen nicht nötig. Sie würden oft sogar eine sachgerechte Entscheidung hindern. Mit der Regelung der Strafmündigkeit und der Deliktsfähigkeit hat der Gesetzgeber die Möglichkeit aufgezeigt, die rechtliche Selbständigkeit des jungen Menschen von seiner Reife abhängig zu machen. Diesem Weg sind Rechtsprechung und Rechtslehre bei der Zeugnisverweigerung, der Grundrechtsmündigkeit, der Einwilligungsfähigkeit und der Aufsichtspflicht gefolgt. Zur Verlöbnisfähigkeit zeichnet sich ein entsprechender Wandel der Auffassungen ab. Der Bundesgerichtshof hat zu dieser Entwicklung ausgeführt, die Persönlichkeit des Minderjährigen gebiete, ihm in bestimmten Angelegenheiten schon vor Eintritt der Volljährigkeit einen eigenen Verantwortungsbereich einzuräumen.

Auch die Reform der elterlichen „Gewalt“ stellt entscheidend auf die Reife des jungen Menschen ab. Nach § 1626 Abs. 2 Satz 1 des Entwurfs haben die Eltern bei der Ausübung der elterlichen Sorge den Willen des Kindes in Angelegenheiten seiner persönlichen Lebensführung zu berücksichtigen, wenn es nach seinem Entwicklungsstand in der Lage ist, selbst die Verantwortung zu tragen. Das ist, wie schon erwähnt, für die Angelegenheiten der Ausbildung und des Berufes sowie die Einwilligung in eine Heilbehandlung nochmals besonders ausgesprochen (§§ 1626 Abs. 1 Satz 2, 1626 a des Entwurfs).

Der Abbau der elterlichen Sorge kann sich im Einzelfall entweder in vorzeitigem Erlöschen der Elternrechte oder in einem Funktionswandel zeigen. Wechsel der Entscheidungsbefugnis haben wir bei besonderen Geschäftsfähigkeiten, familienrechtlichen und prozessualen Teilmündigkeiten und der Grundrechtsmündigkeit kennengelernt.

Der Wandel der elterlichen Sorge von der umfassenden Fremdbestimmung des Kindes zu seiner Kontrolle und Überwachung ist sicher ein schwieriger, unbequemer Weg. Er allein führt aber zu Lösungen, die der jugendlichen Persönlichkeit gerecht werden. Bei der Regelung des Umgangs der Kinder, des Züchtigungsrechts und der Aufsichtspflicht ist dieser Funktionswandel deutlich. Ergänzend sei der Geheimbereich des Kindes erwähnt. Briefe und Tagebücher dürfen Eltern nur dann gegen den Willen der Kinder einsehen, wenn das zur Kontrolle der Entwicklung oder zur Steuerung einer Fehlentwicklung unerläßlich erscheint.

Man kann den allmählichen Abbau der elterlichen Sorge in einer Kurve verdeutlichen, wobei das Alter des Jugendlichen auf der Waagerechten und der Umfang der elterlichen Sorge auf der Senkrechten dargestellt wird.

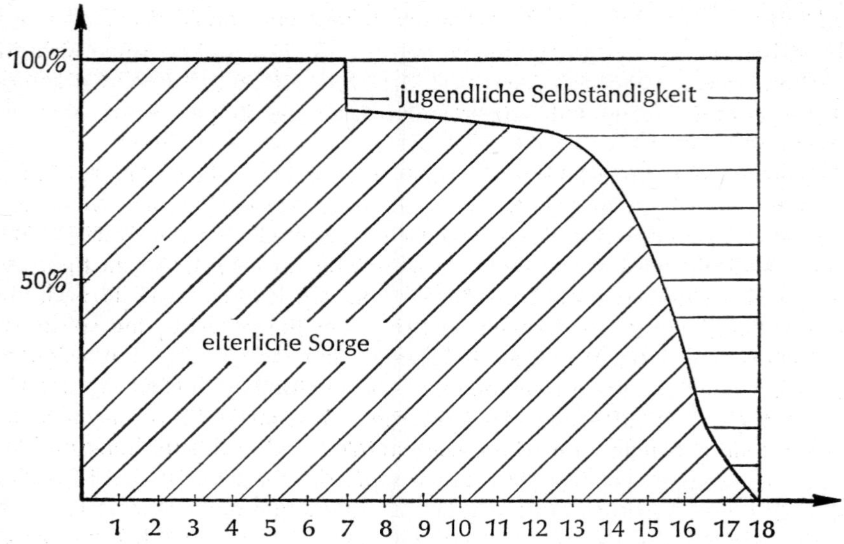

Bis zum 7. Lebensjahr verläuft die Kurve waagerecht, zeigt also an, daß die elterliche Sorge uneingeschränkt (= 100%) ist. Wegen der gesetzlichen Teilmündigkeiten und Rechtsstellungen, die mit Vollendung des 7., 10., 12., 14. und 16. Lebensjahres eintreten, kann auf den ersten Teil und die Übersicht im Anhang verwiesen werden. Diese Selbständigkeiten könnte man in Stufen genau darstellen. Entscheidend kommt es hier jedoch auf das allmähliche Reifen zur Selbständigkeit an, das etwa im 12. Lebensjahr einsetzt und mit dem 16./17. Lebensjahr so weit fortgeschritten ist, daß der Wille des jungen Menschen nicht mehr unbeachtet bleiben kann. Zwischen dem 12. und 17. Lebensjahr muß deshalb die Kurve stark fallen. Sie verläuft dann weiter abnehmend bis zum 18. Lebensjahr auf 0%.

3. *Beschränkungen im Bereich der Vermögenssorge*

Zahlreiche Beschränkungen der elterlichen Sorge finden sich auf dem Gebiet der Vermögenssorge. Die Übersichtlichkeit der Regelung leidet unter zahlreichen Verweisungen in das Vormundschaftsrecht, die zudem den Eindruck erwecken, die elterliche Sorge sei ein Unterfall der Vormundschaft.
Die Anweisungen des Gesetzgebers über die Vermögensverwaltung durch Eltern und Vormund sind zumeist sehr verständlich gehalten. Es erübrigt sich, zumal in diesem Rahmen, die Vorschriften im einzelnen zu behandeln. Daher werden nur die wichtigsten Beschränkungen zusammengestellt.

- Die Vermögensverwaltung erstreckt sich bei entsprechender Anordnung des Erblassers oder Schenkers nicht auf ererbtes oder geschenktes Vermögen des Kindes (§§ 1638, 1639 BGB).
- Die Eltern dürfen aus dem Vermögen des Kindes grundsätzlich keine Schenkungen machen (§ 1641 BGB).

- ▶ Geld des Kindes haben die Eltern mündelsicher anzulegen (§ 1642, 1807, 1808 BGB).
- ▶ Zu einigen Rechtsgeschäften brauchen die Eltern nach den §§ 1643, 1645 BGB die Genehmigung des Vormundschaftsgerichts, insbesondere zu
  - Grundstücksgeschäften (§§ 1643 Abs. 1, 1821 Abs. 1 Nr. 1 und 2 BGB),
  - Geschäften über das gesamte Vermögen oder eine Erbschaft des Kindes (§§ 1643 Abs. 2, 1822 Nr. 3, 1645 BGB),
  - einigen besonders gefährlichen Rechtsgeschäften wie Erteilung von Prokura, Unterzeichnung eines Wechsels, Übernahme einer Bürgschaft, Aufnahme von Kredit im Namen des Kindes (§§ 1643 Abs. 1, 1822 Nr. 8, 9, 10 und 11 BGB),
  - Verträgen, durch die das Kind zu wiederkehrenden Leistungen nach Volljährigkeit verpflichtet wird (§§ 1643, 1822 Nr. 5 BGB).
- ▶ Nur beim Tode eines Elternteils oder bei Wiederverheiratung muß der vermögenssorgeberechtigte Elternteil dem Vormundschaftsgericht ein Verzeichnis des Kindesvermögens einreichen (§§ 1682, 1683 BGB).
- ▶ Das Recht zur Vermögensverwaltung endet durch Konkurs des Elternteils (§ 1670 Abs. 1 BGB).
- ▶ Es besteht grundsätzlich keine Verpflichtung, während der Vermögensverwaltung Rechnung zu legen (§§ 1998, 1667 Abs. 2 BGB).

V. Beendigung und Ausfall der elterlichen Sorge

1. Beendigung

Die elterliche Sorge beider Eltern endet durch Volljährigkeit oder Tod des Kindes (§ 1626 Abs. 1, 1968 b BGB) sowie regelmäßig durch Adoption (§ 1755 BGB).

Die elterliche Sorge eines Elternteils endet durch Verwirkung (§ 1676 BGB), durch vollständigen Entzug (§§ 1666 und 1669 BGB), durch Übertragung auf den anderen Teil nach Scheidung oder bei dauernder Trennung (§§ 1671, 1672), durch Legitimation auf Antrag des Vaters (§ 1738 Abs. 1 BGB), ferner durch seinen Tod oder seine Todeserklärung (§ 1677 BGB). Die Vermögenssorge endet durch Konkurs (§ 1670 BGB). Nach dem Tod eines Elternteils steht die elterliche Sorge dem anderen Teil alleine zu (§ 1681 Abs. 1 BGB). Bei Verwirkung, Entzug oder Konkurs hat das Vormundschaftsgericht entweder anzuordnen, daß die elterliche Sorge dem anderen Elternteil allein zusteht oder einen Vormund oder Pfleger zu bestellen. Dann verliert auch der andere Elternteil die elterliche Sorge ganz (bei Bestellung eines Vormunds) oder teilweise (bei Bestellung eines Pflegers, §§ 1679, 1680 BGB). Falls die elterliche Sorge eines Elternteils endet und der andere Teil sie nicht ausüben kann oder darf, muß ein Vormund bestellt werden.

2. Verwirkung

Ein Elternteil verwirkt (= verliert endgültig) nach noch geltendem Recht die elterliche Sorge, wenn er zu einer Freiheitsstrafe von mehr als sechs Monaten verurteilt wird, weil er eine vorsätzliche Straftat zum Nachteil seines Kindes begangen hat (§ 1676 Abs. 1 BGB). In Betracht kommen neben Sexualdelikten, Körperverletzung, Verletzung der Fürsorge- oder Erziehungspflicht, Kindesmißhandlung, Freiheitsberaubung oder versuchter Tötung, Verletzung der Unterhaltspflicht, auch Vermögensdelikte wie Untreue, Hehlerei oder Urkundenfälschung. Die Verwirkung tritt mit Rechtskraft des Urteils ein (§ 1676 Abs. 2 BGB).

Wenn ein Elternteil die elterliche Sorge verwirkt hat, muß das Vormundschaftsgericht entscheiden, ob es bei weiterbestehender Ehe und Lebensgemeinschaft der Eltern mit dem Wohl des Kindes vereinbar ist, daß dem anderen Elternteil die elterliche Sorge allein zustehen soll (§ 1679 Abs. 1 Satz 1 BGB). Das Vormundschaftsgericht hat das Jugendamt zu hören (§ 48 a Abs. 1 Nr. 7 JWG). Die Anhörung des Kindes kann angezeigt sein. Wenn der nötige Schutz des Kindes vor dem straffällig gewordenen Elternteil nicht gewährleistet ist, muß ein Pfleger oder Vormund bestellt werden. Dann verliert auch der schuldlose Elternteil ganz oder teilweise die elterliche Sorge.

Nach herrschender Auffassung bleibt dem Elternteil, der die elterliche Sorge verwirkt hat, ein Recht auf Umgang mit dem Kind (§ 1634 Abs. 1 BGB).

Eine Verwirkung hängt von vielen Zufälligkeiten ab. Es kommt darauf an, ob eine Straftat angezeigt oder den Strafverfolgungsbehörden auf andere Weise bekannt wird, ob die Staatsanwaltschaft Anklage erhebt, ob die Beweise für eine Verurteilung ausreichen und ob das Gericht eine Geldstrafe oder eine Freiheitsstrafe von weniger oder mehr als 6 Monaten verhängt. Bei der geplanten Neuregelung der elterlichen Sorge soll die Verwirkung daher entfallen. Das erscheint unbedenklich, da Straftaten zum Nachteil des Kindes regelmäßig einen Mißbrauch der elterlichen Sorge oder eine Vernachlässigung darstellen und das Kind durch Entzug der Personen- oder Vermögenssorge ebenso wirksam geschützt werden kann.

3. *Ruhen*

In einigen Fällen kann oder darf ein Elternteil die elterliche Sorge nicht ausüben, seine elterliche Sorge ruht. Das Gesetz unterscheidet rechtliche und tatsächliche Hindernisse.

Rechtliche Hindernisse sind in erster Linie fehlende volle Geschäftsfähigkeit und Gebrechlichkeitspflegschaft (§ 1673 BGB). Wer nicht in der Lage ist, für sich selbst rechtswirksame Willenserklärungen abzugeben (§§ 105 Abs. 1, 106, 107, 114 BGB), kann auch nicht wirksam für sein Kind handeln. Beschränkt geschäftsfähige Elternteile, namentlich die minderjährige Mutter, haben aber die tatsächliche Personensorge (Personensorge ohne Vertretung) neben dem gesetzlichen Vertreter des Kindes, also regelmäßig neben dem anderen Elternteil. Falls die Mutter minderjährig ist und ein Vormund bestellt ist, gibt bei Meinungsverschiedenheiten zwischen ihr und dem Vormund in Angelegenheiten der Personensorge ihre Meinung den Ausschlag (§ 1673 Abs. 3, 2. Halbsatz BGB). Außerdem ruht die elterliche Sorge eines Elternteils, sobald er die Einwilligung zur Adoption seines Kindes erteilt hat (§ 1751 Abs. 1 Satz 1 BGB). Wie ein rechtliches Hindernis wirkt die Ehelicherklärung auf Antrag des Vaters für die elterliche Sorge der Mutter (§ 1738 Abs. 1 BGB). Bei Anordnung von Fürsorgeerziehung und Unterbringung des Kindes in einem Heim oder einer anderen Familie ruhen die Teile der Personen- und Vermögenssorge, die zur Durchführung der Erziehungshilfe nötig sind, insbesondere Pflege, Erziehung, Aufenthaltsbestimmung, Recht der Herausgabe, Verwaltung des Arbeitsverdienstes und von Renten. Das Landesjugendamt als Ausführungsbehörde der Fürsorgeerziehung hat insoweit eigene Rechte und

Pflichten, die die elterlichen Befugnisse während der Dauer der Fürsorgeerziehung ausschließen (vgl. § 19 IV 4). Entsprechendes gilt für den Vollzug von Jugendarrest und Jugendstrafe oder die gerichtlich angeordnete Unterbringung des Kindes in einem psychiatrischen Krankenhaus, einer Entziehungsanstalt oder einer Heil- und Pflegeanstalt.

Tatsächliche Hindernisse wie schwere Krankheit, Vollstreckung einer Freiheitsstrafe, unbekannter Aufenthalt oder sonstige Abwesenheit, führen nur dann zum Ruhen der elterlichen Gewalt, wenn sie länger andauern und vom Vormundschaftsgericht als Ausübungshindernis festgestellt werden (§ 1674 Abs. 1 BGB).

Wenn die elterliche Sorge eines Elternteils nach §§ 1673 oder 1674 BGB ruht oder er aus anderen tatsächlichen Gründen, z. B. bei kurzfristiger Abwesenheit, verhindert ist, dann übt der andere Elternteil die elterliche Sorge allein aus. Dazu bedarf es keiner Entscheidung des Vormundschaftsgerichts (§ 1678 BGB). Falls beide Eltern verhindert sind, hat das Vormundschaftsgericht „die im Interesse des Kindes erforderlichen Maßregeln zu treffen", insbesondere einen Vormund oder Pfleger zu bestellen oder das Kind in einer Pflegestelle oder in einem Heim unterzubringen (§ 1693 BGB).

4. Entzug

Ein Elternteil verliert das Recht, die elterliche Sorge auszuüben, wenn sie ihm das Vormundschaftsgericht zum Schutz des Kindes entzieht.

Nur in wenigen Fällen, etwa bei Überschreitung des Züchtigungsrechts, Verletzung der Fürsorge- oder Erziehungspflicht oder Untreue, kann einem Mißbrauch der elterlichen Sorge mit Hilfe der Strafgerichte begegnet werden. Im übrigen wird die Ausübung der elterlichen Sorge durch das Vormundschaftsgericht überwacht, das vom Jugendamt unterstützt wird. Beide zusammen üben das der staatlichen Gemeinschaft in Art. 6 Abs. 2 Satz 2 GG zugewiesene „Wächteramt" über das Elternrecht aus. Sie haben einzugreifen, wenn das Wohl des Kindes beeinträchtigt wird. Gesetzliche Grundlage sind die §§ 1666, 1667–1669, 1634 Abs. 2, 1629 Abs. 2 Satz 2 und 1671 Abs. 5 BGB. Die Vorschriften gewähren dem Kind, das seinen Anspruch auf pflichtgemäße Ausübung der elterlichen Sorge nicht durch Klage geltend machen kann, einen den Besonderheiten des Eltern-Kind-Verhältnisses und den Bedürfnissen des Kindes angepaßten Rechtsschutz.

Das Verfahren ist in allen Fällen gleich. Das Vormundschaftsgericht muß von Amts wegen, also ohne förmlichen Antrag, vorgehen und die erforderlichen Ermittlungen anstellen, wenn es von einem Sachverhalt Kenntnis erlangt, der für das Kindeswohl bedrohlich ist (§ 12 FGG). Jeder Interessierte kann das Vormundschaftsgericht unterrichten, auch das betroffene Kind selbst. Erfahrungsgemäß scheuen sich Verwandte und Nachbarn, erst recht das geschädigte Kind, Anzeige zu erstatten. Deshalb ist das Jugendamt verpflichtet, Fälle anzuzeigen, in denen das Vormundschaftsgericht zum Einschreiten berufen ist (§ 1694 BGB, § 48 JWG).

Bevor das Vormundschaftsgericht eine Entscheidung trifft, muß es die Eltern anhören. Nur aus schwerwiegenden Gründen, etwa bei dadurch drohender Gefährdung des Kindes, darf davon abgesehen werden (§ 1694 BGB, Art. 103 Abs. 1 GG). Grundsätzlich ist auch der Vater eines nichtehelichen Kindes zu hören (§ 1712 BGB). Bei ent-

sprechender Reife soll das Vormundschaftsgericht außerdem mit dem Kind Fühlung aufnehmen, um seine Darstellung des Sachverhalts und seine Meinung zu geplanten Maßnahmen zu erfahren (§ 1695 Abs. 2 BGB). Das ist wegen des selbständigen Beschwerderechts des Kindes nach § 59 FGG jedenfalls in Angelegenheiten der Personensorge bei einem über 14 Jahre alten Kind erforderlich.
In Eilfällen kann das Gericht einstweilige Anordnungen erlassen (§ 48 a Abs. 3 JWG).
Alle zum Schutz des Kindes getroffenen Maßnahmen kann das Vormundschaftsgericht jederzeit aufheben oder ändern, wenn es das im Interesse des Kindes für angezeigt hält.

Gefährdungen des Wohls des Kindes auf dem Gebiet der P e r s o n e n s o r g e sind weitaus am häufigsten. Die gesetzliche Ermächtigung für Eingriffe des Vormundschaftsgerichts in das Personensorgerecht bildet § 1666 BGB. Danach kann das Gericht „die zur Abwendung der Gefahr erforderlichen Maßnahmen treffen", wenn die Eltern das geistige oder leibliche Wohl des Kindes gefährden durch

- ▶ Mißbrauch des Personensorgerechts,
- ▶ Kindesvernachlässigung,
- ▶ ehrloses oder unsittliches Verhalten.

Über die Auslegung der ersten Alternative herrscht Streit. Die noch überwiegende Rechtsprechung nimmt einen Mißbrauch des Personensorgerechts grundsätzlich nur bei einem Verschulden der Eltern an. Deshalb müßte das Vormundschaftsgericht beispielsweise untätig zusehen, wenn erziehungsunfähige Eltern das Beste wollend dem Kind Schaden zufügen. Die Rechtslehre vertritt dagegen mit Recht schon länger die Auffassung, daß Art. 6 Abs. 2 Satz 2 GG dem Kind Schutz gegen jede objektive Gefahr zusichert und daß es deshalb nicht darauf ankommt, ob den Eltern ein Schuldvorwurf gemacht werden kann.
Aber auch ohne die Frage des Verschuldens ist der Mißbrauchstatbestand zu weit, um alle erheblichen Gefährdungen des Kindes zu erfassen. Bei der Feststellung einer (aktiven) Pflichtwidrigkeit, die der Mißbrauch mindestens voraussetzt, muß den Eltern ein großer Ermessensspielraum zugebilligt werden, da allgemeinverbindliche Maßstäbe für die Ausübung des Sorgerechts weitgehend fehlen. Es sei nur an die Grenzen des Züchtigungsrechts und der Umgangsregelung erinnert. Nur grobe Verstöße gegen Elternpflichten rechtfertigen staatliche Eingriffe in das Erziehungsrecht der Eltern. Weniger schwere Pflichtwidrigkeiten der Eltern und nur unzweckmäßige oder dem Willen oder den Neigungen des Kindes widersprechende Entscheidungen der Eltern stellen keinen Mißbrauch der Personensorge dar und müssen hingenommen werden.
Trotz dieser theoretischen Schwierigkeiten werden von der Praxis alle klaren Fälle von objektiver Kindesgefährdung sachgerecht entschieden. Ein Teil der Streitfragen wird durch die Reform der elterlichen Gewalt wohl endgültig gelöst werden. Nach § 1666 Abs. 1 Satz 1 des Entwurfs muß das Vormundschaftsgericht zum Schutz des Kindes eingreifen, wenn „das Wohl des Kindes gefährdet wird und die Eltern nicht gewillt oder nicht in der Lage sind, die Gefahr abzuwenden".
Als Beispiele zum Mißbrauchstatbestand seien angeführt: Fernhalten vom Schulbesuch, übermäßige Züchtigungen, Ausnützung der Arbeitskraft, Anhalten zu strafbaren Handlungen, grundlose Verhinderung des Umgangs mit Verwandten, Verweigerung der

Einwilligung zu einer notwendigen Heilbehandlung, Verweigerung einer angemessenen Ausbildung.

Die Vernachlässigung eines Kindes betrifft in erster Linie die Pflege oder Beaufsichtigung des Kindes und Gefährdungen, die durch Unterlassungen (Passivität) herbeigeführt werden. Die Vernachlässigung braucht nicht zu den in § 170 d StGB aufgeführten besonders schweren Folgen führen. Ein Sonderfall der Vernachlässigung ist die Verletzung der Pflicht, dem Kind Unterhalt zu gewähren (§ 1666 Abs. 2 BGB).

Schuldhafte Gefährdung des Kindes durch ehrloses oder unsittliches Verhalten der Eltern kann bei gewerbsmäßiger Unzucht, Trunksucht, Zuhälterei, schwerer oder gewohnheitsmäßiger Kriminalität vorliegen. In der Praxis spielt diese Bestimmung keine Rolle.

Welche Maßnahmen das Vormundschaftsgericht zu treffen hat, richtet sich nach den Umständen des einzelnen Falles. Es muß nach dem für die Ausübung aller öffentlichen Gewalt geltenden Prinzip des mildesten Mittels die Maßnahme auswählen, die die Interessen des Kindes wahrt, aber das Elternrecht am wenigsten beeinträchtigt (Grundsatz der Subsidiarität). Manchmal reichen schon Belehrungen und Ermahnungen oder Gebote und Verbote aus. Vielleicht kann ein Beistand bestellt werden (§§ 1685, 1686 BGB). Ein verhältnismäßig milder Eingriff ist die Anordnung der Erziehungsbeistandschaft, die allerdings ein Erziehungsdefizit und Bereitschaft der Eltern zur Mitarbeit voraussetzt (§§ 57, 58 JWG).

Das Vormundschaftsgericht muß prüfen, ob es genügt, das Personensorgerecht zu beschränken, bevor es das gesamte Recht entzieht. In geeigneten Fällen kann beispielsweise nur das Aufenthaltsbestimmungsrecht oder das Erziehungsrecht in Ausbildungsangelegenheiten entzogen und einem Pfleger übertragen werden. Voller Entzug der Personensorge und/oder Unterbringung in einer geeigneten Familie oder in einer Erziehungsanstalt sind die schärfsten Maßnahmen (§ 1666 Abs. 1 Satz 2 BGB). Ein Entzug der Vermögensverwaltung kommt bei Pflichtwidrigkeiten im Bereich der Personensorge nur in Frage, wenn die Unterhaltspflicht verletzt wird (§ 1666 Abs. 2 BGB).

Eine Sonderregelung enthält § 67 Abs. 4 JGG. Danach kann der Jugendrichter den Sorgeberechtigten die ihnen in einem Strafverfahren gegen den Jugendlichen zustehenden Rechte entziehen, wenn sie sich an der Verfehlung beteiligt haben und ein Mißbrauch der Rechte zu befürchten ist.

Für den Bereich der V e r m ö g e n s s o r g e verpflichtet § 1667 BGB das Vormundschaftsgericht, die Maßnahmen zu treffen, die zur Abwehr einer dem Vermögen des Kindes drohenden Gefahr erforderlich sind.

Unstreitig reicht hier eine objektive Pflichtverletzung der Eltern oder ein Vermögensverfall aus. Pflichtverletzungen bei der Vermögensverwaltung können neben Verstößen gegen ausdrückliche gesetzliche Vorschriften (vgl. § 13 IV 3) beispielsweise nachlässige Prozeßführung oder mangelhafte Verwaltung eines Mietshauses des Kindes sein. Vermögensverfall der Eltern, der sich beispielsweise in fruchtlosen Zwangsvollstreckungen oder Wechselprotesten zeigen kann und oft im Konkurs endet (dann: § 1670), birgt die besondere Gefahr, daß die Eltern sich an dem Vermögen des Kindes vergreifen.

Das Vormundschaftsgericht hat geeignete Maßnahmen anzuordnen, durch die das Vermögen des Kindes ausreichend geschützt wird. Vermögensverzeichnis, Rechnungslegung (vgl. § 1667 Abs. 2 BGB) oder die Einsetzung eines Beistandes sind nur Beispiele. Die vollständige Entziehung der Vermögenssorge muß auch hier das letzte Mittel sein.

Das Vormundschaftsgericht hat den Eltern gem. §§ 1629 Abs. 2 Satz 2, 1796 BGB die Vertretung in einzelnen Angelegenheiten zu entziehen, wenn ein Gegensatz zwischen den Interessen des Kindes und denen der Eltern oder eines nahen Verwandten besteht, beispielsweise bei der Ausübung des Strafantragsrechts des Kindes wegen einer vom Vater begangenen Straftat, bei der Ausübung des dem Kinde zustehenden Zeugnisverweigerungsrechts in einem Strafverfahren gegen einen Elternteil oder bei Verfahren wegen Anfechtung der Ehelichkeit.

Eine weniger bekannte Möglichkeit zu vormundschaftsgerichtlichen Eingriffen in das Elternrecht bietet § 1634 Abs. 2 Satz 2 BGB. Danach kann das Vormundschaftsgericht im Rahmen der Regelung des Verkehrsrechts eines nicht sorgeberechtigten Elternteils den Umgang „für eine bestimmte Zeit oder dauernd ausschließen, wenn dies zum Wohl des Kindes erforderlich ist". Ein dazu Anlaß gebender Mißbrauch des Verkehrsrechts wäre, wenn beispielsweise der Besuch dazu benutzt wird, das Kind gegen den sorgeberechtigten Elternteil aufzuhetzen oder es gegen dessen Erziehungsziele zu beeinflussen.

Einen Sonderfall der Gefährdung des leiblichen oder geistigen Wohls oder des Vermögens des Kindes regelt § 1671 Abs. 5 BGB. Nach Scheidung der Eltern (nicht schon bei dauernder Trennung) kann das Gericht Personensorge und/oder Vermögenssorge einem Vormund oder Pfleger übertragen, wenn das zur Abwendung einer Gefahr erforderlich ist. Zu erwähnen ist, daß hier die herrschende Meinung auch bei einer Gefahr für die Person des Kindes kein Verschulden der Eltern verlangt. Im übrigen gelten die gleichen Grundsätze wie bei §§ 1666 und 1667 BGB.
Als teilweiser Entzug der elterlichen Sorge wirkt für den einen Elternteil die Entscheidung des Vormundschaftsgerichts, durch die bei mangelnder Einigung der Eltern in einer für das Kind wichtigen Angelegenheit dem anderen Elternteil die Entscheidungsbefugnis allein übertragen wird (vgl. § 13 II 1).

Elterliche Sorge und Schutz der Kinder

Voraussetzungen	Maßnahmen	Folgen
Tod a) eines Elternteils b) beider Eltern	a) Keine. Folge tritt kraft Gesetzes ein. b) Vormundschaftsgericht bestellt Vormund, § 1773 Abs. 1.	a) Elterliche Sorge steht dem anderen Elternteil allein zu, § 1681 Abs. 1*. b) Inhaber der elterlichen Sorge ist der Vormund.
Rechtliche Verhinderung eines Elternteils durch a) Geschäftsunfähigkeit, b) beschränkte Geschäftsfähigkeit oder Gebrechlichkeitspflegschaft,	a–d) Regelmäßig keine, Folgen treten kraft Gesetzes ein. Bei einem ehelichen Kind kann sich die Notwendigkeit ergeben, einen Vormund zu bestellen, falls der andere Elternteil die elterliche Sorge nicht ausüben kann oder darf.	a+b) Der verhinderte Elternteil darf die elterliche Sorge nicht ausüben (§ 1675), seine elterliche Sorge ruht, und zwar bei Geschäftsunfähigkeit in vollem Umfang, § 1673 Abs. 1, bei beschränkter Geschäftsfähigkeit oder Gebrechlichkeitspflegschaft mit Ausnahme der tatsächlichen Personensorge, die ihm neben dem gesetzlichen Vertreter zusteht, § 1673 Abs. 2. Bei ehelichen Kindern steht insoweit die elterliche Sorge dem anderen Teil allein zu, § 1678 Abs. 1, notfalls ist ein Vormund zu bestellen. Bei nichtehelichen Kindern wird das Jugendamt kraft Gesetzes Amtsvormund, § 1791 c.
c) Einwilligung zur Adoption		c) Elterliche Sorge des einwilligenden Elternteils ruht, § 1751 Abs. 1 Satz 1. Die elterliche Sorge steht entweder dem anderen Elternteil alleine zu, § 1678 Abs. 1, oder das Jugendamt wird kraft Gesetzes Vormund, § 1751 Abs. 1 Satz 2.
d) Ehelicherklärung auf Antrag des Kindes		d) Die Mutter verliert das Recht, die elterliche Sorge auszuüben, § 1738 Abs. 1.
Tatsächliche Verhinderung eines Elternteils	Vormundschaftsgericht stellt Verhinderung fest, § 1674 Abs. 1. Falls der andere Elternteil die elterliche Sorge nicht ausüben darf oder kann, ist ein Vormund zu bestellen.	Die elterliche Sorge des verhinderten Elternteils ruht. Sie steht dem anderen Elternteil allein zu, § 1678 Abs. 1, notfalls dem Vormund.

* Paragraphenangaben ohne Zusatz eines Gesetzes beziehen sich auf das BGB.

Voraussetzungen	Maßnahmen	Folgen
Scheidung oder dauernde Trennung der Eltern	Familiengericht entscheidet über die Regelung der elterlichen Sorge, §§ 1671, 1672. Notfalls bestellt es einen Vormund oder einen Pfleger, § 1671 Abs. 5.	Die elterliche Sorge steht dem vom Familiengericht bestimmten Elternteil oder teils dem einen und teils dem anderen oder einem Vormund oder teils dem Elternteil oder teils einem Pfleger zu.
Verurteilung zu mindestens 6 Monaten Freiheitsstrafe wegen einer Straftat zum Nachteil des Kindes	a) Gegen den verurteilten Elternteil keine, Folge tritt kraft Gesetzes ein. b) Das Vormundschaftsgericht hat entweder anzuordnen, daß die elterliche Sorge dem anderen Elternteil allein zusteht oder einen Vormund oder Pfleger zu bestellen, § 1679 Abs. 1.	a) Der verurteilte Elternteil verwirkt die elterliche Sorge, § 1676. b) Die elterliche Sorge steht entweder dem anderen Elternteil allein zu oder teils einem Vormund oder Pfleger und teils dem Elternteil. Der verbleibende Elternteil behält jedenfalls die tatsächliche Personensorge. Soweit ein Vormund oder Pfleger bestellt wird, verliert der schuldlose Elternteil die elterliche Sorge, § 1679 Abs. 1.
Gefährdung des Kindeswohls im Bereich der Personensorge durch Mißbrauch der Personensorge, Vernachlässigung des Kindes, ehrlosen oder unsittlichen Lebenswandel der Eltern	a) Das Vormundschaftsgericht hat geeignete Maßnahmen zum Schutz der Kinder zu ergreifen, notfalls die Personensorge teilweise oder ganz zu entziehen und/oder die Unterbringung des Kindes in einer Pflegestelle oder einem Heim anzuordnen, § 1666 Abs. 1. b) Falls nur einem Elternteil die Personensorge entzogen wird, hat das Vormundschaftsgericht entweder anzuordnen, daß die Personensorge dem anderen Elternteil allein zusteht oder einen Pfleger zu bestellen, §§ 1680, 1679. c) Falls beiden Eltern die Personensorge entzogen wird, muß ein Pfleger bestellt werden, § 1909.	a) Der betroffene Elternteil verliert Rechte und Pflichten der Personensorge in dem festgelegten Umfang. b) Die Personensorge steht – soweit sie entzogen worden ist – entweder dem anderen Elternteil allein zu oder teils diesem Elternteil und teils einem Pfleger. Soweit ein Pfleger bestellt wird, verliert der andere Elternteil die Personensorge. In jedem Fall behält er die tatsächliche Personensorge, § 1679 Abs. 1 Satz 3 und 4, 1630 Abs. 1. c) Inhaber der Personensorge ist der Pfleger allein.

Voraussetzungen	Maßnahmen	Folgen
Gefährdung des Kindeswohls durch Verwahrlosung	Erziehungshilfen, die notfalls vom Vormundschaftsgericht oder Jugendrichter angeordnet werden, insbesondere a) Erziehungsbeistandschaft, §§ 55 ff. JWG, §§ 5 Abs. 1, 9 Nr. 2 JGG. b) Fürsorgeerziehung §§ 64 ff. JWG, §§ 5 Abs. 1, 9 Nr. 3 JGG.	a) Keine Einschränkung der elterlichen Sorge, § 58 Abs. 1 Satz 1 JWG. b) Das Landesjugendamt als Ausführungsbehörde der Fürsorgeerziehung hat eigene Rechte, soweit sie zur Behandlung der Verwahrlosung nötig sind. Für Teile der Personensorge und der Vermögenssorge ruht die elterliche Sorge, §§ 69, 71 JWG.
Gefährdung des Kindeswohls im Bereich der Vermögenssorge durch Pflichtverletzungen, Vermögensfall, Unterhaltsverletzung	Geeignete Sicherungs- und Kontrollmaßnahmen des Vormundschaftsgerichts zur Erhaltung des Kindesvermögens, notfalls Entzug der Vermögenssorge, §§ 1666 Abs. 2, 1667 bis 1669. Bei Entzug der Vermögenssorge hat das Vormundschaftsgericht entweder anzuordnen, daß die Vermögenssorge dem anderen Elternteil allein zusteht oder einen Pfleger zu bestellen §§ 1680, 1679.	Beschränkung der Vermögenssorge durch Anordnungen des Vormundschaftsgerichts. Bei Entzug der Vermögenssorge steht diese entweder dem anderen Elternteil allein oder einem Pfleger zu. Im zweiten Fall verliert auch der schuldlose Elternteil das Recht der Vermögenssorge, §§ 1630 Abs. 1, 1679 Abs. 1 Satz 3.
Konkurs eines Elternteils	Das Vormundschaftsgericht hat entweder anzuordnen, daß die Vermögenssorge dem anderen Elternteil allein zusteht oder einen Pfleger zu bestellen, §§ 1670, 1680, 1679.	a) Die Vermögenssorge des in Konkurs gegangenen Elternteils endet, § 1670. b) Die Vermögenssorge steht entweder dem anderen Elternteil allein zu oder einem Pfleger oder – falls dem Pfleger nicht die gesamte Vermögenssorge übertragen ist – teils dem Pfleger und teils dem anderen Elternteil.
Gefährdung des Kindeswohls oder der Interessen des Kindes bei der gesetzlichen Vertretung durch Interessengegensatz	Entzug der Vertretungsmacht in dem zum Schutz der Interessen des Kindes erforderlichen Umfang, §§ 1629 Abs. 1, Satz 1 und 3, 1795, 1796. Bestellung eines Ergänzungspflegers, § 1909.	Die gesetzliche Vertretung steht insoweit dem Pfleger zu, die elterliche Sorge ist entsprechend eingeschränkt, § 1630 Abs. 1.

Voraussetzungen	Maßnahmen	Folgen
Gefährdung des Kindeswohls durch Mißbrauch des Rechts zum Umgang	Das Familiengericht hat geeignete Maßnahmen zu ergreifen. Notfalls kann es das Umgangsrecht zeitweise oder dauernd ausschließen, § 1634, Abs. 2.	Der betroffene Elternteil darf das Umgangsrecht nur eingeschränkt oder überhaupt nicht ausüben.
Beteiligung an einer Straftat des Kindes und drohender Mißbrauch der Rechtsstellung im Jugendstrafverfahren	Entzug der Rechte des Erziehungsberechtigten im Strafverfahren gegen den Jugendlichen, § 64 Abs. 4 JGG. Falls der andere Elternteil die Rechte nicht ausüben kann oder darf, hat das Vormundschaftsgericht zur Wahrnehmung der Interessen des Jugendlichen einen Pfleger zu bestellen, § 67 Abs. 4 Satz 3 JGG.	Der betroffene Elternteil verliert insoweit die Personensorge. Die Rechte stehen entweder dem anderen Elternteil allein zu oder dem Pfleger, § 1630 Abs. 1.
Mangelnde Einigung der Sorgeberechtigten in einer wichtigen Frage der elterlichen Sorge	Auf Antrag der Eltern tritt das Vormundschaftsgericht der Auffassung eines Elternteils bei und überträgt diesem die Entscheidungsbefugnis.	Der andere Elternteil verliert in der zu entscheidenden Angelegenheit die elterliche Sorge. Der vom Vormundschaftsgericht bestimmte Elternteil entscheidet allein.

§ 14 Unterhaltspflicht zwischen Eltern und Kindern

I. Voraussetzungen des Unterhaltsanspruchs

1. Berechtigung

Im Unterhaltsrecht zeigt sich der Unterschied zwischen moralischer und rechtlicher Verpflichtung. Während die Moral die Verantwortung für alle nahen Angehörigen fordert, hat das Recht die Pflicht zur gegenseitigen Unterstützung auf

- ▶ Ehegatten,
- ▶ Verwandte gerader Linie und
- ▶ Kinder in Adoptionspflege

beschränkt.

Zwischen Verschwägerten und Verwandten der Seitenlinie, also auch zwischen Geschwistern, besteht danach keine gesetzliche Unterhaltspflicht.

Den hier interessierenden Unterhaltsanspruch des Kindes regelt das Gesetz nicht als Folge des Eltern-Kind-Verhältnisses im Kindschaftsrecht, sondern als Unterfall der Unterhaltspflicht zwischen Verwandten in den §§ 1601–1615 i BGB. Als Verwandte gerader Linie haben Kinder gegen ihre Eltern Anspruch auf Unterhalt und müssen ihrerseits den Eltern Unterhalt gewähren. Das Unterhaltsrecht der §§ 1601 ff. BGB gilt auch für nichteheliche Kinder (§ 1615 a BGB). Für Ehegatten gelten bei bestehender Ehe die §§ 1360–1361 und bei aufgelöster Ehe die §§ 1570–1586 b BGB.

Ob zwei Personen verwandt sind, ist nach den §§ 1591–1600 o BGB zu beurteilen. Der Scheinvater muß daher dem scheinehelichen Kind bis zur rechtskräftigen Anfechtung der Vaterschaft Unterhalt gewähren (§ 1593 BGB). Ein nichteheliches Kind hat erst ab Anerkennung der Vaterschaft oder ab Rechtskraft einer gerichtlichen Feststellung der Vaterschaft Anspruch auf Unterhalt von seinem Vater (§ 1600 a Satz 2 BGB). Allerdings kann ihm schon vor rechtskräftiger Feststellung der Vaterschaft vorläufiger Unterhalt durch einstweilige Verfügung oder einstweilige Anordnung zugebilligt werden (§ 1615 o Abs. 1 BGB, § 641 d ZPO).

Ein Adoptivkind wird durch die Annahme mit den Adoptiveltern und deren Verwandten verwandt, während das Verwandtschaftsverhältnis zu den bisherigen Verwandten erlischt (§§ 1754, 1755 BGB). Dadurch entfallen unterhaltsrechtliche Beziehungen zwischen dem Kind und seinen leiblichen Verwandten, während neue zu den Adoptiveltern und den anderen Verwandten in gerader Linie (insbesondere Großeltern) begründet werden. Ausnahmsweise hat ein Kind, dessen Eltern die Einwilligung zu seiner Adoption erteilt haben oder deren Einwilligung ersetzt worden ist, Anspruch auf Unterhalt gegen die Adoptionsbewerber, sobald diese es in Adoptionspflege (Obhut mit dem Ziel der Annahme) genommen haben. Die zukünftigen Adoptiveltern haften vor den leiblichen Verwandten des Kindes (§ 1751 Abs. 4 BGB).

Stiefkinder haben keinen gesetzlichen und regelmäßig auch keinen vertraglichen Unterhaltsanspruch gegen den Stiefelternteil. Die Versuche, in der Eheschließung mit dem leiblichen Elternteil oder in der Aufnahme in den gemeinsamen Haushalt einen stillschweigend (konkludent) geschlossenen Vertrag zugunsten des Kindes oder eine unmittelbare Verpflichtung gegenüber dem Kind zu sehen, vermögen nicht zu überzeugen.

Ob im Einzelfall ein zum berechtigten Personenkreis gehörendes Kind oder ein Elternteil Unterhalt verlangen kann, hängt von der Bedürftigkeit des Berechtigten und der Leistungsfähigkeit des Verpflichteten ab.

2. *Bedürftigkeit*

Unterhaltsberechtigt ist nur, wer außerstande ist, sich selbst zu unterhalten (§ 1602 Abs. 1 BGB).

Grundsätzlich muß jeder für seinen Lebensunterhalt selbst sorgen. Daher ist derjenige nicht bedürftig, der seinen Lebensunterhalt mit Einkünften aus einem Vermögen (z. B. Zinsen, Mieten) oder mit Einkünften aus privaten Rentenversicherungen oder der Sozialversicherung bestreiten oder wer seinen Bedarf durch Verwertung seines Vermögens (Geld, Wertpapiere, Grundbesitz, Kostbarkeiten usw.) decken kann. Im übrigen ist nur bedürftig, wer erwerbsunfähig ist oder trotz Einsatz seiner Arbeitskraft seinen Lebensunterhalt nicht verdienen kann. Wer nicht arbeiten will oder seine Arbeitskraft nicht voll einsetzt und deshalb in Not gerät, hat keinen Anspruch auf Unterhalt. Diese allgemeine Erwerbspflicht ist jedoch in zweifacher Hinsicht eingeschränkt: Ausbildung und Erfüllung vorrangiger Pflichten in Haushalt und Familie können eine Erwerbstätigkeit hindern. Außerdem muß die Art einer möglichen Erwerbstätigkeit nach den Lebensverhältnissen des Bedürftigen zumutbar sein. Ein stellungsloser Orchestergeiger braucht nicht im Straßenbau zu arbeiten, ein arbeitsloser Arzt keine Stellung als Krankenpfleger anzunehmen. Für den Grund eines Unterhaltsanspruchs kommt es nicht darauf an, warum jemand bedürftig ist. Der Höhe nach kann der Anspruch jedoch auf den sog. Billigkeitsbeitrag beschränkt sein und sogar ganz entfallen (vgl. § 14 II 1). Bedürftigkeit kann auch durch eine Zweitausbildung eintreten. Studierende sind grundsätzlich nicht verpflichtet, neben dem Studium oder während der Semesterferien zu arbeiten, um so zu ihrem Lebensbedarf beizutragen. Erzielen sie jedoch Einkünfte, so mindern diese die Bedürftigkeit und sind jedenfalls teilweise anzurechnen.

Die Gewährung von Sozialleistungen (z. B. Kindergeld, Wohngeld, Arbeitslosengeld, Krankengeld, Weihnachts- und Urlaubsgeld, Ausbildungsförderung) mindert die Bedürftigkeit. Das gilt nicht für Sozialhilfe und Arbeitslosenhilfe. Die Ansprüche eines Unterhaltsberechtigten, der solche Hilfen erhält, gehen auf den Leistungsträger über, soweit dieser an Stelle eines an sich Verpflichteten geleistet hat (§§ 2 Abs. 2, 90, 91 BSHG, § 140 AFG). Der Träger kann dann Ersatz von dem Verpflichteten verlangen. Auch Ausbildungsvergütungen und Erziehungsbeihilfen mindern die Bedürftigkeit und sind grundsätzlich auf den Unterhaltsanspruch voll anzurechnen. Die Praxis berücksichtigt solche Leistungen jedoch nur zur Hälfte, um erhöhte Bedürfnisse des Auszubildenden für Berufskleidung, Wäsche, Verpflegung, Fahrtkosten, Lernmittel und mehr Taschengeld pauschal auszugleichen.

Minderjährige unverheiratete Kinder sind hinsichtlich der Bedürftigkeit gegenüber ihren Eltern bevorzugt. Nach § 1602 Abs. 2 BGB brauchen sie den Stamm ihres Vermögens nicht anzugreifen. Sie gelten schon als bedürftig, wenn Einkünfte aus Vermögen und Erwerbstätigkeit zur Bestreitung des Lebensunterhalts nicht ausreichen. Ein schulpflichtiges Kind kann also beispielsweise nicht gezwungen werden, ein von den Großeltern geerbtes Mehrfamilienhaus zu verkaufen, um von dem Erlös zu leben,

wenn die Mieteinnahmen (genauer: der Überschuß der Einnahmen über die Ausgaben) nicht ausreichen.
Seine Bedürftigkeit hat im Rechtsstreit derjenige zu beweisen, der Unterhalt verlangt. Nichteheliche Kinder und Kinder aus aufgelösten oder dauernd getrennten Ehen bis zum Alter von 18 Jahren gelten allerdings im Verhältnis zum unterhaltspflichtigen Elternteil stets als bedürftig. Als ihr Mindestbedarf ist der für nichteheliche Kinder durch Rechtsverordnungen bestimmte Regelbedarf anzusetzen (§§ 1610 Abs. 3, 1615 f. Abs. 1, 1615 h. BGB). Es bleibt dem Verpflichteten überlassen, wegen mangelnder Bedürftigkeit des Kindes, die dann von ihm zu beweisen ist, Herabsetzung des Regelunterhalts zu verlangen.
Ein Unterhaltsverpflichteter kann von mehreren Unterhaltsberechtigten gleichzeitig in Anspruch genommen werden, etwa von Kindern und Eltern. Nicht immer wird seine Leistungsfähigkeit ausreichen, um alle zu befriedigen. Die Rangfolge der Berechtigten ordnet § 1609 BGB. An erster Stelle ist der Unterhaltsbedarf der minderjährigen unverheirateten (ehelichen oder nichtehelichen) Kinder und (gleichrangig) des Ehegatten zu erfüllen, wobei ein geschiedener Ehegatte einem neuen Ehegatten, volljährigen oder verheirateten Kindern sowie den übrigen Verwandten bevorrechtigt ist (§§ 1582, 1609 Abs. 2 BGB). Es folgen die volljährigen oder verheirateten Kinder, dann die anderen Abkömmlinge und schließlich die Verwandten der aufsteigenden Linie nach Graden. Danach ergibt sich folgende Reihe:

1. minderjährige unverheiratete Kinder und Ehegatte(n),
2. andere Kinder,
3. Enkel,
4. Eltern,
5. Großeltern.

Gleichrangige Bedürftige sind gleichberechtigt.

3. *Leistungsfähigkeit*

Unterhaltspflichtig ist nur, wer leistungsfähig ist. Nur derjenige muß andere versorgen, dessen eigener angemessener Lebensbedarf gesichert ist und der darüber hinaus über freie Mittel verfügt (§ 1603 Abs. 1 BGB). Wer Leistungsfähigkeit behauptet, muß sie beweisen.
Wie bei der Bedürftigkeit sind der Stamm eines Vermögens, Einkünfte aus dem Vermögen, Einkünfte aus Erwerbstätigkeit und alle anderen Einkünfte wie Sozialleistungen (hier einschließlich Sozialhilfe oder Arbeitslosenhilfe), Renten aller Art, Nebeneinnahmen wie Trinkgelder, Spesen, Auslösungen usw. zur Beurteilung der Leistungsfähigkeit heranziehen. Vermögen ist nur zu schonen, soweit das zur Sicherung des eigenen Unterhalts bis zum Lebensende nötig ist. Leistungsfähig ist, wer kein oder kein ausreichendes Einkommen hat, sich aber die notwendigen Mittel durch zumutbare Erwerbstätigkeit beschaffen kann. Im Interesse unterhaltsbedürftiger Verwandter besteht Erwerbspflicht. Falls eine ausgeübte Erwerbstätigkeit nicht genügend einbringt, muß der Unterhaltsverpflichtete grundsätzlich den Beruf wechseln. Er darf einen auskömmlichen Beruf nicht (z. B. zugunsten einer Zweitausbildung) aufgeben, wenn er dadurch seine Unterhaltspflicht nicht mehr oder nicht ausreichend erfüllen kann. Die Grundrechte auf freie Entfaltung der Persönlichkeit und freie Berufswahl sind insoweit

eingeschränkt. Wer seine Fähigkeiten nicht voll nutzt, wird als leistungsfähig behandelt. Auch hier gilt die Einschränkung, daß eine nicht beendete Ausbildung oder die Erfüllung familiärer Pflichten vorgehen.
Leistungsfähig ist nicht, wem bei Berücksichtigung seiner sonstigen Verpflichtungen nicht genügend verbleibt (§ 1603 Abs. 1 BGB). Auf die Art der Verbindlichkeiten kommt es nicht an. Niemand darf aber durch unvernünftiges Schuldenmachen seine Leistungsfähigkeit schmälern. Deshalb ist zu unterscheiden: Nur Verbindlichkeiten aus der Zeit vor der Inanspruchnahme durch den Unterhaltsberechtigten mindern im Rahmen eines angemessenen Tilgungsplanes die Leistungsfähigkeit unbeschränkt, Verpflichtungen aus der Zeit danach nur, soweit sie gegenüber dem Verwandten durch einen triftigen Grund gerechtfertigt sind.
Bei der Leistungsfähigkeit sind minderjährige unverheiratete Kinder ihren Eltern gegenüber gleichfalls bevorzugt. Die Eltern müssen alle Mittel zur Bestreitung des Familienunterhalts einsetzen und mit ihren Kindern teilen, selbst wenn ihre eigenen berechtigten Ansprüche dadurch leiden (§ 1603 Abs. 2 Satz 1 BGB). Das gilt nur dann nicht, wenn der fehlende Unterhalt vom Stamm eines Vermögens des Kindes bestritten oder von einem anderen unterhaltspflichtigen Verwandten erlangt werden kann (§ 1603 Abs. 2 Satz 2 BGB). Der Vater eines nichtehelichen Kindes muß fehlende oder verminderte Leistungsfähigkeit geltend machen, sonst bleibt er zur Leistung des vollen Regelunterhaltes verpflichtet (§ 1615 h BGB).
Bei volljährigen oder verheirateten Kindern brauchen die Eltern sich dagegen nicht auf den notwendigen Unterhalt zu beschränken, sondern haben Anspruch auf eigenen angemessenen Unterhalt. Wegen der Kosten einer besseren Ausbildung oder gar einer Zweitausbildung können die Eltern deswegen nicht etwa auf die Richtsätze der öffentlichen Ausbildungsförderung verwiesen werden. Diese sind auf Eltern zugeschnitten, die ihren Kindern – mangels ausreichender Leistungsfähigkeit – unterhaltsrechtlich keine kostspielige Ausbildung ermöglichen müßten.

Mehrere Unterhaltsverpflichtete haften dem Unterhaltsberechtigten in einer bestimmten Rangfolge, die weitgehend der Rangordnung der gesetzlichen Erbfolge entspricht. Abgesehen von dem hier nicht interessierenden Vorrang des Annehmenden bei der Erwachsenenadoption (§ 1770 Abs. 3 BGB) und der Ausnahmeregelung für Kinder in Adoptionspflege (§ 1751 Abs. 4 BGB), steht an erster Stelle der Ehegatte des Bedürftigen, sofern dessen eigener angemessener Lebensunterhalt nicht gefährdet ist (§ 1608 BGB). Unter den dann folgenden Verwandten haften die Abkömmlinge vor den Verwandten der aufsteigenden Linie (§ 1606 Abs. 1 BGB), und zwar jeweils die näheren vor den entfernteren Verwandten (§ 1606 Abs. 2 BGB). Die Verpflichtung der Eltern ist regelmäßig gleichrangig. Nur ein Vater, dessen nichteheliches Kind auf seinen Antrag für ehelich erklärt worden ist, haftet vor der Mutter und deren Verwandten (§ 1739 BGB). Jeder vorrangig Verpflichtete schließt nachrangige Gruppen aus (§ 1607 Abs. 1 BGB). Man kann danach folgende Reihe aufstellen:

1. Ehegatte,
2. Kinder,
3. Enkelkinder,
4. Eltern,
5. Großeltern.

Mehrere gleich nahe Verwandte haften anteilig nach ihren wirtschaftlichen Verhältnissen (§ 1606 Abs. 3 Satz 1 BGB). Die unterschiedliche Leistungsfähigkeit führt zu verschiedenen Anteilen. Der wohlhabende Sohn muß beispielsweise einen höheren Beitrag zum Unterhalt der bedürftigen Eltern leisten als die ärmeren Geschwister.
Dieser Grundsatz ist für das Verhältnis der Ehegatten untereinander und zu ihren minderjährigen unverheirateten Kindern abgewandelt. Die Frau und Mutter erfüllt ihren Unterhaltsbeitrag regelmäßig durch Führung des Haushalts und durch Pflege und Versorgung der Kinder (§§ 1360 Satz 2, 1606 Abs. 3 Satz 2 BGB). Der Wert der mütterlichen Sorge und Betreuung der Kinder wird dem finanziellen Beitrag des Vaters gleichgesetzt. Das gilt dann nicht, wenn die Mutter diese Aufgabe nicht erfüllt, etwa bei Heimunterbringung des Kindes, oder nur unvollkommen, etwa bei eigener Berufstätigkeit. Zu einem finanziellen Beitrag kann die Mutter ferner verpflichtet sein, wenn sie höheres eigenes Einkommen hat als der Vater. Es würde gegen den Grundsatz der gleichmäßigen Belastung der Eheleute verstoßen, wollte man in solchen Fällen Personensorge der Mutter und finanzieller Beitrag des Vaters gleichsetzen. Außerdem kann eine Frau trotz der Belastungen durch Haushalt und Familie im Falle eines Familiennotstandes zu einer Erwerbstätigkeit verpflichtet sein. Diese Regelung gilt ebenso für den Ehemann und Vater, wenn er die Haushaltsführung sowie die Pflege und Erziehung der Kinder übernimmt.

II. Der Inhalt des Unterhaltsanspruchs

1. Maß des Unterhalts

Die Gesamtheit der Leistungen, die ein Unterhaltsberechtigter verlangen kann, umschreibt das Gesetz in § 1610 BGB mit dem unbestimmten Rechtsbegriff „gesamter Lebensbedarf".
Der Lebensbedarf umfaßt zunächst die Befriedigung der grundlegenden menschlichen Bedürfnisse nach Nahrung, Unterkunft und Kleidung. Zur Nahrung zählen in begrenztem Umfang auch Genußmittel wie Kaffee, Tee, Tabakwaren, alkoholische Getränke. Bei den Kosten für die Wohnung müssen Aufwendungen für Heizung, Beleuchtung, Reparaturen, Anschaffung und Ersatz von Hausrat berücksichtigt werden. Der für Bekleidung anzusetzende Betrag muß Kosten für Reinigung, Instandhaltung und notwendige Neuanschaffungen umfassen. Zum gesamten Lebensbedarf gehören weiter Gesundheits- und Körperpflege, Altersvorsorge und Krankheitskostensicherung, Information (Radio, Fernsehen, Tageszeitung), die Pflege geistiger, kultureller, sportlicher und geselliger Interessen sowie Erholung.
Neben dem allgemeinen Bedarf kann ein Sonderbedarf auftreten, beispielsweise außergewöhnlich hoher Aufwand für Krankheit oder Kur, der von einer Krankenversicherung nicht gedeckt wird, Kosten für Prozesse in wichtigen persönlichen Angelegenheiten oder Kosten für notwendige und angemessene Nachhilfestunden (z. B. nach längerer Krankheit).
Bei Kindern rechnen zum Lebensbedarf die Kosten der Erziehung und der Ausbildung zu einem Beruf (§ 1610 Abs. 2 BGB). Zu den Kosten der Erziehung gehören die Elternbeiträge für den Besuch eines Kindergartens. Für schwer erziehbare, verwahrloste oder behinderte Kinder müssen die Eltern grundsätzlich (bei weitgehender

öffentlicher Hilfe) die durch eine Unterbringung und Behandlung entstehenden hohen Kosten tragen. Die Art der Berufsausbildung wird heute nicht mehr davon abhängig gemacht, ob die Ausbildung der Lebensstellung der Eltern entspricht, also „standesgemäß“ ist. Die Eltern schulden dem Kind vielmehr die Vorbildung und Ausbildung, die seinen Anlagen, Neigungen, Fähigkeiten und Leistungen entspricht. Die Einkommens- und Vermögensverhältnisse der Eltern begrenzen über die Leistungsfähigkeit nur den Beitrag, den sie zu den Kosten der Ausbildung leisten müssen. Soweit der Beitrag nicht ausreicht, ist es Sache der öffentlichen Ausbildungsförderung, helfend einzugreifen und Chancengleichheit anzustreben. Falls eine erste Berufsausbildung nicht den Neigungen, Fähigkeiten und Leistungen des Kindes entspricht oder der erlernte Beruf keine ausreichende Lebensgrundlage bietet, kann Anspruch auf eine zweite Ausbildung bestehen.

Zum Unterhalt zählt grundsätzlich ein Taschengeld. Ob aber Kinder, die im Haushalt ihrer Eltern leben, durchsetzen können, daß ihnen regelmäßig ein bestimmter, dem Alter und der Lebensstellung angemessener Betrag gezahlt wird, erscheint zweifelhaft. Zwar schließt die den Eltern zustehende und nur ausnahmsweise vom Vormundschaftsgericht abänderbare Anordnung, daß dem Kind Unterhalt in Natur gewährt werden soll (§ 1612 Abs. 2 BGB), die Zahlung eines Taschengeldes nicht aus. Einige Bedürfnisse des täglichen Lebens lassen sich gar nicht anders befriedigen. Es ist aber zu berücksichtigen, daß Taschengeld für Minderjährige eine wichtige erzieherische Funktion hat (Umgang mit Geld, Sparsamkeit, Vorbereitung auf wirtschaftliche Selbständigkeit u. a.) und Gerichte nur in sehr engen Grenzen in das Erziehungsrecht der Eltern eingreifen dürfen. Bisher ist kein Fall bekannt geworden, in dem ein Gericht einem hausangehörigen minderjährigen Kind das ihm jedenfalls zustehende Mindesttaschengeld oder einem volljährigen unverheirateten Kind das angemessene Taschengeld als selbständigen Betrag zugesprochen hat.

Geringer als beim gesamten Lebensunterhalt ist der Bedarf anzusetzen beim notwendigen Lebensunterhalt. Dieser umfaßt nach § 12 BSHG „besonders Ernährung, Unterkunft, Kleidung, Körperpflege, Hausrat, Heizung und persönliche Bedürfnisse des täglichen Lebens“, wozu „in vertretbarem Umfange auch Beziehungen zur Umwelt und eine Teilnahme am kulturellen Leben gehören“. Er liegt über dem Sozialhilferichtsatz und unter den Pfändungsfreigrenzen für Arbeitseinkommen (§ 850 c. ZPO). Die nach Ländern etwas unterschiedlichen Regelsätze für Sozialhilfe lagen am 1. 1. 1978 für den Haushaltungsvorstand oder Alleinstehende bei durchschnittlich 290 DM, für Kinder gestaffelt nach dem Lebensalter zwischen 126 und 267 DM und für im Haushalt lebende Erwachsene bei durchschnittlich 235 DM. Bei einer Pfändung wegen Unterhaltsansprüchen bestimmt § 850 d. ZPO den Betrag, der einem Schuldner belassen werden muß.

Angemessener Unterhalt

Die Höhe des Bedarfs bestimmt sich nach der Lebensstellung des Bedürftigen (§ 1610 Abs. 1 BGB). Einer gehobenen Lebensstellung sind höhere Bedürfnisse angemessen. Ob aber beispielsweise zum Wohnbedarf die Kosten für Telefon und Zentralheizung gehören, zur Bildung und Unterhaltung die Kosten für ein Theaterabonnement oder der Beitrag zu einem Tennisclub, oder ob ein Unterhaltsberechtigter die Aufwendungen für einen Personenwagen geltend machen kann, das läßt sich nur im Einzelfall entscheiden.

Die Lebensstellung eines Menschen wird beeinflußt von sozialen Merkmalen wie Bildung, Ausbildung, Beruf, berufliche Qualifikation, Lebensweise, hängt aber letztlich entscheidend von den Einkommens- und Vermögensverhältnissen ab (vgl. § 1615 c BGB).

Um den Rechtsuchenden Anhaltspunkte und der Rechtspflege Hilfen für eine gleichmäßige und einheitliche Ausfüllung des unbestimmten Rechtsbegriffes „angemessener Lebensunterhalt" zu geben, hat die Rechtsprechung Unterhaltsschlüssel und Unterhaltstabellen entwickelt.

Unterhaltsschlüssel (Punktformeln) teilen das Einkommen des Unterhaltsverpflichteten in einem bestimmten Verhältnis auf Mann, Frau und Kinder auf und versuchen so, den angemessenen Unterhalt zu bestimmen. Am bekanntesten ist der Zwickauer Schlüssel mit einem Verhältnis von 4:2:1. Gegen ihn wird vorgebracht, daß es gegen die Gleichberechtigung verstoße, der Frau nur die Hälfte des dem Mann zustehenden Unterhalts zuzubilligen, und daß der Unterhalt der Kinder zu gering gemessen sei. Man hat versucht, den Schlüssel zu verbessern. Verbreitung gefunden haben insbesondere der die Kinder begünstigende Schlüssel von Rassow (4 : 3 : 2) und die sog. Mittelwertformel (8 : 5 : 3), die jedoch nicht den unterschiedlichen Bedarf der Kinder verschiedener Altersstufen berücksichtigen.

Die Verteilung eines Einkommens von 1800 DM netto nach den genannten Schlüsseln auf eine Familie mit zwei Kindern ergibt folgende Werte:

	Mann	Frau	Kind
Zwickauer Schlüssel (4 : 2 : 1 : 1)	900	450	je 225
Rassow'scher Schlüssel (4 : 3 : 2 : 2)	656	492	je 328
Mittelwertformel (8 : 5 : 3 : 3)	760	475	je 285
zum Vergleich: Düsseldorfer Tabelle 1979	630	420	⌀ je 275
Regelunterhalt 1976	—	—	⌀ je 201

Die bekannteste Unterhaltstabelle hat das Landgericht Düsseldorf entwickelt. Sie beruht auf den Lebenshaltungskosten einer Durchschnittsfamilie mit zwei Kindern. Die Tabelle ordnet nach Einkommensgruppen und gibt den nach Altersgruppen gestaffelten Unterhaltsbedarf der Kinder an. Sie ist mehrfach den gestiegenen Lebenshaltungskosten angepaßt worden. Die nachstehende Fassung gibt den Stand vom 1. 1. 1979 wieder. Die Bedeutung der Spalte „Zuschläge zum Regelunterhalt" wird später erläutert.

Bei der Anwendung der Tabelle ist zu beachten, daß der Bedarf eines Einzelkindes etwa 10% höher zu veranschlagen ist. Falls der Mann für mehr als zwei Kinder zu sorgen hat oder seine Leistungsfähigkeit nicht ausreicht, um den nach der Tabelle ermittelten Unterhaltsbedarf der Kinder zu befriedigen, sind die Sätze anteilig zu kürzen. Der überaus niedrige Selbstbehalt beruht auf § 1603 Abs. 2 Satz 1 BGB.

Nettoeinkommensspanne des Unterhaltspflichtigen als Indiz für die Lebensstellung	Eheliche Kinder im Alter von 1–5	6–11	12–17	ab 18	Selbstbehalt des Pflichtigen	Zuschlag zum Regelbedarf %
1. Gruppe bis 1300 DM	165	200	237	nach	600	—
2. Gruppe 1300–1600 DM	180	220	260	den	650	10
3. Gruppe 1600–2000 DM	205	250	295	Um-	700	25
4. Gruppe 2000–2500 DM	230	280	330	ständen	800	40
5. Gruppe 2500–3100 DM	265	320	380	des	900	60
6. Gruppe 3100–3900 DM	295	360	425	Falles	1100	80
7. Gruppe 3900–5000 DM	330	400	475		1300	100
Höhere Gruppen	nach Umständen des Falles					

Andere Tabellen, Schlüssel und Berechnungsmodelle haben beispielsweise das Landgericht Köln (Kölner Tabelle), die Landgerichte Hamburg und Kassel und das Deutsche Institut für Vormundschaftswesen in Heidelberg (Heidelberger Bedarfstabelle) entwickelt. Bei der Anwendung von Unterhaltsschlüsseln oder Tabellen ist zu beachten, daß sie nur eine Orientierungshilfe darstellen und die sich ergebenden Zahlen nur Richtwerte sind. Je nach den Umständen des Einzelfalles kann das Gericht zu abweichenden Werten kommen, weil es diese für „angemessen" hält.

Billigkeitsbeitrag

In drei Fällen beschränkt das Gesetz einen Bedürftigen auf einen Unterhaltsbeitrag. Wer (1.) aus eigenem sittlichen Verschulden bedürftig geworden ist, etwa durch Verschwendung, Arbeitslosigkeit infolge von Straftaten, Arbeitsunfähigkeit infolge Selbstverstümmelung oder Drogenabhängigkeit, nicht schon wegen außerehelicher Schwangerschaft, oder wer (2.) seine eigenen Unterhaltspflichten gegenüber dem jetzt Inanspruchgenommenen früher gröblich vernachlässigt hatte, oder wer (3.) sich vorsätzlich einer schweren Verfehlung gegen den Unterhaltspflichtigen oder einen nahen Angehörigen schuldig gemacht hat, der kann nur einen Beitrag zum Unterhaltsbedarf verlangen, dessen Höhe durch Billigkeit näher bestimmt wird und der sogar ganz wegfallen kann (§ 1611 Abs. 1 BGB, vgl. auch § 1579 BGB).
Diese einschneidende Beschränkung gilt nicht für die Unterhaltspflicht der Eltern gegenüber den minderjährigen unverheirateten Kindern (§ 1611 Abs. 2 BGB).

Regelunterhalt

Für nichteheliche Kinder hat das Nichtehelichengesetz 1970 den Begriff des Regelunterhalts eingeführt. Vom Vater kann ein nichteheliches Kind bis zur Vollendung des 18. Lebensjahres mindestens den Regelunterhalt verlangen, wenn es nicht ausnahmsweise in den väterlichen Haushalt aufgenommen ist und dort versorgt wird (§ 1615 f Abs. 1 Satz 1 BGB). Die Verpflichtung zur Leistung des Regelunterhalts soll unabhängig von der Bedürftigkeit des Kindes und der Leistungsfähigkeit des Vaters im Einzelfall gelten. Abweichungen von dem angenommenen Regelfall können aber Zuschläge und Abschläge rechtfertigen.

Die Einführung des Regelunterhalts bedeutet in erster Linie eine durch die ungünstigere Ausgangslage gerechtfertigte prozessuale Bevorzugung nichtehelicher Kinder. Sie brauchen für den angenommenen Normalfall einfacher Lebensstellung weder Bedürftigkeit noch Angemessenheit nachzuweisen. Wegen der regelmäßigen Anpassung der Regelbedarfssätze an die geänderten Lebenshaltungskosten und Einkommensverhältnisse (Dynamisierung der Unterhaltsrenten) entfallen außerdem Abänderungsklagen gem. § 323 ZPO. Seit Juli 1977 sind eheliche Kinder, deren Eltern geschieden sind oder dauernd getrennt leben, den nichtehelichen Kindern insoweit gleichgestellt. Als ihr Mindestbedarf gilt der Regelbedarf (§ 1610 Abs. 3 BGB).

Der Regelunterhalt gründet auf den sog. Regelbedarf. Das ist der Betrag, der bei einfacher Lebensführung zum Unterhalt eines nichtehelichen Kindes erforderlich ist, das von seiner Mutter versorgt wird (§ 1615 f Abs. 1 Satz 2 BGB). Dieser Bedarf wird nach einem alle zwei Jahre zu erstattenden Gutachten des Statistischen Bundesamtes von der Bundesregierung durch Rechtsverordnung festgesetzt (§ 1615 f Abs. 2 Satz 1 BGB). Bisher wurden vier derartige Verordnungen erlassen. Die RegelunterhaltsVO 1970 führte die in § 1615 f Abs. 2 Satz 2 BGB vorgesehenen Altersstufen ein und setzte den monatlichen Regelbedarf für Kinder bis zum 6. Lebensjahr auf 108 DM, vom 7. bis zum 12. Lebensjahr auf 132 DM und vom 13. bis zum 18. Lebensjahr auf 156 DM fest. Durch die RegelunterhaltsVOn 1972, 1974 und 1976 sind die Sätze auf 126, 153 und 180 DM bzw. 165, 200 und 237 DM erhöht worden.

Der Regelunterhalt besteht nach § 1615 f Abs. 1 Satz 1 BGB aus dem Regelbedarf abzüglich der nach § 1615 g BGB zur Hälfte anzurechnenden Sozialleistungen. Dabei handelt es sich im wesentlichen um Kindergeld (vgl. auch § 2 RegelunterhaltsVO 1970). Man kann deshalb den Begriff Regelunterhalt auf die Kurzformel

$$\text{Regelunterhalt} = \text{Regelbedarf} - 1/2\ \text{Kindergeld}$$

bringen.

Der Regelunterhalt stellt auf einfache Lebensstellung des Kindes ab. Wie ein eheliches Kind hat aber das nichteheliche Kind Anspruch auf den der Lebensstellung seiner Eltern entsprechenden angemessenen Unterhalt (§§ 1615 d, 1610 Abs. 1 BGB). Darauf wird durch das Wort „mindestens" in § 1615 f Abs. 1 Satz 1 BGB hingewiesen. Ebenso wie der Vater die Herabsetzung des Regelunterhalts nach § 1615 h BGB verlangen kann, hat das Kind die Möglichkeit, einen Zuschlag zum Regelunterhalt zu fordern (§ 642 d ZPO). In beiden Fällen soll der sich ergebende Betrag dem Unterhalt eines vergleichbaren ehelichen Kindes entsprechen. Dieser im Einzelfall geringere oder höhere Unterhalt des Kindes wird als Individualunterhalt bezeichnet. Er ist in einem prozentualen Zu- oder Abschlag zum Regelbedarf auszudrücken (§ 642 d Abs. 1 ZPO).

Als Kurzformel:

$$\text{Individualunterhalt} = \begin{cases} 1.\ \text{RU} + \%\text{-Zuschlag zum RB oder} \\ 2.\ \text{RU} - \%\text{-Abschlag vom RB} \end{cases}$$

Die Festsetzung des prozentualen Zu- oder Abschlages muß sich nach dem Gleichheitsgrundsatz am Unterhaltsanspruch vergleichbarer ehelicher Kinder ausrichten. Man hat deshalb versucht, die Zuschläge entsprechend den Einkommensgruppen der Düsseldorfer Tabelle in festen Prozentsätzen auszudrücken. Diese Werte sind in der letzten Spalte der Düsseldorfer Tabelle 1979 angegeben.

Während die Eltern ehelicher Kinder infolge der ehelichen Lebensgemeinschaft regelmäßig in gleichen Verhältnissen leben, unterscheiden sich die Lebensstellungen der Eltern eines nichtehelichen Kindes häufig. Dann ist für die Bemessung des Unterhalts § 1615 c BGB ein Mittelwert zu suchen, der zwischen den Lebensstellungen der Eltern liegt.

2. *Art der Unterhaltsleistung*

Grundsätzlich ist Unterhalt durch eine monatlich im voraus zahlbare Geldrente zu leisten. Nur ausnahmsweise kann dem Verpflichteten gestattet werden, den Unterhalt als Naturalleistung durch Unterkunft, Verpflegung usw. zu gewähren. (§ 1612 Abs. 1 Satz 1 und Abs. 3 BGB).
Für den Unterhalt des ehelichen Kindes ist umgekehrt Naturalleistung die Regel und Unterhaltsleistung durch Zahlung einer Rente die Ausnahme. Eltern können wählen, in welcher Weise sie einem unverheirateten Kind Unterhalt gewähren wollen (§ 1612 Abs. 2 Satz 1 BGB). Gegenüber einem volljährigen Kind dürfen die Eltern das Bestimmungsrecht nicht dazu mißbrauchen, das Kind weiter zu erziehen. Die mit der Naturalleistung notwendig verbundene Einflußnahme auf die Lebensführung des Kindes ist jedoch nicht schon Erziehung und damit Mißbrauch des Rechts, der die aus besonderen Gründen mögliche Änderung der elterlichen Bestimmung durch das Vormundschaftsgericht rechtfertigt (§ 1612 Abs. 2 Satz 2 BGB). Selbst eine tiefgreifende Entfremdung zwischen Eltern und Kind soll nur dann einen besonderen Grund darstellen, wenn sie auf „Erziehungsschuld der Eltern" beruht (z. B. durch wiederholte unangemessene Züchtigung einer fast volljährigen Tochter). Diese weitgehende Bevorzugung der Eltern findet im Gesetz keine Stütze. Es erscheint zudem zweifelhaft, ob eine solche kinderfeindliche Auslegung mit den Rechten der jungen Menschen auf Achtung seiner Würde und auf freie Entfaltung seiner Persönlichkeit vereinbar ist. Man wird in derartigen Fällen auch sorgfältig zu prüfen haben, ob nicht Schikane (§ 226 BGB) der Eltern anzunehmen ist. Nach derzeitiger Rechtsprechung gehen auf Unterhalt angewiesene volljährige Kinder jedenfalls ein erhebliches Risiko ein, wenn sie ihr Elternhaus verlassen.
Die Regel, daß Kinder im Haushalt der Eltern leben, gilt nicht für nichteheliche Kinder und für Kinder aus aufgelösten Ehen. Dann steht das Wahlrecht dem sorgeberechtigten Elternteil zu. Ein unterhaltsverpflichteter Elternteil, der nicht personensorgeberechtigt ist, muß also seinen Unterhaltsbeitrag entsprechend dem allgemeinen Grundsatz in Form einer Geldrente leisten, sofern sich das Kind nicht ausnahmsweise in seinem Haushalt befindet (§§ 1612 Abs. 2 Satz 3, 1615 f Abs. 1 Satz 1 BGB).
Mit dem Unterhaltsanspruch verwandt war der Anspruch der Töchter auf eine Aussteuer, der durch das Gleichberechtigungsgesetz entfallen ist. Auf die in § 1624 BGB vorgesehene Ausstattung besteht kein Anspruch.

III. Besonderheiten des Anspruchs und seiner Durchsetzung

Der Unterhaltsanspruch erlischt mit dem Wegfall einer seiner Voraussetzungen: Zugehörigkeit zum berechtigten Personenkreis, Bedürftigkeit und Leistungsfähigkeit. Das Ende der verwandtschaftlichen Beziehungen durch Tod des Berechtigten oder des Verpflichteten ist in § 1615 Abs. 1 BGB ausdrücklich aufgeführt.

Ein minderjähriges unverheiratetes Kind verliert seinen Unterhaltsanspruch gegen die Eltern nicht, weil es gegen deren Willen außerhalb des Elternhauses lebt. Der Anspruch kann jedoch an Stelle der geschuldeten Naturalleistung der Höhe nach auf die ersparten Aufwendungen beschränkt sein.

Der familienrechtliche Unterhaltsanspruch unterscheidet sich in mehrfacher Hinsicht von einem sonstigen schuldrechtlichen Anspruch.

Der Anspruch selbst unterliegt nicht der Verjährung (§ 194 Abs. 2 BGB); nur die einzelnen Unterhaltsraten verjähren in vier Jahren (§ 197 BGB), allerdings nicht im Verhältnis von Eltern zu Kindern, solange diese minderjährig sind (§ 204 Satz 2 BGB).

Der Unterhalt ist zweckgebunden. Er kann deshalb nicht für die Vergangenheit geltend gemacht werden (§ 1613 Abs. 1 BGB). Die Ausnahmen bilden Unterhaltsbeträge, mit deren Leistung der Verpflichtete durch Mahnung, Kalendertermin oder Klageerhebung in Verzug gekommen ist (§§ 1613 Abs. 1 Satz 1, 284 BGB), ferner Sonderbedarf (§ 1613 Abs. 2 BGB) und der Unterhalt des nichtehelichen Kindes für die Zeit vor der Feststellung der Vaterschaft (§§ 1615 d, 1615 i BGB).

Die notwendige Sicherstellung des Lebensunterhaltes verbietet den Verzicht auf zukünftigen Unterhalt (§ 1614 Abs. 1 BGB). Abweichend davon können geschiedene Eheleute sowie Vater und nichteheliches Kind Abfindungsverträge über zukünftigen Unterhalt schließen (§ 1585 c, § 1615 e BGB).

Für gesetzliche Unterhaltsansprüche gelten im Interesse der Unterhaltsberechtigten keine Pfändungsfreigrenzen (§ 850 d ZPO). Dem Schuldner bleibt nur sein notwendiger Unterhalt.

Unterhaltsansprüche können grundsätzlich nicht vom Gläubiger des Berechtigten gepfändet werden (§ 850 b ZPO). Sie können ferner nicht vom Berechtigten zur Tilgung von Schulden abgetreten oder zur Sicherung einer Schuld verpfändet werden (§§ 400, 1274 Abs. 3 BGB). Auch die Aufrechnung gegen Unterhaltsforderungen ist deswegen ausgeschlossen (§ 394 BGB). Unterhaltsforderungen genießen eine Vorzugsstellung im Konkurs des Verpflichteten (§§ 3 Abs. 2, 61 Nr. 5 KO).

Die Nichterfüllung einer gesetzlichen Unterhaltsverpflichtung ist gem. § 170 b StGB strafbar.

Die Durchsetzung von Unterhaltsansprüchen zwischen Verwandten in gerader Linie und Ehegatten wird jetzt dadurch erleichtert, daß beide Teile verpflichtet sind, mindestens alle 2 Jahre auf Verlangen über ihre Einkünfte und ihr Vermögen Auskunft zu erteilen und Belege vorzulegen (§§ 1580, 1605 BGB).

Falls die Voraussetzungen Bedürftigkeit oder Leistungsfähigkeit sich ändern, können beide Beteiligte Abänderung der bisherigen Unterhaltsregelung verlangen. Für eine vertragliche Vereinbarung, durch die eine gesetzliche Unterhaltsverpflichtung näher ausgestaltet ist, folgt die Zulässigkeit eines Eingriffs in einen bestehenden Vertrag aus dem Grundsatz von Treu und Glauben und dessen Ausprägung in der Lehre vom Wegfall der Geschäftsgrundlage. Das Verfahren zur Abänderung von Unterhaltsurteilen oder gerichtlichen Vergleichen ist in § 323 ZPO geregelt. Jede Partei ist berechtigt, im Wege der Klage Abänderung zu verlangen, wenn sich die Verhältnisse wesentlich ändern, die für den Grund, die Höhe oder die Dauer der Leistungen maßgebend waren.

Für die Unterhaltsrenten Minderjähriger, insbesondere für Kinder geschiedener oder getrennt lebender Eheleute sowie für nichteheliche Kinder, gibt es vereinfachte Verfahren zur Abänderung. Falls eine alle 2 Jahre vorzunehmende Prüfung ergibt, daß infolge einer erheblichen Änderung der allgemeinen wirtschaftlichen Verhältnisse die Anpassung aller Unterhaltsrenten erforderlich ist, bestimmt die Bundesregierung durch eine Anpassungsverordnung den Prozentsatz, um den die Unterhaltsrenten der ehelichen Kinder zu erhöhen oder herabzusetzen sind. Die Urteile oder Verpflichtungen werden dann auf Antrag des Berechtigten oder Verpflichteten durch den Rechtspfleger entsprechend dem in der Verordnung bestimmten Satz durch Beschluß angepaßt (§§ 641 l – 641 t ZPO). Durch die erste derartige Verordnung (Anpassungsverordnung 1977) ist für die in der Zeit vom 1. 7. 1975 bis 30. 6. 1977 eingetretenen Änderungen eine Erhöhung der Unterhaltsrenten um 10% ermöglicht worden. Der Unterhalt nichtehelicher Kinder wird dagegen dadurch veränderten wirtschaftlichen Verhältnissen angeglichen, daß der in den Regelunterhaltsverordnungen bestimmte Mindestunterhalt auf Antrag durch Beschluß des Rechtspflegers festgesetzt wird (§ 642 b ZPO). Beide Verfahren sind für den Regelfall vorgesehen und setzen voraus, daß der Berechtigte weiterhin bedürftig ist und keinen höheren oder geringeren Bedarf hat, daß der Verpflichtete auch für den neuen Betrag leistungsfähig ist und daß – bei ehelichen Kindern – der erhöhte Unterhalt nicht auf mehrere Verpflichtete anders als bisher aufgeteilt werden muß. In derartigen Fällen muß derjenige, der die Abänderung der angepaßten Unterhaltsrente verlangt, eine Abänderungsklage erheben (§§ 323, 641 g, 643 a ZPO).

Schließlich ist noch auf die verfahrensrechtliche Möglichkeit hinzuweisen, in dringenden Fällen Unterhaltsansprüche durch einstweilige gerichtliche Anordnungen durchzusetzen. Für das nichteheliche Kind hat der Gesetzgeber zwei Möglichkeiten ausdrücklich geregelt: Nach § 1615 o BGB kann es den Unterhalt für die ersten drei Monate von dem mutmaßlichen Vater im Wege der einstweiligen Verfügung verlangen. Nach Klageerhebung auf Feststellung der nichtehelichen Vaterschaft kann der Beklagte durch einstweilige Anordnung gem. § 641 d ZPO verpflichtet werden, Unterhalt zu zahlen oder für den bis zur Entscheidung des Rechtsstreites fällig werdenden Unterhalt Sicherheit zu leisten. Das eheliche Kind kann gleichfalls für kürzere Zeiträume (längstens drei Monate) und bis zur Klärung in einem ordentlichen Verfahren Unterhaltsansprüche durch einstweilige Verfügung nach § 940 ZPO regeln lassen.

Das Jugendamt hat alleinstehende Eltern bei der Geltendmachung von Unterhaltsansprüchen des Kindes zu beraten und zu unterstützen (§ 51 JWG). Es kann sogar zum Unterhaltsbeistand bestellt werden (§ 1690 BGB, §§ 45, 46 JWG). Neuerdings ist für diesen Personenkreis in Hamburg eine in anderen europäischen Ländern seit vielen Jahren bekannte „Unterhaltsvorschußkasse" eingerichtet worden. Die Kinder (nichteheliche Kinder und Scheidungs- oder Trennungswaisen) erhalten den Regelbedarf aus der Kasse, falls der Verpflichtete nicht, nicht rechtzeitig oder nicht bis zu dieser Höhe zahlt. Ihr Anspruch geht auf den Träger der Unterhaltsvorschußkasse über (vgl. § 1615 b Abs. 2 BGB), der ihn geltend macht und eintreibt. Das bedeutet eine wesentliche Hilfe für diese ohnehin benachteiligten Kinder und ihre sorgeberechtigten alleinstehenden Eltern.

§ 15 Vormundschaft und Pflegschaft

Vormundschaft und Pflegschaft sollen fehlende oder verhinderte elterliche Sorge ersetzen, und zwar

► die Vormundschaft die volle elterliche Sorge (§ 1793 BGB),

also tatsächliche Personensorge und Vermögenssorge sowie die Vertretung in beiden Bereichen (Bild 1) und

► die Pflegschaft Teile der elterlichen Sorge (§ 1909 BGB),

also entweder Personensorge oder Vermögenssorge oder Teile aus beiden Bereichen, z. B. das Aufenthaltsbestimmungsrecht (a in Bild 2) oder die Vertretung des Kindes beim Abschluß eines Kaufvertrages mit den Eltern über ein Grundstück des Kindes (b in Bild 2)

Bild 1

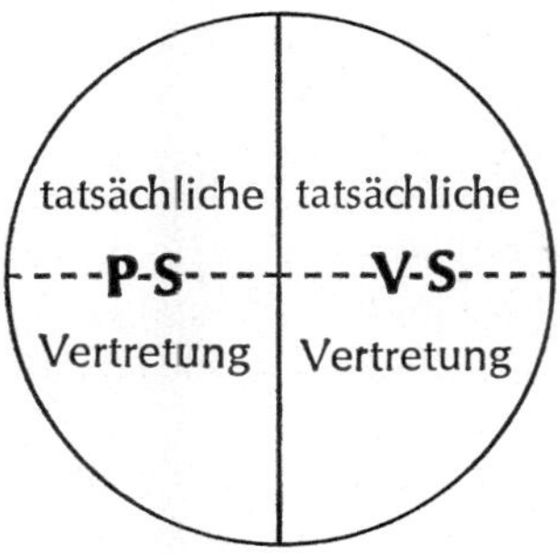

Bild 2

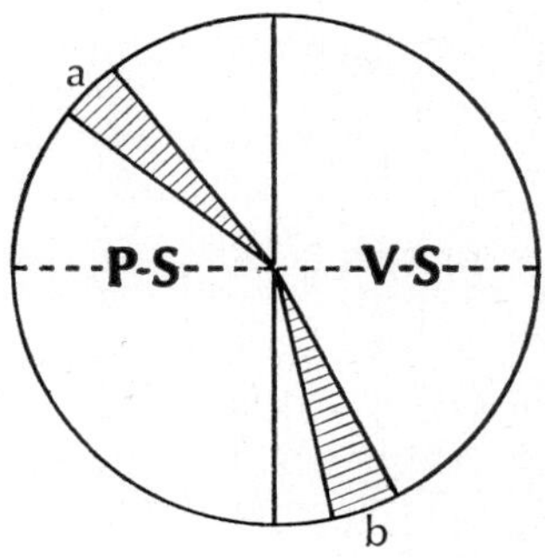

I. Vormundschaft

1. Voraussetzungen

Vormundschaft muß angeordnet werden, wenn die Eltern weder die Personensorge noch die Vermögenssorge ausüben können oder dürfen, insbesondere wenn

1. bei einem ehelichen Kind

► beide Eltern verstorben sind,

► beide Eltern die elterliche Sorge verwirkt haben oder die elterliche Sorge dem schuldlosen Elternteil nicht übertragen werden kann (§ 1679 Abs. 1 Satz 2 BGB),

► beiden Eltern die volle elterliche Sorge entzogen worden ist (§§ 1666, 1667 BGB),

► die elterliche Sorge beider Elternteile ruht (§§ 1673, 1751 Abs. 1 BGB),

► nach Scheidung der Eltern keinem Elternteil die elterliche Sorge übertragen werden kann (§ 1671 Abs. 5 BGB),

► oder wenn bei einem Elternteil einer der Gründe und bei dem anderen Elternteil ein anderer vorliegt,

2. bei einem nichtehelichen Kind

► die Mutter bei Geburt des Kindes oder bei erfolgreicher Anfechtung der Ehelichkeit noch minderjährig ist (§ 1673 Abs. 2 BGB),

► die Mutter die elterliche Sorge nicht mehr ausüben kann oder darf (Tod, mangelnde Geschäftsfähigkeit, Ruhen, Verwirkung, Entzug),

3. bei einem Findelkind

► der Familienstand nicht zu ermitteln ist (§ 1773 Abs. 2 BGB).

2. Arten der Vormundschaft

Grundsätzlich soll die Vormundschaft von einer einzelnen Person geführt werden. Jeder Deutsche, der zum Vormund fähig und tauglich ist (vgl. §§ 1780–1784 BGB) und den das Vormundschaftsgericht auswählt (vgl. § 1779 BGB), ist verpflichtet, die Vormundschaft zu übernehmen und kann durch Festsetzung von Zwangsgeldern dazu gezwungen werden (§§ 1785–1788 BGB).
Diese Einzelvormundschaft ist heute leider die Ausnahme, da sich nicht genügend geeignete Personen finden lassen, die bereit sind, eine Vormundschaft zu übernehmen und eine erzwungene Vormundschaft nicht im Interesse des Kindes liegt. Als Ersatz haben sich Amtsvormundschaft und Vereinsvormundschaft entwickelt.
Die Amtsvormundschaft des Jugendamtes gibt es in zwei Formen: Gesetzliche (= kraft Gesetzes eintretende) Amtsvormundschaft ist beschränkt auf die Fälle, in denen ein nichteheliches oder ein zur Adoption vorgesehenes Kind einen Vormund benötigen (§§ 1751 Abs. 1 Satz 2, 1791 c BGB, § 41 JWG). Unter bestellter (= kraft vormundschaftsgerichtlicher Bestellung eintretender) Amtsvormundschaft versteht man die Fälle, in denen das Jugendamt mangels einer als Einzelvormund geeigneten Person zum Vormund bestellt wird (§ 1791 b BGB, § 45 JWG). Das Jugendamt kann die Bestellung nicht ablehnen.
Die Vereinsvormundschaft ermöglicht die Übernahme von Vormundschaften durch rechtsfähige Vereine, die sich der Jugendarbeit widmen und vom Landesjugendamt für geeignet erklärt worden sind (§ 1791 a BGB, § 53 JWG). Ein Verein darf nur mit seiner Einwilligung zum Vormund bestellt werden.
Amtsvormundschaft und Vereinsvormundschaft sind nachrangig. Sie sind aufzuheben, wenn eine als Einzelvormund geeignete Person gefunden ist (§ 1887 BGB, § 39 a JWG). So wie das Jugendamt die Führung der Vormundschaften oder Pflegschaften seinen Beamten oder Angestellten überträgt (§ 37 Satz 2 JWG), bedient sich bei der Vereinsvormundschaft der Verein seiner Mitglieder (§ 1791 a Abs. 3 BGB).
Grundsätzlich soll für ein Mündel oder für Geschwister nur ein Vormund bestellt werden (§ 1775 BGB). Es können aber mehrere Vormünder gemeinschaftlich oder für bestimmte Wirkungskreise berufen werden (§ 1797 BGB). Man spricht dann von Mitvormundschaft.
Außerdem kennt das Gesetz die Gegenvormundschaft (§ 1799 BGB). Ein Gegenvormund soll (außer bei einer Amtsvormundschaft, § 38 Abs. 2 JWG) bestellt werden, wenn mit der Vormundschaft eine umfangreiche Vermögensverwaltung verbunden ist. Der Gegenvormund soll die Amtsführung des Vormunds überwachen (§§ 1792, 1799 BGB).
Eine befreite Vormundschaft liegt vor, wenn die verstorbenen Eltern den von ihnen benannten Vormund (vgl. §§ 1776, 1777 BGB) von bestimmten Beschränkungen der Vermögensverwaltung befreit haben (§ 1852 BGB). Amts- und Vereinsvormundschaft sind immer befreite Vormundschaften (§ 1857 a BGB, § 38 Abs. 3 JWG).

3. Begründung und Ende

Eine Vormundschaft wird begründet entweder kraft Gesetzes (nur bei nichtehelichen Kindern, § 41 JWG, und bei Kindern, deren Eltern die Einwilligung zu ihrer Adoption erteilt haben, § 1751 Abs. 1 Satz 2 BGB) oder durch Bestellung (§ 1789 BGB). Der Einzelvormund wird vom Vormundschaftsgericht „zu treuer und gewissenhafter Führung der Vormundschaft" verpflichtet und erhält eine Bestallungsurkunde als Ausweis (§§ 1789, 1790, 1791 BGB).
Die Vormundschaft über Minderjährige endet entweder kraft Gesetzes bei Wegfall der Voraussetzungen des § 1773 BGB, also etwa Volljährigkeit des Mündels oder Erwerb (z. B. durch Volljährigkeit der Mutter eines nichtehelichen Kindes) oder Wiedererwerb (z. B. nach Ruhen oder Entzug) der elterlichen Sorge, oder durch Aufhebung, so bei Tod, Verschollenheit oder Todeserklärung des Mündels (§ 1884 BGB) oder bei Legitimation durch Heirat der Eltern (§ 1883 BGB). Von der Aufhebung der Vormundschaft ist die Entlassung (Entpflichtung) eines Vormundes zu unterscheiden, die nicht nur bei pflichtwidriger Amtsführung (§ 1886 BGB) oder auf eigenen Antrag aus wichtigem Grund (§ 1889 BGB) vorkommt, sondern z. B. auch dann, wenn an Stelle einer Amts- oder Vereinsvormundschaft eine Einzelvormundschaft eingerichtet werden kann (§ 1887 BGB).

4. Führung

Der Vormund soll die fehlenden Eltern vertreten. Seine Rechte und Pflichten entsprechen daher der elterlichen Sorge (§§ 1793, 1800 BGB). Er ist Inhaber der Personen- und Vermögenssorge und gesetzlicher Vertreter des Mündels.
Im Vergleich zu den Eltern unterliegt der Vormund jedoch einer weit schärferen Kontrolle durch das Vormundschaftsgericht oder den Familienrat, ein erweitertes Vormundschaftsgericht (§§ 1837 ff, 1972 BGB). Er muß jederzeit Auskunft erteilen und jährlich Rechnung legen (§§ 1819, 1840 BGB). Anders als die Eltern haftet der Vormund dem Mündel für die ordnungsmäßige Erfüllung seiner Pflichten bei jeder Form des Verschuldens (§ 1833 BGB).
Wenn Vormundschaftsrichter oder Rechtspfleger die Aufsichtspflicht verletzen, etwa nicht auf Einreichung eines Vermögensverzeichnisses (§ 1802 BGB), jährlicher Rechnungslegung (§ 1840 BGB) oder gesperrter Anlegung des Geldes (§ 1809 BGB) bestehen und dem Mündel dadurch Schaden entsteht, weil z. B. Unterschlagungen durch den Vormund ermöglicht oder erleichtert wurden, dann haftet gem. Art. 34 Satz 1 GG, § 839 BGB das Land, das bei Vorsatz oder grober Fahrlässigkeit der Verantwortlichen Rückgriff nehmen kann (Art. 34 Satz 2 GG).
Für die Vermögensverwaltung gibt das Gesetz ins einzelne gehende Vorschriften (§§ 1802–1836 BGB), die wir teilweise schon bei den Schranken der elterlichen Gewalt kennengelernt haben. Die klaren Bestimmungen bedürfen hier keiner weiteren Erläuterung.

II. Pflegschaft

Eine Pflegschaft für Minderjährige muß angeordnet werden, wenn die Eltern oder ein Vormund Personensorge oder Vermögenssorge ganz oder teilweise nicht ausüben können oder dürfen (Ergänzungspflegschaft, § 1909 BGB), insbesondere wenn

- sie das Kind in einzelnen Angelegenheiten nicht vertreten können (§§ 1629 Abs. 1 Satz 1, 1795 BGB),
- ihnen die Vertretung für einen bestimmten Kreis von Angelegenheiten entzogen worden ist (§§ 1629 Abs. 2 Satz 2, 1796 BGB, § 67 Abs. 4 JGG),
- sie ererbtes oder geschenktes Vermögen des Kindes nicht verwalten dürfen (§§ 1638, 1803 BGB),
- den Eltern die Personensorge ganz oder teilweise entzogen worden ist (§ 1666 BGB),
- den Eltern die Vermögenssorge ganz oder teilweise entzogen worden ist (§§ 1667, 1969 BGB),
- die Vermögenssorge durch Konkurs beendet ist (§ 1670 BGB),
- nach einer Scheidung der Eltern das Wohl des Kindes erfordert, daß Personen- oder Vermögenssorge auf einen Pfleger übertragen werden (§ 1671 Abs. 5 BGB),
- bei Verwirkung der elterlichen Sorge durch einen Elternteil dem schuldlosen Elternteil die elterliche Sorge nicht in vollem Umfang allein übertragen werden kann (§ 1679 Abs. 1 Satz 1 und 2 BGB).

Außerdem sind für das Jugendrecht die Ersatzpflegschaft als Vorstufe für eine Vormundschaft (§ 1909 Abs. 3 BGB) und die Pflegschaft für eine Leibesfrucht (§ 1912 BGB) von Bedeutung.
Für die Berufung des Pflegers und die Führung der Pflegschaft gelten die Vorschriften über die Vormundschaft entsprechend (§§ 1915, 1916 BGB). Über die Beendigung der Pflegschaft vgl. § 1918 BGB.

§ 16 Erbrecht des Kindes

Aus dem Erbrecht können hier neben der schon erwähnten Testierfähigkeit nur wenige Fragen in grober Übersicht behandelt werden. Auf weitere wichtige Gebiete wie Annahme und Ausschlagung der Erbschaft, Haftung des Erben, Mehrheit von Erben, Erbunwürdigkeit, Testamentsanfechtung usw. sei lediglich hingewiesen.

I. Gesetzliche Erbfolge

Man muß unterscheiden zwischen auf Testament oder Erbvertrag beruhender und gesetzlicher Erbfolge. Gesetzliche Erben eines Erblassers sind sein Ehegatte und seine Verwandten.
Zur Bestimmung der Rangfolge, in der die Verwandten erben, werden sie in Ordnungen eingeteilt.

Beispiel 1:

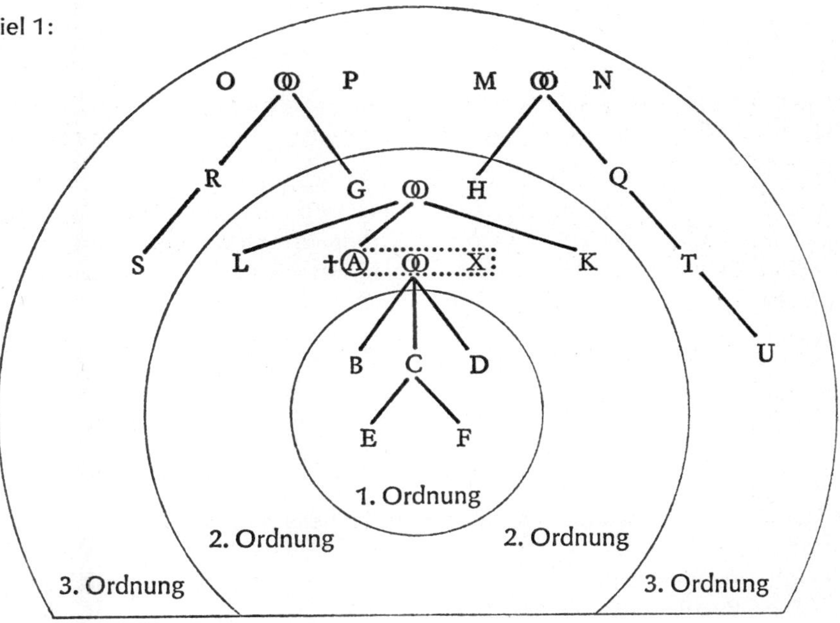

Gesetzliche Erben der ersten Ordnung des Erblassers A sind die Abkömmlinge B–F (§ 1924 Abs. 1 BGB). Gesetzliche Erben der zweiten Ordnung sind die Eltern des Erblassers G und H und deren Abkömmlinge L und K (§ 1925 Abs. 1 BGB). Gesetzliche Erben der dritten Ordnung sind die Großeltern M-P und deren Abkömmlinge Q–U (§ 1926 Abs. 1 BGB).
Die Verwandten der niedrigeren Ordnung schließen jeweils die der höheren Ordnung als Erben aus (§ 1930 BGB). Neben Kindern des Erblassers (1. Ordnung) erben also nicht dessen Eltern (2. Ordnung), neben Eltern nicht die Großeltern (3. Ordnung).
Lebende Abkömmlinge schließen die durch sie mit dem Erblasser im entfernteren Grade verwandten Abkömmlinge aus (§ 1924 Abs. 2 BGB). Im Beispiel 1 hindert das Kind C ein Erbrecht der Enkelkinder E und F.

Gleichrangige Miterben erben grundsätzlich zu gleichen Teilen (§ 1924 Abs. 4, 1925 Abs. 2, 1926 Abs. 2 BGB). Eltern oder allein noch lebende Großeltern erben aber neben anderen Erben der zweiten oder dritten Ordnung allein (§§ 1925 Abs. 2, 1926 Abs. 2 BGB).
An Stelle eines verstorbenen Abkömmlings erben dessen Abkömmlinge (Erbfolge nach Stämmen).

Beispiel 2:

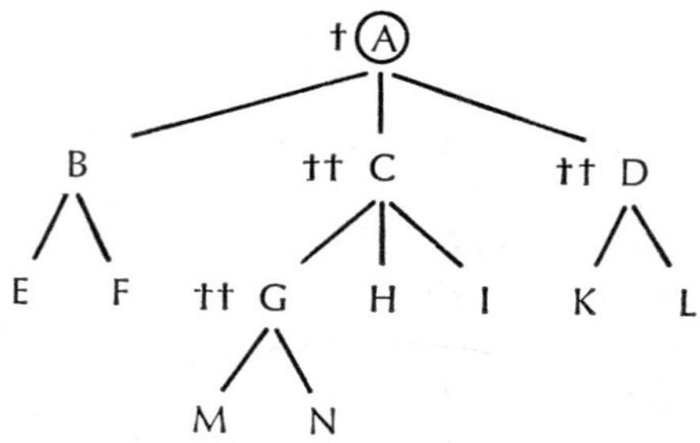

Im Beispiel 2 schließt B seine Kinder E und F von der Erbfolge aus. Die Anteile der Stämme C und D, der vorverstorbenen Kinder des A, gehen auf die Abkömmlinge von C und D.

Das Erbrecht eines überlebenden Ehegatten hängt von der Rangordnung der Miterben ab. Neben Verwandten der ersten Ordnung erbt der Ehegatte grundsätzlich 1/4 (§ 1931 Abs. 1 BGB). Außerdem hat er Anspruch auf den Hausrat und die Hochzeitsgeschenke (§ 1932 BGB).

Beispiel 3:

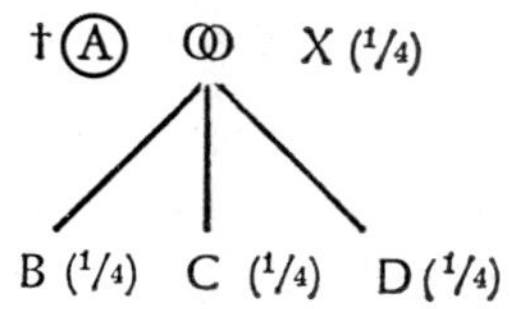

Neben Verwandten der zweiten Ordnung oder Großeltern erbt der Ehegatte die Hälfte (§ 1931 Abs. 1 BGB).
Bei einem Zusammentreffen mit Verwandten höherer Ordnungen erbt der überlebende Ehegatte allein (§ 1931 Abs. 2 BGB).
Der Erbteil von Ehegatten, die im gesetzlichen Güterstand der Zugewinngemeinschaft gelebt, also keinen besonderen Güterstand wie z. B. Gütertrennung vereinbart haben, erhöht sich zum Ausgleich des Zugewinns um 1/4 (§ 1371 Abs. 1 BGB).

Beispiel 4:

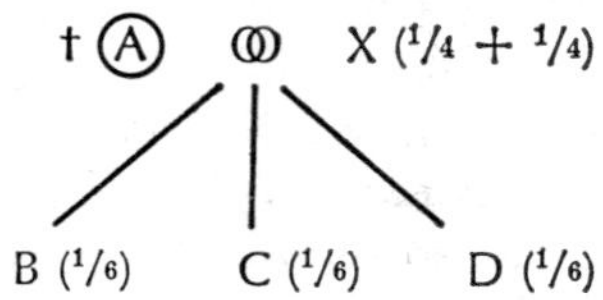

Im Normalfall ergeben sich für das Erbrecht eines Kindes folgende Regeln:
1. Sind beide Eltern verstorben, dann erben die Kinder allein und zu gleichen Teilen.

Beispiel 5:

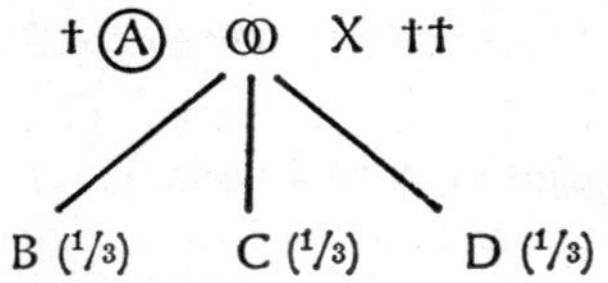

2. Wenn die Eltern keinen besonderen Güterstand vereinbart hatten, erbt ein überlebender Ehegatte 1/2, der Rest geht zu gleichen Teilen an die Kinder (Beispiel 4).
Hatten die Eltern dagegen beispielsweise Gütertrennung vereinbart, dann erben der überlebende Ehegatte 1/4 und die Kinder zusammen 3/4 (Beispiel 3).
Sofern bei Gütertrennung nur ein oder zwei Kinder vorhanden sind, erben Ehegatte und Kinder allerdings zu gleichen Teilen (§ 1931 Abs. 4 BGB).
3. Beim Tode der Großeltern erben die Enkelkinder nur dann, wenn der die Verwandtschaft vermittelnde Elternteil nicht mehr lebt. Der Anteil hängt davon ab, ob der Elternteil Geschwister hatte, ob der Ehegatte des Erblassers noch lebt und in welchem Güterstand die Großeltern lebten. War beispielsweise beim Tode des Großvaters G die Großmutter H schon verstorben, dann erben die Enkel B, C und D zusammen den Anteil des vorverstorbenen A, also je 1/9.

Beispiel 6:

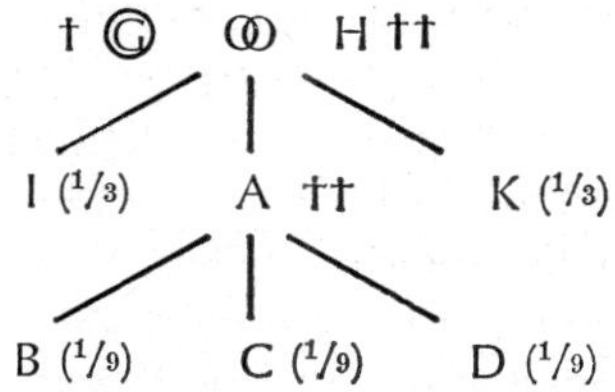

Überlebt die Großmutter, dann erben die Enkel den Anteil, den A geerbt hätte, also bei Zugewinngemeinschaft und Überleben von I und K zusammen 1/6 oder je 1/18, bei einem anderen Güterstand zusammen 1/4 oder je 1/12.

Beispiel 7 a:

Zugewinngemeinschaft der Großeltern

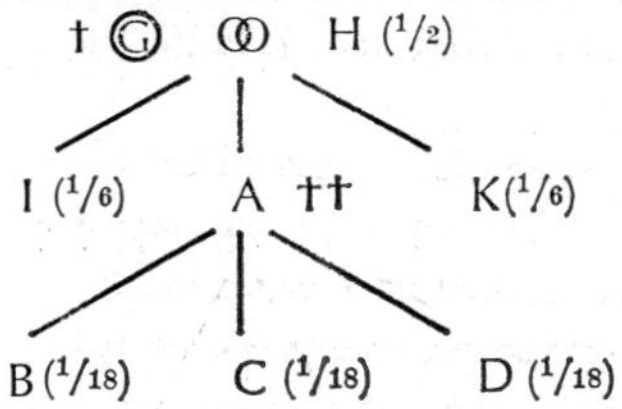

Beispiel 7 b:

Gütertrennung der Großeltern

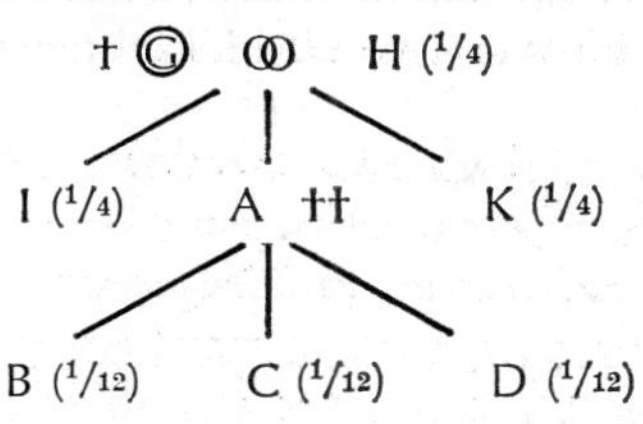

II. Pflichtteil

Abkömmlinge des Erblassers, die durch Testament von der Erbfolge ausgeschlossen (enterbt) worden sind, können den Pflichtteil verlangen (§ 2303 BGB). Er besteht in der Hälfte des gesetzlichen Erbteils. Der Pflichtteil wächst dem Berechtigten nicht wie die Erbschaft ohne weiteres zu, sondern er ist ein Geldanspruch und muß ausdrücklich geltend gemacht werden. Der Anspruch verjährt in drei Jahren (§ 2332 BGB). Ein Erblasser kann seinen Abkömmling nicht nur enterben, sondern bei bestimmten schweren Verfehlungen auch den Pflichtteil entziehen (§ 2333 BGB).

III. Besonderheiten für das nichteheliche Kind

Beim Erbrecht des nichtehelichen Kindes ist zu unterscheiden zwischen der Erbfolge nach der Mutter und deren Verwandten und der Erbfolge nach dem Vater und dessen Verwandten. Die Erbfolge nach der Mutter richtet sich nach den allgemeinen Vorschriften.

Für die Erbfolge nach dem Vater und den väterlichen Verwandten gelten zwei Besonderheiten. Das beruht darauf, daß bis zum Nichtehelichengesetz 1970 das nichteheliche Kind nach seinem Vater und den väterlichen Verwandten überhaupt nicht erbberechtigt war, da beide als nicht verwandt galten (§ 1589 Abs. 2 a. F. BGB). Der Gesetzgeber hat sich nicht entschließen können, bei Beseitigung dieses Unrechts eheliche und nichteheliche Kinder völlig gleichzustellen.

Ein nichteheliches Kind hat dann nur einen Erbersatzanspruch in Höhe des Wertes des gesetzlichen Erbteils, wenn es zusammen mit ehelichen Geschwistern oder der Ehefrau des Erblassers erbt (§ 1934 a Abs. 1 BGB). Die Regelung soll Spannungen zwischen der Familie des Vaters und dem nichtehelichen Kind vermeiden. Zur Rechtfertigung wird vornehmlich auf drohende Auseinandersetzungen in einem Familienunternehmen hingewiesen.

Durch den Erbersatzanspruch wird das nichteheliche Kind aus der Erbengemeinschaft ausgeschlossen. Es muß den Geldanspruch gegen die Erben geltend machen. Der Erbersatzanspruch ähnelt – abgesehen von der Höhe – dem Pflichtteilsanspruch. Er verjährt in drei Jahren (§ 1934 b Abs. 2 BGB).

Beispiel 8:

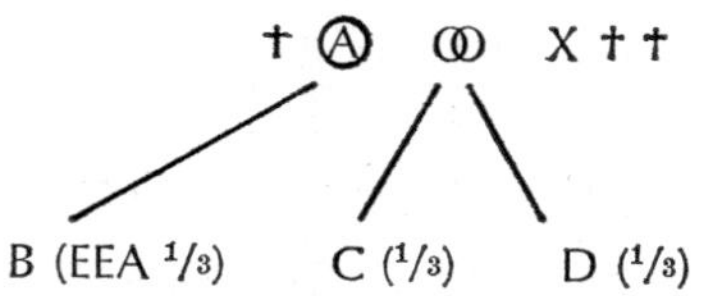

Im Beispiel 8 erwirbt das nichteheliche Kind B neben seinen Halbgeschwistern C und D einen Erbersatzanspruch (EEA) im Werte von $^{1}/_{3}$ der Erbmasse.

Beispiel 9:

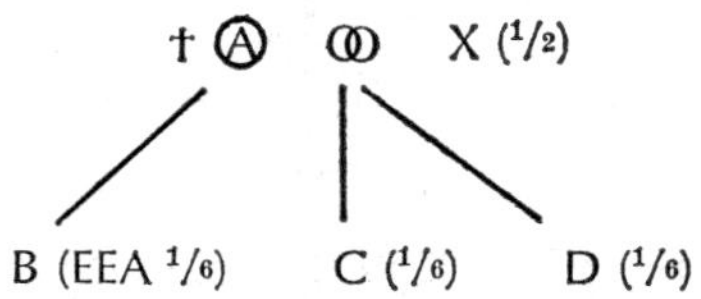

Im Beispiel 9 beträgt der Erbersatzanspruch bei Zugewinngemeinschaft der Eheleute A und X $^{1}/_{6}$, sonst $^{1}/_{4}$.
Diese Sonderregelung gilt aber nur, wenn ein nichteheliches Kind mit ehelichen Kindern oder der Ehefrau des Erblassers zusammentrifft. In anderen Fällen gilt die normale gesetzliche Erbfolge.

Beispiel 10:

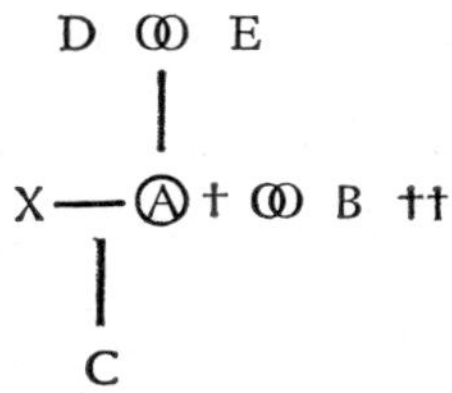

Hier beerbt das nichteheliche Kind C seinen Vater A alleine, da dessen Ehefrau B vorverstorben ist und keine ehelichen Geschwister vorhanden sind. Die Eltern des Erblassers sind nach § 1930 BGB von der Erbfolge ausgeschlossen.

Neben dem Erbersatzanspruch hat das Nichtehelichengesetz 1970 für das nichteheliche Kind eine seltsame Neuerung gebracht: Das Kind kann zwischen dem 21. und 27. Lebensjahr vom Vater als Abfindung seines zu erwartenden Erbteils einen vorzeitigen Erbausgleich verlangen (§ 1934 d BGB). Der Anspruch beträgt grundsätzlich das Dreifache des letzten vollen Jahresunterhalts, mindestens das Einfache, höchstens das Zwölffache dieses Satzes. Man wollte die Benachteiligung des nichtehelichen Kindes durch eine „Starthilfe" bei Gründung einer Existenz ausgleichen. Tatsächlich kann die Regelung zu einer kaum gerechtfertigten Bevorzugung des nichtehelichen Kindes führen. Ein nichteheliches Kind in einfacher Lebensstellung hätte nach dem derzeitigen Regelbedarfssatz einen Anspruch in Höhe von 8532,– DM (237,– DM × 12 Monate × 3 Jahre). Das ist ein Erbteil, mit dem das vergleichbare eheliche Kind kaum rechnen kann, da das „Vermögen" der Eltern – abgesehen von nicht vererbbaren Rentenansprüchen – meist nur aus Hausrat und wenigen Ersparnissen besteht.
Gegen die Regelung der §§ 1934 a und 1934 c BGB werden aus unterschiedlichen Gründen beachtliche verfassungsrechtliche Bedenken erhoben.

C: DER JUNGE MENSCH IN DER GESELLSCHAFT

Von den rechtlichen Beziehungen des jungen Menschen zur Gesellschaft sollen hier nur die beiden wichtigsten Teilbereiche dargestellt werden, nämlich die Ansprüche des jungen Menschen auf Erziehung, Ausbildung und ungestörte Entwicklung sowie die Reaktion der Gesellschaft auf Verstöße gegen ihre rechtlichen Normen. Die Rechtsstellung des Minderjährigen in der Schule, am Arbeitsplatz und im Betrieb sowie als junger Staatsbürger ist, soweit erforderlich, bereits an anderen Stellen dargestellt worden.

1. Abschnitt: Das Recht auf Erziehung, Ausbildung und ungestörte Entwicklung

1. DAS RECHT AUF ERZIEHUNG

§ 17 Jugendhilfe

I. Rechtsanspruch des Kindes auf Erziehung

Das Grundgesetz (Art. 6 Abs. 2) und das Bürgerliche Gesetzbuch (§ 1631) sprechen ebenso wie verschiedene Länderverfassungen (z. B. Art. 126 Abs. 1 VerfBay, Art. 23 Abs. 1 VerfBre, Art. 55 VerfHes, Art. 25 Abs. 1 VerfRPf, Art. 24 Abs. 1 VerfSa) ausdrücklich nur vom Erziehungsrecht und der Erziehungspflicht der Eltern. Das Recht des Kindes auf Erziehung wird nicht erwähnt. Da aber eine rechtliche Verpflichtung gegenüber einer Person diese berechtigt, Erfüllung der Verpflichtung zu beanspruchen, entspricht der Erziehungspflicht der Eltern ein Recht auf Erziehung des Kindes (Reflexrecht). Demgegenüber proklamierte § 1 Abs. 1 JWG schon 1922: „Jedes deutsche Kind hat ein Recht auf Erziehung zur leiblichen, seelischen und gesellschaftlichen Tüchtigkeit" und stellte damit erstmalig das Kind in den Mittelpunkt.

Das Kind hat danach einen Anspruch auf Erziehung auch gegen die Gesellschaft. Das wird in einigen Länderverfassungen ausdrücklich anerkannt (z. B. Art. 11 Abs. 1 VerfBaW, Art. 8 Abs. 1 VerfNRW). Das Recht auf Erziehung richtet sich also einerseits gegen die Eltern und andererseits gegen die staatliche Gemeinschaft. Die vielfach vertretene Auffassung, § 1 JWG sei nur Programmsatz und ohne unmittelbare rechtliche Wirkung, ist schon mit dem eindeutigen Wortlaut nicht vereinbar, läßt sich auch aus verfassungsrechtlichen Erwägungen nicht halten und ist jedenfalls überholt. Zwar sind die Versuche bisher gescheitert, das Jugendhilferecht zu reformieren und in § 1 des zukünftigen Jugendhilfegesetzes den Anspruch des Kindes eindeutig festzulegen. Die Rechtslage ist aber durch § 8 des Sozialgesetzbuches vom 11. 12. 1975 klargestellt, in dem es heißt: „Jeder junge Mensch hat zur Entfaltung seiner Persönlichkeit ein Recht auf Erziehung. Dieses Recht wird von der Jugendhilfe durch Angebote zur allgemeinen

Förderung der Jugend und der Familienerziehung und, soweit es nicht von den Eltern verwirklicht wird, durch erzieherische Hilfe gewährleistet."

Der privatrechtliche Anspruch des Kindes gegen seine Eltern oder gegen andere Erziehungsberechtigte ist allerdings nicht unmittelbar mit gerichtlicher Hilfe durchsetzbar. Das scheitert einmal daran, daß dem Anspruch die für eine Klage nötige Bestimmtheit und Bestimmbarkeit fehlen. Erziehung ist ein mehrdeutiger, vorwiegend pädagogisch und gesellschaftspolitisch geprägter Begriff. Auswahl und Durchsetzung der Erziehungsziele ist zum anderen verfassungsmäßig gesichertes ausschließliches Recht der Eltern. Daher darf ihnen kein Gericht eine bestimmte Art und Weise der Erziehung oder bestimmte erzieherische Maßnahmen vorschreiben. Der Staat ist darauf beschränkt, die Erziehung der Kinder durch ihre Eltern zu überwachen (Art. 6 Abs. 2 Satz 2 GG). Er darf nur dann in das Elternrecht eingreifen und die Eltern so mittelbar zu einer dem Erziehungsziel des § 1 Abs. 1 JWG gerecht werdenden Erziehung zwingen, wenn die Familie den Erziehungsanspruch des Kindes nicht erfüllt (§ 1 Abs. 3 JWG), insbesondere wenn „die Erziehungsberechtigten versagen oder die Kinder aus anderen Gründen zu verwahrlosen drohen" (Art. 6 Abs. 3 GG) oder wenn die Eltern ihr Erziehungsrecht mißbrauchen (§ 1666 BGB, vgl. auch § 170 d StGB). Dann liegt es aber nicht im Ermessen der Behörden und Gerichte, ob sie helfend und schützend eingreifen. Das Kind hat vielmehr Anspruch auf den Schutz des Staates und ein subjektiv-öffentliches Recht auf Jugendhilfe nach Maßgabe des Jugendwohlfahrtsgesetzes (§ 1 Abs. 3 JWG) sowie der anderen Gesetze, die Vorschriften über Jugendhilfe enthalten. Das Bundesverfassungsgericht hat dazu ausgeführt: „Der Staat ist nicht nur berechtigt, sondern auch verpflichtet, die Pflege und Erziehung der Kinder sicherzustellen. Das ergibt sich in erster Linie daraus, daß das Kind als Grundrechtsträger selbst Anspruch auf den Schutz des Staates hat. Das Kind ist ein Wesen mit eigener Menschenwürde und dem eigenen Recht auf Entfaltung seiner Persönlichkeit."

Die Ansprüche auf die im Jugendwohlfahrtsgesetz und anderen Gesetzen vorgesehenen Hilfen können vor den Verwaltungsgerichten eingeklagt werden. Für jugendfürsorgerische Maßnahmen wie Gewährung von Erziehungsbeistandschaft oder Freiwillige Erziehungshilfe, Übernahme und Führung der Amtspflegschaft, Durchführung der Jugendgerichtshilfe usw. ist das nicht weiter problematisch und wohl unstreitig. Die Rechtslage ist etwa vergleichbar mit der Durchsetzung von Ansprüchen auf Sozialhilfe oder Ausbildungsförderung. Fraglich kann nur sein, ob und in welchem Umfang nicht so eindeutig bestimmte Maßnahmen der Jugendhilfe wie Erziehungsberatung, Hilfe durch Besuch eines Kindergartens, Möglichkeiten zum Besuch eines Hauses der offenen Tür oder zur Teilnahme an einem Ferienlager gerichtlich erzwungen werden können. Eine Grenze wird sicherlich dadurch gesetzt, daß die Verwaltungsgerichte den Gemeinden und Ländern keine bestimmte Verwendung der freien Haushaltsmittel vorschreiben und so die Schaffung fehlender Einrichtungen durchsetzen können, die nicht zwingend vorgeschrieben sind. Ein Anspruch auf Errichtung und Durchführung von bestimmten Freizeithilfen (§ 5 Abs. 1 Nr. 6 JWG) besteht daher wohl nicht. Andererseits ist sicher, daß ein Recht auf ergänzende Erziehung ohne sachliche Gründe nicht verweigert werden darf, wenn in geeigneten Einrichtungen oder bei Veranstaltungen Plätze frei sind. Es kann auch kaum noch zweifelhaft sein, daß auf Zuweisung eines Platzes in einem Kindergarten oder Gewährung von Erziehungsberatung (§ 5 Abs. 1 Nr. 1 und 3 JWG) geklagt werden kann.

Die Neuregelung des Jugendhilferechts wird diese streitigen Fragen klären. In § 7 des Diskussionsentwurfes heißt es: „Auf Erziehungshilfe besteht ein Rechtsanspruch, soweit dieses Gesetz bestimmt, daß Hilfe zu gewähren ist." Der Entwurf konkretisiert die Ansprüche auf bestimmte Einrichtungen, indem er den öffentlichen Träger der Jugendhilfe ausdrücklich eine allgemeine Gewährleistungspflicht hinsichtlich „Planung, Förderung, Errichtung und den Betrieb der zur Durchführung dieses Gesetzes erforderlichen Einrichtungen und Veranstaltungen" auferlegt und so eine Einrichtungsgarantie schafft (§ 13 Abs. 1 JHGDiskE), die für die einzelnen Aufgabengebiete näher ausgestaltet Gemeinden und Ländern keine bestimmte Verwendung der freien Haushaltsmittel wird (vgl. §§ 29, 37, 41, 46, 59 JHGDiskE). Auch in den beiden Referentenentwürfen eines Jugendhilfegesetzes wird Kindern und Jugendlichen ein „Rechtsanspruch auf Jugendhilfe" nach Maßgabe des Gesetzes zugebilligt und die Ansprüche auf bestimmte Hilfen durch Gewährleistungspflichten der Träger der Jugendhilfe gesichert (§§ 17, 30, 39, 46, 54, 66 JHGRefE 74, § 5 Abs. 3 JHGRefE 77). Daraus ergibt sich ein subjektiv-öffentliches Recht des Bürgers, daß die Gemeinden beispielsweise Kindergärten und Kinderheime einrichten und betreiben, soweit das zur bedarfsgerechten Durchführung einer wirksamen Jugendhilfe erforderlich ist.

II. Nachrang der öffentlichen Jugendhilfe

Jugendhilfe ist neben Elternhaus, Schule und Berufsausbildung sowie den Kirchen ein selbständiger Erziehungsträger.

Vorrang vor jeder öffentlichen Erziehung hat aber die Erziehung durch die Eltern und die Familie des Kindes. Öffentliche Jugendhilfe soll die in der Familie begonnene Erziehung unterstützen und ergänzen (§ 3 Abs. 1 Satz 1 JWG). Dabei ist die von den Eltern bestimmte Grundrichtung der Erziehung zu beachten, soweit sie nicht dem über dem Elternrecht stehenden Wohl des Kindes widerspricht. Die öffentliche Jugendhilfe darf daher keine eigenen religiösen, weltanschaulichen oder politischen Erziehungsziele verfolgen. Sie hat vielmehr bei allen Maßnahmen die Zusammenarbeit mit den Personensorgeberechtigten anzustreben und auf deren Wünsche bei der Gestaltung der Hilfen weitestmöglich einzugehen (§§ 3 Abs. 2 und 3, 5 Abs. 3 Satz 3 JWG). Man bezeichnet diesen Grundsatz als Subsidiarität (Nachrangigkeit) der Jugendhilfe.

Zunehmend setzt sich jedoch die Erkenntnis durch, daß die Familie den Anspruch des Kindes auf Erziehung allein nicht erfüllen kann. Das gilt jedenfalls dann, wenn man – wie der 3. Jugendbericht – den Rechtsanspruch auf Erziehung als Recht auf qualifizierte Ausbildung und als Recht auf eine zur aktiven Teilhabe an gesellschaftlichen Prozessen befähigende Erziehung begreift. Jugendhilfe hat daher nicht nur Garantiefunktion bei Erziehungsnotständen, sondern eine eigenständige Aufgabe, die familiäre Erziehung zu ergänzen.

Die Schule hat gem. Art. 7 GG ein eigenes Recht zur Erziehung, das dem elterlichen Erziehungsrecht nicht nachgeordnet, sondern gleichgeordnet ist. Das Recht ist nicht auf Wissensvermittlung beschränkt, sondern beinhaltet den Auftrag, das einzelne Kind zu einem selbstverantwortlichen Mitglied der Gesellschaft zu erziehen. Dabei kann die Schule unabhängig von den Eltern eigene Ziele verfolgen. Die Erziehung ist somit gemeinsame Aufgabe von Eltern und Schule.

Subsidiarität = Gegenteil von Priorität (Vorrangigkeit)

Das Recht der Kirchen zur Erziehung ist in einigen Länderverfassungen hervorgehoben (z. B. Art. 12 Abs. 2 VerfBaW, Art. 127 VerfBay). Es ist jedoch auf den religiösen Bereich beschränkt und nicht nur gegenüber dem elterlichen Erziehungsrecht nachrangig, sondern von ihm abhängig. Gegen den Willen der Eltern kann es nicht ausgeübt werden. Im übrigen haben die Kirchen als Erziehungsträger eine doppelte Funktion: Sie sind einmal selbständige Erziehungsträger im religiösen Bereich; zum anderen nehmen sie als freie Träger der Jugendhilfe an der Erziehungsaufgabe der Jugendhilfe teil.

Die Aufgabenbereiche der verschiedenen Erziehungsträger lassen sich nicht genau gegeneinander abgrenzen und überschneiden sich. Das Zusammenwirken kann man mit Hilfe von Kreisen schematisch darstellen.

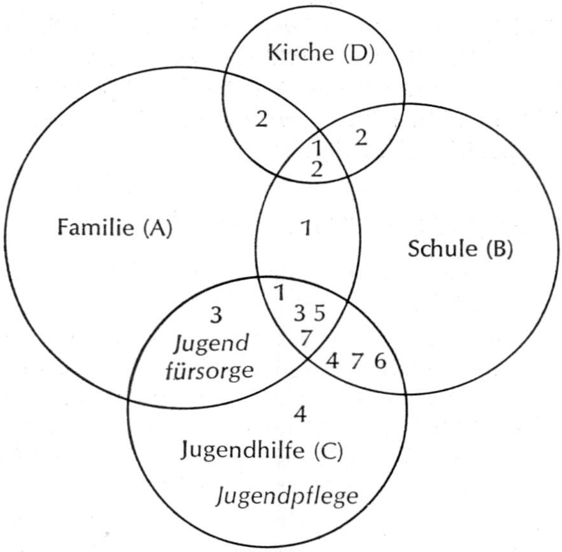

Der Kreis der elterlichen und familiären Erziehung (A) berührt zunächst den Bereich der von Schule und Ausbildung (B) abgedeckt wird. Als Beispiele überschneidender Aufgaben seien im allgemeinen die Vermittlung von Wertvorstellungen und Methoden der Verhaltenssteuerung (Sozialisation) oder im besonderen die Sexualerziehung angeführt (Abschnitte 1). Im Bereich der religiösen Erziehung treffen sich Familie und Kirche (D) einerseits (allgemeine religiöse Erziehung) und Kirche und Schule (Religionsunterricht) andererseits (Abschnitte 2). Zahlreich sind die Überschneidungen der elterlichen Erziehung und der Jugendhilfe (C). Viele Maßnahmen der Jugendfürsorge sollen unzureichende oder mißlungene elterliche Erziehung unterstützen oder ersetzen. Das gilt vornehmlich für die Erziehungshilfen, den Jugendschutz oder Teile der Vormundschaftshilfe (Abschnitte 3). Andere Gebiete der Jugendhilfe wollen die elterliche Erziehung ergänzen und in Bereichen eingreifen, die von den Eltern und der Familie nicht abgedeckt werden können. Das betrifft vor allem die Aufgabenfelder der Jugendpflege (Abschnitt 4). Als Beispiel kann man die vorschulische oder außerschulische Erziehung in Kindergärten oder Horten, die Jugenderholung oder Freizeithilfen nennen. Berührungen zwischen Schule und Jugendhilfe ergeben sich etwa bei der außerfamiliären Erziehung schulpflichtiger Kinder (Abschnitt 5), ferner in der Jugendpflege, beispielsweise bei der außerschulischen Jugendbildung (Abschnitt 6) oder der Jugendberufshilfe (Abschnitt 7).

III. Jugendpflege und Jugendfürsorge

Das Jugendwohlfahrtsgesetz faßt die außerhalb von Familie, Schule und Berufsausbildung organisierten erzieherischen Aktivitäten unter dem Oberbegriff Jugendhilfe zusammen. Das Gesetz versteht darunter im weiteren Sinne alle Maßnahmen, die das Wohl der Jugend fördern, nicht nur Hilfen nach dem Jugendwohlfahrtsgesetz, sondern auch nach anderen gesetzlichen Bestimmungen (z. B. BGB, JGG, BSHG, gesetzlicher Jugendschutz). In einem engeren Sinne ist Jugendhilfe die dem Wohl der jungen Menschen verpflichtete Hilfe zur Erziehung und Bildung zu einer gesunden Entwicklung und Entfaltung seiner Persönlichkeit. Man kann sie auch als Sozialisationshilfe bezeichnen. Jugendhilfe ist das Arbeitsgebiet der Sozialpädagogik.

Nach § 3 JHGRefE 74 umfaßt Jugendhilfe

1. allgemeine Hilfen für Kinder,
2. allgemeine Förderung junger Menschen,
3. Förderung der Erziehung in der Familie,
4. Hilfen in Pflegestellen und Heimen,
5. Hilfen bei Gefährdung oder Störung der Entwicklung,
6. Vormundschaftshilfe,
7. Jugendgerichtshilfe,
8. Schutz von Kindern und Jugendlichen,
9. Fort- und Weiterbildung sowie Forschung.

Jugendhilfe gliedert sich in die Bereiche Jugendpflege und Jugendfürsorge. Jugendpflege erstrebt die allgemeine Förderung einer gesunden Lebensgestaltung und Entwicklung der Jugend durch aufbauende Arbeit mit der Jugend. Man kann Jugendpflege als vorbeugende Jugendhilfe oder persönlichkeitsbildende Jugendarbeit bezeichnen, weil sie versucht, die guten Anlagen und Kräfte der Jugend zu stärken und so vorbeugende Gefahrenabwehr betreibt. Neuerdings wird Jugendpflege auch als (offene) Jugendarbeit bezeichnet. Eine umfassende Beschreibung der Jugendpflege enthalten die §§ 24 Abs. 1 und 25 Abs. 1 JHGDiskE:

> Der Förderung der Jugend dienen alle Hilfen, die geeignet sind, junge Menschen generell zu befähigen, ihre körperlichen, geistigen und seelischen Kräfte zu entfalten und sich zu selbstbestimmten Persönlichkeiten zu entwickeln, die in der Lage sind, ihre Stellung in Familie, Beruf, Staat und Gesellschaft auszufüllen, ihre Interessen wahrzunehmen, sich solidarisch zu verhalten und am wirtschaftlichen, sozialen und politischen Leben verantwortlich mitzuwirken (Hilfen zur Jugendarbeit).
>
> Zu den Hilfen zur Jugendarbeit gehören:
>
> 1. die Förderung von Aktivitäten junger Menschen, insbesondere in Jugendclubs, Neigungs- und Initiativgruppen, Jugendverbänden, Jugendringen und Jugendgemeinschaftsdiensten;
> 2. die Förderung der Vorbereitung junger Menschen auf Partnerschaft, Ehe und Familie, die Rechte und Pflichten als Bürger und das verantwortliche Verhalten als Verbraucher;
> 3. Angebote in allen Einrichtungen, die der Jugendhilfe dienen, insbesondere aber in Informations- und Beratungsstellen, Bildungs- und Begegnungsstätten, Spiel-, Sport- und Erholungsstätten;

4. Veranstaltungen der politischen, kulturellen, sozialen und sportlichen Jugendbildung, zur Unterstützung und Ergänzung der Schul- und Berufsausbildung sowie der internationalen Jugendbegegnung.

In § 31 JHGRefE 74 wird dieser Bereich als außerschulische Jugendbildung bezeichnet. Sie soll insbesondere umfassen:

1. politische Bildung,
2. internationale Begegnung,
3. kulturelle Bildung,
4. naturwissenschaftlich-technische Bildung,
5. soziales Engagement,
6. Geselligkeit, Spiel, Sport und Erholung,
7. Ausgleich sozialer Benachteiligung.

Unter Jugendfürsorge versteht man die schützenden und heilenden Hilfen für Kinder und Jugendliche in schwierigen Lebenslagen. In § 26 Abs. 1 JHGDiskE wird die Jugendfürsorge als „besondere Förderung" bezeichnet und gesagt:

> Besonderer Förderung bedürfen junge Menschen, die auf Grund ihrer Lebensumstände zur Wahrung der Chancengleichheit in erhöhtem Maß auf Hilfe angewiesen sind. Das gilt insbesondere für junge Menschen aus sozialen Brennpunkten, junge Zuwanderer und Spätaussiedler, junge Ausländer und berufsunreife junge Menschen.

Als Aufgaben der besonderen Förderung behandelt der Diskussionsentwurf allgemeine Erziehungshilfen (§§ 61 ff. JHGDiskE, u. a. Erziehungshilfe in sonstigen Tageseinrichtungen, in einer Pflegefamilie oder in Heimen), Hilfen für unvollständige Familien (§§ 38 ff. JHGDiskE), Erziehungshilfe für behinderte junge Menschen (§§ 42 ff. JHG-DiskE), Erziehungshilfen bei Gefährdung oder Störung der Entwicklung (§§ 47 ff. JHGDiskE, offene oder halboffene Erziehungshilfe, Auferlegung besonderer Pflichten, Erziehungskurse, Erziehungsbeistand, Erziehungshilfe außerhalb des Elternhauses in einer anderen Familie oder Einrichtungen, nämlich Heimen, Wohngemeinschaften oder dem sozial-therapeutischen Jugendzentrum), den Schutz von Minderjährigen außerhalb des Elternhauses (§§ 63 ff. JHGDiskE) sowie die Vormundschafts- und Jugendgerichtshilfe (§§ 71 ff. JHGDiskE).

Die Referentenentwürfe bezeichnen demgegenüber den gleichen Aufgabenbereich als „besondere Leistungen der Jugendhilfe" (§§ 47 ff. JHGRefE 74) oder „familienergänzende Hilfe zur Erziehung" (§§ 35 ff. JHGRefE 77).

Die Reform des Jugendhilferechts will somit die Begriffe Jugendfürsorge und Jugendpflege aufgeben, weil der Ausdruck Jugendfürsorge als diskriminierend empfunden wird. Sachlich bringt das jedoch keine Änderung.

Die Grenze zwischen Jugendpflege und Jugendfürsorge ist fließend. Es lassen sich jedoch einige Unterschiede erkennen: Jugendpflege will die Gesamtheit der Jugend oder eine unbestimmte, möglichst große Zahl von Jugendlichen erfassen; Jugendfürsorge will dem einzelnen gefährdeten oder geschädigten Minderjährigen helfen, sie ist Einzelfallhilfe. Jugendpflege setzt freiwillige Beteiligung und Mitarbeit der Jugend voraus; Jugendfürsorge kann mit Eingriffen in die Rechte des jungen Menschen und seiner Eltern verbunden sein (z. B. Fürsorgeerziehung), die notfalls erzwungen werden können.

Die in § 4 JWG aufgezählten Aufgaben der Jugendhilfe gehören zur Jugendfürsorge, während die in § 5 Abs. 1 JWG aufgezählten Einrichtungen und Veranstaltungen zumeist in den Bereich der Jugendpflege fallen.

IV. Jugendhilfe und Sozialhilfe

Die Abgrenzung der Einzelfallhilfen nach § 6 Abs. 2 i.V.m. §§ 4 oder 5 Abs. 1 JWG von Maßnahmen der Sozialhilfe bereitet der Praxis gelegentlich Schwierigkeiten. Vornehmlich geht es um folgende Aufgaben:

- Hilfe zum Lebensunterhalt, § 6 Abs. 2 JWG – §§ 11 ff. BSHG,
- Beratung, § 5 Abs. 1 Nr. 2 JWG – §§ 8 Abs. 2, 72 Abs. 1 BSHG,
- Mutterhilfe, § 5 Abs. 1 Nr. 2 JWG – § 38 BSHG,
- Unterbringung von Minderjährigen außerhalb des Elternhauses, § 5 Abs. 1 Nr. 3 und 8 JWG, §§ 27 ff. JWG – § 71 BSHG,
- Ausbildungshilfen, § 6 Abs. 3 JWG – §§ 31 ff. BSHG,
- Krankenhilfe für Minderjährige, § 5 Abs. 1 Nr. 2 und 4 JWG – § 37 BSHG,
- vorbeugende Gesundheitshilfe, § 5 Abs. 1 Nr. 5 JWG – § 36 BSHG.

Die zuständigen Landesminister haben versucht, die Fragen durch Verwaltungsvorschriften zu regeln. Die Träger der Sozialhilfe und der öffentlichen Jugendhilfe haben in einer „Fürsorgerechtsvereinbarung" die Entscheidung über Streitigkeiten zwischen den verschiedenen Trägern besonderen Spruchstellen für Fürsorgestreitigkeiten übertragen.

In Zweifelsfällen ist darauf abzustellen, ob die Maßnahme mehr erzieherische oder mehr unterstützende, aus allgemeiner Not oder in besonderen Lebenslagen helfende Zwecke verfolgt. Das Bundesverwaltungsgericht hat klargestellt, daß wirtschaftliche Hilfe im Rahmen der Jugendhilfe kein eigenständiger Leistungstatbestand ist, sondern nur im Gefolge erzieherischer Hilfen in Betracht kommt. Wenn Hilfen ausschließlich zur Sicherung des notwendigen Lebensunterhaltes eines Kindes erforderlich wird, kann sie nicht als wirtschaftliche Jugendhilfe vom Jugendamt, sondern nur als Sozialhilfe vom Sozialamt gewährt werden. Nach § 5 Abs. 2 JHGRefE 74 eines Jugendhilfegesetzes sollen die Leistungen der Jugendhilfe den Leistungen nach dem Bundessozialhilfegesetz vorgehen, mit Ausnahme der Eingliederungshilfe für Behinderte (§§ 39–47 BSHG) und der Hilfe zur Weiterführung des Haushalts (§ 70 BSHG).

V. Kosten der Jugendhilfe

Die durch die öffentliche Jugendhilfe entstehenden Kosten fallen dem zuständigen öffentlichen Träger der Jugendhilfe zur Last, also der kreisfreien Stadt, dem Landkreis oder dem Land. Die öffentlichen Träger stellen die erforderlichen Mittel aus ihren Einnahmen (insbesondere Steuern und Abgaben) in ihren Haushaltsplänen bereit, teilweise in besonderen Jugendhilfeplänen.

Die freien Träger der Jugendhilfe (vgl. § 18 II) können ihre Kosten nur teilweise aus Mitgliederbeiträgen, Spenden, Bußen oder Erträgen aus ihrem Vermögen (Eigenleistung) aufbringen und sind deshalb auf staatliche Förderung angewiesen. Auf diese Förderung haben freie Träger der Jugendhilfe nach § 7 JWG (vgl. auch § 15 JHGDiskE, § 13 JHGRefE 74, § 99 JHGRefE 77) einen Rechtsanspruch, wenn sie gem. § 9 JWG als förderungswürdig anerkannt sind, ihre Überprüfung also ergeben hat, daß sie eine den Zielen des Grundgesetzes förderliche Arbeit leisten und die Gewähr für eine sachgerechte, zweckentsprechende und wirtschaftliche Verwendung der staatlichen Mittel bieten. Die vom öffentlichen Träger für die gesamte Jugendarbeit in seinem Bereich bewilligten Mittel werden vom Jugendwohlfahrtsausschuß verteilt (§ 15 Satz 2 JWG). Dabei sind gleichartige Maßnahmen mehrerer freier Träger (z. B. Heime der teiloffenen Tür) oder gleichartige Maßnahmen der freien und der öffentlichen Jugendhilfe (z. B. Stadtranderholung) unter Berücksichtigung der Eigenleistung der freien Träger nach gleichen Grundsätzen und Maßstäben zu fördern (§ 8 Abs. 2 und 3 JWG).

Soweit freie Träger Aufgaben übernehmen, die ihnen von den Jugendämtern übertragen werden (§ 18 JWG), etwa Mitarbeit in der Vormundschafts-, Familiengerichts- oder Jugendgerichtshilfe, hat ihnen der öffentliche Träger die Kosten zu erstatten. Das gleiche gilt, wenn die Jugendämter zur Durchführung von Erziehungshilfen Einrichtungen von freien Trägern in Anspruch nehmen z. B. bei der Unterbringung von Kindern in Heimen oder bei außerfamiliärer Erziehung. Regelmäßig werden diese Kosten durch Pflegesätze abgegolten, die auf Grund der Kosten für den Lebensunterhalt des Kindes, für die erzieherische Betreuung sowie für die anteilige Verwaltung und Erhaltung der Einrichtung durch sogenannte Pflegesatzkommissionen zwischen den öffentlichen und freien Trägern vereinbart werden (§ 84 Abs. 1 JWG). Für die Kosten, die durch den Betrieb eines Kindergartens entstehen, gelten in einigen Ländern Sonderregelungen der Kindergartengesetze (vgl. § 20 I 2).

Der Bund und die Länder fördern die freie Jugendarbeit außerdem durch den Bundesjugendplan und Landesjugendpläne. Darin werden beträchtliche Mittel (z. B. Bund: 1977 fast 186 Mill. DM, 1978 rund 235 Mill. DM, NRW: 1978 fast 229 Mill. DM) für einzelne Maßnahmen oder Programme, aber auch zur Unterstützung der laufenden Aufgaben der freien Träger zur Verfügung stellt.

Insgesamt wurden z. B. 1976 für Zwecke der Jugendhilfe aus öffentlichen Mitteln 3,7 Mrd. DM ausgegeben. Davon entfielen auf Kindertagesstätten 31%, Heimpflege 30%, außerfamiliäre Erziehung (FEH und FE) 14%, Familienpflege 8%, Erholungspflege 7% und sonstige Hilfen 10%. Rund 75% der Ausgaben wurden von den Jugendwohlfahrtsbehörden selbst bestritten, etwa 25% erhielten Träger der freien Jugendhilfe (914 Mill. DM) und private gewerbliche Träger (3,4 Mill. DM).

Die im Einzelfall durch Maßnahmen der Jugendhilfe entstehenden Kosten mit Ausnahme der allgemeinen Verwaltungskosten haben die Eltern oder der junge Mensch nach dem Subsidiaritätsprinzip grundsätzlich selbst zu tragen. Nur soweit ihnen nach ihren Einkommens- und Vermögensverhältnissen nicht zuzumuten ist, die Kosten ganz oder teilweise aufzubringen, werden sie von den Trägern der öffentlichen Jugendhilfe übernommen (§ 81 Abs. 1 JWG). Welcher Kostenanteil zumutbar ist, wird an Hand der entsprechend anwendbaren Bestimmungen des Bundessozialhilfegesetzes errechnet (§ 81 Abs. 1 JWG, §§ 79, 80, 82–85, 87–89 BSHG). Die meisten Länder haben allerdings von der Möglichkeit des § 81 Abs. 3 JWG Gebrauch gemacht, die hier erörterten Hilfen nach § 5 JWG unabhängig davon zu gewähren, ob dem Minderjährigen oder seinen Eltern die Aufbringung der Kosten zuzumuten ist. Die Kostenfrage ist damit kein Hindernis für die Gewährung von Maßnahmen der Jugendhilfe. So kann das Jugendamt schnell und unbürokratisch helfen und die Kostenfrage später prüfen.

Für die außerfamiliären Erziehungshilfen gilt eine Sonderregelung. Sie werden im Interesse einer unverzüglichen Hilfe unabhängig davon gewährt, ob dem Minderjährigen oder seinen Eltern zuzumuten ist, die Kosten zu erstatten und ob sie sich dazu bereit erklärt haben. Sie bleiben allerdings verpflichtet, zu den recht erheblichen Kosten beizutragen (§ 85 Abs. 1 Satz 2 JWG), und zwar mindestens in Höhe der häuslichen Ersparnis.

VI. Aufsichtspflicht in der Jugendhilfe

Die Personensorgeberechtigten können die Erfüllung ihrer gesetzlichen Aufsichtspflicht auf Dritte übertragen (§ 832 Abs. 2 BGB). Das geschieht regelmäßig, wenn Kinder in Einrichtungen der Jugendhilfe aufgenommen werden oder an Veranstaltungen der Jugendhilfe teilnehmen. Einer ausdrücklichen mündlichen oder gar schriftlichen Vereinbarung bedarf es dazu nicht, da die Aufsicht selbstverständlicher Teil einer sozialpädagogischen Betreuung von Kindern ist.

Zu beachten ist, daß der Vertrag, durch den die Aufsichtspflicht übernommen wird, zwischen den Personensorgeberechtigten und dem öffentlichen oder freien Träger der Jugendhilfe geschlossen wird. Inhaber der Aufsichtspflicht werden also beispielsweise die Kirchengemeinde als Träger eines Kindergartens und nicht die darin tätigen Erzieher oder die Stadt (nicht das Jugendamt) bei einer vom Jugendamt veranstalteten Stadtranderholung und nicht die dabei eingesetzten hauptamtlichen sozialen Fachkräfte oder freiwilligen Helfer. Der vertragliche Inhaber der Aufsichtspflicht kann sich zur Erfüllung der übernommenen Verpflichtung anderer Personen bedienen, ihnen die Führung der Aufsicht übertragen, z. B. die Kirchengemeinde den von ihr angestellten Erziehern. Die Verpflichtung und die Haftung des vertraglichen Inhabers der Aufsichtspflicht gegenüber den Eltern, dem Kind oder geschädigten Dritten bleiben durch eine solche Übertragung (Delegation) auf Erfüllungsgehilfen aber unberührt.

Der Inhaber der Aufsichtspflicht muß Personen, die er mit der Aufsicht betrauen will, sorgfältig auswählen und sie daraufhin überprüfen, ob sie die Gewähr für eine ordnungsgemäße Erfüllung der Verpflichtung bieten und nicht überfordert sind. Eine Übertragung der Aufsicht auf Personen, die sich noch in Ausbildung befinden (Praktikanten, Erzieher im Anerkennungsjahr) ist deshalb problematisch, obwohl sie – entgegen weit verbreiteter Ansicht in der sozialen Praxis – grundsätzlich zulässig ist. Eine fehlerhafte Auswahl steht einer Verletzung der Aufsichtspflicht gleich.

Außer den Trägern der Jugendhilfe, die juristische Personen des privaten oder öffentlichen Rechts sind, können auch sog. private Träger die Aufsicht über betreute Kinder durch Vertrag übernehmen. In Betracht kommen einzelne oder Gruppen von Privatpersonen (z. B. Elterninitiativen), die sozialpädagogische Einrichtungen betreiben, oder Leiter von Jugend- oder Freizeitgruppen.

Inhalt und Umfang der Aufsichtspflicht entsprechen der elterlichen Aufsichtspflicht (vgl. § 13 III 1 Beaufsichtigung). Ein wesentlicher Unterschied zwischen Eltern und Erziehern besteht allerdings darin, daß den Eltern die Eigenarten ihrer Kinder bekannt sind, während die Erzieher außer dem Alter die für den Umfang der Aufsichtspflicht wichtigen Eigenschaften zunächst nicht kennen. Daraus ergibt sich eine Informationspflicht des Erziehers. Er hat sich bei den Sorgeberechtigten über das Kind zu erkundigen und muß jedes neue Mitglied seiner Gruppe sorgfältig auf seine Aufsichtsbedürftigkeit beobachten.

Besondere Umstände, die erhöhte Aufmerksamkeit und Sorgfalt der sozialen Fachkräfte und Helfer verlangen, sind beispielsweise Ausflüge und Besichtigungen mit Kindergartengruppen oder behinderten Kindern, Wanderungen in gefährlichem Gelände (z. B. Gebirge, Watt), Sportveranstaltungen (insbes. Schwimmen).

Die privatrechtliche Haftung wegen Verletzung der Aufsichtspflicht gem. § 832 Abs. 2 BGB trifft den Inhaber der Aufsichtspflicht, bei Einrichtungen oder Veranstaltungen der Jugendhilfe also den öffentlichen oder freien Träger. Für ihn gilt die bei der elterlichen Aufsichtspflicht dargelegte Umkehr der Beweislast, wonach der Aufsichtspflichtige bei Eintritt eines Schadens, den der Aufsichtsbedürftige verursacht hat, nachweisen muß, daß er seine Aufsichtspflicht erfüllt hat oder der Schaden auch bei gehöriger Aufsicht entstanden wäre.

Die sozialen Fachkräfte oder Helfer haften dem geschädigten Kind, Eltern oder Dritten nicht nach § 832 Abs. 2 BGB, da zwischen ihnen keine vertraglichen Beziehungen bestehen. Sie können jedoch von ihnen oder an ihrer Stelle von Trägern der gesetzlichen Kranken- und Rentenversicherung wegen einer unerlaubten Handlung gem. § 823 Abs. 1 BGB auf Schadenersatz in Anspruch genommen werden, wenn z. B. Leben, Körper, Gesundheit oder Eigentum des Geschädigten verletzt worden sind. Als Haftungsgrund und Verschulden kommen auch bei einem solchen Anspruch vorsätzliche oder fahrlässige Verletzung der Aufsichtspflicht in Betracht. Der wesentliche Unterschied zur vertraglichen Haftung besteht in der Beweislast. Bei einem Anspruch nach § 823 BGB muß der Geschädigte das Verschulden des Aufsichtspflichtigen oder dessen Erfüllungsgehilfen beweisen.

Soziale Fach- und Hilfskräfte, die als Bedienstete für Träger der Jugendhilfe arbeiten, können außerdem den Trägern oder deren Haftpflichtversicherung auf Ersatz der Aufwendungen haften (Regreß, Rückgriff). In derartigen Fällen ist allerdings die Haftung meistens auf vorsätzliche oder grob fahrlässige Verletzung der Aufsichtspflicht beschränkt. Auch hier trägt der Anspruchsteller die volle Beweislast.

Neben den erörterten Schadenersatz- oder Regreßansprüchen drohen Bediensteten der Träger der Jugendhilfe arbeits- und dienstrechtliche Auseinandersetzungen (z. B. Kündigung, Versetzung, Entzug von leitenden Funktionen, Disziplinarmaßnahmen), ferner Bestrafungen in gleicher Weise wie den Eltern (z. B. wegen fahrlässiger Körperverletzung oder fahrlässiger Tötung).

Die Gefahr, wegen Verletzung der Aufsichtspflicht auf Schadenersatz in Anspruch genommen oder in andere Verfahren verwickelt zu werden, ist insgesamt so groß, daß allen sozialpädagogischen Fach- und Hilfskräften dringend zu empfehlen ist, vor Aufnahme jeder Tätigkeit eine Berufshaftpflichtversicherung abzuschließen. Diese Versicherungen gewähren Rechtsschutz durch Übernahme der Gerichts- und Rechtsanwaltskosten bei der Abwehr von Schadenersatzansprüchen der Geschädigten oder von Regreßansprüchen und übernehmen im Rahmen der vereinbarten Deckungssumme begründete Zahlungsverpflichtungen. Sie tragen auch die Kosten eines strafrechtlichen oder arbeits- bzw. dienstrechtlichen Verfahrens.

§ 18 Organisation der Jugendhilfe

Jugendhilfe nach dem Jugendwohlfahrtsgesetz wird gewährt als öffentliche Jugendhilfe von den Trägern der öffentlichen Jugendhilfe und als freie Jugendhilfe von den Trägern der freien Jugendhilfe.

I. Öffentliche Jugendhilfe

Träger der öffentlichen Jugendhilfe sind die kreisfreien Städte oder die Landkreise und die Länder. Die kreisfreien Städte und Landkreise werden auch als örtliche Träger, die Länder als überörtliche Träger der öffentlichen Jugendhilfe bezeichnet. Sie errichten als Organe der öffentlichen Jugendhilfe Jugendwohlfahrtsbehörden auf drei Ebenen:

- das Jugendamt,
- das Landesjugendamt und
- die oberste Landesbehörde.

Eine Jugendwohlfahrtsbehörde auf Bundesebene gibt es nicht.
Öffentliche Jugendhilfe ist aber nicht nur die Arbeit der Jugendwohlfahrtsbehörden, sondern sie umfaßt alle behördlichen Maßnahmen zur Förderung der Jugendwohlfahrt (§ 2 Abs. 2 JWG). Auch das Vormundschaftsgericht, der Familienrichter, der Jugendrichter, das Gesundheitsamt, das Gewerbeaufsichtsamt, das Sozialamt, das Arbeitsamt und das Amt für Ausbildungsförderung, die Schulen und die Polizei gewähren Jugendhilfe. Sie werden in § 23 Nr. 2 JWG als „andere gesetzliche Träger der Jugendhilfe" erwähnt. Hier soll nur die Jugendhilfe nach dem Jugendwohlfahrtsgesetz behandelt werden.

1. Jugendamt

Auf örtlicher Ebene wird von jeder kreisfreien Stadt und jedem Landkreis ein Jugendamt errichtet (§ 12 Abs. 1 JWG). Außerdem können in einigen Bundesländern kreisangehörige Gemeinden mit Zustimmung der obersten Landesbehörde ein Jugendamt errichten. Zur Zeit gibt es etwa 440 Jugendämter.
Das Jugendamt ist Teil der Kommunalbehörde, bei der es errichtet ist, hat aber eine Sonderstellung. Es ist ein zweigliedriges Amt, das aus dem Jugendwohlfahrtsausschuß und der Verwaltung des Jugendamtes besteht (§ 13 Abs. 2 JWG). Beide zusammen nehmen die Aufgaben des Jugendamtes wahr (§13 Abs. 3 JWG). Nach außen treten sie als Einheit auf. Die Abgrenzung der Aufgaben und Zuständigkeiten im Innenverhältnis ordnen die §§ 15 und 16 JWG. Danach ist der Jugendwohlfahrtsausschuß beschließendes und die Verwaltung des Jugendamtes ausführendes Organ. Man kann die beiden Teile des Jugendamtes vergleichen mit dem Parlament und der Regierung eines Landes.
Der Jugendwohlfahrtsausschuß ist kein Unterausschuß der politischen Vertretungskörperschaft (Stadtrat, Stadtverordnetenversammlung, Kreistag), sondern ein kommunaler Ausschuß eigener Art. Er legt die Grundrichtung der Jugendarbeit im örtlichen Bereich fest, erläßt Richtlinien und befaßt sich anregend, fördernd und koordinierend mit allen Angelegenheiten der Jugendhilfe. Meist beschränkt er sich auf grundsätzliche oder besonders wichtige Fragen.

Das Beschlußrecht des Jugendwohlfahrtsausschusses ist begrenzt. Es besteht nach § 15 Satz 2 JWG nur

- im Rahmen der Mittel, die die Vertretungskörperschaft für die Aufgaben der Jugendhilfe im Haushalt bereit gestellt hat,
- nach Maßgabe der von der Vertretungskörperschaft erlassenen Satzung des Jugendamtes und
- im Rahmen der Beschlüsse, die die Vertretungskörperschaft in Angelegenheiten der Jugendhilfe gefaßt hat.

Der Ausschuß kann also beispielsweise dann nicht die Einrichtung eines weiteren Kindergartens beschließen, wenn ein Beschluß des Gemeindeparlaments entgegensteht, wenn der Haushaltsplan dafür keine Mittel vorsieht oder diese erschöpft sind. Die Einflußnahme des Jugendwohlfahrtsausschusses auf die Beschlüsse der Vertretungskörperschaft in Angelegenheiten der Jugendhilfe ist durch die Zusammensetzung des Ausschusses und durch ein Anhörungs- und Antragsrecht gesichert (§ 15 Satz 3 JWG).

Die Zusammensetzung des Jugendwohlfahrtsausschusses ist ausführlich in § 14 JWG geregelt. Sie soll eine möglichst breite Mitarbeit aller Kreise gewährleisten, die sich mit Jugendarbeit befassen. Dem Ausschuß gehören stimmberechtigte und beratende Mitglieder an. Stimmberechtigt sind die Mitglieder der Vertretungskörperschaft (Ratsherren) und die von ihr nach eigenem Ermessen oder auf Vorschlag der beteiligten freien Träger (Bürgerschaftsvertreter) gewählten Mitglieder (§ 14 Abs. 1 Nr. 1 und 2 JWG) und – je nach Landesrecht – der Leiter der Verwaltung der Gebietskörperschaft (Oberstadtdirektor, Oberbürgermeister, Oberkreisdirektor, Landrat) und der Leiter der Verwaltung des Jugendamtes (§ 14 Abs. 1 Nr. 3 und 4 JWG). Die übrigen Mitglieder, also ein Arzt des Gesundheitsamtes, je ein Vertreter der Kirchen und ein Vormundschafts- oder Familien- oder Jugendrichter sind nicht stimmberechtigt. Die Zahl der Mitglieder ist von Land zu Land verschieden. In Nordrhein-Westfalen ist sie auf höchstens 15 festgesetzt. Der Einfluß der wichtigsten freien Träger der Jugendhilfe, nämlich der freien Vereinigungen und der Jugendverbände, wird dadurch gesichert, daß $^2/_5$ der stimmberechtigten Mitglieder des Ausschusses auf ihren Vorschlag zu wählen sind (§ 14 Abs. 1 Nr. 2 Satz 2 JWG).

Die Verwaltung des Jugendamtes, deren Leiter Fachkenntnisse und besondere Eignung für die Jugendhilfe haben muß (§ 16 Abs. 2 JWG), erledigt die laufenden Geschäfte, und zwar nach Maßgabe der Satzung des Jugendamtes und der Beschlüsse, die die Vertretungskörperschaft und der Jugendwohlfahrtsausschuß hierzu gefaßt haben (§ 16 Abs. 1 JWG). Außerdem hat die Verwaltung die Beschlüsse des Jugendwohlfahrtsausschusses auszuführen.

Die wesentlichen Aufgaben des Jugendamtes sind in den §§ 4, 5, 7, 8, 9, 10 und 23 JWG festgelegt. Weitere Aufgabenzuweisungen finden sich in anderen Gesetzen (z. B. BGB, JGG, Jugendschutzgesetze, Adoptionsvermittlungsgesetz).

Man kann die Aufgaben nach dem Jugendwohlfahrtsgesetz in zwei Gruppen gliedern. Einmal handelt es sich um unbedingte Pflichtaufgaben, die auf jeden Fall (unbedingt) wahrgenommen werden müssen, und zwar grundsätzlich vom Jugendamt selbst (Grundsatz der Ausschließlichkeit). Die andere Gruppe bilden die bedingten Pflichtaufgaben, die das Jugendamt nur unter der Bedingung wahrzunehmen hat, daß keine

ausreichenden geeigneten Einrichtungen und Veranstaltungen der freien Träger zur Verfügung stehen.
Der Aufbau des Gesetzes stellt die fürsorgerischen Maßnahmen des § 4 JWG in den Vordergrund. Diese Betonung wird noch dadurch verstärkt, daß die überwiegende Zahl der Vorschriften des Gesetzes (vgl. §§ 27–79, 85–88 JWG) die drei ersten Aufgaben des Pflichtenkataloges näher regelt. Tatsächlich nehmen diese auch in der Praxis den größten Teil der Arbeitskraft der Jugendämter in Anspruch, so daß die anderen Aufgaben häufig zurückstehen müssen. Neben den noch zu erörternden Einzelhilfen nach § 4 JWG (vgl. § 19) gehören zu den unbedingten Pflichtaufgaben des Jugendamtes

- die Anregung, Koordinierung und Förderung von Einrichtungen und Veranstaltungen der Jugendwohlfahrt (§ 5 Abs. 1 Satz 1, Abs. 3 Satz 1 JWG),
- die Anregung und Förderung der Träger der freien Jugendhilfe (§ 5 Abs. 2 und 3 Satz 1, §§ 7–9 JWG),
- die Amtshilfe und die Zusammenarbeit mit den anderen gesetzlichen Trägern der Jugendhilfe (§§ 10 und 23 Nr. 2 JWG),
- die Fortbildung der Mitarbeiter der Jugendhilfe (§ 23 Nr. 3 JWG),
- die Öffentlichkeitsarbeit (§ 23 Nr. 1 JWG),
- die Adoptionsvermittlung (§ 2 Abs. 1 AdVermG),
- der Vorschlag der Jugendschöffen (§ 35 JGG),
- Maßnahmen zum Schutz der Jugend in der Öffentlichkeit (§ 12 JSchÖG),
- Mitwirkung im Jugendarbeitsschutz (z. B. § 6 Abs. 2 JArbSchG).

Die bedingten Pflichtaufgaben betreffen vornehmlich den Bereich der Jugendpflege. Sie sind in § 5 Abs. 1 JWG beispielhaft aufgeführt und sollen später behandelt werden (vgl. § 20).

2. Landesjugendamt

Auf überörtlicher Ebene sind 17 Landesjugendämter errichtet. Da nach § 89 JWG die Länder bestimmen, welche Behörden die dem Landesjugendamt übertragenen Aufgaben wahrnehmen, gibt es von Land zu Land sehr unterschiedliche organisatorische Regelungen. Ein Teil der Länder hat die Landesjugendämter Ministerien angegliedert (Bayern, Berlin, Bremen, Hamburg, Saarland). Andere Länder haben die Landesjugendämter als besondere staatliche oder kommunale Landesbehörden errichtet (Baden-Württemberg, Hessen, Rheinland-Pfalz, Schleswig-Holstein). In Nordrhein-Westfalen sind sie der überregionalen kommunalen Selbstverwaltung bei den Landschaftsverbänden Rheinland und Westfalen-Lippe zugeordnet. Mehrere Landesjugendämter gibt es in Baden-Württemberg, Niedersachsen und Nordrhein-Westfalen. Wegen der Einzelheiten wird auf das folgende Schaubild hingewiesen, das dem 3. Jugendbericht entnommen ist.
Auch das Landesjugendamt ist eine zweigliedrige Behörde und besteht aus dem Landesjugendwohlfahrtsausschuß und der Verwaltung des Landesjugendamtes (§ 21 Abs. 1 JWG). Die Aufgabenverteilung entspricht der für das Jugendamt geltenden Regelung. Der Landesjugendwohlfahrtsausschuß legt als Beschlußorgan die Grundrichtung der Arbeit des Landesjugendamtes fest und entscheidet in wichtigen Fragen im

Rahmen der Satzung des Landesjugendamtes und der dem Landesjugendamt zur Verfügung gestellten Mittel (§ 21 Abs. 1 JWG). Die Verwaltung des Landesjugendamtes erledigt die laufenden Geschäfte gemäß der Satzung und den Beschlüssen des Landesjugendwohlfahrtsausschusses (§ 21 Abs. 2 JWG). Die Zusammensetzung der Mitglieder des Landesjugendwohlfahrtsausschusses ist weitgehend dem Landesrecht überlassen. Zwingend ist nur die Bestimmung, daß – wie in § 14 Abs. 1 Nr. 2 JWG – die Vertreter der Träger der freien Jugendhilfe ²/₅ der stimmberechtigten Mitglieder stellen (§ 21 Abs. 3 JWG).

Die Aufgaben des Landesjugendamtes sind vornehmlich in den §§ 19, 20, und 23 JWG aufgeführt.

Ein Aufgabenbereich umfaßt die Sicherung der gleichmäßigen Erfüllung der Aufgaben der Jugendhilfe und die Unterstützung der Träger der Jugendhilfe. Dazu dienen die Aufstellung gemeinsamer Richtlinien und anderer Maßnahmen zur Sicherung einer einheitlichen Tätigkeit der Jugendämter (§ 20 Abs. 1 Nr. 1 JWG), die Beratung der Jugendämter und die Vermittlung des Erfahrungsaustausches (§ 21 Abs. 1 Nr. 2 JWG), Hilfen bei der Schaffung gemeinsamer Veranstaltungen (z. B. Fortbildungslehrgänge, vgl. auch § 23 Nr. 3 JWG) und gemeinsamer Einrichtungen (z. B. Waisenheime, Betreuungsstätten für geistig und körperlich behinderte Jugendliche) für mehrere Jugendämter (§ 21 Abs. 1 Nr. 3 JWG), die Mitwirkung bei der Unterbringung Minderjähriger in Lehrlingsheimen, Jugendwohnheimen und ähnlichen Einrichtungen, die sich auf die Fürsorge für gefährdete und verwahrloste Minderjährige beziehen (§ 20 Abs. 1 Nr. 5, 72 JWG), die Vermittlung von Anregungen für die freie Jugendhilfe, die Förderung der Träger der freien Jugendhilfe und die Förderung der Zusammenarbeit zwischen den einzelnen Trägern der Jugendhilfe (§§ 20 Abs. 1 Nr. 7, 23 Nr. 2 JWG).

Ein anderer Aufgabenbereich betrifft die Ausführung des außerfamiliären Erziehungshilfen sowie die Heimaufsicht (§ 20 Abs. 1 Nr. 6 und 7 JWG). Diese Aufgaben gehören zur Jugendfürsorge und werden gesondert behandelt (vgl. § 19 II und IV 4).

Das Landesjugendamt ist nicht vorgesetzte Behörde der Jugendämter in seinem Bezirk. Die Kontrolle, ob die Jugendämter das geltende Recht nicht verletzen (Rechtsaufsicht im Gegensatz zur weitergehenden Fachaufsicht), obliegt den kommunalen Aufsichtsbehörden (Regierungspräsident, Bezirksregierung, Senat).

3. *Oberste Landesbehörde*

Die dritte Art der Jugendwohlfahrtsbehörden bilden die 11 obersten Landesbehörden, die in allen Ländern Teil von Ministerien sind (vgl. Schaubild S. 179). Sie sind eingliedrig organisiert. Es gibt also bei ihnen kein dem Jugendwohlfahrtsausschuß entsprechendes Gremium.

Die oberste Landesbehörde soll auf Landesebene die Bestrebungen der Jugendhilfe unterstützen (z. B. durch den Landesjugendplan), Erfahrungen vermitteln und solche überregionalen Einrichtungen und Veranstaltungen anregen und fördern, die die örtlichen Möglichkeiten der Jugendämter und Landesjugendämter übersteigen (§ 22 JWG). Die oberste Landesbehörde ist keine dem Landesjugendamt vorgesetzte Behörde.

Die Organisation der Landesjugendämter und der obersten Landesbehörden

Öffentliche und freie Jugendhilfe

	öffentliche Jugendhilfe	freie Jugendhilfe
Träger	1. kreisfreie Städte, Landkreise 2. Länder	1. freie Vereinigungen 2. Jugendverbände 3. juristische Personen 4. Kirchen
Organe	1. Jugendämter 2. Landesjugendämter 3. Oberste Landesbehörden	z. B. Verein: 1. Mitgliederversammlung 2. Vorstand 3. (evtl.) Beirat
Mitarbeiter	1. soziale Fachkräfte (Sozialarbeiter, Sozialpädagogen u. a.) 2. Verwaltungskräfte	1. soziale Fachkräfte 2. Verwaltungskräfte 3. Laienhelfer

Organe der öffentlichen Jugendhilfe

Behörde	Organisation	Aufgaben gemeinsame	Aufgaben besondere
Jugendamt	1. Verwaltung 2. Jugendwohlfahrtsausschuß	§§ 4–10, 23 JWG	§ 16 JWG § 15 JWG
Landesjugendamt	1. Verwaltung 2. Landesjugendwohlfahrtsausschuß	§§ 20, 23, 72 JWG	§ 21 II JWG § 21 I JWG
Oberste Landesbehörde	Verwaltung	§§ 22, 23 JWG	

4. *Bundesregierung und Bundesjugendkuratorium*

Die wenigen dem Bund eingeräumten Aufgaben auf dem Gebiet der Jugendhilfe werden von der Bundesregierung wahrgenommen, die sie dem Ministerium für Jugend, Familie und Gesundheit zugewiesen hat. Die Möglichkeiten des Bundes beschränken sich neben der Gesetzgebung auf dem Gebiet der Jugendhilfe auf die Anregung und Förderung von Bestrebungen grundsätzlicher und überregionaler Bedeutung, die von den Jugendwohlfahrtsbehörden der Länder nicht allein wahrgenommen werden können.

Zur Beratung der Bundesregierung in grundsätzlichen Fragen (z. B. Jugendgesetzgebung, Aufstellung des Bundesjugendplanes) ist ein Bundesjugendkuratorium errichtet (§ 26 JWG), dessen Mitglieder vom Bundesminister für Jugend, Familie und Gesundheit unter angemessener Berücksichtigung aller Bereiche der Jugendhilfe berufen werden.

Mit dem Bundesjugendkuratorium darf nicht verwechselt werden die von der Bundesregierung beauftragte Kommission, die in jeder Legislaturperiode einen Jugendbericht ausarbeitet (§ 25 Abs. 2 und 3 JWG). Die ersten drei Jugendberichte sind in den Jahren 1965, 1968 und 1972 veröffentlicht worden.

II. Freie Jugendhilfe

Der Staat kann die vielfältigen Aufgaben auf dem Gebiet der Jugendhilfe aus organisatorischen, finanziellen und anderen Gründen nicht ausreichend erfüllen. Er ist auf die Mitarbeit von Wohlfahrtsverbänden Kirchen und sonstigen Gemeinschaften angewiesen, die traditionell auf dem Gebiet der Jugendhilfe tätig sind. Die nichtstaatlichen Organisationen, die sich um die Jugendwohlfahrt bemühen, werden als Träger der freien Jugendhilfe bezeichnet. Sie haben ein eigenständiges Recht auf Betätigung in allen Bereichen der Jugendhilfe (vgl. „Jugendwohlfahrt" in § 7 JWG). In der Übernahme und Gestaltung der von ihnen nach ihrem jeweiligen Selbstverständnis geleisteten Jugendarbeit sind sie völlig frei. Sie sind keine Erfüllungsgehilfen der Jugendwohlfahrtsbehörden. Diese haben die Selbständigkeit der freien Träger zu wahren (§ 7 JWG).

Die Träger der freien Jugendhilfe dürfen nur dann staatliche Unterstützung erhalten, wenn sie im Sinne von § 9 JWG öffentlich anerkannt sind. Für das Verfahren und die Grundsätze der Anerkennung gilt Landesrecht. Eine Rechtsverordnung nach § 9 Abs. 2 JWG ist bisher nicht erlassen worden.

In § 5 Abs. 4 JWG werden vier Gruppen von Vereinigungen als Träger der freien Jugendhilfe bezeichnet.

1. Freie Vereinigungen der Jugendhilfe

Am wichtigsten sind die freien Vereinigungen der Jugendhilfe (oder Jugendwohlfahrt), die zumeist in den sechs Spitzenverbänden (Deutscher Caritasverband, Diakonisches Werk [Innere Mission und Hilfswerk der ev. Kirche], Arbeiterwohlfahrt, Deutsches Rotes Kreuz, Deutscher Paritätischer Wohlfahrtsverband, Zentralwohlfahrtsstelle der Juden in Deutschland) zusammengeschlossen sind und die insgesamt in der Bundesarbeitsgemeinschaft der freien Wohlfahrtspflege zusammenarbeiten. Die einzelnen örtlichen Vereinigungen sind regelmäßig als eingetragener Verein organisiert und somit rechtlich selbständig. Die freien Vereinigungen der Jugendhilfe leisten mit den Kirchen einen ganz wesentlichen Teil der Jugendarbeit und unterhalten die überwiegende Zahl der Einrichtungen der Jugendpflege und Jugendfürsorge. Sie betreiben beispielsweise 85% der Heime für Mutter und Kind, 62% der Kinderheime, 72% der Erziehungsheime, 75% der Kindergärten 53% der Kinderhorte, mehr als 53% der Erziehungsberatungsstellen und fast 50% der Ausbildungsstätten für soziale Berufe. Die freien Vereinigungen der Wohlfahrtspflege beschäftigen mehr als 500 000 hauptamtliche Mitarbeiter und gehören damit zu den größten Arbeitgebern in der Bundesrepublik Deutschland. Insgesamt betreiben sie fast 60 000 Einrichtungen. Die Zahl der für sie tätigen ehrenamtlichen Helfer liegt bei etwa 2 Millionen. Von den rund 250 000 Beschäftigten im Bereich der Jugendhilfe sind 64% von Trägern der freien Jugendhilfe angestellt. Die freien Vereinigungen der Jugendhilfe nehmen in weitem Umfang auch rein öffentliche Aufgaben wahr, die ihnen vom Jugendamt übertragen werden können (vgl. § 18 JWG). So führen sie vielfach im Auftrage der Jugendämter die Ermittlungen für die Vormundschaftsgerichtshilfe und die Jugendgerichtshilfe durch und verfassen die Berichte. Außerdem lassen die Landesjugendämter häufig in Heimen der freien Vereinigungen außerfamiliäre Erziehung durchführen.

2. Jugendverbände

An zweiter Stelle sind Jugendgemeinschaften und Jugendverbände genannt (§ 5 Abs. 4 Nr. 2 JWG). Ihre große Bedeutung liegt auf dem Gebiet der Jugendpflege (insbes. Freizeithilfen, politische, kulturelle und sportliche Bildung). Jugendgemeinschaften sind Vereinigungen und Gruppen (oft in loser organisatorischer Form) im örtlichen Bereich; Jugendverbände sind die Zusammenschlüsse der organisierten Jugend, die meist in Ringen (Stadt-, Kreis-, Landes- und Bundesjugendring) oder Dachverbänden zusammenarbeiten. Nach der Zahl der Mitglieder sind die größten Jugendverbände die Sportjugend, die Evangelische Jugend, die Katholische Jugend und die Gewerkschaftsjugend. Die Jugendgemeinschaften und Jugendverbände sind regelmäßig nicht in Form eines eingetragenen Vereins oder einer anderen juristischen Person organisiert und daher nicht rechtsfähig.

3. Juristische Personen der Jugendhilfe

Zu den Trägern der freien Jugendhilfe zählen ferner die juristischen Personen (insbesondere eingetragene Vereine und Stiftungen), deren Zweck es ist, die Jugendwohlfahrt zu fördern (§ 5 Abs. 4 Nr. 3 JWG). Hierher gehören einmal die Verbände, die sich um die Fortentwicklung des Jugendrechts und der Jugendhilfe bemühen, insbesondere die Arbeitsgemeinschaft für Jugendhilfe, der Deutsche Verein für öffentliche und private Fürsorge, die Deutsche Vereinigung für Jugendgerichte und Jugendgerichtshilfen, die Aktion Jugendschutz, das Deutsche Jugendinstitut, das Deutsche Institut für Vormundschaftswesen. Außerdem sind die Träger zu erwähnen, die einzelne Einrichtungen der Jugendhilfe betreiben (z. B. Heime) oder sich um einzelne Gebiete bemühen (z. B. Jugendherbergswerk).

4. Kirchen

Schließlich führt das Gesetz die Kirchen und Religionsgesellschaften auf. Der größte Teil ihrer Aktivitäten ist in besonderen Wohlfahrtsverbänden (Innere Mission, Caritasverband) organisiert. Es gibt aber noch bedeutende Einrichtungen und Veranstaltungen, die unmittelbar von den Kirchen getragen werden (z. B. Heime der offenen Tür, Kindergärten).

III. Zusammenarbeit zwischen öffentlicher und freier Jugendhilfe

Die historisch gewachsene Zweispurigkeit der öffentlichen und der freien Jugendhilfe erfordert eine Regelung der Zusammenarbeit, damit zum Wohl der Jugend der größtmögliche Erfolg erzielt und ein Gegeneinander oder eine Zersplitterung der Kräfte und Mittel vermieden wird. Das Jugendwohlfahrtsgesetz behandelt das Verhältnis der verschiedenen Träger der öffentlichen und freien Jugendhilfe in den §§ 5 Abs. 1–3, 7, 8, 9, 14 und 18 JWG.

Das Jugendamt hat die eigenverantwortliche Arbeit der freien Träger anzuregen, zu fördern und zu unterstützen (§ 5 Abs. 1 und 2, §§ 7 und 8 JWG). Es hat eigene Aktivitäten zurückzustellen, wenn freie Träger die Aufgaben bereits ausreichend wahrnehmen oder nach Aus- oder Aufbau geeigneter Einrichtungen oder Veranstaltungen übernehmen können (§ 5 Abs. 3 Satz 2 JWG). Früher herrschte Streit über die Bedeutung dieser Vorschrift. Das Bundesverfassungsgericht hat entschieden, daß damit den freien Trägern kein Vorrang vor der öffentlichen Jugendhilfe eingeräumt ist (Ablehnung des sog. Subsidiaritätsprinzips). Vielmehr sollen unter der Gesamtverantwortung der Gemeinden als Träger der öffentlichen Jugendhilfe eine partnerschaftliche Zusammenarbeit und ein geordneter Einsatz aller verfügbaren Mittel und Kräfte der öffentlichen und freien Jugendhilfe erreicht werden.

Das Bundesverfassungsgericht hat ausgeführt:

Das Jugendamt muß zunächst prüfen, welche Einrichtungen und Veranstaltungen für die Wohlfahrt der Jugend nach den örtlichen Verhältnissen e r f o r d e r l i c h sind und ob sie a u s r e i c h e n d zur Verfügung stehen. Das Jugendamt soll aber nur dann selbst Einrichtungen schaffen und Veranstaltungen vorsehen, wenn seine Anregungen und Förderungsmaßnahmen bei den Trägern der freien Jugendhilfe nicht zum Ziel führen; letzteres ist auch dann der Fall, wenn der freie Träger keine angemessene Eigenleistung aufbringen kann oder wenn die Einrichtung des freien Trägers deshalb für die örtlichen Bedürfnisse nicht als ausreichend angesehen werden kann, weil sie z. B. von einem Bekenntnis geprägt ist, dem in der Gemeinde nur eine Minderheit angehört. Es kann aber nicht angenommen werden, daß ein Gesetz, das öffentliche und private Jugendhilfe zu sinnvoller Zusammenarbeit zusammenführen will, die Gemeinden und Gemeindeverbände als Träger der Jugendämter durch die Vorschrift des § 5 Abs. 3 Satz 2 JWG zwingen will, bereits vorhandene öffentliche Einrichtungen zu schließen. Wo geeignete Einrichtungen der Jugendämter ausreichend zur Verfügung stehen, kann von ihnen weder eine Förderung neuer Einrichtungen der Träger der freien Jugendhilfe verlangt werden noch eine Schließung bereits vorhandener öffentlicher Einrichtungen zugunsten freier Einrichtungen, die erst noch neu geschaffen werden müßten. Derselbe Grundsatz des sinnvollen Einsatzes finanzieller Mittel und der Zusammenarbeit verbietet es aber auch, von den Gemeinden zu verlangen, daß sie von einem mit bescheidenen Mitteln möglichen Ausbau vorhandener eigener Einrichtungen absehen und statt dessen mit erheblich höherem Aufwand die Schaffung einer neuen Einrichtung eines Trägers der freien Jugendhilfe fördern. Umgekehrt soll das Jugendamt dort, wo g e e i g n e t e Einrichtungen der Träger der freien Jugendhilfe bereits vorhanden sind, die schon allein gewährleisten, daß die für die Wohlfahrt der Jugend e r f o r d e r l i c h e n Einrichtungen a u s r e i c h e n d zur Verfügung stehen, keine Mittel für die Schaffung eigener Einrichtungen einsetzen, sondern vielmehr seine Mittel für die Förderung der freien Einrichtungen verwenden (§ 5 Abs. 1, § 7, § 8 JWG). Mit der Verwendung der unbestimmten Rechtsbegriffe „erforderlich", „ausreichend" und „geeignet" will der Gesetzgeber sicherstellen, daß Einrichtungen und Veranstaltungen für die Wohlfahrt der Jugend in einer den jeweiligen örtlichen Gegebenheiten angepaßten Weise und unter wirtschaftlich sinnvollem Einsatz öffentlicher und privater Mittel bereitgestellt werden. Die Gesamtverantwortung dafür, daß dieses Ziel des Gesetzes erreicht wird, trägt nach § 5 Abs. 1 JWG das Jugendamt.

Das Gremium, in dem die für ein „planvolles Ineinandergreifen aller Organe und Einrichtungen der öffentlichen und freien Jugendhilfe" (§ 7 JWG) nötigen Entscheidungen getroffen werden, ist der Jugendwohlfahrtsausschuß, in dem die freien Vereinigungen der Jugendhilfe und die Vertreter der Jugendverbände $^2/_5$ der stimmberechtigten Mitglieder stellen und schon deswegen einen ganz wesentlichen Einfluß auf die gesamte Jugendarbeit und die Verteilung der zur Verfügung stehenden Mittel haben. Der Streit über das sog. Subsidiaritätsprinzip im Verhältnis öffentlicher und freier Träger der Jugendhilfe ist auch durch die Praxis überholt, die zu Recht in § 10 JHGRefE 74 als „partnerschaftliche und mitverantwortliche Zusammenarbeit" bezeichnet wird.

§ 19 Jugendfürsorge

Von den in den §§ 5 und 20 Abs. 1 Nr. 6 und 8 JWG aufgezählten Aufgaben aus dem Bereich der Jugendfürsorge sind von praktischer Bedeutung nur

- der Schutz von Kindern außerhalb des Elternhauses (Pflegekinderschutz),
- die Vormundschaftshilfe,
- die Erziehungshilfe,
- die Erzieherhilfe,
- die Jugendgerichtshilfe.

Der begrifflich zur Jugendfürsorge zählende Jugendschutz hat sich verselbständigt und wird gesondert behandelt (vgl. §§ 22–26).

I. Schutz der Pflegekinder

Kinder, die außerhalb des Elternhauses aufwachsen, sind gefährdet, da von Fremden grundsätzlich nicht die Sorge erwartet werden kann, die Eltern für ihre eigenen Kinder regelmäßig aufbringen. Schwere Mißstände im Pflegekinderwesen (hohe Sterblichkeit nichtehelicher Pflegekinder, Ausbeutung der „Arbeitskraft") haben schon in der Mitte des vorigen Jahrhunderts zu ersten Schutzvorschriften geführt.

Pflegekinder sind Minderjährige unter 16 Jahren, die in einer fremden Familie (Familienpflege) oder in einem Heim (Heimpflege) aufwachsen.

1. Kinder in Familienpflege

Die Familienpflege hat große Bedeutung für Kinder, die nicht oder nicht ständig von ihren Eltern versorgt werden können. Sie ist die beste Möglichkeit, die Pflege und Erziehung durch Eltern oder Adoptiveltern zu ersetzen. Neben verstärkter Adoptionsvermittlung ist eine Förderung der Familienpflege zudem geeignet, die Zahl der Heimeinweisungen sowie die Dauer der Heimaufenthalte zu verringern und damit die bekannten Schädigungen der Kinder in Heimpflege zu vermeiden.

Die Zahl der Pflegekinder ist in den letzten Jahren ständig gesunken (1926: 251 112 (!), 1969: 92 281, 1971: 65 457, 1973: 66 570, 1975: 69 937). Abgesehen von dem Rückgang der Geburtenziffern liegt das daran, daß trotz Zunahme des sozialen Engagements immer weniger Familien bereit sind, fremde Kinder aufzunehmen und die oft besonders schwierige Erziehungsarbeit zu leisten, weil sie fürchten, sich plötzlich wieder von dem liebgewordenen Kind trennen zu müssen. Einen Schutz der Pflegeeltern gegen das Herausgabeverlangen der Personensorgeberechtigten gibt es nur in seltenen Ausnahmefällen (vgl. § 13 III 1 Herausgabeanspruch). Einige Jugendämter haben dennoch durch intensive Öffentlichkeitsarbeit überraschend viele neue Pflegefamilien gewinnen können. Dabei mag auch eine Rolle gespielt haben, daß die Pflegesätze (Unterhalt in Höhe etwa des doppelten Sozialhilferichtsatzes und Erziehungszuschlag zwischen 100 und 200 DM) in den letzten Jahren deutlich angehoben worden sind. Nur am Rande sei erwähnt, daß trotzdem die Kosten, die für ein Kind in Familienpflege entstehen, ganz erheblich niedriger liegen als die Kosten für einen Platz in einem Heim (bis zu 250,– DM täglich!). In einigen Ländern unterhalten Jugendämter oder freie Träger der Jugendhilfe besondere Pflegekinderdienste. Als neue Form erzieherischer Hilfen werden heilpädagogische (therapeutische) Pflegestellen und Tagespflege durch sog. Tagesmütter erprobt.

Als Pflegenester oder Großpflegestellen werden solche Pflegestellen bezeichnet, in denen mehrere Pflegekinder in einer Familie oder einer familienähnlichen Gemeinschaft zusammen leben. In einigen Fällen werden solche Pflegenester von Sozialpädagogen oder Erziehern geführt und können dann auch verhaltensgestörte Kinder aufnehmen, die sonst in Heimen untergebracht werden müßten (Sonderpflegestellen). Falls in einem Pflegenest mehr als 5 Kinder betreut werden, unterliegt es der Heimaufsicht.

Der Anteil der nichtehelichen Kinder an der Zahl der Pflegekinder ist in den letzten Jahren zurückgegangen. Während er 1970 noch bei zwei Drittel lag, waren 1975 etwa gleich viele nichteheliche und eheliche Kinder in Familienpflege.

Der Begriff des Pflegekindes ist für die Familienpflege in § 27 JWG bestimmt und abgegrenzt. Pflegekinder sind danach Minderjährige unter 16 Jahren, die sich dauernd oder regelmäßig für einen Teil des Tages außerhalb des Elternhauses in Familienpflege befinden und die nicht zu den in § 27 Abs. 2 JWG aufgeführten Gruppen gehören.

Dauernde Familienpflege im Sinne von § 27 Abs. 1 JWG bedeutet ganztägige Vollpflege (Pflege, Erziehung, Beaufsichtigung) in einer fremden Familie für eine unbestimmte oder längere Zeit (mehr als 6 Wochen, vgl. § 27 Abs. 2 Nr. 5 JWG). Gleichgestellt ist die Teilpflege, bei der die Kinder regelmäßig für einen bestimmten Teil des Tages oder der Nacht oder an bestimmten Tagen der Woche in fremder Obhut sind (Tagespflegestelle). Der Begriff Familienpflege ist im Gegensatz zur Heimpflege (Anstaltspflege) zu sehen. Er schließt nicht aus, daß das Kind von einer Einzelperson (Pflegeperson, vgl. § 28 Satz 1 JWG) betreut wird. Es kommt nicht darauf an, ob die Pflege unentgeltlich ist oder ob ein Pflegegeld gezahlt wird (Ausnahme: § 27 Abs. 2 Nr. 5 JWG).

Der Schutz der Pflegekinder wird auf zwei Wegen erstrebt:

- Die Pflegeperson braucht eine Erlaubnis des Jugendamtes.
- Das Pflegekind untersteht außerdem der Aufsicht des Jugendamtes.

Die Pflegeerlaubnis muß vor der Aufnahme des Kindes durch die Pflegeperson eingeholt werden (§ 28 Satz 1 JWG). Die Praxis begnügt sich oft mit nachträglicher Zustimmung, obwohl das nur für Eilfälle zulässig ist (§ 28 Satz 2 JWG). Die Erteilung oder Versagung der Erlaubnis ist ein Verwaltungsakt und kann deshalb nicht gem. § 18 JWG den Trägern der freien Jugendhilfe überlassen werden. Sie können nur die nötigen Ermittlungen übernehmen und darüber dem Jugendamt berichten.

Das Jugendamt darf die Erlaubnis nur erteilen, wenn das leibliche, geistige und seelische Wohl des Pflegekindes in der Pflegestelle gewährleistet ist (§ 29 Abs. 1 JWG). Zum leiblichen Wohl des Kindes gehören altersentsprechende Ernährung und Kleidung, gesundheitliche Betreuung des Kindes, ausreichende Wohnverhältnisse sowie Gesundheit der Pflegeeltern und der übrigen Familienangehörigen. Ein wesentlicher Gesichtspunkt sind die wirtschaftlichen Verhältnisse der Pflegeeltern. Die Mißstände früherer Zeiten beruhten insbesondere darauf, daß die Pflege fremder Kinder als Geschäft betrieben wurde. Um das zu verhindern, ist die Zahl der Pflegekinder pro Pflegestelle begrenzt, in Nordrhein-Westfalen z. B. auf fünf Kinder (§ 23 Abs. 2 AG JWG NW). Das Jugendamt hat ferner zu prüfen, ob die Pflegeperson ausreichende erzieherische Fähigkeiten besitzt und ob sie bereit und in der Lage ist, sich dem Kind hinreichend zu widmen. Schließlich muß gewährleistet sein, daß die Pflegeperson die in der Familie begonnene Erziehung des Kindes fortführt und die von den Eltern bestimmte Grundrichtung der Erziehung beachtet (§ 3 Abs. 1 Satz 1 und 2 JWG).

Im Interesse des Kindes kann die Erlaubnis befristet oder unter aufschiebenden und auflösenden Bedingungen erteilt oder mit Auflagen verbunden (§ 28 Satz 3 JWG) und jederzeit widerrufen werden, wenn das Wohl des Kindes das erfordert (§ 29 Abs. 2 JWG). Das Kind kann notfalls sofort aus der Pflegestelle entfernt und anderweitig untergebracht werden (§ 33 Abs. 1 Satz 1 JWG).

Selbst die sorgfältigste Prüfung der Verhältnisse bei Erteilung der Erlaubnis schließt eine spätere Gefährdung des Kindes nicht aus. Das Jugendamt hat daher laufend zu prüfen, ob das Wohl des Kindes weiterhin gesichert ist (§ 31 Abs. 1 JWG). Es kann die einzelnen Aufsichtsmaßnahmen, zu denen neben Wohnungsbesuchen, Gesundheitskontrollen und dergleichen auch die Beratung und Unterstützung der Pflegeeltern gehören (§ 31 Abs. 2 JWG), auf freie Vereinigungen der Jugendhilfe übertragen. In besonders günstig liegenden Fällen kann das Jugendamt von der Aufsicht widerruflich befreien (§ 31 Abs. 3 JWG).

Die weitergehende Ausgestaltung des Pflegekinderschutzes ist der Landesgesetzgebung überlassen (§§ 35, 36 JWG).

2. Kinder in Heimpflege

Nach § 79 JWG sind die Vorschriften über Pflegekinder entsprechend anzuwenden auf Kinder unter 16 Jahren, die in Heimen betreut werden oder dort Unterkunft erhalten.

Die verwirrende zeitliche Regelung (dauernd oder zeitweise, ganztägig oder für einen Teil des Tages, jedoch regelmäßig) entspricht inhaltlich der Definition des Pflegekindes in § 29 JWG. Heime sind alle Einrichtungen, die nach § 78 JWG der Heimaufsicht unterliegen, also insbesondere Säuglingsheime, Kinderheime, Jugendwohnheime, Erziehungsheime, Heime für behinderte Kinder, Krippen, Krabbelstuben, Horte, Kindergärten, Kindertagesstätten, Kindererholungsheime, Lehrlingsheime, Pflegenester.

Der Pflegekinderschutz in Heimen besteht neben der Heimaufsicht nach § 78 JWG. Während die Heimaufsicht (als institutionelle Kontrolle) sich darauf erstreckt, ob in der Einrichtung allgemein die sachlichen und personellen Voraussetzungen für das leibliche, geistige und seelische Wohl der zu betreuenden Kinder und Jugendlichen gegeben sind (§ 78 Abs. 2 Satz 1 und Abs. 3 JWG), geht es bei dem Schutz des einzelnen Heimpflegekindes um die (individuelle) Kontrolle, ob dessen persönliches Wohl gewährleistet ist (§ 29 Abs. 1 JWG).

Der Schutz der Heimpflegekinder ist Aufgabe des Landesjugendamtes, das die Jugendämter an der Aufgabe beteiligen kann (§ 79 Abs. 1 Satz 2 und 3 JWG).

Auf Grund der entsprechenden Anwendung der Bestimmungen über den Schutz der Kinder in Familienpflege müssen die Heime grundsätzlich vor jeder Aufnahme eines Minderjährigen die Pflegeerlaubnis einholen. Vor deren Erteilung hat das Landesjugendamt zu prüfen, ob das Heim für dieses Kind geeignet ist (individuelle Kontrolle). Außerdem besteht während der Unterbringung die Aufsicht entsprechend § 31 JWG. Das Landesjugendamt kann jedoch sowohl von der Erlaubnispflicht (§ 79 Abs. 2 JWG) als auch von der Aufsicht (§ 31 Abs. 3 JWG) befreien. Davon wird weitgehend Gebrauch gemacht, da die Landesjugendämter bei der Vielzahl der Einrichtungen zu der eingehenden Überwachung im Sinne der §§ 29–31 JWG nicht in der Lage sind.

II. Heimaufsicht

Die Heimaufsicht hat sich aus der Pflegekinderaufsicht in Heimen entwickelt, die allein nicht ausreichte, Mißstände zu verhindern. Sie ist, wie schon erwähnt, eine allgemeine (institutionelle) Kontrolle, die sich darauf erstreckt, ob in den Einrichtungen das leibliche, geistige und seelische Wohl der Kinder gewährleistet und deren Betreuung durch geeignete Fachkräfte gesichert ist (§ 78 Abs. 2 und 3 JWG).
Heime und andere Einrichtungen im Sinne von § 79 Abs. 1 JWG sind alle Institutionen, in denen mindestens 5 Minderjährige regelmäßig erzieherisch betreut werden oder Unterkunft erhalten (Beispiele vgl. S. 186). Der Kreis der Einrichtungen, die der Heimaufsicht unterliegen, ist somit sehr weit gefaßt. Ausdrücklich ausgenommen sind nur Einrichtungen der Jugendbildung, Freizeitstätten, Studentenheime und solche Schülerwohnheime, die der Schulaufsicht unterstehen (§ 78 Abs. 1 Satz 2 JWG). Eine weitere sinnvolle Einschränkung bereitet gelegentlich Schwierigkeiten. Nicht zu beaufsichtigen sind solche Einrichtungen, bei denen Betreuung oder Gewährung von Unterkunft nur untergeordnete Bedeutung haben. Das gilt etwa für Krankenhäuser, bei denen die Heilung, für Lehrlingswerkstätten, bei denen die Ausbildung, und für Sporteinrichtungen, bei denen die sportliche Betätigung im Vordergrund steht. Nach wohl richtiger Ansicht fallen Jugendherbergen und Fürsorgeerziehungsheime unter die Heimaufsicht. Bei den Fürsorgeerziehungsheimen tritt die institutionelle Aufsicht nach § 78 JWG neben die individuelle Aufsicht nach § 69 Abs. 3 Satz 1 JWG.
Die Heimaufsicht ist Sache des Landesjugendamtes. Auf Antrag kann den zentralen Trägern der freien Jugendhilfe die Aufsicht über die von ihren Mitgliedern betriebenen Einrichtungen übertragen werden (§ 78 Abs. 6 JWG). Bei der Aufsicht hat das Landesjugendamt die Selbständigkeit der Träger zu wahren (§ 78 Abs. 2 Satz 2, vgl. auch § 7 JWG). Diese setzen ihre Ziele selbst und bestimmen, wie sie verwirklicht werden sollen. Die Aufsichtsmaßnahmen des Landesjugendamtes umfassen neben Beratung, Empfehlung und Unterstützung (§ 20 Abs. 1 Nr. 7 JWG), die Überprüfung an Ort und Stelle (§ 78 Abs. 5 JWG), die Erteilung von Auflagen, die Androhung der Schließung und die Anregung der Schließung durch die oberste Landesbehörde (§ 78 Abs. 7 JWG). Eine zwangsweise anderweitige Unterbringung der Minderjährigen entsprechend der für Pflegekinder und Heimpflegekinder geltenden Regelung (§§ 34, 79 Abs. 1 Satz 1 JWG) ist nicht möglich. In der praktischen Bedeutung stehen Besichtigungen und Überprüfungen der Heime an Ort und Stelle im Vordergrund. Sie sind in regelmäßigen Abständen durchzuführen. Dabei sollen das örtliche Jugendamt und gegebenenfalls der zentrale Träger der freien Jugendhilfe zugezogen werden (§ 78 Abs. 5 Satz 3 JWG).

III. Vormundschaftshilfe

Die Mitwirkung im Vormundschaftswesen zählt seit jeher zu den wichtigsten und umfangreichsten Aufgaben der Jugendämter. Es handelt sich um Jugendfürsorge, weil sich die Minderjährigen, denen Hilfe gewährt wird, durchweg in schwierigen Lebenslagen befinden. Die Vormundschaftshilfe gliedert sich in mehrere Aufgabenbereiche.

1. Amtspflegschaft und Amtsvormundschaft

Das erste große Aufgabengebiet bilden die Amtspflegschaften und die Amtsvormundschaften.

Beide Rechtsinstitute gehören dem bürgerlichen Recht an. Beginn, Führung und Beendigung einer Amtspflegschaft oder Amtsvormundschaft sowie die Aufsicht des Vormundschaftsgerichts richten sich nach den Vorschriften des Bürgerlichen Gesetzbuches (§ 38 Abs. 1 JWG). Das Jugendwohlfahrtsgesetz faßt die das Jugendamt betreffenden Vorschriften der besseren Verständlichkeit wegen zusammen und ergänzt sie um einige öffentlich-rechtliche Bestimmungen (z. B. § 37 Satz 2 und 4, §§ 39, 42, 43 JWG). Daher stehen wichtige Bestimmungen gleichlautend im Bürgerlichen Gesetzbuch und im Jugendwohlfahrtsgesetz (Doppelspurigkeit). Da Vormundschaft und Pflegschaft bereits behandelt sind, sollen hier nur einige grundsätzliche Fragen wiederholt und ergänzt werden.

Gesetzlicher Eintritt

Bei Geburt eines nichtehelichen Kindes wird das Jugendamt kraft Gesetzes, also ohne Bestellung durch das Vormundschaftsgericht, Pfleger für die in § 1706 BGB bestimmten Teile der Personen- und Vermögenssorge (§ 40 JWG, § 1709 BGB). Diese gesetzliche Amtspflegschaft tritt nur dann nicht ein, wenn bereits eine ausreichende Vertretung des Kindes gewährleistet ist, nämlich wenn

- ▶ schon vor Geburt des Kindes ein Pfleger oder ein Vormund bestellt war (§ 40 Abs. 2 JWG, §§ 1708, 1774 Satz 2, 1791 Abs. 1 Satz 2, 2. Halbsatz BGB),
- ▶ oder das Vormundschaftsgericht auf Antrag der Mutter den Nichteintritt der Amtspflegschaft angeordnet hatte (§ 1707 Abs. 1 Satz 1 BGB),
- ▶ oder das Kind nach § 1773 BGB einen Vormund haben muß (zumeist wegen Minderjährigkeit der Mutter, § 1673 Abs. 2 BGB).

Sofern nicht schon vor der Geburt ein Vormund bestellt war, tritt gesetzliche Amtsvormundschaft ein, wenn das nichteheliche Kind nach § 1773 BGB einen Vormund braucht, weil seine Mutter die elterliche Sorge nicht ausüben kann oder darf (§ 41 JWG, vgl. § 15 I 1).

Das Jugendamt erfährt von dem Eintritt der Amtspflegschaft oder Amtsvormundschaft durch eine Geburtsanzeige, die es vom Standesbeamten erhält und an das Vormundschaftsgericht weiterleitet (§ 44 JWG, § 48 FGG).

Ergibt sich erst nach der Geburt des Kindes durch gerichtliche Entscheidungen, daß das Kind statt ehelich nichtehelich ist, dann wird das Jugendamt mit der Rechtskraft der Entscheidung Amtspfleger oder Amtsvormund. In Betracht kommt in erster Linie die Anfechtung der Ehelichkeit, durch die das bisher (schein)eheliche Kind nichtehelich wird (§§ 1593 ff. BGB). Man muß aber auch an die Fälle denken, in denen das zunächst nichteheliche Kind nach Anerkennung der Vaterschaft legitimiert worden war und die Anerkennung später erfolgreich angefochten wird (§§ 1600 f ff. BGB). Schließlich kann es vorkommen, daß der Ehemann der Mutter für tot erklärt wird und der im Todeserklärungsbeschluß festgestellte Todeszeitpunkt mehr als 302 Tage vor der Geburt des Kindes liegt, so daß die Vermutung des § 1591 BGB entfällt.

Örtlich zuständig ist das Jugendamt, in dessen Bezirk das Kind geboren wird oder sich bei Rechtskraft der gerichtlichen Entscheidung aufhält, aus der sich die Nichtehelichkeit ergibt (§ 42 Abs. 1 und 2 JWG). Das Jugendamt kann die Pflegschaft oder Vormundschaft an ein anderes Jugendamt abgeben, wenn das dem Wohl des Kindes entspricht, etwa bei Wohnungswechsel (§ 43 JWG).

Ein weiterer Fall gesetzlicher Amtsvormundschaft ist durch das neue Adoptionsrecht eingeführt worden. Das Jugendamt wird Vormund, wenn bei einem ehelichen Kind beide Eltern, und bei einem nichtehelichen Kind die Mutter die Einwilligung zur Adoption erteilt haben oder ihre fehlenden Einwilligungen durch das Vormundschaftsgericht ersetzt worden sind (§ 1751 Abs. 1 Satz 2 BGB). Ausnahmsweise bleibt neben der Vormundschaft des Jugendamtes eine schon bestehende bestellte oder gesetzliche Pflegschaft bestehen. Für ein nichteheliches Kind besteht also während des weiteren Adoptionsverfahrens sowohl gesetzliche Amtspflegschaft als auch gesetzliche Amtsvormundschaft (§§ 1706, 1709, 1751 Abs. 1 Satz 2 und 3 BGB).

Bestellung

Das Jugendamt kann auch vom Vormundschaftsgericht zum Pfleger oder Vormund bestellt werden, wenn eine als Einzelvormund oder Einzelpfleger geeignete Person nicht gefunden werden kann (§ 45 JWG, § 1791 b BGB). Im Jahre 1975 bestanden 40 803 bestellte Amtsvormundschaften und 47 741 bestellte Amtspflegschaften. Die bestellte Amtspflegschaft oder Amtsvormundschaft unterscheidet sich von der gesetzlichen Amtspflegschaft oder Amtsvormundschaft zum einen durch die Art ihrer Entstehung, zum anderen durch die betreuten Personenkreise. Während gesetzliche Amtspflegschaft und gesetzliche Amtsvormundschaft nur für nichteheliche Kinder und Adoptivkinder in Frage kommen, ist die Bestellung des Jugendamtes zum Vormund oder Pfleger auch bei ehelichen Kindern und bei entmündigten oder gebrechlichen Volljährigen möglich (§ 54 a JWG, § 1896 f. BGB).
Beide Arten der Amtspflegschaft und Amtsvormundschaft betrachtet das Jugendwohlfahrtsgesetz ebenso wie das Bürgerliche Gesetzbuch als Notlösung. Angestrebt wird die Einzelpflegschaft und Einzelvormundschaft, da nur sie die wünschenswerte persönliche Bindung zwischen Mündel und Vormund oder Pflegling und Pfleger gewährleisten. Deshalb ist das Jugendamt von Amts wegen oder auf Antrag als Pfleger oder Vormund zu entlassen, wenn ein geeigneter Einzelpfleger oder Einzelvormund vorhanden ist und die Übertragung des Amtes dem Wohl des Minderjährigen dient oder jedenfalls nicht entgegensteht (§§ 39 a, 39 b JWG, §§ 1887, 1889 Abs. 2 BGB).

Führung

Das Jugendamt als Behörde ist Amtspfleger oder Amtsvormund. Die Ausübung der Aufgaben als Pfleger oder Vormund (nicht das Amt als solches) überträgt das Jugendamt als laufendes Geschäft im Sinne von § 16 JWG auf einzelne Beamte oder Angestellte, die damit zur gesetzlichen Vertretung des Minderjährigen befugt sind (§ 37 Satz 2–4 JWG). Wenn ein Wechsel der Beamten möglichst eingeschränkt wird, kann sich sogar ein persönlicher Kontakt zwischen dem Minderjährigen und dem Beamten entwickeln.
Hinsichtlich der Führung der Amtsvormundschaft und Amtspflegschaft verweist § 38 Abs. 1 JWG auf die Bestimmungen des Bürgerlichen Gesetzbuches und wiederholt nur einige das Jugendamt betreffende Vorschriften.
Das Jugendamt bedarf nicht der gleichen eingehenden Überwachung durch das Vormundschaftsgericht wie ein Einzelvormund, weil die Beamten und Angestellten der allgemeinen Dienstaufsicht unterstehen. Es ist daher in einigen Punkten freier gestellt. So ist Amtsvormundschaft kraft Gesetzes eine befreite Vormundschaft (§ 38 Abs. 3 JWG,

§ 1857 a BGB). Eine Kontrolle des Jugendamtes durch einen Gegenvormund ist ausgeschlossen (§ 38 Abs. 2 JWG, § 1792 c Abs. 1 Satz 2 BGB). Das Jugendamt kann nicht durch Ordnungsstrafen zur Erfüllung seiner Aufgaben angehalten werden (§ 38 Abs. 7 JWG, § 1837 Abs. 2 Satz 2 BGB), notfalls muß das Vormundschaftsgericht Dienstaufsichtsbeschwerde erheben. Die Vorschrift, daß ein Einzelvormund möglichst dem gleichen religiösen Bekenntnis wie der Mündel angehören soll (§ 1801 Abs. 1 BGB), gilt für die mit der Führung der Amtsvormundschaft betrauten Beamten des Jugendamtes nicht. Sie haben aber auf das religiöse Bekenntnis des Minderjährigen Rücksicht zu nehmen, wenn sie den Mündel in einem Heim oder in einer Familie unterbringen (§ 38 Abs. 4 JWG, § 1801 Abs. 2 BGB).

Für ein Mündel ist eine Amtsvormundschaft oder Amtspflegschaft wirtschaftlich günstiger als eine Einzelvormundschaft oder Einzelpflegschaft, weil das Jugendamt eine Vergütung für seine Tätigkeit und Ersatz der allgemeinen Verwaltungskosten überhaupt nicht (§ 38 Abs. 6 Satz 2 und 3 JWG, § 1835 Abs. 4 Satz 2, § 1836 Abs. 3 BGB) und Aufwendungen nur in begrenztem Umfang (§ 38 Abs. 5 Satz 1 JWG, § 1835 Abs. 4 Satz 1 BGB) verlangen kann.

Für Amtspflichtverletzungen der Beamten des Jugendamtes haftet nach Art. 34 GG, §§ 839, 1833, 1915 BGB der Träger des Jugendamtes.

Der Umfang der Tätigkeit der Jugendämter bei der Führung der Amtspflegschaften und Amtsvormundschaften läßt sich daraus ersehen, daß im Jahre 1969 522 945 Minderjährige, davon 499 087 nichteheliche Kinder, unter Amtsvormundschaft standen, während nur 288 550 Minderjährige einen Einzelvormund hatten und 20 097 durch einen Vereinsvormund betreut wurden. Fast 50 000 Vaterschaftsfeststellungen wurden abgeschlossen (1969: 49 051, 1971: 43 465, 1973: 39 768, 1975: 38 695). Durch die Änderung des Nichtehelichenrechts sind 1970 an die Stelle der Vormundschaften, die früher bei Geburt eines nichtehelichen Kindes eintraten, die Amtspflegschaften getreten. Dadurch hat sich die Zahl der gesetzlichen Amtsvormundschaften verringert (1969: 526 402, 1971: 98 975, 1972: 100 915, 1975: 76 770) und die Zahl der gesetzlichen Amtspflegschaften entsprechend erhöht (1969: 0, 1971: 384 395, 1973: 366 788, 1975: 334 009).

Freie Träger der Jugendhilfe, die als rechtsfähiger Verein organisiert und vom Landesjugendamt für geeignet erklärt worden sind, können an Stelle des Jugendamtes zum Vormund (Vereinsvormundschaft) oder Pfleger bestellt werden und so in diesem Aufgabenbereich tätig werden (§§ 1791 a, 1915 BGB).

2. *Vormundschafts- und Familiengerichtshilfe*

Ein weiterer bedeutender Aufgabenbereich des Jugendamtes im Vormundschaftswesen ist die Vormundschafts- und Familiengerichtshilfe. Vormundschaftsgericht und Familiengericht, das einen Teil der Aufgaben des Vormundschaftsgerichts übernommen hat und an die Stelle des Vormundschaftsgerichts getreten ist (§ 52 a JWG), verfügen nicht über eigene Kräfte, die Kontakt mit der Jugend halten, Ermittlungen anstellen und Kontrollen durchführen können. Sie sind daher auf die sachkundige Hilfe des Jugendamtes angewiesen. Das Jugendamt hat dem Vormundschaftsgericht die Sachverhalte mitzuteilen, die sein Einschreiten erforderlich machen. Es muß die Ermittlungen durchführen, die Vormundschaftsgericht oder Familiengericht zur Grundlage ihrer Entschei-

dungen machen können. Teilweise muß das Jugendamt die Anordnungen des Vormundschaftsgerichts überwachen und ausführen. Das Jugendamt ist insoweit selbständiges Hilfsorgan des Vormundschaftsgerichtes. Seine Stellung und seine Aufgaben sind vergleichbar mit denen der Polizei im Verhältnis zur Staatsanwaltschaft (vgl. § 152 GVG, § 29 OWiG).
Auch im Bereich der Vormundschafts- und Familiengerichtshilfe kann das Jugendamt die Erledigung einzelner Geschäfte oder Gruppen von Geschäften freien Vereinigungen der Jugendhilfe, Jugendverbänden oder einzelnen in der Jugendhilfe erfahrenen Personen übertragen (§ 18 JWG).
Der Schwerpunkt der Vormundschafts- und Familiengerichtshilfe liegt im Bereich der Personensorge. Man kann einige Aufgaben der Vormundschafts- und Familiengerichtshilfe besonders herausstellen.

Anzeigepflicht

Das Jugendamt ist verpflichtet, dem Vormundschaftsgericht Sachverhalte anzuzeigen, die sein Einschreiten erfordern (§§ 48 Satz 2 JWG, § 1694 BGB). Auf Grund dieser allgemeinen Anzeigepflicht hat das Jugendamt dem Vormundschaftsgericht alle Fälle mitzuteilen, von denen es im Rahmen seiner Arbeit oder zufällig Kenntnis erlangt. Hierunter fallen beispielsweise Gefährdungen des Kindeswohls oder des Kindesvermögens durch die Eltern im Sinne von §§ 1666 und 1667 BGB sowie Gefährdungen, Schädigungen oder Verwahrlosungen im Sinne von §§ 55, 62 und 64 JWG. Weiter ist das Jugendamt allgemein verpflichtet, alle zu seiner Kenntnis gelangenden Fälle unverzüglich anzuzeigen, in denen ein Pfleger, Vormund, Beistand oder Gegenvormund zu bestellen ist (§ 47 Abs. 2 JWG).
Spezielle Anzeigepflichten bestehen im Rahmen der Pflicht zur Überwachung der Vormünder und Pfleger (§ 47 a Abs. 1 Satz 2 und Abs. 2 JWG) und im gesetzlichen Jugendschutz (§ 12 JSchÖG, § 21 GjS).

Mitwirkungspflicht

Ein wesentlicher Teil der Zusammenarbeit zwischen Vormundschaftsgericht oder Familiengericht und Jugendamt ist in der Verpflichtung dieser Gerichte erfaßt, vor wichtigen Entscheidungen, vornehmlich auf dem Gebiet der Personensorge, das Jugendamt zu hören. Dadurch soll erreicht werden, daß alle maßgeblichen persönlichen, erzieherischen, sozialen, fürsorgerischen und psychologischen Gesichtspunkte ermittelt und bei der Entscheidung berücksichtigt werden können. Der gerichtlichen Anhörungspflicht entspricht eine Mitwirkungspflicht des Jugendamtes. Es hat die nötigen Ermittlungen zu führen, zu berichten und Stellung zu nehmen. Die Stellungnahme kann nicht gem. § 18 JWG auf freie Träger der Jugendhilfe übertragen werden. Es ist aber zulässig, die in § 18 JWG genannten Vereinigungen und Personen mit den Ermittlungen und der Vorbereitung des Gutachtens zu beauftragen. An einen Vorschlag des Jugendamtes ist der Vormundschafts- oder Familienrichter nicht gebunden.
Die einzelnen Entscheidungen, bei denen das Jugendamt anzuhören ist, sind in §§ 48 b, 56 und 65 JWG aufgeführt.
Im einzelnen handelt es sich um:

- die Erteilung der Genehmigung zur Anfechtung der Ehelichkeit und zur Anfechtung der Anerkennung der nichtehelichen Vaterschaft durch das Kind (§ 48 a Abs. 1 Nr. 2 JWG, §§ 1597 Abs. 1 und 3, 1600 k Abs. 1 Satz 2, Abs. 2 und 3 BGB),

- die Entscheidung eines Streites zwischen Eltern über die Herausgabe eines gemeinschaftlichen Kindes (§ 48 a Abs. 1 Nr. 3 JWG, § 1632 Abs. 2 BGB),
- die Regelung des Umgangs des nicht sorgeberechtigten Elternteils mit einem ehelichen oder nichtehelichen Kind (§ 48 a Abs. 1 Nr. 4 JWG, §§ 1634 Abs. 2 und 1711 Abs. 1 Satz 2 BGB),
- die Anordnung von Maßregeln zur Abwendung einer Gefährdung des Wohls des Kindes (§ 48 a Abs. 1 Nr. 5 JWG, § 1666 BGB),
- die Regelung der elterlichen Sorge nach Scheidung oder bei Getrenntleben der Eltern (§ 48 a Abs. 1 Nr. 6 JWG, §§ 1671 und 1672 BGB),
- die Anordnung, ob einem Elternteil die elterliche Sorge oder Teile allein zustehen sollen, nachdem der andere Elternteil die elterliche Sorge nach § 1676 BGB verwirkt hat und die ggf. damit verbundene Bestellung eines Vormunds oder Pflegers (§ 48 a Abs. 1 Nr. 7 JWG, § 1679 Abs. 1 Satz 1 und 2 BGB),
- die Anordnung, daß auf Antrag der Mutter die gesetzliche Amtspflegschaft bei einem nichtehelichen Kind nicht eintritt, aufgehoben wird oder der Wirkungskreis des Pflegers beschränkt wird (§ 48 a Abs. 1 Nr. 8 JWG, § 1707 BGB),
- die mit der Ehelicherklärung zusammenhängenden Entscheidungen, nämlich die Ehelicherklärung auf Antrag des Vaters, die Ersetzung der Einwilligung der Mutter oder der Ehefrau des Vaters, die Rückübertragung der elterlichen Sorge auf die Mutter und die Ehelicherklärung auf Antrag des Kindes (§ 48 a Abs. 1 Nr. 9 JWG, §§ 1723, 1727, 1738 Abs. 2, 1740 a BGB),
- die mit der Adoption zusammenhängenden Entscheidungen, insbesondere die Ersetzung der elterlichen Einwilligung, der Ausspruch der Adoption, die Aufhebung der Adoption (§ 48 a Abs. 1 Nr. 10 JWG, §§ 1748, §§1760 ff. BGB),
- die Befreiung von dem Erfordernis der Ehemündigkeit (§ 48 a Abs. 2 JWG, § 1 Abs. 2 EheG),
- die Ersetzung der Einwilligung des Personensorgeberechtigten zur Heirat eines Minderjährigen (§ 48 a Abs. 2 JWG, § 3 Abs. 3 EheG),
- die Genehmigung zur Auswanderung eines minderjährigen Mädchens (§ 48 a Abs. 2 JWG, § 9 der Verordnung gegen Mißstände im Auswanderungswesen),
- die Anordnung der Erziehungsbeistandschaft (§ 56 Abs. 3 mit Abs. 2 Satz 2 JWG),
- die Anordnung der Fürsorgeerziehung (§ 65 Abs. 2 Satz 1 mit Abs. 1 Satz 2 JWG),
- die Genehmigung einer Ausländeradoption (§ 48 b JWG).

Von der vorherigen Anhörung dürfen Vormundschaftsgericht oder Familiengericht nur dann absehen, wenn sie in Eilfällen einstweilige Anordnungen zur Abwendung einer Gefahr erlassen (§ 48 a Abs. 3 JWG).

In einigen anderen Fällen *soll* das Vormundschaftsgericht das Jugendamt hören, nämlich

- vor Auswahl eines Vormunds (§ 1779 Abs. 1 BGB) oder der Mitglieder eines Familienrats (§ 1862 Abs. 1 BGB),
- vor Entlassung des Jugendamts als Vormund oder Pfleger (§ 39 Abs.3 JWG),
- vor Anordnung über die anderweitige Auszahlung des Kindergeldes (§ 3 Abs. 4 BKGG).

In vielen anderen nicht gesetzlich geregelten Fällen ist eine Anhörung des Jugendamtes zweckmäßig und liegt regelmäßig im Interesse des Kindes. Beispielsweise wird bei einer Anrufung des Vormundschaftsgerichts durch die Eltern, die sich in einer wichtigen Frage über die Ausübung der elterlichen Sorge nicht einigen können, eine Einschaltung des Jugendamtes meist unumgänglich sein.

Unterstützungspflicht

In einigen Vorschriften ist die Verpflichtung des Jugendamtes ausgesprochen, das Vormundschaftsgericht in seiner Arbeit zu unterstützen, z. B. bei allen Maßnahmen des Vormundschaftsgerichts, die die Personensorge betreffen (§ 48 Satz 1 JWG) und bei der Überwachung der Arbeit der Vormünder und Pfleger auf dem Gebiet der Personensorge (§ 47 a Abs. 1 Satz 1, Abs. 3 JWG). Hierher gehört ferner die Befugnis des Vormundschaftsgerichts, das Jugendamt mit der Unterstützung der Eltern bei der Erziehung ihrer Kinder (§ 1631 Abs. 2 BGB), der Regelung des Umgangs mit ehelichen und nichtehelichen Kindern (§ 1634 Abs. 2 Satz 1 und § 1711 Abs. 1 Satz 2 BGB) und – allerdings nur mit Einverständnis des Jugendamtes – auch mit der Ausführung sonstiger Anordnungen zu beauftragen (§ 48 c JWG), beispielsweise der Wegnahme eines Kindes nach § 1632 BGB. Man bezeichnet diese Tätigkeit nach § 48 c JWG als Vollzugshilfe.

3. Beurkundung

Für eine Reihe von Rechtsgeschäften, die vornehmlich mit den Aufgaben des Jugendamtes als Amtspfleger oder Amtsvormund zusammenhängen, kann das Landesjugendamt bestimmte Beamte oder Angestellte, nicht das Jugendamt als Behörde, ermächtigen, Beurkundungen und Beglaubigungen vorzunehmen. Der Beamte übt im Rahmen der Ermächtigung die Funktion eines Notars aus.
Für die Parteien, deren Erklärungen beurkundet werden sollen, ist dieser Aufgabenbereich des Jugendamtes sehr vorteilhaft, da Wege zu Notaren oder Gerichten und erhebliche Kosten (vgl. § 49 Abs. 2 JWG) vermieden werden. Die Ermächtigung kann sich auf folgende Erklärungen erstrecken:

- Anerkennung der nichtehelichen Vaterschaft (§ 49 Abs. 1 Nr. 1 JWG, §§ 1600 a, 1600 e Abs. 1 Satz 1 BGB),
- Zustimmung des nichtehelichen Kindes zur Anerkennung der Vaterschaft (§ 49 Abs. 1 Nr. 1 JWG, §§ 1600 c Abs. 1, 1600 e Abs. 1 Satz 1 BGB),
- Zustimmung der gesetzlichen Vertreter eines in der Geschäftsfähigkeit beschränkten Vaters zu dessen Anerkennung der Vaterschaft (§ 49 Abs. 1 Nr. 1 JWG, §§ 1600 d Abs. 1 Nr. 1, 1600 e Abs. 1 Satz 2 BGB),
- Verpflichtungen (dem Grunde und der Höhe nach) zur Erfüllung von Unterhaltsansprüchen ehelicher oder nichtehelicher Kinder (§ 49 Abs. 1 Nr. 2 JWG, §§ 1615 a ff. BGB),
- Verpflichtungen, durch die die Unterhaltsansprüche eines nichtehelichen Kindes durch eine einmalige Leistung abgefunden werden (§ 49 Abs. 1 Nr. 2 JWG, § 1615 e BGB),

- Verpflichtungen zur Erfüllung von Ansprüchen der nichtehelichen Mutter auf Ersatz der Entbindungskosten und Unterhalt (§ 49 Abs. 1 Nr. 4 JWG, §§ 1615 k, 1615 i BGB),
- Annahme des geänderten Namens der Mutter durch das Kind (§ 49 Abs. 1 Nr. 4 JWG, § 1617 Abs. 2 Satz 2–4 BGB),
- Einbenennung eines nichtehelichen Kindes (§ 49 Abs. 1 Nr. 4 JWG, § 1618 BGB).

Aus Urkunden, die eine Verpflichtung zur Zahlung einer bestimmten Geldsumme enthalten (§ 49 Abs. 1 Nr. 2 und 3 JWG), kann nach Erteilung einer vollstreckbaren Ausfertigung wie aus einem Urteil vollstreckt werden, wenn der Schuldner sich in der Urkunde der sofortigen Zwangsvollstreckung unterworfen hatte (§ 50 JWG).

4. Adoptionshilfe

Als weitere zum Vormundschaftswesen zählende Aufgabe ist den Jugendämtern, den Landesjugendämtern und einigen freien Trägern der Jugendhilfe (insbesondere Diakonisches Werk, Deutscher Caritasverband, Arbeiterwohlfahrt) durch Gesetz über die Vermittlung der Annahme als Kind vom 2. 7. 1976 die Adoptionshilfe übertragen. Sie besteht im Zusammenführen von Kindern und Adoptionsbewerbern durch Fachkräfte in besonderen örtlichen und zentralen Adoptionsvermittlungsstellen (Adoptionsvermittlung), in der Erfassung der für eine Adoption in Betracht kommenden Heimkinder, in der Vorbereitung der Vermittlung durch Ermittlung der persönlichen Verhältnisse der Adoptionsbewerber, der Kinder und ihrer Familien, in der einschlägigen Vormundschaftsgerichtshilfe, insbesondere der gutachtlichen Äußerung (§ 56 d FGG) und den Stellungnahmen der Jugendämter (§§ 48 Abs. 1 Nr. 10, 48 b JWG) und in der vor- und nachgehenden Beratung und Unterstützung der leiblichen Eltern, des Kindes und der Adoptionsbewerber und -eltern (vgl. auch die speziellen Beratungspflichten gem. § 1748 Abs. 2 BGB, §§ 51 a Abs. 1, 51 b JWG).

IV. Erziehungshilfe

1. Übersicht

Ein junger Mensch, dessen Anspruch auf Erziehung von seiner Familie nicht erfüllt wird und dessen leibliche, seelische und gesellschaftliche Entwicklung deshalb gefährdet oder gestört ist, hat Anspruch auf öffentliche Erziehungshilfe (§ 1 Abs. 3 JWG). Das Jugendwohlfahrtsgesetz regelt zwei Formen der Ersatzerziehung: die Erziehungsbeistandschaft und die Erziehung außerhalb der eigenen Familie (außerfamiliäre Erziehung). Beide Hilfen können auf Antrag der Erziehungsberechtigten gewährt werden. Man bezeichnet sie dann als freiwillige Erziehungsbeistandschaft und Freiwillige Erziehungshilfe (richtiger wäre: freiwillige Fürsorgeerziehung, da Erziehungshilfe der Oberbegriff ist). Sie können aber auch gegen den Willen der Personensorgeberechtigten angeordnet werden. Sie heißen dann angeordnete Erziehungsbestandschaft und Fürsorgeerziehung.

Neben Erziehungsbeistandschaft und außerfamiliärer Erziehung hat sich die formlose sog. offene erzieherische Betreuung entwickelt, bei der Fachkräfte (Sozialarbeiter oder Sozialpädagogen) des Jugendamtes oder der freien Träger der Jugendhilfe in Zusammenarbeit mit den Erziehungsberechtigten erzieherische Hilfen unterschiedlicher Art gewähren. Als Beispiele seien genannt: Hilfen im Rahmen der Familienfürsorge; Vermittlung von Plätzen in Kindergärten, Horten oder therapeutischen und heilpädagogischen Einrichtungen; Vermittlung von Angeboten der Jugendpflege wie Freizeithilfen, Erholungsmaßnahmen, Jugendberufshilfe; Hilfen bei der vorübergehenden Unterbringung von Kindern in Heimen oder Pflegefamilien; Vermittlung von Gesundheits- und Sozialhilfe, Vermittlung der Teilnahme an einem Erziehungskurs oder der Aufnahme in einer „Schule für Erziehungshilfe". Im Jahre 1969 wurden beispielsweise 366 823 Minderjährigen offene erzieherische Hilfen gewährt.

Besondere Erwähnung verdient die Jugendberatung, die in den letzten Jahren immer wichtiger geworden ist. Es geht darum, jungen Menschen Information und Beratung anzubieten und ihnen so zu helfen, Probleme in Familie, Schule, Partnerschaft (Sexualität), Ausbildung und Beruf zu lösen. Diese Aufgabe kann von sozialen Fachkräften als Teil ihrer allgemeinen Aufgaben oder von besonderen Beratungsstellen erfüllt werden. Als eine Form der Jugendberatung hat sich die Einrichtung anonymer Sprechstunden bewährt, bei denen Jugendliche außerhalb der Amtsräume des Jugendamtes die Möglichkeit erhalten, anonym ihre Schwierigkeiten vorzutragen und um Rat zu fragen. In den letzten Jahren haben eine Reihe von Jugendämtern Beratungsstellen für drogenabhängige Jugendliche eingerichtet. Um die Kontaktaufnahme zu erleichtern und die notwendige unbürokratische Arbeit zu ermöglichen, sind die Jugendämter regelmäßig im Hintergrund geblieben und haben sich auf die Unterstützung privater Initiativen beschränkt.

Eine im Jugendwohlfahrtsgesetz nicht erwähnte Erziehungshilfe sind Weisungen, die Vormundschaftsrichter (§ 1631 Abs. 2 BGB, § 12 JSchÖG, § 21 Abs. 6 GjS) oder Jugendrichter (§§ 5 Abs. 1, 9 Nr. 1 JGG) einem Jugendlichen erteilen können. Weisungen sind Gebote und Verbote, die die Lebensführung des Jugendlichen regeln und dadurch seine Erziehung fördern und sichern sollen (§ 10 Abs. 1 JGG). Einzelheiten werden später dargestellt (vgl. § 24 III, § 25 III, § 29 I 1).

Zuchtmittel und Jugendstrafe (vgl. § 29 II, III) werden nicht zu den Erziehungshilfen gerechnet.

Danach ergibt sich als Übersicht:

1. Offene Erziehungshilfe
2. Weisungen
3. Erziehungsbeistandschaft
   a) freiwillige Erziehungsbeistandschaft
   b) angeordnete Erziehungsbeistandschaft
4. Erziehung außerhalb der eigenen Familie
   a) Freiwillige Erziehungshilfe
   b) Fürsorgeerziehung.

Offene Hilfen, Weisungen und Erziehungsbeistandschaft werden immer in der Familie (ambulant) durchgeführt, Freiwillige Erziehungshilfe und Fürsorgeerziehung zumeist in Heimen (stationär) und nur selten ambulant in der eigenen oder einer fremden Familie, in Jugendwohnheimen oder anderen offenen Formen.

Erziehungsbeistandschaft und außerfamiliäre Erziehung sollen die Ursachen für aufgetretene Schwierigkeiten und Störungen aufspüren und sie mit erzieherischen Mitteln beheben. Selbst wenn sich das Erziehungsdefizit als Kriminalität äußert, haben die

Erziehungshilfen keinen Strafcharakter. Sie dienen nicht an Stelle einer Strafe zur Vergeltung von Unrecht, zur Sühne von Schuld oder zur Abschreckung. Erziehungshilfen dürfen auch nicht als bloßes Druckmittel angeordnet werden, um einen Jugendlichen zu Wohlverhalten zu zwingen. Leider hat insbesondere die außerfamiliäre Erziehung trotzdem einen erheblichen Stigmatisierungseffekt.

Alle Formen der öffentlichen Ersatzerziehung ergänzen und unterstützen die in der Familie begonnene Erziehung (§ 3 Abs. 1 JWG). Offene Hilfen, Weisungen und Erziehungsbeistandschaft schränken das Erziehungsrecht der Personensorgeberechtigten nicht ein (§ 58 Abs. 1 Satz 1 JWG). Bei der Freiwilligen Erziehungshilfe übertragen die Eltern ihr Erziehungsrecht zeitweise und in begrenztem Umfang auf das Landesjugendamt. Die Fürsorgeerziehung dagegen tritt zwangsweise an die Stelle der unzulänglichen familiären Erziehung. Sie verschafft dem Landesjugendamt ein originäres (nicht von den Eltern abgeleitetes) öffentliches Erziehungsrecht, das die elterlichen Rechte und Pflichten zeitweilig einschränkt und aufhebt.

Erziehungsbeistandschaft und Erziehungshilfe außerhalb der eigenen Familie sind von ähnlichen Maßnahmen nach dem Bürgerlichen Gesetzbuch und dem Jugendwohlfahrtsgesetz zu unterscheiden. Der Beistand nach §§ 1685 ff. BGB unterstützt nur einen alleinstehenden Elternteil. (§ 1686 BGB) und ist nicht auf die Erziehung beschränkt. Der Erziehungsbeistand wird dagegen für den Minderjährigen bestellt (§ 55 JWG). Sein Wirkungsbereich ist allein die Erziehung. Er unterstützt nicht nur die Eltern, sondern steht auch dem jungen Menschen mit Rat und Tat zur Seite (§ 58 Abs. 1 Satz 1 und 2 JWG). Bei der Erziehungsberatung (§ 5 Abs. 1 Nr. 1 JWG) fehlt es an der formellen Bindung zwischen Berater, Eltern und Kind. Regelmäßig ist sie auch weniger intensiv und umfassend als die Erziehungsbeistandschaft. Die nach den §§ 1666, 1838 BGB mögliche Unterbringung des Kindes außerhalb des Elternhauses „in einer geeigneten Familie oder in einer Erziehungsanstalt" dient – anders als die außerfamiliäre Erziehung – in erster Linie der Abwendung einer Gefährdung, die von den Eltern ausgeht, und nicht oder nur nachrangig der Erziehung des Kindes. Die Unterbringung von Kindern und Jugendlichen durch das Jugendamt in Heimen oder Pflegefamilien nach § 5 Abs. 1 Nr. 3 oder 7, § 6 JWG beruht nicht auf formeller Grundlage. Sie bezweckt nicht den Ausgleich eines Erziehungsdefizits oder die Abwehr einer von den Eltern ausgehenden Gefahr, sondern die Beseitigung vorübergehender Notstände (z. B. Krankheit, Strafverbüßung, Obdachlosigkeit der Eltern).

Die Erziehungsbeistandschaft ist in den letzten Jahren stark zurückgegangen. Im Jahre 1975 standen nur etwa 6700 Minderjährige unter Erziehungsbeistandschaft, nachdem die Zahl im Jahre 1962 noch bei fast 19 000 gelegen hatte (1969: 8581, 1971: 7836, 1973: 7778). Ein Grund ist, daß es immer schwieriger wird, geeignete ehrenamtliche Erziehungsbeistände zu finden. Das liegt nicht nur an der fehlenden Bereitschaft der Bevölkerung oder mangelnder Werbung der Jugendämter. Entscheidend ist wohl, daß die Anforderungen, die heute an die erzieherische Befähigung eines Erziehungsbeistandes zu stellen sind, regelmäßig eine fachliche (sozialpädagogische) Ausbildung voraussetzen. Es zeichnet sich daher ein Wandel ab: Der ehrenamtliche Erziehungsbeistand wird durch den hauptamtlichen Erziehungshelfer ersetzt, der beim Jugendamt oder einem Träger der freien Jugendhilfe angestellt ist und gleichzeitig mehrere Jugendliche betreut. Das hat bei manchen Nachteilen den Vorteil, daß der Minder-

jährige in Gruppenarbeit und andere Formen der offenen Sozialarbeit einbezogen werden kann.
Auch die Erziehungshilfen außerhalb der eigenen Familie haben abgenommen. Im Jahre 1969 befanden sich 26 149 Minderjährige in Freiwilliger Erziehungshilfe und 21 528 Minderjährige in Fürsorgeerziehung. Die entsprechenden Zahlen im Jahre 1962 betrugen 27 677 und 25 939. Diese Entwicklung hält an (1971: 23 488 und 15 829, 1973: 21 568 und 10 772, 1975: 17 648 und 5962). Der Rückgang beruht neben großen personellen Schwierigkeiten in den Heimen und strengerer Handhabung des Gesetzes auf der zunehmenden vielfältigen Kritik an der außerfamiliären Erziehung und der Tendenz, im Vorfeld der Heimerziehung offene Hilfen wie sozialpädagogische Einzel- und Gruppenarbeit, Teilnahme an Erziehungskursen (Übungs- und Erfahrungskursen), heilpädagogische Behandlung, Einzel-, Gruppen- oder Familientherapie zu verstärken und so stationäre Maßnahmen mit ihren bekannten Nachteilen zu vermeiden.

2. *Voraussetzungen*

Gefährdung, Schädigung, Verwahrlosung

Gewährung oder Anordnung von Erziehungsbeistandschaft oder Erziehungshilfe außerhalb der eigenen Familie (FEH und FE) setzen voraus, daß die leibliche, geistige oder seelische Entwicklung des jungen Menschen gefährdet oder geschädigt ist (§§ 55 und 62 JWG) oder daß der Minderjährige zu verwahrlosen droht oder verwahrlost ist (§ 64 Satz 1 JWG). Gefährdung oder Schädigung der Entwicklung sowie drohende oder eingetretene Verwahrlosung sind somit Zustände, die dem Erziehungsziel des § 1 Abs. 1 JWG zuwiderlaufen. Schädigung bedeutet, daß ein Defizit in einem der drei Bereiche bereits eingetreten ist, Gefährdung bezeichnet die nicht ganz unerhebliche Gefahr, daß ohne Gegenmaßnahmen eine Schädigung eintreten wird. Die Grenze zwischen Gefährdung und Schädigung der Entwicklung ist fließend. Die Begriffe bezeichnen Stufen eines Prozesses.
Der zentrale Begriff der öffentlichen Erziehung ist die Verwahrlosung. Sie ist gegenüber Gefährdung oder Schädigung der fortgeschrittene, schwererwiegende Zustand, Gefährdung, Störung oder Schädigung der Entwicklung sind Vorstufen der Verwahrlosung. Es gibt keine Definition der Verwahrlosung, die in allen damit befaßten Disziplinen anerkannt ist. Das beruht insbesondere darauf, daß versucht wird, Ursachen der Verwahrlosung in die Begriffsbestimmung einzufügen. Dafür spricht, daß eine wirksame Bekämpfung der Verwahrlosung die Kenntnis der Ursachen erfordert, weil sonst nur Symptome behandelt und keine grundlegende Änderung erreicht werden kann. Die Ursachen der Verwahrlosung können in der Person, in den sozialen Beziehungen des jungen Menschen oder in seiner Umwelt liegen. Sie sind ebenso vielfältig wie die Ursachen der Jugendkriminalität und wahrscheinlich identisch, so daß es gerechtfertigt ist, die Unterscheidung zwischen Jugendkriminalität und Jugendverwahrlosung aufzugeben und einheitlich von Dissozialität oder abweichendem Verhalten zu sprechen.
Wenn man die Begriffsbestimmung auf den Zustand beschränkt, dann läßt sich Verwahrlosung im weitesten Sinne als eine Entwicklung definieren, bei der verschiedene

Ursachen und Faktoren zu einer typischen Erscheinung führen, die man umschreiben kann mit „aus der sozialen Ordnung herausfallen". Verwahrlosung zeigt sich danach an Verstößen gegen die geschriebenen und ungeschriebenen Normen der Gesellschaft. Kriminalität als Verstoß gegen die Strafgesetze ist ein möglicher Ausdruck der Verwahrlosung.

Diese Begriffsbestimmung ist für das Jugendhilferecht zu weit. Hier muß Verwahrlosung als Voraussetzung für öffentliche Erziehung und die damit verbundenen Eingriffe in die Rechte des jungen Menschen und das Elternrecht (vgl. Art. 6 Abs. 2 GG) enger gefaßt werden. Im Jugendwohlfahrtsrecht wird Verwahrlosung definiert als ein dem Erziehungsziel des § 1 JWG entgegengesetzter Entwicklungsprozeß, der zu einem erheblichen Mangel derjenigen körperlichen, geistigen oder seelischen Eigenschaften führt, die bei einem jungen Menschen seines Alters und seiner sozialen Schicht als Ergebnis einer ordnungsgemäßen Erziehung vorausgesetzt werden. Anders: Ein Minderjähriger ist verwahrlost, wenn sein Zustand in mindestens einem der drei Bereiche des § 1 Abs. 1 JWG nicht nur vorübergehend wesentlich unter den vergleichbaren Durchschnitt herabsinkt.

Diese Definitionen sind immer noch sehr unbestimmt. Sie lassen nicht ohne weiteres erkennen, wann ein junger Mensch verwahrlost ist. Das ist jedoch kaum zu vermeiden. „Gefährdung oder Schädigung der körperlichen, geistigen oder seelischen Entwicklung" und „drohende oder eingetretene Verwahrlosung" sind unbestimmte Rechtsbegriffe, die von Rechtsprechung und Rechtslehre auszufüllen sind. Ihr Inhalt ändert sich mit dem Wandel der Auffassungen über eine normale Entwicklung der Jugend und die Erziehungsziele des § 1 Abs. 1 JWG. An anderer Stelle wurde bereits dargelegt (vgl. § 13 III 1 Erziehung), daß die Erziehungsziele, an denen das Erziehungsdefizit gemessen werden soll, in Wirklichkeit weitgehend unbestimmt sind und deshalb unter verschiedenen politischen und sozialen Ordnungen ganz unterschiedlich ausgelegt werden konnten. Das ist keine Frage der richtigen Rechtsanwendung, sondern der gesellschaftlichen Änderung. Wer in einer anderen Gesellschaftsordnung gegen allgemein anerkannte (heute nicht mehr allgemein für verbindlich gehaltene) Normen verstieß, stellte sich gegen diese Ordnung, war also sozial auffällig oder verhielt sich dissozial. Nur so sind früher Entscheidungen zu verstehen, in denen Verwahrlosung angenommen wurde, weil ein „frühreifer Knabe unsittliche Reden geführt" oder ein 13jähriges Mädchen sich nach Einbruch der Dunkelheit mit einem etwas älteren Jungen in einem Park aufgehalten hatte. In diesem Sinne ist die viel kritisierte Rechtsprechung über die „sexuelle Verwahrlosung" von Mädchen Ausdruck einer gesellschaftlichen Ordnung, die (bei weitgehender sexueller Freiheit für die männliche Jugend) der Jungfräulichkeit einen sehr hohen Wert beilegte und außereheliche Sexualkontakte von Mädchen scharf mißbilligte. In den letzten Jahren hat die geänderte Rangordnung der verschiedenen Erziehungsziele dazu geführt, daß Verstöße gegen formelle Ziele wie Sauberkeit, Ordnung, Gehorsam, Fleiß, regelmäßige Erfüllung religiöser Pflichten u. ä. nicht mehr als schwerwiegend angesehen werden. Selbst Unehrlichkeiten wie Lügen und gelegentliche Diebstähle werden hingenommen. Heute gelten als Anzeichen von Verwahrlosung und ihren Vorstufen vorwiegend erhebliche Eigentumsdelikte, Gewaltkriminalität, häufiges Entweichen aus dem Elternhaus, Streunen (Umhertreiben), Leistungsverweigerungen in Schule, Ausbildung und

Arbeitsleben wie hartnäckiges Schuleschwänzen, mehrfacher Abbruch von Ausbildungsverhältnissen und Arbeitsunstetigkeit, grobe sexuelle Auffälligkeiten, übermäßiger Alkohol- oder Drogenkonsum und neurotische Symptome.

Ob ein junger Mensch zu verwahrlosen droht oder verwahrlost ist, kann nur unter Berücksichtigung aller Umstände seiner Entwicklung, seiner Persönlichkeit und seiner Umwelt entschieden werden. Es wird davon abgesehen, Beispiele aus den einzelnen Bereichen des § 1 Abs. 1 JWG anzuführen. Nahezu alle in den Kommentaren schlagwortartig aufgezählten Fälle sind angreifbar, weil sie kein ausreichendes Bild der Persönlichkeit des jungen Menschen vermitteln können und nicht erkennen lassen, ob Gefahr oder Schädigung nicht auf andere Weise zu beseitigen sind. Eine getrennte Betrachtung ist zudem kaum möglich. Regelmäßig äußert sich Verwahrlosung nicht nur in einem Bereich.

Für die Gefährdung, Schädigung oder Verwahrlosung ist es gleich, wer für den Zustand verantwortlich ist und ob einen der Beteiligten ein Verschulden trifft. Der objektive Tatbestand einer erheblichen Störung der Entwicklung begründet den Anspruch auf Erziehungshilfe.

Die Entwürfe eines Jugendhilfegesetzes verwenden den Begriff Verwahrlosung nicht mehr, um die ihm anhaftende diskriminierende Wertung zu vermeiden. Sachlich bedeutet das jedoch keine Änderung.

Subsidiarität

Öffentliche Erziehung ist gegenüber der familiären Erziehung nachrangig (§ 3 JWG). Erziehungsbeistandschaft und außerfamiliäre Erziehung als Eingriffe in die Rechte des jungen Menschen und der Eltern sind daher nur zulässig, wenn sie „zur Abwendung der Gefahr oder zur Beseitigung des Schadens *geboten*" (§§ 55, 62 JWG) oder zur Bekämpfung eingetretener oder drohender Verwahrlosung „*erforderlich*" (§ 64 Satz 1 JWG) sind. Das ist nicht der Fall, wenn der Erziehungserfolg durch andere, weniger einschneidende Maßnahmen erreicht werden kann. Für die Fürsorgeerziehung ist das in § 64 Satz 2 JWG nochmals ausgesprochen.

Als mildere Maßnahmen kommen insbesondere in Betracht: Warnungen und Ermahnungen durch das Jugendamt und den Vormundschaftsrichter, Gebote und Verbote des Vormundschaftsrichters an den Minderjährigen und die Eltern, Hilfen des Jugendamtes nach den §§ 5 und 6 JWG, insbesondere offene sozialpädagogische und sozialtherapeutische Hilfen, die Bestellung eines Beistandes nach den §§ 1685 ff. BGB, Maßnahmen der Sozialhilfe oder der Gesundheitshilfe, Ausübung des Schulzwanges, Maßnahmen nach § 1666 BGB, insbesondere die Unterbringung in einer anderen Familie oder einem Heim, die Entziehung von Teilen der Personensorge und die Bestellung eines Pflegers.

Subsidiarität gilt auch im Verhältnis der einzelnen Erziehungshilfen. Fürsorgeerziehung darf nicht angeordnet werden, wenn eine Unterbringung im Wege der Freiwilligen Erziehungshilfe möglich ist. Außerfamiliäre Erziehung ist ausgeschlossen, wenn Erziehungsbeistandschaft ausreicht. Dieser gehen Weisungen und offene Hilfen vor.

Erfolgsaussicht

Erziehungsbeistandschaft darf nur gewährt oder angeordnet werden, wenn sie „zur Abwendung der Gefahr oder zur Beseitigung des Schadens ... *ausreichend* erscheint" (§ 55 JWG). Dieser Grundsatz gilt entsprechend für offene Hilfen und Weisungen. Es ist zu prüfen, ob der Einsatz der Erziehungsmaßnahme Erfolg verspricht. Selbst wenn die Personensorgeberechtigten zur Mitarbeit bereit sind, ist das nicht der Fall, wenn der Minderjährige bereits so erheblich geschädigt oder verwahrlost ist, daß eine intensive Gesamterziehung außerhalb des Elternhauses nötig erscheint.

Erziehungsbeistandschaft scheidet ferner aus, wenn ein Fall der Unerziehbarkeit gegeben ist. Man unterscheidet zwischen pädagogischer (praktischer) und medizinischer Unerziehbarkeit. Medizinische Unerziehbarkeit liegt vor, wenn der Minderjährige auf Grund erheblicher geistiger oder seelischer Regelwidrigkeiten (vgl. § 75 Abs. 2 Satz 2 JWG) auch in einer Sondereinrichtung und durch besonders ausgebildete Kräfte mit erzieherischen Mitteln nicht gefördert werden kann. Ob es eine pädagogische oder praktische Unerziehbarkeit überhaupt gibt, ist umstritten. Das Jugendwohlfahrtsgesetz geht davon aus, daß grundsätzlich jeder junge Mensch, der nicht ausnahmsweise aus medizinischen Gründen unerziehbar ist, erzieherisch beeinflußt und gebessert werden kann. Der Gesetzgeber hat das klar dadurch zum Ausdruck gebracht, daß er den früheren § 73 RJWG aufgehoben hat, der die Entlassung aus Fürsorgeerziehung wegen praktischer Unerziehbarkeit zuließ. Deshalb sind Fürsorgeerziehung und Freiwillige Erziehungshilfe als die neben der Jugendstrafe stärksten Erziehungsmittel nicht davon abhängig, ob sie Erfolg versprechen.

Aus der Sicht des Jugendrichters ist zu beklagen, daß die Praxis der außerfamiliären Erziehung nicht selten zu früh aufgibt. Unbequeme, störende, besonders „schwierige" Jugendliche, die oft von einem Heim zum anderen „abgeschoben" worden sind und die beispielsweise häufig aus dem Heim entweichen, andere Zöglinge negativ beeinflussen oder sogar Straftaten begehen, werden dann auf Anregung der Heimleitung in Untersuchungshaft genommen und zu Jugendstrafen verurteilt. Da im Vollzug von Untersuchungshaft und Jugendstrafe bei weitem nicht die pädagogischen und therapeutischen Möglichkeiten bestehen wie in einem heilpädagogischen Jugendheim, bleibt solchen schwer geschädigten Jugendlichen wirksame Hilfe zur Erziehung im Ergebnis versagt.

Altersgrenzen

Ein Mindestalter ist für öffentliche Erziehungshilfen nicht vorgeschrieben. Offene Hilfen sind in jedem Alter möglich. Die bei Säuglingen und Kleinkindern auftretenden Schädigungen beruhen zudem meist auf Vernachlässigung und können mit Maßnahmen nach § 5 JWG oder § 1666 BGB bekämpft werden. Erziehungsbeistandschaft kann bei erziehungsschwachen Eltern ausnahmsweise schon bei Kleinkindern angebracht sein. Weisungen, Freiwillige Erziehungshilfe und Fürsorgeerziehung sind dagegen frühestens im schulpflichtigen Alter sinnvoll.

Öffentliche Erziehungshilfen enden grundsätzlich (Ausnahme: § 75 a JWG) mit Volljährigkeit. Da bei der schweren Schädigung, wie sie Freiwillige Erziehungshilfe und Fürsorgeerziehung voraussetzen, ein erfolgversprechender Erziehungsprozeß mindestens ein Jahr braucht (vgl. dagegen § 18 JGG), können diese Erziehungshilfen nur für solche Minderjährigen gewährt oder angeordnet werden, die das 17. Lebensjahr noch nicht vollendet haben (§§ 62 und 64 Satz 1 JWG).

Für die Erziehungsbeistandschaft gilt diese Altersbegrenzung nicht. Je nach Art der Schwierigkeiten kann eine Erziehungsbeistandschaft schon in kurzer Zeit helfen.

Mitarbeit der Personensorgeberechtigten

Wie bei allen Maßnahmen der öffentlichen Jugendhilfe (vgl. § 3 Abs. 3 JWG) ist auch bei den Erziehungshilfen Zusammenarbeit mit den Personensorgeberechtigten anzustreben. Bei offenen Erziehungshilfen und vormundschaftsrichterlichen Weisungen gem. § 1631 Abs. 2 BGB ist das selbstverständlich. Weisungen, die gegen den Willen der Erziehungsberechtigten angeordnet worden sind, können nur dann erziehend wirken, wenn die Eltern sie mindestens akzeptieren.
Die Durchführung der Erziehungsbeistandschaft ist nur in enger vertrauensvoller Zusammenarbeit mit den Eltern möglich. Die beratende und unterstützende Tätigkeit des Erziehungsbeistandes besteht maßgeblich in persönlicher und pädagogischer Zuwendung und verträgt keinen Zwang. Selbst der Zutritt zur Wohnung (§ 58 Abs. 1 Satz 3 JWG) oder der Auskunftsanspruch (§ 59 JWG) sollten deshalb gegen die Erziehungsberechtigten nur ausnahmsweise erzwungen werden.
Freiwillige Erziehungshilfe setzt ausdrücklich voraus, daß die Erziehungsberechtigten bereit sind, die Durchführung der Hilfe zu fördern (§ 62 JWG). Dazu reichen die Stellung des Antrages und die passive Hinnahme der Erziehungshilfe nicht aus. Die Eltern müssen vielmehr bereit sein, durch eigenes Handeln die Erziehungsmaßnahmen zu unterstützen und die Haltung ihres Kindes positiv zu beeinflussen. Fehlt die Bereitschaft oder Fähigkeit zur Mitarbeit, dann müssen notfalls Maßnahmen nach § 1666 BGB oder Fürsorgeerziehung angeordnet werden.
Lediglich die Fürsorgeerziehung kann gegen den Willen der Personensorgeberechtigten durchgeführt werden. Sie ist öffentliche Zwangserziehung und schränkt das Elternrecht wesentlich ein (vgl. Art. 6 Abs. 2 GG). Aber auch hier ist die Zusammenarbeit mit dem Elternhaus unbedingt anzustreben. Ein bleibender Erziehungserfolg ist nur zu erreichen, wenn die familiäre und soziale Umwelt des Minderjährigen in den Hilfeprozeß einbezogen wird. Das folgt schon daraus, daß der Minderjährige regelmäßig wieder in die Familie und die frühere Umgebung zurückkommt.

3. *Gewährung und Anordnung*

Erziehungshilfen können entweder auf freiwilliger Grundlage gewährt oder zwangsweise angeordnet werden. Die Verfahren unterscheiden sich wesentlich.

Gewährungsverfahren

Offene Hilfen und freiwillige Weisungen werden formlos vom Jugendamt oder Vormundschaftsgericht gewährt. Rechtsgrundlage ist § 6 JWG oder § 1631 Abs. 2 BGB. Erziehungsbeistandschaft und Freiwillige Erziehungshilfe sind zu gewähren, wenn die Voraussetzungen vorliegen und alle Personensorgeberechtigten einen entsprechenden Antrag stellen (§§ 55, 63 JWG). Für die Gewährung sind die Jugendwohlfahrtsbehörden zuständig, und zwar für Erziehungsbeistandschaft das Jugendamt und für Freiwillige Erziehungshilfe das Landesjugendamt. Auf beide Erziehungshilfen besteht ein Rechtsanspruch, der vor den Verwaltungsgerichten durchgesetzt werden kann.
Für die Gewährung kommt es auf das Einverständnis des Minderjährigen nicht an. Ein über 14 Jahre alter Jugendlicher kann aber die gegen seinen Willen ausgesprochenen Weisungen mit Beschwerde und gewährte Erziehungsbeistandschaft oder Freiwillige Erziehungshilfe durch Widerspruch und Klage vor dem Verwaltungsgericht anfechten.

Er ist entsprechend dem in § 59 FGG zum Ausdruck gekommenen Grundsatz in diesen Angelegenheiten beschränkt prozeßfähig.

Anordnungsverfahren

Weisungen, Erziehungsbeistandschaft und Fürsorgeerziehung können durch das Vormundschaftsgericht oder durch den Jugendrichter angeordnet werden.

Wenn Erziehungshilfen nicht gewährt werden dürfen, weil die besonderen Voraussetzungen für das Gewährungsverfahren nicht vorliegen, beispielsweise nur ein Elternteil den Antrag stellt, können sie durch das Vormundschaftsgericht angeordnet werden (§§ 56, 65–68 JWG).

Das Vormundschaftsgericht entscheidet von Amts wegen oder auf Antrag (§ 57 Abs. 2 Satz 1, § 65 Abs. 1 Satz 1 JWG). Antragsberechtigt ist jeder Personensorgeberechtigte allein, das Jugendamt und bei Fürsorgeerziehung auch das Landesjugendamt. Der junge Mensch selbst kann nur eine Anregung geben, der das Vormundschaftsgericht von Amts wegen nachzugehen hat.

Das Verfahren des Vormundschaftsgerichts richtet sich nach dem Gesetz über die Angelegenheiten der freiwilligen Gerichtsbarkeit. Zu erwähnen ist, daß nach § 12 FGG das Gericht den Sachverhalt von Amts wegen aufzuklären und die in Frage kommenden Beweise zu erheben hat. Das Vormundschaftsgericht muß die Antragsberechtigten und den Minderjährigen vor der Beschlußfassung hören (vgl. Art. 103 Abs. 1 GG). Der Beschluß ist den Antragsberechtigten und dem über 14 Jahre alten Minderjährigen bekanntzugeben bzw. förmlich zuzustellen (§§ 55 Abs. 4 Satz 1, § 65 Abs. 3 Satz 2 JWG). Soweit sich aus der Begründung Nachteile für die Erziehung des Minderjährigen ergeben können, sind sie ihm nicht mitzuteilen (§ 57 Abs. 5 Satz 2, § 65 Abs. 3 Satz 3 JWG). Gegen den bewilligenden oder ablehnenden Beschluß steht den Beteiligten Beschwerde zu, und zwar bei Weisungen und Erziehungsbeistandschaft die einfache (unbefristete) Beschwerde (§§ 19, 21 FGG) und bei Fürsorgeerziehung die sofortige (binnen 2 Wochen ab Zustellung einzulegende) Beschwerde (§ 65 Abs. 4 JWG, § 22 FGG). Die sofortige Beschwerde hat aufschiebende Wirkung, so daß mit der Ausführung der Fürsorgeerziehung erst nach Rechtskraft des Beschlusses begonnen werden kann.

Für die Anordnung der Fürsorgeerziehung gelten drei verfahrensrechtliche Besonderheiten

Bestehen Zweifel, ob ein Minderjähriger zu verwahrlosen droht oder verwahrlost ist oder ob er im medizinischen Sinne unerziehbar ist, dann kann das Vormundschaftsgericht seine Untersuchung zur Beurteilung seiner Persönlichkeit durch einen pädagogischen, medizinischen oder psychologischen Sachverständigen anordnen (66 JWG, vgl. § 73 JGG). Falls zur Vorbereitung des Gutachtens erforderlich, kann der Minderjährige bis zu drei Monaten in einer geschlossenen Einrichtung beobachtet und untersucht werden (§ 66 Abs. 2 Satz 1–3 JWG).

Wenn die Anordnung der Fürsorgeerziehung wahrscheinlich ist und die Gefahr besteht, daß der Minderjährige bis zur endgültigen Entscheidung verwahrlost oder stärker verwahrlost, dann kann zu seinem Schutz vorläufige Fürsorgeerziehung angeordnet werden (§ 67 JWG). Eine sofortige Beschwerde gegen die Anordnung hat keine aufschiebende Wirkung, so daß der Minderjährige sofort in einem Heim untergebracht werden kann (§ 67 Abs. 2 Satz 2 JWG).

Der Vormundschaftsrichter kann das Verfahren aussetzen, wenn die Aussicht besteht, daß der Minderjährige sich auch ohne die Anordnung der Fürsorgeerziehung wieder fängt und dadurch eine Entscheidung entbehrlich wird (§ 68 JWG). Für die Dauer der Aussetzung, die zwei Jahre nicht überschreiten darf (§ 68 Abs. 1 Satz 1 und 2 JWG), ist dem Minderjährigen ein Erziehungsbeistand zu bestellen (§ 68 Abs. 3 JWG). Das Verfahren ähnelt der Aussetzung der Vollstreckung einer Jugendstrafe oder der Aussetzung der Verhängung von Jugendstrafe zur Bewährung (vgl. §§ 21 ff. und 27 ff. JGG).

Weisungen, Erziehungsbeistandschaft und Fürsorgeerziehung können als Erziehungsmaßregeln vom Jugendrichter als Reaktion auf eine Straftat angeordnet werden (§ 9 Nr. 1 bis 3, § 12 JGG). Der Jugendrichter hat die Straftat und die Schuld des Jugendlichen festzustellen und zu prüfen, ob diese Hilfen zur Erziehung ausreichen oder ob nicht Zuchtmittel oder Jugendstrafe nötig sind (§ 5 Abs. 2 JGG). Daneben müssen die besonderen Voraussetzungen der Erziehungsbeistandschaft oder Fürsorgeerziehung erfüllt sein (§ 12 Satz 1 JGG). Insoweit gelten die Vorschriften des Jugendwohlfahrtsgesetzes. Die Rechtsmittel gegen die jugendrichterliche Anordnung der Erziehungshilfen richten sich nach dem Jugendgerichtsgesetz (vgl. § 55 Abs. 1 JGG).

In diesem Zusammenhang sei erwähnt, daß die Anordnung von Erziehungsbeistandschaft oder Fürsorgeerziehung im Erziehungsregister vermerkt wird (§ 56 Abs. 1 Ziff. 2 und 8, Abs. 3 und 4 BZRG).

4. Durchführung

Für die Durchführung von offenen Hilfen und Weisungen, die vom Vormundsrichter angeordnet worden sind, gibt es keine Vorschriften. Der Vormundschaftsrichter kann die Befolgung der Weisungen selbst überwachen oder damit das Jugendamt beauftragen (§ 48 c JWG). Dieses kann freie Träger der Jugendhilfe einschalten (§ 18 JWG). Wegen der Weisungen des Jugendrichters vergleiche § 29 I 1.

Erziehungsbeistandschaft

Nachdem die Erziehungsbeistandschaft gewährt oder angeordnet ist, hat das Jugendamt eine geeignete Person als Erziehungsbeistand zu bestellen (§ 56 Abs. 1, § 57 Abs. 1 Satz 2 JWG).

Der Erziehungsbeistand hat eine doppelte Funktion. Er hat einerseits die Personensorgeberechtigten bei der Erziehung zu unterstützen. Er steht andererseits dem jungen Menschen mit Rat und Tat zur Seite (§ 58 Abs. 1 Satz 1 und 2 JWG). Der Erziehungsbeistand hat dabei weder gegenüber den Eltern noch gegenüber dem Minderjährigen ein Weisungs- oder Entscheidungsrecht in Fragen der Erziehung. Er kann nur erfolgreich arbeiten, wenn es ihm gelingt, sich das Vertrauen der Eltern und des Minderjährigen zu erwerben, so daß beide ihn als Vermittler und Ratgeber anerkennen und seine Hilfe annehmen. Eine gute Beratung setzt umfassende Information voraus. Deshalb sind Personensorgeberechtigte, Arbeitgeber, Lehrer und andere Personen, bei denen sich der Minderjährige aufhält, verpflichtet, dem Erziehungsbeistand Auskunft in den Angelegenheiten zu geben, die die Erziehung des Minderjährigen betreffen (§ 59 JWG).

Der Erziehungsbeistand hat Anspruch auf Beratung und Unterstützung durch das Jugendamt (§ 60 JWG). Auf Verlangen muß er dem Jugendamt und – bei angeordneter Erziehungsbeistandschaft – dem Vormundschaftsgericht berichten (§ 58 Abs. 2

Satz 1 JWG). Außerdem trifft ihn im Interesse des Minderjährigen eine Anzeigepflicht. Er hat dem Jugendamt und dem Vormundschaftsgericht jeden besonderen Umstand mitzuteilen, der Anlaß geben kann, weitere erzieherische Maßnahmen zu treffen, z. B. Ermahnung und Belehrung durch den Vormundschaftsrichter, Bestellung eines anderen Erziehungsbeistandes (§ 56 Abs. 2 JWG), Anordnung der Fürsorgeerziehung.

Erziehung außerhalb der eigenen Familie

Bei Freiwilliger Erziehungshilfe und Fürsorgeerziehung unterscheidet das Jugendwohlfahrtsgesetz zwischen Ausführung und Durchführung.
Ausführung bedeutet die rechtliche und pädagogische Leitung und Überwachung, während mit Durchführung die individuelle Arbeit der Erzieher in den Einrichtungen oder geeigneten Familien gemeint ist.

Die Ausführung der Erziehungsmaßnahmen obliegt dem örtlich zuständigen (vgl. § 70 JWG) Landesjugendamt, das das Jugendamt beteiligen soll (§ 69 Abs. 1 JWG).
Das Landesjugendamt hat als Erziehungsbehörde bei der Ausführung der Freiwilligen Erziehungshilfe ein von den Eltern übertragenes Recht zur Erziehung und bei der Fürsorgeerziehung ein eigenes öffentliches Erziehungsrecht.
Der Umfang der Erziehungsberechtigung wird bei der Freiwilligen Erziehungshilfe durch die Übertragung bestimmt und ergibt sich bei der Fürsorgeerziehung aus dem Zweck der Erziehungshilfe. Das Erziehungsrecht umfaßt somit alle Teile der Personensorge, die zur Unterbringung des Minderjährigen außerhalb des Elternhauses und zu seiner Erziehung erforderlich sind, also die Pflege, die Aufenthaltsbestimmung, das Recht auf Herausgabe, die Beaufsichtigung und insbesondere die Erziehung einschließlich eines eingeschränkten Züchtigungsrechts. Die Teile der Personensorge, die nicht unbedingt zur Erfüllung des Erziehungsauftrages nötig sind, bleiben bei den Eltern. Dazu gehören etwa das Recht, die Einwilligung in eine nicht dringende Operation zu erteilen, den Beruf oder die Ausbildung des Minderjährigen zu bestimmen oder in eine Eheschließung einzuwilligen.
Die Vermögenssorge ist grundsätzlich nicht Aufgabe des Landesjugendamtes. Bei der Fürsorgeerziehung ist es jedoch gesetzlicher Vertreter des Minderjährigen bei Rechtsgeschäften, die die Eingehung, Änderung oder Aufhebung eines Arbeits- oder Ausbildungsverhältnisses und die Geltendmachung der Ansprüche aus solchen Rechtsverhältnissen betreffen (§ 69 Abs. 4 Satz 1 JWG). Außerdem ist dem Landesjugendamt die Verwaltung des Arbeitseinkommens und etwaiger Renten (z. B. Waisenrente) des Minderjährigen übertragen (§ 69 Abs. 4 Satz 2 JWG). Eine entsprechende gesetzliche Regelung für die Freiwillige Erziehungshilfe fehlt. Sie ist der Vereinbarung zwischen den Eltern des Minderjährigen und der Erziehungsbehörde überlassen und wird bei Bedarf in den Gewährungsbescheid aufgenommen.
Während der gesamten Dauer der öffentlichen Erziehung steht der Minderjährige unter der verantwortlichen Aufsicht des Landesjugendamtes. Die Aufsicht erstreckt sich darauf, ob bei der Durchführung das leibliche, geistige und seelische Wohl des Minderjährigen gewährleistet ist und ob er seinen Fähigkeiten entsprechend optimal gefördert wird (§ 69 Abs. 3 Satz 1 und 3 JWG). Diese Aufsicht steht neben der Heimaufsicht und der Pflegekinderaufsicht nach den §§ 78 und 79 JWG.

Das Landesjugendamt hat auch darüber zu wachen, daß die Rechte des Minderjährigen gewahrt werden. Eine besondere Problematik besteht hinsichtlich der Grundrechte des Minderjährigen in Heimerziehung. Bei der Freiwilligen Erziehungshilfe gelten allerdings die Grundsätze, die zur Grundrechtsmündigkeit für das Verhältnis des Kindes zu seinen Eltern dargestellt worden sind (§ 7 II), weil die Erziehungsbehörde auf Grund der privatrechtlichen Übertragung der Erziehungsbefugnis an die Stelle der Eltern tritt. Danach gibt es bei der Freiwilligen Erziehungshilfe ebensowenig einen Gegensatz zwischen Grundrechten des Minderjährigen und Ausübung der Erziehungsbefugnis wie bei der elterlichen Sorge.
Für das öffentliche Erziehungsrecht gelten die im Verhältnis des Kindes zu seinen Eltern bestehenden Einschränkungen aber nicht. Der Minderjährige wird vielmehr zwangsweise durch die öffentliche Gewalt in seinen Rechten beschränkt. Deshalb mußten die bei der Fürsorgeerziehung betroffenen Grundrechte der Freiheit der Person (Art. 2 Abs. 2 Satz 2 GG) und der Freizügigkeit (Art. 11 Abs. 1 GG) gemäß Art. 19 Abs. 1 Satz 2 GG in § 71 Satz 2 JWG ausdrücklich genannt werden. Daraus folgt zugleich, daß Eingriffe in andere Grundrechte ausgeschlossen sind. Die Aufnahme in das besondere öffentlich-rechtliche Gewaltverhältnis der Fürsorgeerziehung schränkt die Ausübung von Grundrechten nicht automatisch ein. Das Bundesverfassungsgericht hat das für die vergleichbare Lage der Strafgefangenen klargestellt. Eine Briefkontrolle (Art. 10 GG) oder die Beschränkung der Zeitungslektüre (Art. 5 Abs. 1 Satz 1 GG) ist daher ebenso unzulässig wie andere Eingriffe in Grundrechte des Minderjährigen.

Mit der Durchführung der außerfamiliären Erziehung beauftragt das Landesjugendamt eine geeignete Familie oder den Träger eines Heimes. Es überträgt dazu die nötigen Teile des Erziehungsrechts.
Entgegen dem durch § 69 Abs. 3 Satz 1 JWG erweckten Anschein werden Freiwillige Erziehungshilfe und Fürsorgeerziehung in der Regel nicht in einer Familie durchgeführt. Im Jahre 1969 befanden sich 47 677 Minderjährige in außerfamiliärer Erziehung. Davon waren nur 3 520 in einer fremden Familie untergebracht.
Die Auswahl des Heimes hängt von der zu leistenden Erziehungsaufgabe ab. Es gibt Beobachtungsheime, geschlossene und offene Heime, allgemeine Heime und solche, in denen eine heilpädagogische, psychotherapeutische oder psychagogische Behandlung durchgeführt werden kann, Heime mit eigenen Schulen und Sonderschulen oder mit Ausbildungsmöglichkeiten. Außerdem gibt es Differenzierungen entsprechend den von den Personensorgeberechtigten festgelegten Grundrichtungen der Erziehung, insbesondere in konfessioneller und weltanschaulicher Hinsicht. Regelmäßig werden in den Heimen entweder nur männliche oder nur weibliche Minderjährige betreut.
Das Landesjugendamt hat dafür zu sorgen, daß öffentliche und freie Träger der Jugendhilfe die zur Durchführung der außerfamiliären Erziehung erforderlichen differenzierten Einrichtungen und Heime schaffen und unterhalten (§ 72, vgl. auch § 20 Abs. 1 Nr. 5 und § 7, ferner § 71 Abs. 2 und 3 JWG).
Leider gibt es zur Zeit zu wenige geschlossene Heime oder geschlossene Abteilungen in offenen Heimen. Ausgehend von der richtigen Erkenntnis, daß erfolgreiche Erziehung nur möglich ist, wenn es gelingt, den Jugendlichen zur freiwilligen Mitarbeit zu bewegen, wurde weitgehend auf geschlossene oder halboffene Einrichtungen verzichtet. Viele Jugendliche laufen aber immer wieder aus den Heimen fort, oft schon am

Tag ihrer Aufnahme. Beinahe zwangsläufig kommt es auf der Flucht und während des anschließenden Verbergens vor Polizei, Beamten des Jugendamtes und oft auch Eltern zu Straftaten. Das Ergebnis dieser (nur scheinbar liberalen) pädagogischen Einstellung gegen geschlossene Heime ist, daß den meisten dieser regelmäßig schwer geschädigten Jugendlichen sozialpädagogische und sozial-therapeutische Hilfe versagt wird. Sie stehen sehr bald vor dem Jugendrichter und müssen zu Jugendstrafen ohne Bewährung verurteilt werden. Es ist eine Binsenwahrheit, daß man nur mit einem tatsächlich anwesenden Jugendlichen sprechen, zu ihm ein Vertrauensverhältnis aufbauen, ihn zur Mitarbeit bewegen, ihm helfen und ihn erziehen kann.

Neben der Heimerziehung führt § 69 Abs. 3 Satz 1 JWG die Durchführung der Erziehungshilfen in einer geeigneten Familie an. Familienerziehung kommt regelmäßig nur bei solchen Minderjährigen in Betracht, die entweder mehr durch Vernachlässigung als durch schlechte Neigungen oder Fehlverhalten gefährdet sind oder bei denen die Verwahrlosung noch in einem frühen Stadium ist. Geeignet sind solche Familien, die durch besondere erzieherische Befähigung der als Erzieher oder Miterzieher tätigen Familienmitglieder die leibliche, geistige und seelische Entwicklung des Minderjährigen nachhaltig fördern können (insbesondere heilpädagogische Pflegestellen, Erziehungsstellen).

Das Gesetz läßt zu, daß die außerfamiliäre Erziehung auch auf andere Weise durchgeführt wird. Aus Berlin ist die Einrichtung der „Kinderpflegenester" bekannt geworden, bei der mehrere Kinder mit einem Erzieherpaar in einem Familienverband leben. Außerdem wird für Jugendliche, die von zu Hause oder aus Heimen ausgerissen sind (sog. Trebegänger), eine „Schutzhilfe" erprobt. In Hessen werden verhaltensgestörte Kinder in „Erziehungsstellen" aufgenommen; das sind Familien, in denen mindestens ein Elternteil besondere pädagogische Fähigkeiten und Erfahrungen sowie eine fachliche Qualifikation haben muß. In den letzten Jahren hat es ferner eine Reihe von Versuchen gegeben, öffentliche Erziehung in Jugendwohngemeinschaften durchzuführen.

Schließlich können Freiwillige Erziehungshilfe und Fürsorgeerziehung in der eigenen Familie des Minderjährigen durchgeführt werden. Bisher kam das allerdings regelmäßig nur als Fortsetzung der in einer Einrichtung begonnenen Erziehung in Frage (vgl. § 69 Abs. 3 Satz 2 JWG), wenn dem jungen Menschen Gelegenheit zur Bewährung unter lockerer Betreuung gegeben werden solle. Neuerdings werden weitere Möglichkeiten erprobt. In Niedersachsen hat sich die „Aufsichtshilfe" und in Nordrhein-Westfalen (Rheinland) die „offene Erziehungshilfe in der öffentlichen Erziehung" bewährt, bei der eine soziale Fachkraft 10–15 Minderjährige intensiv betreut, die im Elternhaus bleiben. Außerdem gibt es sozialtherapeutische Tagesstätten, die gleichfalls eine Trennung des Jugendlichen von seiner Familie vermeiden. Im Jahre 1969 waren von den 47 677 unter FEH oder FE stehenden Minderjährigen 9416 in der eigenen Familie untergebracht.

Nach den Entwürfen eines Jugendhilfegesetzes sollen als neue Erziehungshilfen der Erziehungskurs (§ 50 JHGDiskE, § 57 JHG RefE 74, § 33 JHGRefE 77: Übungs- und Erfahrungskurs) und die Aufnahme in ein sozialtherapeutisches Jugendzentrum (§ 57 JHGDiskE, § 64 JHGRefE 74) eingeführt werden. Erziehungskurse sind von Fachkräften geleitete, 3 Wochen bis 6 Monate dauernde Übungs- und Erfahrungskurse, die auf der

Grundlage eines therapeutisch-pädagogischen Konzepts jungen Menschen eingehende Hilfen zur Konfliktverarbeitung bieten sollen. In sozialtherapeutische Jugendheime (Jugendzentren) sollen Kinder und Jugendliche für 1 bis 3 Jahre aufgenommen werden, die durch stark auffällige sozialschädliche Verhaltensweisen eine behandlungsbedürftige weitreichende Fehlentwicklung erkennen lassen. Ferner ist die Hilfe zur Erziehung in einer Wohngemeinschaft (§ 56 JHGDiskE, § 62 JHGRefE 74, § 40 JHGRefE 77) als eine der Regelformen der Erziehung außerhalb der eigenen Familie vorgesehen.

Die Bezeichnungen Freiwillige Erziehungshilfe und Fürsorgeerziehung werden aufgegeben. Statt dessen sollen unter dem Oberbegriff Hilfe zur Erziehung außerhalb der eigenen Familie (§ 59 JHGRefE 74, § 37 JHGRefE 77, § 52 JHGDiskE: außerhalb des Elternhauses) Hilfe zur Erziehung in Familienpflege (§ 38 JHGRefE 77, § 53 JHGDiskE: Erziehung in einer anderen Familie, § 60 JHGRefE 74: Hilfe in einer anderen Familie), Hilfe zur Erziehung in einer Wohngruppe (§ 56 JHGDiskE, § 62 JHGRefE 74, § 40 JHGRefE 77) und Hilfe zur Erziehung in einem Heim (§§ 54, 55 JHGDiskE, §§ 61, 63 JHGRefE 74, § 39 JHGRefE 77) vom Jugendamt gewährt oder vom Vormundschaftsgericht angeordnet (§ 9 JHGDiskE, § 47 JHGRefE 74, § 8 JHGRefE 77) werden.

Wer einen Minderjährigen dem Anordnungsverfahren oder der Durchführung von Erziehungshilfen außerhalb des Elternhauses entzieht oder ihn verleitet, sich zu entziehen oder ihn dabei fördert oder etwas derartiges versucht, macht sich gem. § 86 JWG strafbar.

5. Beendigung

Öffentliche Erziehung endet automatisch mit Volljährigkeit des jungen Menschen (§ 61 Abs. 1, § 75 Abs. 1 JWG), sofern er nicht bei außerfamiliärer Erziehung die Fortsetzung der Hilfe ausdrücklich beantragt (§ 75 a JWG). Außerdem sind die Maßnahmen aus einer Reihe von Gründen durch die Jugendämter oder das Vormundschaftsgericht aufzuheben.

Freiwillige Maßnahmen müssen unverzüglich aufgehoben werden, wenn es ein Personensorgeberechtigter beantragt, also sein notwendiges Einverständnis zurückzieht (§ 61 Abs. 2 Satz 3, § 75 Abs. 3 JWG). Da einem verheirateten Jugendlichen das Personensorgerecht selbst zusteht (§ 1633 BGB), kann er gleichfalls den Antrag auf Aufhebung der Freiwilligen Erziehungshilfe stellen. Falls eine Fortsetzung der Erziehungsmaßnahme geboten erscheint, muß sie angeordnet werden.

Wenn der Zweck der Erziehungsmaßnahme erreicht ist, muß sie aufgehoben werden (§ 61 Abs. 2 Satz 1, § 75 Abs. 2 Satz 1 JWG) Der Erziehungserfolg ist erreicht, wenn die Gründe entfallen sind, die für die Gewährung oder Anordnung der Hilfe maßgebend waren und keine neue Gefährdung des Minderjährigen eingetreten ist.

Die Maßnahmen sind auch aufzuheben, wenn die nötige Erziehung anderweitig sichergestellt ist (§ 61 Abs. 2 Satz 1 und 2, § 75 Abs. 2 Satz 1 JWG). Erziehungsbeistandschaft kann entfallen bei Freiwilliger Erziehungshilfe oder Fürsorgeerziehung, da sie die intensivere Art der Betreuung darstellen. Der Zweck einer außerfamiliären Erziehung kann beispielsweise durch eine längere Jugendstrafe oder die Adoption durch ein erziehungstüchtiges Ehepaar erreicht werden.

Ein im Gesetz nicht genannter Aufhebungsgrund ist die Zwecklosigkeit. Dazu gehören die nachträglich festgestellten Fälle der medizinischen Unerziehbarkeit wegen „erheb-

Erziehungshilfen

Form	Voraussetzungen	Gewährung (G), Anordnung (A)	Ausführung (A), Durchführung (D)	Beendigung
Offene Hilfen	Gefährdung oder Störung der Erziehung oder Entwicklung, §§ 1, 6 I JWG, § 1631 II BGB	G. formlos durch JA oder VormR	formlos durch soziale Fachkräfte und Laien des JA und freier Träger	1. formlos durch Erledigung oder Wegfall der Bedürftigkeit, 2. bei Volljährigkeit
freiwillige Weisungen	erzieherische Hilfsbedürftigkeit der Eltern, Antrag, § 1631 II BGB	G. durch VormR	Überwachung (A) durch VormR, JA (evtl. Jugendgerichtshilfe) oder freie Träger, §§ 18, 48 c JWG, § 38 II 3 JGG	1. durch Erfüllung oder Zeitablauf, 2. durch Aufhebung, § 1696 BGB, § 11 II JGG, 3. durch Volljährigkeit bei Weisungen nach §§ 1631 II BGB, § 12 JSchÖG oder § 21 VI GjS
angeordnete Weisungen	Auffälligkeit nach § 12 JSchÖG oder § 21 GjS	A. durch VormR		
	Straftat des Jugendlichen oder Heranwachsenden, §§ 5 I, 9 Nr. 1, 105 I JGG	A. durch JR		
freiwillige Erziehungsbeistandschaft	Gefährdung oder Schädigung der Entwicklung, Erfolgsaussicht, Antrag der Personensorgeberechtigten, §§ 55, 56 JWG	G. durch JA	Leitung und Überwachung (A) durch JA	1. durch Aufhebung durch a) JA bei freiw. EB, § 61 II JWG, b) VormR bei angeordn. EB, § 61 II JWG, § 12 JGG, 2. durch Erledigterklärung des JR bei neuer Verurteilung, § 31 III 2 JGG, 3. durch Volljährigkeit, § 61 I JWG
angeordnete Erziehungsbeistandschaft	wie vor, jedoch kein Antrag, §§ 55, 57 JWG	A. durch VormR	zusätzliche Überwachung durch VormR	
	wie vor, zusätzlich: Straftat des Jugendlichen, §§ 5 I, 9 Nr. 2, 12 JGG, §§ 55, 57 JWG	A. durch JR		

Freiwillige Erziehungshilfe (FEH)	Gefährdung oder Schädigung der Entwicklung, Minderj. darf noch nicht 17 Jahre alt sein, Antrag der Personensorgeberechtigten, Erfolgsaussicht, Förderungsbereitschaft der Personensorgeberechtigten, §§ 62, 63 JWG	G. durch LJA	A. durch LJA, § 69 JWG, D. in 1. einem Heim durch soziale Fachkräfte, 2. einer fremden Familie, 3. der eigenen Familie, evtl. bei Betreuung durch soziale Fachkräfte, 4. anderen Einrichtungen (z. B. Wohngemeinschaft, sozial-therapeutische Tagesstätte)	1. durch Aufhebung durch a) LJA, § 75 II, III, VI JWG b) VormR, § 75 II, IV JWG, 2. durch Erledigterklärung des JR bei neuer Verurteilung, § 31 III 2 JGG, 3. durch Volljährigkeit, § 75 I JWG, Ausnahme: § 75 a JWG
Fürsorgeerziehung (FE)	eingetretene oder drohende Verwahrlosung, Minderjähriger darf noch nicht 17 Jahre alt sein, ausreichende andere Erziehungshilfe kann nicht gewährt werden, § 64 JWG	A. durch VormR		
	wie vor, zusätzlich: Straftat des Jugendlichen, § 5 I, 9 Nr. 3, 12 JGG	A. durch JR		

JA = Jugendamt, LJA = Landesjugendamt, VormR = Vormundschaftsrichter, JR = Jugendrichter

licher geistiger oder seelischer Regelwidrigkeiten" (§ 75 Abs. 2 Satz 2 JWG). In solchen Fällen darf die Erziehungshilfe jedoch erst dann aufgehoben werden, wenn eine notwendige andere Form der Hilfe, insbesondere Sozialhilfe oder Gesundheitshilfe, gesichert ist (§ 75 Abs. 2 Satz 2 JWG, § 27 Abs. 1 Nr. 4, 6 und 11, § 72 BSHG). Eine weitere Erziehung ist ferner dann zwecklos, wenn der individuell mögliche Erziehungserfolg erreicht ist, so daß der Minderjährige trotz eines verbleibenden Rückstandes gegenüber dem Durchschnitt nicht weiter gefördert werden kann. Man wird dabei insbesondere an die leicht Schwachsinnigen und Psychopathen zu denken haben, die zwar nicht medizinisch unerziehbar sind, deren Erziehbarkeit aber mehr oder weniger begrenzt ist. Schließlich wird man in seltenen Ausnahmefällen eine Aufhebung wegen pädagogischer Unerziehbarkeit zulassen können, wenn sicher ist, daß die Fortführung der Erziehungsmaßnahmen einen sinnlosen Formalismus darstellen würde.

Vorläufige Fürsorgeerziehung ist aufzuheben, wenn das Vormundschaftsgericht nicht binnen sechs Monaten endgültige Fürsorgeerziehung angeordnet oder die Anordnung schon vorher abgelehnt hat (§ 67 Abs. 3 JWG). Sie wird außerdem automatisch aufgehoben, wenn das Verfahren zur Anordnung der endgültigen Fürsorgeerziehung ausgesetzt wird (§ 68 Abs. 1 Satz 3 JWG).

Weisungen, Erziehungsbeistandschaft und vorläufige Fürsorgeerziehung, nicht auch Freiwillige Erziehungshilfe, können durch das Jugendgericht aus erzieherischen Gründen für erledigt erklärt, also aufgehoben werden (§ 31 Abs. 3 Satz 2 JGG). Vormundschaftsrichter oder Jugendrichter können die von ihnen erteilten Weisungen wegen veränderter Umstände ändern oder von ihnen befreien (§ 1696 BGB, § 11 Abs. 2 JGG).

Fürsorgeerziehung kann schließlich unter Vorbehalt des Widerrufs aufgehoben werden (§ 75 Abs. 2 Satz 3 JWG). Diese widerrufliche Aufhebung darf nicht mit der Entlassung (Beurlaubung) aus einem Heim in die eigene Familie verwechselt werden, bei der die Fürsorgeerziehung andauert und nur die Art der Durchführung geändert wird. Die widerrufliche Aufhebung gleicht der Entlassung zur Bewährung während der Vollstreckung einer Jugendstrafe (vgl. §§ 88 und 89 JGG). Die Beiordnung eines Erziehungsbeistandes, der wie ein Bewährungshelfer Eingliederungshilfe geben könnte, ist nicht vorgeschrieben.

Das Aufhebungsverfahren hängt davon ab, ob es sich um eine freiwillige oder eine angeordnete Maßnahme handelt.

Länger dauernde offene Hilfen werden formlos eingestellt. Weisungen erledigen sich formlos dadurch, daß der Jugendliche sie befolgt hat oder durch Zeitablauf. Für die Aufhebung der freiwilligen Erziehungsbeistandschaft und der Freiwilligen Erziehungshilfe sind das Jugendamt und das Landesjugendamt zuständig (§ 61 Abs. 4 Satz 4, § 75 Abs. 3 JWG). Angeordnete Erziehungsbeistandschaft und Fürsorgeerziehung werden durch das Vormundschaftsgericht aufgehoben. Allerdings haben die meisten Bundesländer von der in § 75 Abs. 6 JWG zugelassenen Möglichkeit Gebrauch gemacht, die Aufhebung der Fürsorgeerziehung den Landesjugendämtern zu übertragen. Nur einige Punkte des Verfahrens über die Aufhebung der Fürsorgeerziehung sind besonders geregelt (Antragsberechtigung, Anhörung der Beteiligten, Rechtsmittel, § 75 Abs. 4 Satz 2, Abs. 5 JWG). Im übrigen gilt das Gesetz über die Angelegenheiten der freiwilligen Gerichtsbarkeit.

V. Erzieherhilfe

Erziehungshilfen sollen die Folgen einer ungenügenden Erziehung bessern. Das gelingt außerhalb der Familie nur unvollkommen. Die Familie ist die erste und wichtigste Sozialisationsinstanz. Nach allen Erfahrungen ist Erziehung durch Eltern und Familie kaum zu ersetzen. Die beste Erziehungshilfe ist deshalb Hilfe zur Erziehung durch die Familie. Wenn man zudem nicht nur die Folgen, sondern die Ursachen einer Gefährdung oder Schädigung der Entwicklung (Verwahrlosung) eines jungen Menschen bekämpfen will, muß man in der Familie ansetzen. Aus beiden Gründen gilt es daher, die Erziehung in der Familie zu fördern, die Erziehungsfähigkeit und Erziehungskraft der Eltern zu entwickeln und zu stärken sowie ihnen Hilfen in erzieherischen Notlagen anzubieten.

Dieses wichtige Arbeitsfeld der Jugendhilfe wird als Erzieherhilfe bezeichnet, weil sie sich in erster Linie an die Erziehungsberechtigten wendet. Erzieherhilfe gehört im weiteren Sinn zu den Erziehungshilfen, weil sie über die Eltern (mittelbar) die Erziehung der jungen Menschen fördern will.

Im Gegensatz zu den Entwürfen eines Jugendhilfegesetzes (vgl. §§ 27–30, 38–40 JHGDiskE, §§ 40–45 JHGRefE 74, §§ 25–31 a JHGRefE 77) finden sich im geltenden Recht nur vereinzelt und verstreut Vorschriften, die Hilfen für Erziehungsberechtigte vorsehen.

Nach § 1631 Abs. 2 BGB hat das Vormundschaftsgericht die Eltern auf Antrag bei der Erziehung der Kinder durch geeignete Maßregeln zu unterstützen, also Erzieherhilfe zu gewähren. Das Jugendamt ist gem. § 48 JWG an dieser Aufgabe beteiligt.

Für einen bestimmten Personenkreis, hauptsächlich Erzieher, obliegt dem Jugendamt eine über die Erziehungsberatung nach § 5 Abs. 1 Nr. 1 JWG hinausgehende besondere Beratungs- und Unterstützungspflicht. Zunächst ist auf die §§ 47 d, 60 JWG hinzuweisen. Danach hat das Jugendamt die Pfleger, Vormünder, Beistände, Erziehungsbeistände und Gegenvormünder seines Bezirks planmäßig zu beraten und bei der Ausübung ihres Amtes zu unterstützen. Zu dem Kreis gehören ferner Eltern, denen die Personensorge allein zusteht, etwa Mütter nichtehelicher Kinder oder geschiedene Elternteile, denen die elterliche Sorge übertragen ist (§ 51 Abs. 1 JWG). Die Kinder in solchen unvollständigen Familien sind gefährdet, da der sorgeberechtigte Elternteil allein steht und dadurch den erzieherischen und sonstigen Anforderungen nicht immer gewachsen ist. Außerdem sind erfahrungsgemäß viele Frauen unsicher und hilflos, wenn es um die Geltendmachung von Unterhaltsansprüchen geht. Das erklärt die fast 20 000 Unterhaltsbeistandschaften, die die Jugendämter 1975 führten. Den allein sorgeberechtigten Eltern sind getrennt lebende Eltern gleichgestellt, die ein Kind in Obhut haben, ohne daß schon über die elterliche Sorge entschieden ist (§ 51 Abs. 2 JWG). Zu dem Personenkreis, der Anspruch auf Beratung und Unterstützung durch das Jugendamt hat, gehören schließlich werdende Mütter (§ 52 Abs. 1, vgl. auch § 5 Abs. 1 Nr. 2 JWG).

Weitere Hilfen sind für nichteheliche Mütter vorgesehen (§ 52 Abs. 2 und 3 JWG). § 52 Abs. 2 und 3 JWG). Mit Einverständnis der Mutter kann das Jugendamt schon vor der Geburt des Kindes die Feststellung der Vaterschaft vorbereiten und die Mutter bei der Geltendmachung ihrer Ansprüche nach den §§ 1615 k und 1615 l BGB unterstützen.

Der Hauptteil der Hilfen für werdende Mütter und Wöchnerinnen obliegt allerdings als Mutterschaftshilfe den Krankenkassen (§§ 195 a ff, 205 a RVO) und – für nicht krankenversicherte hilfsbedürftige Frauen – den Sozialämtern (§§ 2, 36, 38 BSHG). Sie gewähren beispielsweise Vorsorgeuntersuchungen, ärztliche Betreuung und Hebammenhilfe, Entbindungskosten, Versorgung mit Arzneien und Heilmitteln sowie vorbeugende Hilfe durch Aufnahme in Müttergenesungsheime. Der Schutz der erwerbstätigen Mütter durch Beschäftigungsverbote und -beschränkungen, Arbeitsbefreiuung, Kündigungsschutz, Wochen- und Stillgeld u. a. ist im Mutterschutzgesetz geregelt, dessen Einhaltung durch die Gewerbeaufsichtsämter kontrolliert wird.

Die Aufgabe der Jugendämter beschränkt sich daher auf Hilfen für Wöchnerinnen und Mütter in schwierigen Lebenslagen, vornehmlich ledige und minderjährige Mütter. Als Einrichtungen sind Mütterberatungsstellen, Entbindungsheime, Mutterschutzheime sowie Mutter-und-Kind-Heime zu nennen. Heime für Mutter und Kind, die die schädliche Trennung der meist berufstätigen ledigen Mütter von ihren Kindern weitgehend vermeiden, gewinnen – auch als flankierende Maßnahme gegen Abtreibungen – zunehmend an Bedeutung. Leider gab es 1969 erst 53 dieser Heime mit 1 648 Plätzen.

Zu den Hilfen für Mütter und Kinder in schwierigen Lagen gehört ferner die bevorzugte Bereitstellung von Plätzen in Kindergärten, Horten und Tageseinrichtungen sowie die Vermittlung von geeigneten Wohnungen.

Neben diesen allgemeinen Beratungs- und Unterstützungspflichten (allgemeine Erziehungshilfe) stehen eine Reihe von besonderen Hilfen für Erziehungsberechtigte.

An erster Stelle ist die Erziehungsberatung zu nennen. Aus vielerlei Gründen stehen heute größere Erziehungsschwierigkeiten einer geringeren Erziehungskraft der Familie und einer Unsicherheit und Verunsicherung der Eltern in Erziehungsfragen gegenüber. Die Beratung in Fragen der Erziehung (§ 5 Abs. 1 Nr. 1 JWG) ist deshalb eine wichtige Aufgabe der Jugendhilfe.

Erziehungsberatung umfaßt einmal die Beratung der Eltern und der anderen Erzieher sowie der Jugendlichen (vgl. auch §§ 47 d, 51 und 60 JWG) durch soziale Fachkräfte als Teil ihrer allgemeinen Aufgaben (funktionale Erziehungsberatung) und zum anderen die spezielle Beratung und Behandlung in Erziehungsberatungsstellen und ergänzenden Einrichtungen wie Spieltherapiegruppen, heilpädagogischen Kindergärten und Horten (institutionale Erziehungsberatung).

Die Erziehungsberatungsstelle hat die Aufgaben,

- Fehlentwicklungen und seelische Störungen von Kindern und Jugendlichen aufzudecken und die Ursachen zu klären (Diagnose),
- die Eltern über die Gründe der Schwierigkeiten aufzuklären, dabei auch deren eigene Fehler deutlich zu machen und Lösungsmöglichkeiten aufzuzeigen (Beratung),
- sowie notfalls einen Behandlungsplan aufzustellen und therapeutische Hilfen selbst durchzuführen oder zu vermitteln (Therapie).

Eine rechtzeitige Erziehungsberatung kann in vielen Fällen verhindern, daß sich nachteilige Entwicklungen verfestigen und so den späteren Einsatz stationärer Erziehungshilfen oder das Eingreifen des Jugendrichters vermeiden. Leider gibt es noch zu wenig Erziehungsberatungsstellen, die den Anforderungen genügen. Im Jahre 1971 standen erst 348 Einrichtungen zur Verfügung, teilweise aber ohne Therapiemöglichkeiten. Um die Forderungen von Wissenschaft und Praxis zu erfüllen, müßten mindestens dreimal so viel Erziehungsberatungsstellen geschaffen werden (1 Stelle auf höchstens 50 000 Einwohner). Der bestehende Mangel führt vielfach zu überlangen Wartezeiten und manchmal zu oberflächlicher Arbeit.

Als besondere Erzieherhilfen sind ferner Beistand und Erziehungsbeistand zu erwähnen. Der Beistand, den das Vormundschaftsgericht alleinstehenden Sorgeberechtigten auf deren Antrag zu bestellen hat, unterstützt den Elternteil bei der Ausübung der elterlichen Sorge insgesamt oder in einzelnen oder einem Kreis von Angelegenheiten (§§ 1685, 1686 BGB). Der Erziehungsbeistand wird zwar für den Minderjährigen bestellt (§ 55 JWG), hat aber hauptsächlich die Personensorgeberechtigten bei der Erziehung zu unterstützen (§ 58 Abs. 1 JWG).

Als eigenes Arbeitsfeld der Erzieherhilfe hat sich die Elternbildung entwickelt. Es geht dabei um Information und Beratung von Eltern und zukünftigen Eltern über Ehe- und Erziehungsfragen in Form von Elternbriefen, Gesprächsgruppen, Freizeiten, Kursen, Seminaren und Veranstaltungen ähnlicher Art im Rahmen der Familienerholung. Diese Aufgabe wird vornehmlich von freien Trägern der Jugendhilfe, gelegentlich von Volkshochschulen in Zusammenarbeit mit dem Jugendamt durchgeführt. Es gibt spezielle Elternschulen und Mütterschulen. Je nach Bedarf kommen auch Veranstaltungen für bestimmte Zielgruppen in Betracht, z. B. für Eltern behinderter Kinder, Adoptiveltern, Pflegeeltern, Eltern in sozialen Brennpunkten, Eltern kinderreicher Familien, Mütter nichtehelicher Kinder.

Die Bundesregierung fördert ein Projekt „Elternbildung im Medienverbund" und die Entwicklung von Begleitkursen zu einem „Pädagogischen Kontext-Programm" des ZDF, in dem Sendungen für Kinder im Vorschulalter mit Erziehungs- und Elternmagazinen thematisch verklammert werden sollen.

Außerdem zählt hierher die Förderung von Elternkreisen, Elternclubs und Elterninitiativen, die ebenfalls dazu dienen können, Eltern bei der Erfüllung ihrer Erziehungsaufgaben zu unterstützen.

VI. Jugendgerichtshilfe

Als letzter großer Aufgabenbereich des Jugendamtes auf dem Gebiet der Jugendfürsorge ist die Jugendgerichtshilfe zu behandeln. Sie ist ein Gegenstück zur Vormundschaftsgerichtshilfe. Mit dem Anstieg der Jugendkriminalität ist die Arbeitsbelastung der Jugendämter gewachsen. Im Jahre 1973 erhielten 212 011 Jugendliche und Heranwachsende Jugendgerichtshilfe (1969: 179 923).

Die Jugendgerichtshilfe ist als unbedingte Pflichtaufgabe in § 4 Nr. 4 JWG nur erwähnt. Anders als bei der Vormundschaftshilfe und der Vormundschaftsgerichtshilfe hat der Gesetzgeber davon abgesehen, die Vorschriften des Jugendgerichtsgesetzes über Aufgaben und Durchführung der Jugendgerichtshilfe in das Jugendwohlfahrtsgesetz zu übernehmen und sie zu ergänzen.

Die Einrichtung der Jugendgerichtshilfe ist – etwas knapp – in § 38 JGG geregelt. Sie wird von den Jugendämtern im Zusammenwirken mit den freien Vereinigungen der Jugendhilfe ausgeübt (§ 38 Abs. 1 JGG, § 5 Abs. 4 Nr. 1 JWG). Das Jugendamt ist danach nicht nur gemäß § 18 JWG berechtigt, sondern verpflichtet, den freien Vereinigungen Mitarbeit im Bereich der Jugendgerichtshilfe anzubieten. Der Umfang der tatsächlichen Beteiligung ist örtlich sehr verschieden. Während insbesondere in den mehr ländlichen Bezirken die Träger der freien Jugendhilfe auf dem Gebiet der Jugendgerichtshilfe vielfach überhaupt nicht tätig sind, überlassen die Jugendämter in anderen Bezirken alle Aufgaben den freien Vereinigungen und führen nur die Aufsicht.

Die Jugendgerichtshilfe soll in erster Linie die erzieherischen, sozialen und fürsorgerischen Gesichtspunkte in Verfahren vor den Jugendgerichten zur Geltung bringen. Im einzelnen hat sie nach dem Gesetz fünf Aufgaben:

- Erforschung der Persönlichkeit, der Entwicklung und der Umwelt des Beschuldigten, Zusammenfassung der Ermittlungen in einem Bericht (§ 38 Abs. 2 Satz 2 JGG),
- Anwesenheit in der Hauptverhandlung, Mitwirkung bei der Erörterung des Ermittlungsberichts und Äußerung zur Auswahl der jugendrichterlichen Maßnahmen (§ 38 Abs. 1, 2 und 3 Satz 4 JGG),
- Überwachung von Weisungen und Auflagen (§ 38 Abs. 2 Satz 3 und 4 JGG),
- Betreuung während des Vollzugs (§ 38 Abs. 2 Satz 6 JGG),
- Wiedereingliederungshilfe in Zusammenarbeit mit dem Bewährungshelfer (§ 38 Abs. 2 Satz 5 und 6 JGG).

Hinsichtlich der ersten beiden Aufgaben (Jugendgerichtshilfebericht, Mitwirkung in der Hauptverhandlung) kann auf die Ausführungen beim Jugendstrafrecht verwiesen werden (§ 28 VI 1).

Die Überwachung von Weisungen (§ 10 JGG) und von Auflagen (§ 15 JGG) ist eine Hilfe für das Gericht bei der Vollstreckung der Urteile. Sie geht aber über die reine Vollzugshilfe hinaus. Die Jugendgerichtshilfe soll auch dem Verurteilten helfen, beispielsweise die Schadenwiedergutmachung oder die Entschuldigung (§ 15 Abs. 1 Nr. 1 und 2 JGG) vermitteln. Sie soll ferner den Jugendlichen anhalten, Weisungen zu befolgen und Auflagen zu erfüllen sowie ihn über die möglichen Folgen des Ungehorsams belehren. Erhebliche Zuwiderhandlungen, die ein weiteres Einschreiten des Jugendrichters nach den §§ 11, 15 Abs. 2 JGG nötig machen, teilt die Jugendgerichtshilfe dem Gericht mit (§ 38 Abs. 2 Satz 4 JGG).

Die Betreuung während des Vollzugs und die Wiedereingliederungshilfe sind wichtige fürsorgerische Aufgaben, die jedoch in der Praxis zu kurz kommen. Das hängt damit zusammen, daß Jugendstrafen, bei denen eine nachgehende Betreuung besonders dringend ist, regelmäßig nach Teilverbüßung zur Bewährung ausgesetzt werden und die Wiedereingliederungshilfe dann vom Bewährungshelfer allein wahrgenommen wird. Im Rahmen der nachgehenden Betreuung kann der Vertreter der Jugendgerichtshilfe die vorzeitige Tilgung des Strafmakels einer Jugendstrafe beantragen (§ 97 Abs. 1 Satz 2 JGG).

Der Jugendgerichtshelfer hat danach eine doppelte Funktion: Er ist einerseits für das Gericht tätig, indem er Ermittlungshilfe, Beratung und Vollzugshilfe leistet; er hilft andererseits dem straffällig gewordenen Jugendlichen oder Heranwachsenden. Neben den im Gesetz erwähnten Aufgaben der Geltendmachung der sozialen und fürsorgerischen Gesichtspunkte, der Betreuung während des Vollzugs und der Wiedereingliederungshilfe gehören nach dem Selbstverständnis der Jugendgerichtshilfe hierzu die erzieherische Betreuung und Beratung des Beschuldigten, die Beratung der Erziehungsberechtigten sowie die Anregung von Hilfen zur Beseitigung von Notständen, die für die Straftat mitursächlich waren.

§ 20 Jugendpflege

Die vielfältigen Aufgaben der Jugendhilfe im Bereich der Jugendpflege entziehen sich weitgehend einer rechtlichen Regelung. Daher beschränkt sich das Gesetz in § 5 Abs. 1 darauf, einige Arbeitsbereiche beispielhaft aufzuzählen. Die knappe rechtliche Behandlung darf jedoch nicht über die tatsächliche Bedeutung dieser Aufgaben täuschen. Zu Recht wird die Jugendpflege als „Kernbereich heutiger Jugendhilfe" bezeichnet.
Die Aufzählung und Abgrenzung der sozialpädagogischen Arbeitsfelder in § 5 Abs. 1 JWG entspricht nicht heutigem Verständnis. Wir sehen jetzt 2 Gruppen von Aufgaben, nämlich

- ► Familienergänzende Hilfen zur Erziehung und
- ► Jugendarbeit.

I. Familienergänzende Hilfen zur Erziehung

Familienergänzende Hilfen zur Erziehung sind Angebote an Eltern und Kinder, die die Erziehung durch die Familie unterstützen und ergänzen sollen. Man unterscheidet zwischen Hilfen zur frühkindlichen Erziehung für Kinder bis zum vollendeten dritten Lebensjahr (Säuglinge und Kleinstkinder), für Kinder vom dritten Lebensjahr bis zum Schuleintritt (Kleinkinder) und für schulpflichtige Kinder (Schulkinder) und Jugendliche.
Die Abgrenzung der familienergänzenden Hilfen zur Erziehung zu den Erziehungshilfen und zur Erzieherhilfe ist nicht immer deutlich. Abgesehen davon, daß nur Erziehungshilfen gegen den Willen der Erziehungsberechtigten und des jungen Menschen gerichtlich angeordnet werden können, kommt es entscheidend darauf an, daß Erziehungshilfen und Erzieherhilfen in erzieherischen Notlagen helfen, während familienergänzende Hilfen zur Erziehung die normale und im wesentlichen störungsfreie Entwicklung und Erziehung des Kindes fördern.
Nicht dargestellt werden hier Hilfen für körperlich, geistig oder seelisch behinderte Kinder, für die es Einrichtungen wie Tagesstätten, Sonderkindergärten und -horte sowie Behandlung durch Krankengymnasten, Beschäftigungstherapeuten, Heilpädagogen, Logopäden, Psychagogen u. a. gibt. Die Arbeit mit behinderten Kindern zählt eher zur Jugendfürsorge, da es sich um junge Menschen in schwierigen Lebenslagen handelt, deren Entwicklung ohne Hilfe gefährdet ist.

1. Hilfen für Säuglinge und Kleinstkinder

Als ergänzende erzieherische Hilfe für Kinder bis zum vollendeten dritten Lebensjahr kommt vornehmlich Tagespflege in Pflegestellen (auch Tagesmütter) oder in Krippen (für Kinder im Alter von 3 Monaten bis 2 Jahren) und Krabbelstuben (für Kinder im Alter von 2 bis 3 Jahren, sogenannte Kleinstkinder) in Betracht. Sie ist trotz zeitlicher Begrenzung als Erziehung außerhalb der eigenen Familie aus sozialpädagogischer und psychologischer Sicht problematisch. Nach den Erkenntnissen der Sozialisationsforschung kann eine störungsfreie Entwicklung bei familienergänzender Pflege und Erziehung von Kindern unter 3 Jahren am ehesten dann gelingen, wenn das Kind in Familienpflege oder in einer sehr kleinen Gruppe untergebracht wird, seine Bezugspersonen nicht wechseln, es sehr viel individuelle und liebevolle Zuwendung erhält und seine Eltern und die Bezugspersonen, die das Kind betreuen, eng zusammenarbeiten. Trotz der Bedenken gegen die Tagespflege von Kindern unter 3 Jahren, darf die Hilfe nicht auf die Fälle beschränkt werden, in denen die Pflege und Erziehung durch Eltern oder andere Familienangehörige ausfällt und dadurch ein auf andere Weise nicht behebbarer Erziehungsnotstand droht (so aber § 33 Abs. 2 JHGDiskE, § 27 Abs. 2 JHGRefE 74). In vielen Fällen liefe das auf den inhumanen Versuch heraus, durch Verweigerung der Hilfe für das Kind und Inkaufnahme seiner Gefährdung die Mutter zur Aufgabe ihrer Erwerbstätigkeit zu zwingen.

2. *Hilfen für Kleinkinder*

Familienergänzende Hilfen für Kleinkinder sind die Erziehung im Kindergarten (Elementarerziehung) sowie die Betreuung in anderen Einrichtungen und Gruppen.

a) Kindergarten

Die eigenständige Aufgabe des Kindergartens für die familienergänzende Erziehung wird heute allgemein anerkannt. Er soll die individuelle Entwicklung der Kinder, besonders ihre sozialen Anlagen und Fähigkeiten, fördern und die Benachteiligungen der aus ungünstigen sozialen oder familiären Verhältnissen stammenden Kinder ausgleichen. Die Entwürfe zu einem Jugendhilfegesetz gewähren einen Anspruch auf Hilfe zur Erziehung in einem Kindergarten (§ 32 JHGDiskE, § 28 JHGRefE 74, § 35 Abs. 1 JHGRefE 77).

Eine Reihe von Ländern (Baden-Württemberg, Bayern, Nordrhein-Westfalen, Rheinland-Pfalz und Saarland) haben besondere Kindergartengesetze erlassen. Sie behandeln insbesondere Begriff und Aufgaben des Kindergartens, Trägerschaft, Aufnahmebedingungen, Planung, Errichtung und Ausstattung, Anforderungen an Fach- und Hilfskräfte und deren rechtliche Stellung, Fachaufsicht, Mitwirkungsrecht der Eltern sowie Verteilung der Bau- und der Betriebskosten. Der wesentliche Inhalt der Gesetze soll wegen seiner besonderen Bedeutung für die Ausbildung von Sozialpädagogen und Erziehern zusammengefaßt werden.

Der Kindergarten (Saarland: vorschulische Einrichtung) wird definiert als Tageseinrichtung freier oder öffentlicher Träger der Jugendhilfe, in der Kinder vom vollendeten dritten Lebensjahr bis zum Beginn der Schulpflicht betreut, gefördert, erzogen und gebildet werden. Teilweise werden Kindergärten von schulvorbereitenden Einrichtungen, Spielkreisen, Eltern-Kind-Gruppen und solchen Einrichtungen abgegrenzt, die besondere Aufgaben außerhalb der Erziehung und Bildung von Kindern erfüllen (Art. 1 Abs. 2 KgGBay, § 1 Abs. 3 KgGSa).

Der Auftrag des Kindergartens ist in den einzelnen Gesetzen unterschiedlich umfassend aufgeführt. Regelmäßig wird betont, daß der Kindergarten die familiäre Erziehung des Kindes ergänzen und unterstützen soll. In einigen Gesetzen wird die wichtige Aufgabe der (funktionalen) Erziehungsberatung durch die Fachkräfte angesprochen (Art. 7 Abs. 1 KgGBay, § 2 Abs. 1 KgGNRW, § 2 Nr. 4 KgGSa). In unterschiedlichem Maß werden Erziehungsziele formuliert wie Persönlichkeitsentfaltung, Förderung sozialer Verhaltensweisen, Ausgleich von Entwicklungsmängeln, oder soziale Ziele gesetzt wie Ausgleich umweltbedingter Benachteiligung und soziale

Integration (Art. 7 Abs. 1 KgGBay, § 2 KgGNRW, § 2 KgGRPf, § 2 Nr. 3 KgGSa). Die umfassendste und anspruchsvollste Beschreibung der Aufgabe des Kindergartens enthält § 2 KgGNRW:

> (1) Der Kindergarten hat im Elementarbereich des Bildungssystems einen eigenständigen Bildungsauftrag. Die Förderung der Persönlichkeitsentwicklung des Kindes und die Beratung und Information der Erziehungsberechtigten sind dabei von wesentlicher Bedeutung; der Kindergarten ergänzt und unterstützt dadurch die Erziehung des Kindes in der Familie.
>
> (2) Der Kindergarten hat seinen Bildungsauftrag in ständigem Kontakt mit dem Elternhaus und anderen beteiligten Erziehungsberechtigten durchzuführen und dabei insbesondere
>
> 1. die Lebenssituation jedes Kindes zu berücksichtigen,
> 2. dem Kind zur größtmöglichen Selbständigkeit und Eigenaktivität zu verhelfen, seine Lernfreude anzuregen und zu stärken,
> 3. dem Kind zu ermöglichen, seine emotionalen Kräfte aufzubauen,
> 4. die schöpferischen Kräfte des Kindes unter Berücksichtigung seiner individuellen Neigungen und Begabungen zu fördern,
> 5. dem Kind Grundwissen über seinen Körper zu vermitteln und seine körperliche Entfaltung zu fördern,
> 6. die geistigen Fähigkeiten des Kindes zu entfalten und ihm dabei durch ein breites Angebot von Erfahrungsmöglichkeiten elementare Kenntnisse von der Umwelt zu vermitteln.
>
> (3) Der Kindergarten hat außerdem die Aufgabe, das Kind unterschiedliche soziale Verhaltensweisen, Situationen und Probleme bewußt erleben zu lassen und jedem einzelnen Kind die Möglichkeit zu geben, seine eigene soziale Rolle innerhalb der Gruppe zu erfahren, seine positiven Wirkungsmöglichkeiten und Aufgaben innerhalb eines demokratischen Zusammenlebens zu erkennen und demokratische Verhaltensweisen zu üben.

Als mögliche Träger eines Kindergartens werden teilweise nur die freien und öffentlichen Träger der Jugendhilfe genannt (§§ 1, 6 KgGRPf, §§ 1 Abs. 1, 10 KgGSa). In anderen Gesetzen werden als öffentliche oder kommunale Träger die Gemeinden, aus Gemeinden gebildete Zusammenschlüsse (Ämter, Zweckverbände) und Landkreise aufgeführt (§ 6 KgGBaW, Art. 2 KgGBay, § 8 Abs. 1 KgGNRW). Das bayerische Kindergartengesetz unterscheidet bei den freien Trägern zwischen freigemeinnützigen Trägern, deren Tätigkeit nicht auf Gewinn gerichtet ist, und sonstigen, also gewerblichen Trägern (Art. 2 Abs. 3 und 4 KgGBay). In mehreren Gesetzen wird der auf § 5 Abs. 3 Satz 2 JWG beruhende Vorrang der freien Träger betont (Art. 5 Abs. 1 KgGBay, § 8 Abs. 3 KgGNRW, § 6 KgGRPf, § 10 Abs. 2 KgGSa). Die örtlichen öffentlichen Träger der Jugendhilfe, also die kreisfreien Städte und die Landkreise, oder die Jugendämter haben dafür zu sorgen, daß entsprechend einem von Landesbehörden oder dem Jugendamt aufzustellenden Bedarfs- oder Entwicklungsplan genügend Kindergärten zur Verfügung stehen (§ 3 KgGBaW, Art. 4 KgGBay, §§ 6, 7 KgGNRW, § 4 KgGRPf, § 8 KgGSa). Sie müssen feststellen, ob ein freier Träger bereit und in der Lage ist, einen notwendigen Kindergarten zu errichten und zu unterhalten. Ist das nicht der Fall, dann soll in Landkreisen das Jugendamt die Gemeinden und Ämter anregen, Kindergärten zu schaffen. Nur wenn weder freie Träger noch Gemeinden ohne eigenes Jugendamt bereit sind, die Trägerschaft zu übernehmen, hat das Jugendamt selbst den Kindergarten zu errichten und zu betreiben (Art. 5 Abs. 1 KgGBay, § 8 Abs. 3 und 4 KgGNRW, § 6 Abs. 1 KgGRPf, § 10 Abs. 2 KgGSa).

Bei der Aufstellung der Bedarfspläne und bei der Planung eines Kindergartens soll davon ausgegangen werden, daß für mindestens 75% der im Wohnbereich des Kindergartens lebenden Kinder Kindergartenplätze erforderlich sind. Der Wohnbereich soll möglichst mit dem Grundschulbezirk übereinstimmen. In sozialen Brennpunkten sollen vorrangig Kindergärten errichtet werden (§ 6 Abs. 2 KgGNRW, § 5 KgGRPf).

Räume, Anlagen und Einrichtung eines Kindergartens müssen so beschaffen sein, daß eine dem Kind angemessene Erziehung und Bildung möglich ist (Art. 15 KgGBay, § 9 Abs. 2 KgGSa). Jeder Kindergarten soll mindestens 2 Gruppen und nicht mehr als 6 Gruppen umfassen. Die Größe der Gruppen soll so festgelegt werden, daß eine dem einzelnen Kind angemessene Förderung möglich ist (§ 5 Abs. 2 KgGRPf). Nach § 9 KgGSa soll die Gruppe 20 bis 25 Kinder umfassen. In anderen Ländern ist den zuständigen Ministern der Erlaß von Bestimmungen über die Größe eines Kindergartens und der Gruppen vorbehalten (§ 20 Abs. 2 KgGNRW, § 12 b KgGRPf).

Die Aufnahmebedingungen sehen regelmäßig ein Mindestalter von 3 Jahren und eine vorherige ärztliche Untersuchung des Kindes vor (§ 4 KgGBaW, Art. 27 KgGBay, § 12 Abs. 2 KgGNRW, § 17 Abs. 1 KgGSa). Die Festlegung weiterer Aufnahmebedingungen oder -grundsätze obliegt in Nordrhein-Westfalen dem Kindergartenrat und im Saarland dem Vorschulausschuß (§ 4 Abs. 2 Nr. 2 KgGNRW, § 3 Abs. 3 b KgGSa). Gelegentlich wird betont, daß der Besuch des Kindergartens freiwillig ist (Art. 1 Abs. 2 KgGBay, § 1 Abs. 2 KgGSa).

Die Anforderungen an die Ausbildung der Fach- und Hilfskräfte sind leider nicht in allen Kindergartengesetzen geregelt. Das baden-württembergische und das bayerische Kindergartengesetz sehen grundsätzlich nur Zuschüsse zu den Personalkosten von Fachkräften vor und unterscheiden zwischen Fachpersonal und Hilfspersonen. Fachkräfte sind (graduierte oder staatlich anerkannte) Sozialpädagogen, (staatlich anerkannte) Erzieher und entsprechende staatlich geprüfte Berufspraktikanten; Hilfskräfte sind nur Kinderpflegerinnen (§ 8 Abs. 3 KgGBaW, Art. 13 KgGBay). Das baden-württembergische Kindergartengesetz bezeichnet als Fachkräfte ferner Krankengymnasten, Beschäftigungstherapeuten, Heilerziehungspfleger, Heilpädagogen, Logopäden und Kinderkrankenschwestern sowie Ordensschwestern und von Diakonissenmutterhäusern ausgebildete Kinderschwestern, außerdem übergangsweise bestimmte Kinderpflegerinnen (§ 8 Abs. 3 Nr. 2 und Abs. 4 KgGBaW).

Die rechtliche und wirtschaftliche Stellung der Fach- und Hilfskräfte wird nur in Art. 14 KgGBay angesprochen. Danach muß ein schriftlicher Vertrag, in dem klare Kündigungsbedingungen, der Anspruch auf Urlaub und die regelmäßige Arbeitszeit festgelegt sind, geschlossen werden, die Gehälter müssen den einschlägigen tariflichen Regelungen entsprechen und in regelmäßigen Zeitabständen gezahlt werden, ferner müssen die pädagogischen Fachkräfte Anwartschaften auf Altersversorgung erwerben.

Kindergärten unterliegen gem. §§ 31 und 78 JWG der Aufsicht des Jugendamtes (individuelle Kontrolle) und des Landesjugendamtes (institutionelle Kontrolle). Darauf wird in einigen Gesetzen hingewiesen (Art. 21 KgGBay, § 11 KgGNRW).

Breiten Raum nimmt in fast allen Kindergartengesetzen die Regelung der Mitwirkung der Eltern ein. Nur in Nordrhein-Westfalen bilden die Erziehungsberechtigten der den

Kindergarten besuchenden Kinder eine besondere Institution, die Elternversammlung. Sie hat das Recht, Auskunft vom Träger und den pädagogischen Fachkräften zu verlangen und sich zu den Antworten zu äußern; außerdem wählt die Elternversammlung den Elternrat (§ 3 Abs. 1 KgGNRW).

In den übrigen Ländern wählen die Eltern Vertreter, die Elternbeiräte (§ 4 KgGBaW), Kindergartenbeiräte (Art. 11 Abs. 2 KgGBay) oder Elternausschüsse (§ 3 KgGRPf) bilden, oder Elternvertreter zu Vorschulausschüssen (§ 4 Abs. 1 c und § 5 KgGSa). Die Elternvertretungen (Elternräte, Elternbeiräte, Kindergartenbeiräte und Elternausschüsse) haben von Land zu Land unterschiedliche Aufgaben und Rechte. Allgemein sollen sie die Erziehungsarbeit im Kindergarten unterstützen, das Interesse der Eltern und der Öffentlichkeit für die Arbeit im Kindergarten beleben und die Zusammenarbeit zwischen den Erziehungsberechtigten, dem Träger des Kindergartens, den pädagogischen Fachkräften, dem Jugendamt und den sonst zuständigen Behörden fördern (§ 4 KgGBaW, § 3 Abs. 2 KgGNRW, § 3 KgGRPf, § 3 Abs. 2 KgGSa). Einige Länder haben die Rechtsstellung der Elternvertretung ausführlicher geregelt. In Art. 12 Abs. 1 KgGBay wird dem Kindergartenbeirat ein Informations- und Anhörungsrecht vor wichtigen Entscheidungen des Trägers und der Leitung des Kindergartens eingeräumt. Außerdem hat er ein Beratungsrecht in folgenden Punkten: die Aufstellung des Haushaltsplans einschließlich der Festlegung der Höhe der Elternbeiträge; die Änderung, Ausweitung oder Einschränkung der Zweckbestimmung, die räumliche und sachliche Ausstattung; die personelle Besetzung; die Gesundheitserziehung der Kinder; die Planung und Gestaltung von regelmäßigen Informations- und Bildungsveranstaltungen für die Erziehungsberechtigten; die Öffnungszeiten des Kindergartens (Art. 12 Abs. 2 KgGBay). In Nordrhein-Westfalen ist der Elternbeirat vor der Einstellung und Entlassung der pädagogischen Fach- und Hilfskräfte und vor der Festsetzung der Öffnungszeiten zu hören (§ 3 Abs. 2 Satz 3, § 5 Abs. 1 KgGNRW).

In Baden-Württemberg, Bayern und Rheinland-Pfalz stehen die Elternvertretungen als selbständiges Organ neben dem Träger und der Leitung des Kindergartens. In Nordrhein-Westfalen und im Saarland bilden der Elternrat bzw. die Elternvertreter mit Vertretern des Trägers und der Fach- und Hilfskräfte sowie – nur im Saarland – dem Leiter der Einrichtung eine besondere Institution, die in Nordrhein-Westfalen Kindergartenrat und im Saarland Vorschulausschuß heißt. Beide Gremien haben wesentlich größere Rechte als die Elternvertretungen. Der Kindergartenrat hat die Aufgabe, die Grundsätze für die Erziehungs- und Bildungsarbeit zu beraten, Grundsätze für die Aufnahme von Kindern in den Kindergarten zu vereinbaren, sich um die erforderliche räumliche und sachliche Ausstattung und um eine ausreichende und qualifizierte personelle Besetzung zu bemühen, die Erziehungsberechtigten umfassend zu informieren und an der Willensbildung zu beteiligen (§ 4 Abs. 2 KgGNRW).

Der Vorschulausschuß beschließt, entscheidet also mit bindender Wirkung für Träger und Leitung des Kindergartens, über die Gestaltung der Programme für die Elternbildung, die Grundsätze und Ausnahmen für die Aufnahme der Kinder sowie die Öffnungszeiten und die Ferientermine (§ 3 Abs. 3 KgGSa). Außerdem hat er beratende Funktion und soll mitwirken bei der Veranschlagung der Einnahmen, insbesondere der Elternbeiträge und der Ausgaben der vorschulischen Einrichtung im Haushalts- oder Wirtschaftsplan des Trägers der vorschulischen Einrichtung; bei der Änderung, Ausweitung oder Einschränkung der Zweckbestimmung der nach dem Haushalts- oder Wirtschaftsplan zur Verfügung stehenden Mittel; bei der Planung von Baumaßnahmen; bei der Beschaffung von Inventar sowie von Lehr- und Lernmitteln sowie vor wichtigen organisatorischen und personellen Änderungen im Betrieb der vorschulischen Einrichtung (§ 3 Abs. 4 KgGSa). Entsprechend seiner vergleichsweise großen Bedeutung sind im saarländischen Kindergartengesetz die Wahl der Vertreter des Vorschulausschusses, die Grundsätze für seine Arbeit sowie die Beschluß- und Arbeitsfähigkeit gesetzlich bestimmt (§§ 5–7 KgGSa).

Für den Träger sind besonders wichtig die Vorschriften über die Zuschüsse zu den Kosten, die durch die Errichtung und den Betrieb eines Kindergartens entstehen. Man muß unterscheiden zwischen den Baukosten, zu denen auch die Kosten der Einrichtung und der Erstausstattung zählen, und den Betriebskosten, die sich aus Personalkosten und Sachkosten zusammensetzen. Baukosten sind die notwendigen (Bay) oder angemessenen (NRW, RPf, Sa) Kosten für Neubau, Umbau, Ausbau oder Erweiterung eines Kindergartens (Art. 23 Abs. 1 KgGBay, § 9 KgGNRW, §§ 7 Abs. 1 und 12 c KgGRPf, § 11 KgGSa). Die Kosten für den Erwerb und die Erschließung des Grundstücks gehören nicht dazu. Personalkosten sind die tariflichen (NRW) oder angemessenen (Sa) Aufwendungen des Trägers für die Vergütung der pädagogischen Kräfte und deren regelmäßige Fortbildung, in Rheinland-Pfalz auch die Aufwendungen für andere Beschäftigte (§ 13 Abs. 2 KgGNRW, § 8 KgGRPf, § 18 KgGSa). Sachkosten sind alle Aufwendungen, die nicht Baukosten oder Personalkosten sind (§ 9 KgGRPf, § 18 Abs. 3 KgGSa), also die Kosten der laufenden Unterhaltung (wie Licht, Wasser, Heizung und Reparaturen) sowie die Beschaffung des nötigen Arbeitsmaterials, nicht der Kapitaldienst und Abschreibungen (§ 13 Abs. 3 KgGNRW).

An den Baukosten beteiligen sich die Länder mit Anteilen zwischen 20% und 65% (BaW: 20%, RPf: 25%, NRW: 50–65%, Bay: im Rahmen der bereitgestellten Mittel), die Kommunen (BaW, Bay, Sa) und/oder das Jugendamt (NRW, RPf) mit Anteilen zwischen 25% und 66²/₃% (NRW: 25%, BaW: 40%, RPf: mindestens 40%, Bay: 66²/₃%). Die Träger müssen eine angemessene Eigenleistung aufbringen, die nur teilweise aus Darlehen bestehen darf. Die Eigenleistung beträgt in Nordrhein-Westfalen bei freien Trägern 25% und bei öffentlichen Trägern 50%, im Saarland mindestens 30%, in Bayern wenigstens 33¹/₃% und in Rheinland-Pfalz 35% (Art. 23 Abs. 1 KgGBay, § 10 Abs. 2 KgGNRW, § 7 Abs. 2 KgRPf, § 12 Abs. 2 KgGSa).

Die Betriebskosten müssen durch Eigenleistung des Trägers, Zuschüsse des Landes, der Kommune, in deren Gebiet der Kindergarten liegt, und des Jugendamtes sowie Elternbeiträge aufgebracht werden. Die Höhe der Zuschüsse ist von Land zu Land unterschiedlich geregelt. In Baden-Württemberg beteiligen sich das Land mit 25% und die Kommune mit mindestens 25% an den Personalkosten (§ 8 Abs. 1 und 2 KgGBaW). Auch Bayern leistet nur Zuschüsse zu den Personalkosten, und zwar der Staat und die Kommune jeweils 33¹/₃%. In Rheinland-Pfalz übernehmen das Land 25% und das Jugendamt und die Kommune gemeinsam 35% der Personalkosten. Im Saarland beträgt der Zuschuß des Landes zu den Personalkosten 25% und der der Kommune 35%. Die Sachkosten hat in diesen Ländern der Träger des Kindergartens selbst aufzubringen (§ 9 KgGRPf, § 19 Abs. 7 KgGSa). Nur Nordrhein-Westfalen gewährt Zuschüsse zu den Betriebskosten, also Personal- und Sachkosten, und zwar das Land

und das Jugendamt ursprünglich je 1/6. Die Anteile des Landes und des Jugendamtes steigen seit 1974 laufend um die Anteile, um die der Elternbeitrag an den Betriebskosten alle 2 Jahre gesenkt wird (§ 14 Abs. 1–3 KgGNRW). Der Anteil des Landes kann für Kindergärten in sozialen Brennpunkten bis zu 50% erhöht werden. Einige Länder schreiben eine Mindestbeteiligung der Träger an den Betriebskosten vor, und zwar Rheinland-Pfalz und Saarland mindestens 15% der Personalkosten und die Sachkosten, Nordrhein-Westfalen 1/3 der Betriebskosten (§ 8 Abs. 1, § 9 KgGRPf, § 19 Abs. 3+7 KgGSa, § 14 Abs. 2 KgGNRW). Der Elternbeitrag ist in Nordrhein-Westfalen auf 1/3 der Betriebskosten und im Saarland auf 25% der Personalkosten begrenzt, in Rheinland-Pfalz beträgt er mindestens 25% der Personalkosten (§ 14 Abs. 2 KgGNRW, § 8 Abs. 3 KgGRPf ,§ 19 Abs. 2 KgGSa).
Modellkindergärten, die von den Ländern mit der Erprobung pädagogischer Methoden, neuer Formen vorschulischer Erziehung oder Modellen der Elternarbeit und Elternmitwirkung beauftragt werden, erhalten als weiteren Zuschuß der Länder die gesamten zusätzlichen Betriebskosten (Bay, NRW) oder die vollen Personalkosten (RPf) oder die durch den Modellcharakter verursachten höheren Personalkosten (Sa) (Art. 10, 25 KgGBay, § 15 KgGNRW, § 11 KgGRPf, §§ 15, 19 Abs. 6 KgGSa).
Länder ohne Kindergartengesetz (Berlin, Bremen, Hamburg, Hessen, Niedersachsen, Schleswig-Holstein) haben das Kindergartenrecht in Erlassen der zuständigen Ministerien geregelt. Auch die Länder mit Kindergartengesetzen behandeln einen Teil der Fragen in Rechtsverordnungen, zu deren Erlaß die Gesetze ermächtigen (§ 9 KgGBaW, Art. 28 KgGBay, § 20 KgGNRW, § 12 KgGRPf, § 21 KgGSa).

b) andere Formen

Als weitere familienergänzende Hilfen zur Erziehung für Kinder im Alter von 3 Jahren bis zum Beginn der Schulpflicht kommen neben anderen Kindertagesstätten Spiel- und Bastelgruppen, betreute Spielplätze und dergleichen in Betracht. Zu nennen sind außerdem die sog. Kinderläden, die antiautoritäre Gegenstücke zur öffentlichen Erziehung in Kindergärten sein wollen, und Eltern-Kinder-Gruppen unterschiedlicher Art und Zielrichtung. Sofern sie die Gewähr für eine den Zielen des Grundgesetzes förderliche Arbeit und für eine sachgerechte, zweckentsprechende und wirtschaftliche Verwendung der Mittel bieten und öffentlich anerkannt sind (§ 9 JWG), haben sie als freie Träger der Jugendhilfe ebenso Anspruch auf Förderung durch die öffentliche Jugendhilfe wie die traditionellen Träger der herkömmlichen Einrichtungen.

3. Hilfen für Schulkinder und Jugendliche

Als Kindertagesstätte, die wie der Kindergarten besonders der Erziehung und Bildung dient, gibt es für schulpflichtige Kinder den Kinderhort (Hort). Soweit bekannt, sind dessen Rechtsverhältnisse, insbesondere Aufgaben, Fachkräfte, Räumlichkeiten, Ausstattung, Größe der Einrichtung und der Gruppen, Personalbedarf, gesundheitliche Betreuung der Kinder, Förderung, nur in Erlassen der zuständigen Minister geregelt.
Außerdem kommen für diese Altersgruppe verstärkt betreute Freizeitgruppen, betreute Spiel- und Bolzplätze sowie Ferien- und Erholungsmaßnahmen in Betracht.

II. Jugendarbeit

Unter dem Begriff Jugendarbeit wird heute das zusammengefaßt, was nach bisheriger Auffassung die wichtigsten Arbeitsfelder der Jugendpflege waren, also insbesondere die außerschulische Jugendbildung, Freizeithilfen, Kinder- und Jugenderholung, Jugendsozialarbeit und Jugendberufshilfe. Die sozialen Fachkräfte der Jugendämter, die sich diesen Aufgaben widmen, werden als Jugendpfleger bezeichnet. Die Grundsätze der Jugendarbeit sind in § 18 JHGRefE 77 dargestellt:

„(1) Die Jugendarbeit ist ein eigenständiges Feld sozialen Lernens. Sie soll von jungen Menschen weitgehend mitbestimmt und mitgestaltet werden, die Bedürfnisse und Interessen junger Menschen in den Mittelpunkt ihrer Lern- und Bildungsangebote stellen, durch die Vielfalt von Trägern, Inhalten und Methoden wirken sowie zur Beurteilungs- und Entscheidungsfähigkeit und zur Verhaltenssicherheit junger Menschen beitragen.

(2) Jugendarbeit gründet auf der freiwilligen Mitarbeit junger Menschen und findet statt in Veranstaltungen, Diensten und Einrichtungen öffentlicher und freier Träger der Jugendhilfe, insbesondere örtlicher, regionaler und überregionaler Zusammenschlüsse der Jugend, die in besonderem Maße die Wünsche und Interessen junger Menschen zur Geltung bringen.

(3) Fachbereiche der Jugendarbeit sind insbesondere

1. politische Bildung,
2. kulturelle Bildung,
3. berufsorientierte Bildung,
4. Jugendsozialarbeit,
5. Jugendarbeit in Freizeit, Geselligkeit, Spiel, Sport und Erholung und
6. internationale Jugendarbeit."

1. Politische Bildung

Politische Bildung, die in § 5 Abs. 1 Nr. 6 JWG als Aufgabe der Jugendhilfe erwähnt ist, soll nach § 32 JHG RefE 74 und § 19 JHGRefE 77 „junge Menschen zu demokratischem Denken und Handeln befähigen und ihr Interesse an politischer Beteiligung und Mitarbeit wecken und stärken. Sie soll jungen Menschen Kenntnisse und Einsichten über Staat und Gesellschaft vermitteln, ihnen die Urteilsbildung über politische Vorgänge und Konflikte ermöglichen, sie zur Wahrnehmung der eigenen Rechte und Interessen ebenso wie der Pflichten und Verantwortlichkeiten gegenüber Staat und Gesellschaft befähigen und sie zur Mitwirkung bei deren Gestaltung auf der Grundlage der freiheitlichen demokratischen Grundordnung anregen. Im Rahmen der politischen Bildung sollen auch durch die Förderung des sozialen Engagements jungen Menschen individuelle und soziale Notlagen bewußt gemacht und Erfahrungen vermittelt werden, die ihre Bereitschaft zur Übernahme sozialer Verantwortung und zur Ausübung praktischer Solidarität stärken."

Der politischen Bildung junger Menschen dienen insbesondere Einrichtungen wie Jugendbildungsstätten und Jugendfreizeitstätten sowie Veranstaltungen wie Lehrgänge, Seminare, Arbeitskreise, Studienfahrten, Vorträge und Diskussionen.

2. Kulturelle Bildung

Die kulturelle Bildung ist als eigene Aufgabe der Jugendpflege erst in die Entwürfe eines Jugendhilfegesetzes aufgenommen worden (§ 25 Abs. 1 Nr. 4 JHGDiskE, § 34 JHGRefE 74, § 20 JHGRefE 77). Nach § 20 Abs. 1 JHGRefE 77 soll sie junge Menschen „zur aktiven Teilnahme am kulturellen Leben der Gesellschaft", zur differenzierten Wahrnehmung ihrer Umwelt, zum kritischen Umgang mit den Massenmedien, zur Entwicklung der eigenen schöpferischen Ausdrucksfähigkeit und zum Erwerb musikalischer, darstellender und gestaltender Fertigkeiten befähigen.
Kulturelle Bildung kann vermittelt werden in Einrichtungen wie Jugendbildungsstätten, Jugendfreizeitstätten, Werkstätten und Labors sowie in Veranstaltungen wie Seminaren, Lehrgängen, Kursen, Fachtagungen, Vorträgen, Studienfahrten, Wettbewerben, Aufführungen und Darstellungen. Besondere Bedeutung hat hier die Förderung von Gruppen wie Schauspiel- und Singkreisen, Jugendkapellen und dergleichen.

3. Berufsorientierte Bildung

Bei der berufsorientierten Bildung, die im Ansatz schon in § 5 Abs. 1 Nr. 7 JWG (Erziehungshilfen während der Berufsvorbereitung, Berufsausbildung und Berufstätigkeit) angesprochen ist, geht es nicht um die Vermittlung, Ergänzung oder Vertiefung von beruflichen Ausbildungsinhalten. Das bleiben Aufgaben der Ausbildung, der beruflichen Fachschulen und der Arbeitsförderung. Die soziale Notwendigkeit einer beruflichen Bildungsarbeit ergibt sich besonders daraus, daß für eine große Gruppe junger Menschen vorhandene allgemeine Bildungsdefizite, zu geringe Lern-, Sprach- und Ausdrucksfähigkeit, mangelnde Motivation und unrealistische Einstellung zur Arbeitswelt zu einer sozialen Benachteiligung führen. Viele junge Menschen stehen der Betriebs- und Wirtschaftsstruktur hilflos gegenüber, sie verstehen die komplizierten wirtschaftlichen und technischen Zusammenhänge der industriellen Arbeitswelt nicht. Sie sehen ihren Platz und ihre Aufgabe in der Gesellschaft und im Wirtschaftsleben nicht und können deshalb kaum berufliche Zufriedenheit finden. Nach § 21 JHGRefE 77 soll berufsorientierte Bildung daher „jungen Menschen helfen, Schwierigkeiten bei der Berufsfindung, Berufsvorbereitung, Berufsausbildung und Berufstätigkeit zu überwinden. Sie soll dazu beitragen, daß der Wille zur Aus- und Fortbildung sowie zur beruflichen Weiterbildung gestärkt, Bildungsdefizite abgebaut und Verständnis für naturwissenschaftlich-technische sowie sozio-ökonomische Funktionszusammenhänge und deren gesellschaftliche Bedeutung entwickelt werden."
Nur einen Teil der berufsorientierten Bildung kann man als naturwissenschaftlich-technische Bildung auffassen, die in § 35 JHGRefE 74 als besondere Aufgabe beschrieben ist. Sie soll danach „technische Geschicklichkeit vermitteln und Verständnis für naturwissenschaftlich-technische Funktionszusammenhänge und deren gesellschaftliche Bedeutung entwickeln. Sie soll der Isolation spezialisierter Berufstätigkeit entgegenwirken und unabhängig von der beruflichen Bildung erfolgen. Naturwissenschaftlich-technische Bildung soll jungen Menschen die kritische Beurteilung ihrer Stellung in der durch Wissenschaft und Technik bestimmten Welt ermöglichen."
Der berufsorientierten Bildung dienen Einrichtungen wie Jugendbildungsstätten, Jugendwohnheime, Jugendfreizeitstätten, Werkstätten und Labors sowie Veranstaltungen wie Schulabgänger- und Berufsvorbereitungsseminare, Lehrgänge für noch

nicht berufsreife Jugendliche, ausbildungs- und berufsbegleitende Lehrgänge und Seminare, Besichtigungen und Studienfahrten.
Von der berufsorientierten Bildung ist die Jugendberufshilfe zu unterscheiden, bei der es nach Verselbständigung der berufsorientierten Bildung nur noch um erzieherische Hilfen für berufstätige Jugendliche geht, insbesondere ihre Unterbringung außerhalb der eigenen Familie in betreuten Jugendwohnheimen („Lehrlingsheimen").

4. Jugendsozialarbeit

Jugendsozialarbeit erstrebt den Ausgleich sozialer und individueller Benachteiligungen und Beeinträchtigungen (§ 26 JHGDiskE, § 38 JHGRefE 74, § 22 JHGRefE 77). Zielgruppen sind vornehmlich junge Menschen aus sozialen Brennpunkten, junge Behinderte, berufsunreife, unausgebildete oder längere Zeit arbeitslose junge Leute, jugendliche Zuwanderer und junge Ausländer. Sie sollen durch geeignete Einrichtungen und Veranstaltungen so gefördert werden, daß sie Chancengleichheit oder doch eine stärkere Beteiligung am wirtschaftlichen, gesellschaftlichen, kulturellen und politischen Leben erreichen.

5. Freizeithilfen und Erholungspflege

Freizeithilfen sowie Kinder- und Jugenderholung gehören seit jeher zu den wichtigsten Aufgaben der Jugendpflege (§ 5 Abs. 1 Nr. 5 und 6 JWG). Hilfe zu einer sinnvollen, aktiven und schöpferischen Gestaltung der Freizeit ist eine wichtige Hilfe zur gesunden Entwicklung, Sozialisation und Selbstverwirklichung junger Menschen. Nach allgemeiner Überzeugung sind Freizeithilfen in besonderem Maße geeignet, vielen Jugendgefährdungen und insbesondere der Jugendkriminalität und dem Drogenmißbrauch entgegenzuwirken. Jungen Menschen sollen daher Angebote für Freizeit, Geselligkeit, Spiel, Sport und Erholung gemacht werden, „die sozialpädagogisch orientiert sind und soziales Lernen ermöglichen, um ihre Entwicklung zu fördern und ihnen zu helfen, von ihrer Freizeit einen für sie wertvollen Gebrauch zu machen" (§ 23 Abs. 1 JHGRefE 77, § 37 JHGRefE 74).
Der Erfüllung dieser Aufgaben dienen Einrichtungen wie Jugendfreizeitstätten (Heime der offenen oder teiloffenen Tür), Jugendbüchereien, Jugendherbergen, Jugendgästehäuser, Jugenderholungsstätten (u. a. Ferienheime, feste Zeltplätze), Spiel-, Sport- und Bolzplätze und ähnliches sowie vielerlei Veranstaltungen in den Bereichen Tanz, Musik, schöpferisches Gestalten, Sport, Wandern, Fahrten, Reisen, Stadtranderholung usw. Dieses Aufgabenfeld kann hier nicht annähernd ausreichend beschrieben werden.

6. Internationale Jugendarbeit

Die internationale Begegnung junger Menschen wird jedenfalls seit Beendigung des 2. Weltkrieges als eine wichtige Aufgabe der Jugendhilfe angesehen und besonders gefördert (§ 5 Abs. 1 Nr. 6 JWG). Internationale Jugendarbeit soll „den Willen und die Fähigkeiten zur internationalen Verständigung und Zusammenarbeit der einzelnen, der gesellschaftlichen Gruppen und der Völker entwickeln und stärken. Sie soll Kenntnisse anderer Kulturen, Gesellschaftsordnungen und Lebensverhältnisse sowie Verhaltenssicherheit gegenüber von ihnen geprägten Menschen vermitteln, bestehende Vorurteile abbauen und jungen Menschen die Notwendigkeit einer dauerhaften Friedensordnung bewußt machen" (§ 24 Abs. 1 JHGRefE 77, ähnlich §§ 33 Abs. 1 JHGRefE 74).

Dieses Ziel wird verfolgt durch Einrichtungen wie Jugendbildungsstätten und Jugendherbergen sowie Veranstaltungen wie internationalen Jugendlagern, Lehrgängen, Seminaren und Tagungen, Jugendaustauschprogrammen sowie internationalen Friedens- und Sozialdiensten.

2. DAS RECHT AUF AUSBILDUNG

§ 21 Ausbildungshilfe

I. Rechtsanspruch auf Ausbildung

Der junge Mensch hat ein Recht auf Ausbildung zu einem seinen Neigungen, Fähigkeiten und Leistungen entsprechenden Beruf. Auch dieser Anspruch richtet sich zunächst als privatrechtlicher Anspruch gegen die Eltern und die Familie. Der angemessene Unterhalt umfaßt die Kosten der Ausbildung zu einem Beruf (§ 1610 Abs. 2 BGB). Sofern Eltern und Familie den Anspruch nicht erfüllen können, tritt die staatliche Gemeinschaft ein. Der Anspruch gegen den Staat ergibt sich aus Art. 2 Abs. 1 und 12 Abs. 1 Satz 1 GG. Die Grundrechte der freien Entfaltung der Persönlichkeit und der freien Berufswahl sind zwar wie alle Grundrechte in erster Linie als Abwehrrechte gegen staatliche Eingriffe in die Freiheiten des einzelnen Bürgers zu sehen. Durch das Sozialstaatsprinzip der Art. 20 Abs. 1 und 28 Abs. 2 GG haben sie aber darüber hinaus die Bedeutung erlangt, daß der Staat dem Bürger nicht nur den Freiheitsraum zu garantieren hat, sondern daß er ihm durch die Bereitstellung von Mitteln und Einrichtungen die Möglichkeit schaffen muß, sich in dem garantierten Freiheitsraum positiv zu entfalten.

Auf die Berufsausbildung bezogen bedeutet das, daß der Staat dem sozial Schwächeren durch Gewährung von Leistungen Chancengleichheit verschaffen muß. Er hat ihm die Kosten für die Ausbildung zu einem angemessenen Beruf und den Lebensunterhalt während der Ausbildung zur Verfügung zu stellen (individuelle Ausbildungsförderung). Zur Ausbildung gehört die berufliche Fortbildung und Umschulung. Alle Arbeitnehmer und Arbeitsuchenden haben außerdem ein Recht auf Bildungs- und Berufsberatung, damit sie von ihrem Grundrecht auf freie Wahl des Berufs, des Arbeitsplatzes und der Ausbildungsstätte Gebrauch machen können.

Der Staat hat ferner die Verpflichtung, die berufliche Ausbildung so zu ordnen und zu garantieren, daß die heute nötige qualifizierte Ausbildung und eine ausreichende Zahl von Ausbildungsplätzen gesichert sind (institutionelle Ausbildungsförderung).

Diese Ansprüche auf Bildungs- und Arbeitsförderung sind soziale Rechte, die in § 3 SGB wie folgt beschrieben sind:

> (1) Wer an einer Ausbildung teilnimmt, die seiner Neigung, Eignung und Leistung entspricht, hat ein Recht auf individuelle Förderung seiner Ausbildung, wenn ihm die hierfür erforderlichen Mittel nicht anderweitig zur Verfügung stehen.
>
> (2) Wer am Arbeitsleben teilnimmt oder teilnehmen will, hat ein Recht auf
>
> 1. Beratung bei der Wahl des Bildungswegs und des Berufs,
> 2. individuelle Förderung seiner beruflichen Weiterbildung (Fortbildung und Umschulung),
> 3. Hilfe zur Erlangung und Erhaltung eines angemessenen Arbeitsplatzes und
> 4. ...

Der Staat ist diesen Verpflichtungen durch eine Reihe von Gesetzen nachgekommen, die hier nur kurz dargestellt werden können.

II. Bundesausbildungsförderungsgesetz

Das Bundesgesetz über die individuelle Förderung der Ausbildung vom 26. 8. 1971 gewährt jungen Menschen (zum Alter vgl. § 10 BAföG) einen vor den Verwaltungsgerichten (§ 54 BAföG) einklagbaren Rechtsanspruch auf Ausbildungsförderung für eine ihren Neigungen, Eignungen und Leistungen entsprechende Ausbildung, wenn ihnen die für ihren Lebensunterhalt und die Ausbildungskosten erforderlichen Mittel nicht zur Verfügung stehen (§ 1 BAföG). Die Förderung wird gewährt für den Besuch von allgemeinbildenden und berufsbildenden Schulen, Hochschulen, anderen Ausbildungsstätten, die Teilnahme an Praktika sowie für Fernunterricht (§§ 2, 3 BAföG). Grundsätzlich wird nur eine erste Ausbildung bis zu einem berufsqualifizierenden Abschluß und Fortbildung in derselben Fachrichtung gefördert (§ 7 BAföG). Die Förderung kann als Zuschuß oder als Darlehen gewährt werden (§§ 17, 18 BAföG). Die Kosten des Lebensunterhalts und der Ausbildung sind für Schüler, Studierende und Praktikanten in Bedarfssätzen pauschaliert (§§ 12–14 BAföG), die zur Zeit zwischen 235 und 580 DM liegen. Die Bedarfssätze können wegen besonderer Aufwendungen für Lern- und Arbeitsmittel, für Fahrten zwischen Studienort und Wohnort der Eltern oder für Miete erhöht werden. Die Sätze werden alle zwei Jahre überprüft und ggf. neu festgesetzt (§ 35 BAföG).
Im Einzelfall hängt die Förderung davon ab, ob der Auszubildende für das angestrebte Ausbildungsziel geeignet (§ 11 BAföG) und ob er bedürftig ist. Zur Prüfung der Bedürftigkeit werden die Einkommens- und Vermögensverhältnisse des Auszubildenden, seines Ehegatten und seiner Eltern ermittelt (§§ 21–34 BAföG). Einkommen oder Vermögen, das bestimmte Freibeträge übersteigt, wird auf die Bedarfssätze ganz oder teilweise angerechnet (§ 11 Abs. 2 BAföG). Die Freibeträge werden wie die Bedarfssätze regelmäßig den veränderten Verhältnissen angepaßt (§ 35 BAföG).
Die Aufgaben nach dem Bundesausbildungsförderungsgesetz werden von besonderen Ämtern für Ausbildungsförderung, die organisatorisch meistens den Jugendämtern eingegliedert sind, und Landesämtern für Ausbildungsförderung (§ 39 BAföG) durchgeführt, die von Förderungsausschüssen beraten werden (§§ 42, 43 BAföG).
Im Jahre 1977 wurden mit einem Aufwand von über 2,6 Mrd DM etwa 320 000 Schüler und etwa 330 000 Studenten gefördert. Im Jahre 1978 werden der Aufwand auf fast 3,3 Mrd. DM und die Zahlen der geförderten Schüler auf etwa 350 000 und die der Studenten auf etwa 365 000 steigen.
Ausbildungsförderung ist gegenüber der individuellen Förderung der beruflichen Fortbildung nach den §§ 41–45 des Arbeitsförderungsgesetzes nachrangig (§ 2 Abs. 6 BAföG). Allen anderen öffentlich-rechtlichen Hilfen, insbesondere der Jugendhilfe und Sozialhilfe, geht sie vor (vgl. § 6 Abs. 3 JWG).

III. Arbeitsförderungsgesetz

Eine weitere Möglichkeit zur Ausbildungshilfe bietet das Arbeitsförderungsgesetz vom 25. 6. 1969 in Verbindung mit Anordnungen des Verwaltungsrates der Bundesanstalt für Arbeit über die individuelle Förderung der beruflichen Ausbildung vom 31. 10. 1969 und über die individuelle Förderung der beruflichen Fortbildung und Umschulung vom 9. 9. 1971.

Neben ihren anderen Aufgaben betreibt die Bundesanstalt für Arbeit Berufsaufklärung und Berufsberatung, vermittelt berufliche Ausbildungsstellen, leistet Hilfe bei der Berufsvorbereitung und fördert berufliche Ausbildung, berufliche Fortbildung und berufliche Umschulung allein oder gemeinsam mit anderen Trägern (§ 33 AFG). Zu den geförderten Maßnahmen der beruflichen Bildung gehören ganztägiger Unterricht (Vollzeitunterricht), berufsbegleitender Unterricht (Teilzeitunterricht) und Fernunterricht (§ 34 AFG). Leistungen zur individuellen Förderung der beruflichen Bildung werden nur gewährt, wenn der Antragsteller geeignet ist und die Förderung nach der Lage und Entwicklung des Arbeitsmarktes sowie der beruflichen Neigung des Antragstellers zweckmäßig erscheint (§ 36 AFG).

Für die berufliche Ausbildung gewährt die Bundesanstalt für Arbeit Jugendlichen und Erwachsenen Zuschüsse und Darlehen, soweit sie die erforderlichen Mittel nicht selbst aufbringen können und ihren Unterhaltsverpflichteten die Aufbringung üblicherweise nicht zuzumuten ist. Zur beruflichen Ausbildung zählen die Ausbildung in Betrieben, überbetrieblichen Einrichtungen (z. B. Lehrwerkstätten) sowie die Teilnahme an Grundausbildungs- und Förderungslehrgängen und berufsvorbereitenden Maßnahmen (§ 40 Abs. 1 AFG).

Die berufliche Fortbildung verfolgt das Ziel, nach abgeschlossener Berufsausbildung und angemessener Berufserfahrung berufliche Kenntnisse und Fertigkeiten festzustellen, zu erhalten, zu erweitern, der technischen Entwicklung anzupassen oder einen beruflichen Aufstieg zu ermöglichen (§ 41 AFG). Die Teilnahme an Maßnahmen der Berufsfortbildung setzt voraus, daß der Antragsteller eine die Beitragspflicht begründende Beschäftigung nach den §§ 167 ff. AFG ausgeübt hat oder ausüben will und daß seine Fähigkeiten und bisherige berufliche Tätigkeit einen Erfolg erwarten lassen (§ 42 AFG). Während der beruflichen Fortbildung zahlt die Bundesanstalt Unterhaltsgeld, dessen Höhe sich nach dem bisherigen Arbeitsverdienst richtet (§ 44 AFG). Die Bundesanstalt trägt die notwendigen Kosten der Fortbildungsmaßnahmen, insbesondere Lehrgangsgebühren, Kosten für Lernmittel, Fahrtkosten und ggf. Kosten für Verpflegung und Unterbringung (§ 45 AFG).

Berufliche Umschulung wird gefördert, um anspruchsberechtigten Arbeitssuchenden den Übergang in eine andere geeignete berufliche Tätigkeit zu ermöglichen oder ihre berufliche Beweglichkeit zu sichern und zu verbessern (§ 47 Abs. 1 AFG). Während der Umschulung wird wie bei der beruflichen Fortbildung Unterhaltsgeld gezahlt; die Bundesanstalt trägt die Kosten der Umschulungsmaßnahme (§ 47 Abs. 1 Satz 2, §§ 44, 45 AFG).

Zur Ausführung des Arbeitsförderungsgesetzes bedient sich die Bundesanstalt für Arbeit der örtlichen Arbeitsämter.

Im Jahre 1973 haben 114 739 junge Menschen Berufsausbildungshilfe erhalten. Zur Zeit werden vordringlich arbeitslose Jugendliche und Jugendliche ohne Berufsausbildung oder ohne Berufsabschlußprüfung gefördert. Im Jahre 1977 haben beispielsweise über 38 000 berufsunreife, arbeitslose oder behinderte Jugendliche an Grundausbildungslehrgängen, Förderungslehrgängen und Lehrgängen zur Verbesserung der Eingliederungsmöglichkeiten teilgenommen.

Die Hilfen nach dem Arbeitsförderungsgesetz gehen Ausbildungshilfen nach dem Bundesausbildungsförderungsgesetz oder dem Sozialhilfegesetz vor (§ 2 Abs. 6 BAföG,

§ 2 BSHG, § 37 Satz 2 AFG). Die Verpflichtung anderer öffentlich-rechtlicher Stellen zur Gewährung gleichartiger Leistungen ist dagegen vorrangig (§ 37 Satz 1 AFG). Solange andere verpflichtete Stellen nicht eintreten, leistet die Bundesanstalt für Arbeit vor (§ 38 Abs. 2 AFG).

IV. Bundessozialhilfegesetz

Ausbildungshilfe kann schließlich als Sozialhilfe gewährt werden.
Sozialhilfe umfaßt Hilfe zum Lebensunterhalt und Hilfe in besonderen Lebenslagen (§ 1 Abs. 1 BSHG). Sie hat die Aufgabe, dem Hilfsbedürftigen die Führung eines menschenwürdigen (Art. 1 Abs. 1 GG) Lebens zu ermöglichen. Dabei ist anzustreben, daß er durch die Hilfe unabhängig von ihr wird (§ 1 Abs. 2 BSHG). Sozialhilfe ist wie Erziehungshilfe und Ausbildungshilfe nachrangig. Sie wird nur dem gewährt, der sich nicht selbst helfen kann und keine Hilfe von Angehörigen oder andere Sozialleistungen erhält (§ 2 Abs. 1 BSHG). Auf Sozialhilfe besteht ein Rechtsanspruch (§ 4 Abs. 1 BSHG), der vor den Verwaltungsgerichten durchgesetzt werden kann.
Hilfe zum Lebensunterhalt wird demjenigen gewährt, der seinen notwendigen Lebensunterhalt (vgl. § 12 BSHG) nicht oder nicht ausreichend aus eigener Kraft und eigenen Mitteln beschaffen kann (§ 11 Abs. 1 BSHG). Jeder Hilfesuchende muß seine Arbeitskraft zur Beschaffung des Lebensunterhalts einsetzen (§ 18 Abs. 1 BSHG), sonst verliert er den Anspruch auf Hilfe (§ 25 Abs. 1 BSHG). Laufende Hilfe zum Lebensunterhalt wird nach Regelsätzen gewährt, die von einem Regelbedarf ausgehen und regelmäßig den Lebenshaltungskosten angepaßt werden (§ 22 BSHG).
Die hier interessierende Ausbildungshilfe gehört zu den Hilfen in besonderen Lebenslagen (§ 27 Abs. 1 Nr. 2 BSHG). Sie umfaßt neben dem Lebensunterhalt die Kosten der Ausbildung (§ 33 Abs. 1 BSHG) zu einem angemessenen Beruf oder einer angemessenen Tätigkeit (§ 31 Abs. 1 BSHG) und kann sich auf den Besuch von allgemeinbildenden Schulen und Hochschulen erstrecken (§ 31 Abs. 2 BSHG). Dabei werden die Eignung und die Leistungen des Hilfsbedürftigen sowie die fachliche Notwendigkeit des beabsichtigten Ausbildungsweges geprüft (§§ 32, 35 BSHG).
Sozialleistungen nach dem Bundessozialhilfegesetz werden von örtlichen und überörtlichen Sozialämtern gewährt.
In den Jahren 1969–1971 erhielten jeweils rund 25 000 Personen Ausbildungshilfe nach dem Bundessozialhilfegesetz.
Ausbildungshilfe nach dem Bundessozialhilfegesetz ist gegenüber allen anderen Ausbildungshilfen nachrangig (§ 2 BSHG).

V. Berufsbildungsgesetz und Ausbildungsplatzförderungsgesetz

Seiner Verpflichtung zur Ordnung und Gewährleistung qualifizierter Berufsausbildung ist der Staat bisher durch das Berufsbildungsgesetz vom 14. 8. 1969 und das Ausbildungsplatzförderungsgesetz vom 7. 9. 1976 nachgekommen.
Das Berufsbildungsgesetz regelt die Berufsausbildung, die berufliche Fortbildung und die berufliche Umschulung (§ 1 Abs. 1–4 BBiG) in Betrieben der Wirtschaft, Einrichtungen des öffentlichen Dienstes, freien Berufen, der Landwirtschaft, dem Bergbau, Haushalten sowie solchen berufsbildenden Schulen und Berufsbildungseinrichtungen, die nicht der Schulgesetzgebung der Länder unterstehen (§ 1 Abs. 5, § 2 Abs. 1 BBiG).

Das Gesetz stellt Mindestanforderungen auf für den Inhalt und die Form des Ausbildungsvertrages (§§ 3–5 BBiG), bestimmt die Pflichten des Ausbilders (§§ 6–8 BBiG) und des Auszubildenden (§ 9 BBiG) sowie sein Recht auf Vergütung (§§ 10–12 BBiG), es regelt Probezeit und Beendigung des Ausbildungsverhältnisses (§§ 13–16 BBiG).

Als wichtigste Neuerung hat das Gesetz verschärfte Anforderungen an die persönliche und fachliche Eignung der Ausbilder eingeführt (§§ 20, 21, 76 ff. BBiG). Die Ausbilder in der Wirtschaft, die ihre Ausbildungsbefähigung nicht durch eine Meisterprüfung oder eine gleichstehende Abschlußprüfung (§§ 21 Abs. 3, 22 HandwO) nachweisen können, müssen sich die zusätzlichen berufs- und arbeitspädagogischen Kenntnisse aneignen („Ausbildung der Ausbilder") und in Prüfungen vor der Industrie- und Handelskammer nachweisen.

Eine andere Neuerung ist die Aufstellung von Anforderungen an die Eignung der Ausbildungsstätte (§§ 22, 23 BBiG). Jugendliche unter 18 Jahren dürfen nur in staatlich anerkannten Ausbildungsberufen (§ 30 BBiG) und nach den dazu erlassenen Ausbildungsordnungen (§§ 25 ff. BBiG, § 25 HandwO) ausgebildet werden (§§ 28 Abs. 1 und 2 BBiG).

Weitere Abschnitte des Gesetzes behandeln das Prüfungswesen (§§ 34 ff. § 46 BBiG), die Regelung und Überwachung der Berufsausbildung durch die „zuständigen Stellen" und Ausbildungsberater (§§ 44, 45 BBiG), die berufliche Fortbildung und Umschulung sowie die berufliche Bildung, Fortbildung und Umschulung Behinderter (§§ 46–49 BBiG).

Die Durchführung des Gesetzes obliegt den „zuständigen Stellen" (Industrie- und Handelskammern, Handwerkskammern, Landwirtschaftskammern, Rechtsanwalts- und Notarkammern usw. §§ 74, 75, 79, 84, 87, 89, 91, 93 BBiG), paritätisch besetzten Berufsausbildungsausschüssen der zuständigen Stellen (§§ 56 ff. BBiG), Landesausschüssen für Berufsbildung (§§ 54, 55 BBiG) und einem Bundesinstitut für Berufsbildungsforschung (§§ 60–72 BBiG). Die zuständigen Stellen überwachen und fördern die Durchführung der Berufsausbildung (§ 45 BBiG). Sie sind Auskunft- und Beschwerdestelle.

Schließlich werden besondere Vorschriften für die Ausbildung in einzelnen Berufszweigen aufgestellt, nämlich für die Berufsausbildung im Handwerk (§§ 73, 74 BBiG), in Gewerbebetrieben (§§ 75–77 BBiG), im Bergwesen (§ 78 BBiG), in der Landwirtschaft (§§ 79–82 BBiG), im öffentlichen Dienst (§§ 83–86 BBiG), als Rechtsanwalts-, Patentanwalts- und Notargehilfe (§§ 87, 88 BBiG), als Gehilfe in wirtschafts- und steuerberatenden Berufen (§§ 89, 90 BBiG), als Arzt-, Zahnarzt- und Apothekenhelfer (§§ 91, 92 BBiG), in der Hauswirtschaft (§§ 93–96 BBiG) und in sonstigen Berufs- und Wirtschaftszweigen (§ 97 BBiG).

Eine weitergehende Neuordnung der beruflichen Bildung wird zur Zeit heftig diskutiert. Es ist beabsichtigt, eine förmliche Feststellung der Eignung von Ausbildungsstätten (Akkreditierung) einzuführen. Außerdem sollen die Kontrolle der beruflichen Bildung und das Prüfungswesen in staatliche Verantwortung überführt und der Schulaufsicht eingegliedert werden. Die heutigen Schulämter sollen zu Bildungsämtern erweitert werden. Die derzeitige Selbstverwaltung der „zuständigen Stellen" soll im Bereich des Ausbildungswesens durch eine Mitwirkung und Mitbestimmung der beteiligten Gruppen (Arbeitgeber, Arbeitnehmer) ersetzt und dabei die Mitwirkungsmöglichkeiten der Ausbilder und Auszubildenden verbessert werden.

Nach dem Ausbildungsplatzförderungsgesetz können an Ausbildende für Berufsausbildungsverhältnisse finanzielle Hilfen geleistet werden, um ein qualitativ und quantitativ ausreichendes Angebot an Ausbildungsplätzen zu sichern. Die erforderlichen Mittel werden durch eine von den Arbeitgebern zu zahlende Berufsausbildungsabgabe aufgebracht. Die Bundesregierung wird verpflichtet, Berufsbildungsplanung zu betreiben und jedes Jahr einen Berufsbildungsbericht vorzulegen. Nur wenn in diesem Bericht festgestellt wird, daß das Angebot an Ausbildungsplätzen die Nachfrage um weniger als 12,5% übersteigt, die Jugendlichen also keine hinreichende Auswahl haben, kann die Bundesregierung durch Rechtsverordnung Förderungsmaßnahmen beschließen und die Höhe der Berufsausbildungsabgabe festsetzen.

3. DAS RECHT AUF UNGESTÖRTE ENTWICKLUNG

§ 22 Jugendschutz als Aufgabe

I. Rechtsanspruch auf ungestörte Entwicklung

Der junge Mensch hat Anspruch auf ungestörte Entwicklung zu leiblicher, seelischer und gesellschaftlicher Tüchtigkeit. Man kann dieses Recht aus der staatlichen Verpflichtung zum Schutz der Menschenwürde und dem Grundrecht auf freie Entfaltung der Persönlichkeit herleiten (Art. 1 Abs. 1, Art. 2 Abs. 1 GG). Das Grundgesetz hat in Art. 5 Abs. 2 das Interesse an einer gesunden, ungestörten Entwicklung der Jugend als wichtiges Gemeinschaftsanliegen ausdrücklich hervorgehoben. Die Gesellschaft ist daher verpflichtet, solche Gefahren von Kindern und Jugendlichen abzuwenden, die dieses Ziel beeinträchtigen können.

Die Bemühungen, die Jugend vor entwicklungsschädlichen Einflüssen, Eingriffen oder Gefahren zu bewahren, bezeichnet man als Jugendschutz.

Jugendschutz darf sich nicht nur auf die unmittelbare Abwehr von Gefahren (negativer Jugendschutz) beschränken. Der Gedanke der Jugendhilfe fordert, durch Erziehung und Jugendpflege die Abwehrkräfte der Jugendlichen zu stärken und sie so mittelbar vor schlechten Einflüssen zu schützen (positiver Jugendschutz).

Jugendschutz richtet sich in erster Linie an die Erwachsenen und die Öffentlichkeit. Die Jugend ist regelmäßig nur Objekt des Schutzes. Nur ausnahmsweise, etwa beim Jugendarbeitsschutz durch Jugendvertreter, kann die Jugend selbst bei Maßnahmen zu ihrem Schutz mitwirken.

II. Gesetzlicher und erzieherischer Jugendschutz

Für eine Reihe von typischen Gefahren ist der Jugendschutz in verschiedenen Gesetzen geregelt (gesetzlicher Jugendschutz). Jugendgefährdungen gehen jedoch auch von zahlreichen untypischen und wechselnden Gefahrenquellen aus. Zudem setzt sich die Erkenntnis durch, daß nachhaltige Gefährdungen nicht so sehr von einzelnen Erscheinungen wie jugendgefährdenden Orten, Veranstaltungen oder Schriften ausgehen, sondern das Ergebnis von längerfristigen Erziehungsausfällen darstellen. Die Jugend bedarf daher über den Schutz durch Gesetze hinaus weitergehender Hilfe, die durch Erziehung und Maßnahmen der Jugendpflege gewährt werden kann (erzieherischer Jugendschutz).

Dem Jugendamt ist der erzieherische Jugendschutz in § 5 Abs. 1 Nr. 8 JWG als bedingte Pflichtaufgabe zugewiesen. Von den freien Vereinigungen der Jugendwohlfahrt sind beispielsweise die Aktion Jugendschutz und der Volkswartbund auch im Bereich des erzieherischen Jugendschutzes hervorgetreten.

Eine Aufgabe des erzieherischen Jugendschutzes ist die rechtzeitige und ausreichende Aufklärung und Belehrung der Kinder und Jugendlichen über die ihnen drohenden Gefahren. Dazu gehört, daß man mit ihnen über Gefahren wie Straßenverkehr, Alkohol, Rauschgifte, Pornographie, Sexualdelikte redet. Sie müssen lernen, daß sie infolge ihrer Unerfahrenheit nicht in der Lage sind, alle Gefahren selbst zu erkennen und erkannte Gefahren in ihrer Tragweite zu überblicken. Man muß sie davor warnen, ihre Abwehrkräfte zu überschätzen. Es ist wichtig, dabei kein Gefühl der Bevormundung

entstehen zu lassen, sondern sich zu bemühen, Einsicht zu wecken und so Unterstützung der notwendigen Maßnahmen zu erreichen.
Diese Aufgabe obliegt vor allem den Eltern, daneben Lehrern, Ausbildern, der Polizei und dem Jugendamt. Für die öffentliche Jugendhilfe kommen als Belehrungsmittel vornehmlich Flugblätter, Plakate, Schriften und Vorträge in Schulen in Betracht.
Alle Verantwortlichen, die mit Kindern und Jugendlichen zu tun haben, sollten sich ständig bemühen, ihre Einflußbereiche von Jugendgefährdungen freizuhalten. Die Verantwortung und Mitarbeit hierzu zu wecken und zu fördern, ist eine weitere wichtige Aufgabe des erzieherischen Jugendschutzes.
In erster Linie sind Eltern aufgerufen, die für die Bereiche Familie und Freizeit verantwortlich sind. Anzustreben ist, die Mindestanforderungen des Jugendschutzes in der Öffentlichkeit auch hier durchzusetzen. Die Erziehungsberechtigten müßten dafür eintreten, daß das Alkohol- und Rauchverbot im privaten Bereich eingehalten wird. Sie sollten nicht zulassen, daß Kinder ohne Rücksicht auf Alter und Entwicklungsstand jede Fernsehsendung ansehen. Die Eltern müssen es als ihre Aufgabe betrachten, die Lektüre ihrer Kinder zu kontrollieren und ihre Leseinteressen zu steuern. Sie haben nicht nur unter dem Gesichtspunkt der Aufsichtspflicht, sondern auch zum Schutz ihrer Kinder deren außerhäusliche Freizeit zu überwachen und ihren Freundes- und Bekanntenkreis zu beobachten.
Im Arbeitsleben sind Ausbilder und Arbeitgeber über den gesetzlichen Arbeitsschutz hinaus für eine saubere, jugendgemäße Betriebsatmosphäre verantwortlich. Sie sollten beispielsweise ältere Arbeitskollegen davon abhalten, jugendliche Arbeitnehmer zu verleiten und zu verführen (Alkohol, Nikotin, unzüchtige Reden).
Diese Aufklärungsarbeit kann durch Schriften und Veranstaltung von Vorträgen, Diskussionen und dergleichen geleistet werden. Die früher veranstalteten Jugendschutzwochen finden nicht mehr genügend Zuspruch.
Weit wichtiger als Belehrung, Aufklärung und Abwehr von Gefährdungen durch Erwachsene sind jedoch erzieherische Maßnahmen, durch die die Widerstandskraft der Kinder und Jugendlichen gegen negative Einflüsse gestärkt und so ihre Beeinflußbarkeit verringert wird. Das ist ein wichtiges Ziel jeder Erziehung. Beispielhaft sei auf die verbesserte Sexualerziehung oder die Erziehung zum guten Buch hingewiesen, die mehr leisten als der Kampf gegen Schmutz und Schund.
Schließlich können zahlreiche Gefährdungen durch ausreichende und interessante Freizeitangebote der Jugendpflege vermieden werden. Man hat diesen Gedanken mit „Jugendpflege ist der beste Jugendschutz" treffend ausgedrückt.

§ 23 Jugendschutz im Strafgesetzbuch

Der Jugendschutz, den das Strafgesetzbuch gewährt, ist notwendig unvollkommen. Das Strafrecht muß sich darauf beschränken, besonders schwerwiegendes sozialschädliches Verhalten zu verfolgen. Nicht alle Benachteiligungen und Gefährdungen von Kindern und Jugendlichen oder alle Pflichtverletzungen gegenüber jungen Menschen sind strafwürdig.

I. Sexualdelikte

Die meisten Jugendschutzbestimmungen des Strafgesetzbuches befassen sich mit Gefahren auf sexuellem Gebiet. Ziel dieser Vorschriften ist die ungestörte allgemeine und sexuelle Entwicklung der Minderjährigen und der Schutz der sexuellen Selbstbestimmung vor Mißbrauch der Unreife und Abhängigkeit.
Man kann verschiedene Gruppen von Strafbestimmungen unterscheiden.

1. Sexuelle Handlungen mit Minderjährigen

Die erste Gruppe betrifft sexuelle Handlungen, die an oder vor Minderjährigen vorgenommen werden. Der Begriff „sexuelle Handlungen" ist an Stelle des zu unbestimmten und auf eine sittlich-moralische Wertordnung bezogenen Begriffs „Unzucht" (unzüchtige Handlung) getreten. Man versteht darunter alle nicht unerheblichen Handlungen mit objektiv erkennbarem unmittelbaren sexuellen Bezug, also nicht nur den Geschlechtsverkehr (Beischlaf), sondern auch Ersatzhandlungen wie petting oder Selbstbefriedigung, gleichgeschlechtliche Handlungen, eindeutige sexuelle Zärtlichkeiten wie Zungenküsse oder körperliche Berührungen usw. Sexuelle Handlungen „an" einem anderen setzen dessen körperliche Berührung voraus, sexuelle Handlungen „vor" einem anderen die Wahrnehmung durch den anderen (§ 184 c Nr. 2 StGB).

Sexueller Mißbrauch von Kindern

Die Bestrafung des sexuellen Mißbrauchs von Kindern (Pädophilie) nach § 176 StGB soll Kinder (bis zum Alter von 14 Jahren) vor sexuellen Handlungen jeder Art schützen und eine von vorzeitigen sexuellen Erlebnissen ungestörte Gesamtentwicklung des Kindes gewährleisten. Die Straftat stellt mit einem Anteil von knapp 1/3 das häufigste Sexualdelikt dar. Die Opfer sind oft minderbegabte oder schwachsinnige Kinder oder solche aus schlechten sozialen oder gestörten familiären Verhältnissen. Ihr erhöhtes Zuwendungs- und Zärtlichkeitsbedürfnis erleichtert die Tat und führt nicht selten zu aktiver Beteiligung. Meist beschränkt sich die Tathandlung auf Berührungen des Geschlechtsteils des Kindes. Im übrigen wird auf den Wortlaut der Vorschrift verwiesen.
Begehung durch Jugendliche macht den größten Teil der Taten aus und beruht in vielen Fällen auf sexueller Neugier, oft als Folge fehlender oder mangelhafter Aufklärung. Wenn Heranwachsende derartige Taten verüben, besteht fast immer ein (oft krankhafter) Entwicklungsrückstand (Infantilismus).

Sexueller Mißbrauch von Schutzbefohlenen

Die Strafbarkeit des sexuellen Mißbrauchs von Schutzbefohlenen nach § 174 StBG schützt Minderjährige in Abhängigkeitsverhältnissen vor sexuellen Handlungen. Die drei vom Gesetz erfaßten Gruppen von Kindern und Jugendlichen sind besonders schutzbedürftig. Aus Unreife, Unerfahrenheit, Unsicherheit sind sie nicht in der Lage, sich sexuellen Wünschen und Handlungen der ihnen durch Alter, Erfahrung und Stellung überlegenen Eltern, Erzieher, Ausbilder und Betreuer zu widersetzen. Der sexuelle Mißbrauch von Autoritätsverhältnissen kann zudem zu schweren seelischen Konflikten und dadurch zu tiefgreifenden Störungen der allgemeinen und sexuellen Entwicklung führen.

Bis zum Alter von 16 Jahren genügt allein die Abhängigkeit, die dadurch entsteht, daß der Minderjährige dem Täter zur Erziehung, Ausbildung oder Betreuung in der Lebensführung anvertraut ist (§ 174 Abs. 1 Nr. 1 StGB). Ein Mißbrauch dieser Abhängigkeit braucht nicht festgestellt zu werden.

Bei Jugendlichen im Alter von 16+17 Jahren hängt die Strafbarkeit davon ab, ob der Täter ein Abhängigkeitsverhältnis mißbraucht, das auf einem Erziehungs-, Ausbildungs-, Betreuungs- oder arbeitsrechtlichen Unterordnungsverhältnis beruht (§ 174 Abs. 1 Nr. 2 StGB). Diese Abhängigkeit wird mißbraucht, wenn der Täter dem Opfer offen oder versteckt Nachteile androht, eine vorhandene Drucksituation ausnützt oder Vergünstigungen verspricht, um seine Ziele zu erreichen.

Das Verhältnis zwischen Eltern und Kindern oder Adoptivkindern soll von sexuellen Beziehungen völlig frei bleiben (§ 174 Abs. 1 Nr. 3 StGB). Auf diesem Gedanken beruht auch die Strafbarkeit des Beischlafs zwischen Verwandten nach § 173 StGB (Blutschande, Inzest). Die Vornahme sexueller Handlungen durch Eltern an ihrem noch nicht 18 Jahre alten Kind oder Adoptivkind ist stets ein Mißbrauch bestehender Abhängigkeit. Von § 174 Abs. 1 Nr. 3 StGB werden vornehmlich die Fälle erfaßt, in denen es nicht zum Beischlaf kommt und die deshalb keine Blutschande sind.

Sexueller Mißbrauch von Gefangenen

Der sexuelle Mißbrauch von Gefangenen, Verwahrten oder Kranken ist ohne Rücksicht auf das Alter des Opfers strafbar (§ 174 a StGB).

Für den Jugendschutz ist diese Vorschrift von Bedeutung für junge Gefangene (Jugendarrest, Straf- und Untersuchungshaft) und für Jugendliche, die in einem psychiatrischen Krankenhaus, in einer Entziehungsanstalt (vgl. § 7 JGG) oder in Fürsorgeerziehung sind. Die Vorschrift erfaßt dagegen nicht solche Jugendlichen, die sich in Freiwilliger Erziehungshilfe befinden, weil es an einer behördlichen Anordnung der Verwahrung fehlt (§ 63 JWG). Regelmäßig sind jedoch sexuelle Handlungen von Erziehern und Betreuern an einem Jugendlichen in außerfamiliärer Erziehung schon nach § 174 Abs. 1 Nr. 1 oder 2 StGB strafbar.

Blutschande

Die Strafbarkeit der Blutschande (Beischlaf zwischen Verwandten, § 173 StGB) beruht auf dem uralten Inzesttabu, das Sexualität in der Kleinfamilie verbietet. Strafbar ist der Beischlaf (Eindringen des Gliedes in die Scheide) zwischen Verwandten absteigender und aufsteigender Linie oder zwischen Geschwistern. Andere sexuelle Handlungen fallen nicht hierunter (vgl. § 174 Abs. 1 Nr. 3 StGB). In der weitaus überwiegenden Zahl der Fälle wird die minderjährige Tochter vom Vater mißbraucht. Dadurch kommt es zu besonders schwerwiegenden Entwicklungsstörungen und Dauerschäden wie Lernstörungen, Verwahrlosung, Neigung zu Prostitution, Frigidität, Depressionen.

Verführung

Wer ein Mädchen unter 16 Jahren zum Beischlaf verführt, kann auf Antrag bestraft werden (§ 182 StGB). Verführen bedeutet ein besonders intensives Einwirken auf den Willen des Mädchens oder das Ausnutzen seiner geschlechtlichen Unerfahrenheit. Es muß sich um eine Einwirkung handeln, die die Freiheit der sexuellen Selbstbestimmung berührt. Damit scheidet die Aufnahme sexueller Kontakte auf Grund eines jugendlichen Liebesverhältnisses aus.

Auch bei dieser Vorschrift geht es im übrigen nicht um sexuelle Bevormundung der Jugendlichen oder Durchsetzung bestimmter Moralvorstellungen, sondern um die Abwehr von Eingriffen in die sexuelle Entwicklung und die Sexualsphäre der Jugendlichen. Das kommt in Abs. 3 der Vorschrift zum Ausdruck, wonach das Gericht von Bestrafung absehen kann, wenn der Täter noch nicht 21 Jahre alt ist, es sich also um gleichaltrige oder altersentsprechende Partner des Mädchens handelt.

Homosexuelle Handlungen

Zu dieser Gruppe von Sexualdelikten gehören schließlich homosexuelle Handlungen, die – allein unter dem Gesichtspunkt des Jugendschutzes – nur noch für einen beschränkten Personenkreis strafbar sind (§ 175 StGB). Geschützt sind nur Männer unter 18 Jahren vor homosexuellen Handlungen von Männern über 18 Jahre. Ähnlich wie bei der Verführung kann das Gericht von Strafen absehen, wenn der Täter noch nicht 21 Jahre alt ist (§ 175 Abs. 2 Nr. 2 StGB).

2. Förderung sexueller Handlungen von Minderjährigen

Eine weitere Gruppe von Vorschriften will verhindern, daß sich Dritte an sexuellen Handlungen junger Menschen durch Förderung beteiligen und dadurch die sexuelle Entwicklung stören.

Kuppelei

Das trifft insbesondere für die Kuppelei zu. Nach § 180 Abs. 1 Satz 1 StGB macht sich strafbar, wer sexuelle Handlungen junger Menschen bis zu 16 Jahren durch Vermittlung oder durch Gewähren oder Verschaffen von Gelegenheit Vorschub leistet.

Die Tat kann durch Unterlassen begangen werden, wenn den Täter eine Rechtspflicht zum Handeln trifft. Eine solche „Garantenstellung" haben Eltern und Erzieher, denen die Beaufsichtigung anvertraut ist.

Nicht jedes aktive oder passive Vorschubleisten durch Gewähren von Gelegenheit ist strafwürdig. Manchmal kann den Eltern nicht zugemutet werden, ihre Kinder von sexuellen Handlungen abzuhalten, weil durch ihr Eingreifen größere Nachteile drohen (pädagogischer Notstand). Es gibt auch Fälle, in denen die Eltern aus sexualpädagogischen Erwägungen sexuellen Betätigungen ihrer unter 16 Jahre alten Kinder nicht entgegentreten wollen. Das hat zu dem sog. Erzieherprivileg des § 180 Abs. 1 Satz 2 StGB geführt. Nur wenn die Sorgeberechtigten durch die Kuppelei ihre Erziehungspflichten „gröblich vernachlässigen", machen sie sich strafbar.

Bei jungen Menschen von 16–17 Jahren werden nur besonders schwerwiegende Fälle von Kuppelei bestraft. Es handelt sich einmal um die für die weitere sexuelle Entwicklung besonders gefährliche Förderung entgeltlicher sexueller Handlungen (§ 180 Abs. 2

StGB) und ferner – in Ergänzung des § 174 StGB – um die Förderung sexueller Handlungen unter Mißbrauch eines Abhängigkeitsverhältnisses (§ 180 Abs. 3 StGB).

Förderung der Prostitution

Auf dem gleichen Gedanken beruht es, daß die Förderung der Prostitution von Personen unter 18 Jahren durch Überlassen von Räumlichkeiten (§ 180 a Abs. 2 Nr. 1 StGB) und das Verleiten von Personen unter 21 Jahren zur Prostitution (§ 180 a Abs. 4 StGB) strafbar sind.

3. *Schädliche sexuelle Beeinflussung*

Eine dritte Gruppe von Vorschriften des Sexualstrafrechts will verhindern, daß Kinder und Jugendliche in sexueller Hinsicht nachteilig beeinflußt werden.

Pornographie

An erster Stelle ist das Verbot der Verbreitung pornographischer Schriften an Personen unter 18 Jahren zu behandeln (§ 184 Abs. 1 Nr. 1, 2 und 5 StGB).

Unter Pornographie werden grobe, aufdringliche, verzerrende, den Menschen zu einem auswechselbaren Objekt geschlechtlicher Begierde herabwürdigende Darstellungen des Sexuellen verstanden, die ausschließlich oder vorwiegend, ohne einen anderen wesentlichen gedanklichen Inhalt zu vermitteln, auf die Erregung eines sexuellen Reizes beim Betrachter abstellen. Die Anschauungen über den Begriff der Pornographie unterliegen dem Wandel der allgemeinen gesellschaftlichen Vorstellungen und den Anschauungen über sexuellen Anstand. Während vor einigen Jahren noch – nach heutiger Auffassung harmlose – Fotos in Zeitschriften für Freikörperkultur als „unzüchtige Abbildungen" angesehen wurden, nimmt man heute Titelblätter auf Illustrierten hin, die durch eindeutig sexuelle Anreize Kaufimpulse auslösen sollen.

Man unterscheidet zwischen einfacher und „harter" Pornographie. Darunter versteht man Darstellungen, die sexuelle Gewalttätigkeiten (z. B. Notzucht, sadistische oder masochistische Handlungen), sexuellen Mißbrauch von Kindern oder sexuelle Handlungen an Tieren (Sodomie) zum Gegenstand haben (§ 184 Abs. 3 StGB) Die Verbreitung „harter Pornographie" ist allgemein verboten (§ 184 Abs. 3 StGB).

Die Verbreitung der einfachen Pornographie ist dagegen nur unter dem Gesichtspunkt des Schutzes vor unverlangter Kenntnisnahme und des Jugendschutzes strafbar. Es ist allerdings streitig, ob die Beschäftigung mit Pornographie überhaupt schädliche Wirkungen auf die allgemeine oder sexuelle Entwicklung junger Menschen hat. Überwiegend werden mögliche Gefahren gering eingeschätzt.

Wegen der einzelnen Tathandlungen des Verbreitens wird auf den Wortlaut des Gesetzes verwiesen. Das Pornographieverbot stellt nur einen Ausschnitt aus dem allgemeinen Verbot jugendgefährdender Schriften dar, das außerdem im Gesetz über die Verbreitung jugendgefährdender Schriften und in § 131 Abs. 1 Nr. 3 StGB geregelt ist.

Exhibitionistische Handlungen

Hierher gehören weiter Exhibitionismus (§ 183 StGB) und die Erregung öffentlichen Ärgernisses durch sexuelle Handlungen (§ 183 a StGB).

Exhibitionistisch sind Handlungen eines Mannes, der einer anderen Person sein entblößtes Glied zeigt, um sich allein dadurch, durch die Reaktion des anderen oder durch gleichzeitiges Onanieren sexuell zu erregen oder zu befriedigen. Andere mit Gliedentblößungen verbundene Handlungen fallen nicht unter diese Vorschrift. Sie können, sofern sie vor einem Kind oder Jugendlichen begangen werden, um sich oder einen Dritten sexuell zu erregen, als Mißbrauch von Kindern oder Schutzbefohlenen strafbar sein (§ 174 Abs. 1 Nr. 1, § 176 Abs. 5 Nr. 1 StGB). Sie können auch Erregung öffentlichen Ärgernisses nach § 183 a StGB darstellen.

Jugendgefährdende Prostitution

Schließlich zählt zu den Vorschriften, die vor schädlicher sexueller Beeinflussung schützen sollen, die Strafbarkeit der jugendgefährdenden Prostitution. Nach § 184 b StGB ist es untersagt, in der Nähe von Schulen und anderen Örtlichkeiten, die zum Besuch von Kindern und Jugendlichen bestimmt sind, oder in Häusern, in denen junge Menschen wohnen, der Prostitution so nachzugehen, daß die Minderjährigen sittlich gefährdet werden. Diese Vorschrift wird ergänzt durch § 184 a StGB und Bußgeldbestimmungen, wonach die Prostitution in Sperrbezirken oder zu Sperrzeiten verfolgt werden kann (vgl. §§ 119 und 120 OWiG).

II. Verletzung elterlicher Pflichten

Ein anderer Kreis von Vorschriften des Strafgesetzbuches schützt Kinder vor Verletzungen der elterlichen Pflichten oder Mißbrauch der elterlichen Sorge.

1. *Aussetzung*

An erster Stelle ist die nur noch selten vorkommende Aussetzung zu erwähnen (§ 221 StGB). Aussetzen ist das räumliche Verbringen eines Hilflosen aus seiner bisherigen in eine ihn gefährdende neue Lage. Das Opfer muß wegen jugendlichen Alters, Gebrechlichkeit oder Krankheit hilflos sein. Es können daher auch ältere Kinder ausgesetzt werden. Neben anderen Tätergruppen sind Eltern strafbar, die ihre eigenen Kinder aussetzen, um sich ihren Pflichten zu entziehen. Sie werden besonders schwer bestraft (§ 221 Abs. 2 StGB).

2. *Personenstandsfälschung*

Zu den elterlichen Pflichten gehört, die familienrechtlichen Verhältnisse, den Personenstand, eines Kindes richtig anzugeben und nicht zu verfälschen. Die Verletzung dieser Pflicht ist nach § 169 StGB strafbewehrt.

Tathandlung ist einmal das Unterschieben eines Kindes. Darunter versteht man die Herbeiführung eines Zustandes, der ein Kind als leibliches Kind einer Frau erscheinen läßt, die es nicht geboren hat, z. B. durch vorsätzliches Verwechseln eines Kindes oder Austauschen eines totgeborenen Kindes gegen ein anderes neugeborenes Kind. Täter oder Mittäter kann auch die Mutter sein.

Außerdem wird nach § 169 StGB als Personenstandsfälschung bestraft, daß jemand einem Standesbeamten oder einer zur Feststellung des Personenstandes zuständigen Behörde (nicht gegenüber anderen Personen oder Behörden) zu den familienrechtlichen Verhältnissen des Kindes falsche Angaben macht oder den Personenstand unterdrückt. Als Beispiel kann man die bewußt falsche Anerkennung der nichtehelichen

Vaterschaft nennen, die besonders dann vorkommt, wenn der Mann die Mutter eines nichtehelichen Kindes heiraten will und beide auf diese Weise die wahre Abstammung des Kindes verschleiern und zugleich eine Adoption durch den Mann umgehen wollen. Die Anmeldung eines nicht vom Ehemann stammenden Kindes als eheliches Kind fällt dagegen nicht unter diese Strafvorschrift, weil das Kind nach § 1591 BGB bis zur erfolgreichen Anfechtung als eheliches Kind gilt. Auch die Weigerung der Mutter, den Vater ihres nichtehelichen Kindes zu nennen, kann nicht bestraft werden, da die Mutter sich nicht offenbaren muß und in gerichtlichen Verfahren zur Feststellung der Vaterschaft zudem ein Zeugnisverweigerungsrecht hat.

3. Verletzung der Fürsorge- oder Erziehungspflicht

Nach § 170 d StGB macht sich strafbar, wer seine Fürsorge- oder Erziehungspflicht gegenüber einem unter 16 Jahre alten Kind gröblich verletzt und es dadurch in Gefahr bringt, in seiner körperlichen oder psychischen Entwicklung erheblich geschädigt zu werden oder einen kriminellen Lebenswandel zu führen oder der Prostitution nachzugehen.

Diese Vorschrift erfaßt nicht jede gefährliche Nachlässigkeit der Eltern, sondern nur grobe, schwerwiegende Pflichtverletzungen und nur dann, wenn ein Schaden in einem der drei genannten Bereiche (Entwicklung, Kriminalität, Prostitution) droht. In Betracht kommt in erster Linie eine Verletzung der Pflicht zur Pflege und Betreuung des Kindes (vg. § 13 III 1). Tathandlungen mit körperlichen Folgen können eine allgemeine Vernachlässigung durch fehlende oder unzureichende Versorgung des Kindes mit Verpflegung, Unterkunft oder Bekleidung sein, beispielsweise das Halten von schwachsinnigen Kindern in Ställen, oder die Vernachlässigung der Gesundheitsfürsorge, z. B. bei Geburtsschäden oder Erkrankungen. Psychische Schäden drohen etwa bei Entzug der emotionalen Zuwendung, bei häufigem Alleinlassen in der Wohnung.

Eine Verletzung der Erziehungspflicht kann darin liegen, daß das Kind vom Schulbesuch abgehalten, das elterliche Straf- und Züchtigungsrecht gröblich mißbraucht oder das Kind nicht aus einem Milieu von Kriminellen oder Prostituierten ferngehalten oder zu strafbaren Handlungen angestiftet wird. Als weiteres Beispiel aus den Beratungen des Gesetzgebers sei der Fall genannt, daß eine Frau in dem Zimmer, in dem sie mit ihrer 13jährigen Tochter übernachtet, häufig mit verschiedenen Männern Geschlechtsverkehr hat.

Man wird ferner an die Verletzung der Aufsichtspflicht zu denken haben, etwa durch das Nichtfernhalten von Gefahren (z. B. Alkohol, Gifte, gefährliche Spiele) oder durch die Nichtverhinderung von schlechtem Umgang.

Kriminell ist ein Lebenswandel dann, wenn Straftaten eine wesentliche Rolle spielen. Schädliche Neigungen im Sinne von § 17 JGG brauchen nicht vorzuliegen. Bei nur körperlicher Gefährdung oder bei Verleitung zur Prostitution kann § 170 d StGB mit den §§ 223, 223 b oder §§ 180 Abs. 2, 180 a Abs. 4 StGB zusammentreffen.

4. Verletzung der Unterhaltspflicht

Zu diesen Vorschriften gehört ferner die Strafbarkeit der Verletzung der Unterhaltspflicht nach § 170 b StGB. Strafbar macht sich, wer sich der auf gesetzlichen Bestimmungen beruhenden Unterhaltspflicht entzieht. Ob und in welchem Umfang eine Unterhaltspflicht besteht, ist nach bürgerlichem Recht zu beurteilen (vgl. § 14). Das

Gesetz verlangt außer der Entziehungshandlung, daß der Lebensbedarf des Unterhaltsberechtigten gefährdet ist oder ohne die Hilfe anderer gefährdet wäre. Das deckt sich jedoch mit dem Begriff der Bedürftigkeit, der Voraussetzung des gesetzlichen Unterhaltsanspruchs ist (§ 1602 BGB).

5. Überschreitung des Züchtigungsrechts

Zur Frage, ob und in welchem Umfang einer Person ein Züchtigungsrecht zusteht, kann auf die Ausführungen zur elterlichen Sorge verwiesen werden (13 III 1). Wer die ihm gesteckten Grenzen vorsätzlich oder fahrlässig überschreitet, macht sich wegen vorsätzlicher oder fahrlässiger Körperverletzung nach den §§ 223, 230 StGB strafbar. Das als Strafe gedachte übermäßige Einsperren eines Kindes kann Freiheitsberaubung nach § 239 StGB sein.

Verfahren wegen Überschreitung des Züchtigungsrechts sind überaus selten, da es sehr schwer ist, einen Mißbrauch festzustellen. Abgesehen von den schweren Fällen, die den Tatbestand der Kindesmißhandlung erfüllen, kann dem strafenden Elternteil selten nachgewiesen werden, daß Art und Ausmaß der Züchtigung in einem objektiven Mißverhältnis zur Verfehlung des Kindes standen oder daß der Täter wußte oder damit rechnete, daß die Züchtigung bleibende Schäden verursachte oder gegen die Würde des Kindes verstieß. Das verfassungsrechtlich geschützte Elternrecht verbietet dem Strafrichter, den Eltern seine eigenen Anschauungen über die Züchtigung von Kindern aufzuzwingen.

6. Kindesmißhandlung

Von größerer Bedeutung ist die Kindesmißhandlung, (Mißhandlung von Schutzbefohlenen, § 223 b StGB). Geschützt sind neben anderen Personen Kinder und Jugendliche gegen Quälen, rohes Mißhandeln oder Gesundheitsbeschädigung durch böswillige Vernachlässigung der Sorgepflicht.

Quälen bedeutet das Zufügen länger dauernder oder sich wiederholender erheblicher körperlicher oder seelischer Schmerzen oder Leiden. Als Beispiele für seelisches Quälen seien das Verursachen von Angstzuständen durch Einsperren in einen dunklen Keller oder durch Hinaushalten eines Kindes aus dem Fenster genannt.

Mißhandlung ist ein aus § 223 StGB übernommener Begriff. Man versteht darunter ein unangemessenes, übles Behandeln, durch das das körperliche Wohlbefinden oder die körperliche Unversehrtheit nicht unerheblich beeinträchtigt wird. Eine Schmerzzufügung ist nicht nötig. Die Erregung von Gefühlen wie Ekel, Schrecken, Durst oder Hunger kann genügen. Auch das Abschneiden der Haare kann Mißhandlung sein. Eine Mißhandlung ist dann roh, wenn sie aus einer gefühllosen, gegen die Leiden des Opfers gleichgültigen Gesinnung erfolgt. Das kann nicht angenommen werden, wenn der Täter aus Zorn, Wut oder dgl. handelt.

Als dritte Handlung nennt das Gesetz Gesundheitsschädigung durch böswilliges Vernachlässigen der Sorgepflicht. Der Begriff Gesundheits(be)schädigung stammt gleichfalls aus § 223 StGB. Es ist das Herbeiführen oder Steigern einer körperlichen oder psychischen Krankheit. Die Gesundheitsschädigung muß als Folge einer Vernachlässigung der Pflicht zur Sorge, insbesondere der Pflege des Kindes eintreten. Ob dieser Kausalzusammenhang besteht, wird oft nur ein medizinischer Sachverständiger sagen können. Die Vernachlässigung muß böswillig geschehen. Böswillig handelt, wer sich

seiner Fürsorgepflicht aus bösartiger, verwerflicher Gesinnung, beispielsweise aus Haß, Geiz, Eigennutz, Sadismus, Vergnügungssucht, entzieht, nicht aber, wer aus Schwäche, Gleichgültigkeit oder Gefühlskälte handelt.
Täter können Personen sein, deren Fürsorge das Opfer kraft Gesetzes untersteht, also Eltern, Vormünder und Pfleger. Es kommen ferner solche Personen in Betracht, zu denen das Opfer im Sinne von § 174 Abs. 1 Nr. 2 StGB in einem tatsächlichen Abhängigkeitsverhältnis steht und die deshalb zur Fürsorge verpflichtet sind.
Bei der Kindesmißhandlung vermutet man eine besonders hohe Dunkelziffer. Die Opfer sind nicht in der Lage oder wagen nicht, sich bei Außenstehenden zu beklagen. Dritte, die von Mißhandlungen erfahren, scheuen sich aus mancherlei Gründen, Anzeige zu erstatten. Von den somit verhältnismäßig wenig bekannt werdenden Fällen müssen viele Verfahren eingestellt werden oder führen zum Freispruch, weil die erörterten subjektiven Tatbestandsmerkmale nicht zweifelsfrei nachzuweisen sind.
Insgesamt muß man deshalb feststellen, daß Kinder gegen den Mißbrauch des elterlichen Straf- und Züchtigungsrechts durch das Strafrecht nur unzureichend geschützt sind.

III. Träger des strafrechtlichen Jugendschutzes

Träger des strafrechtlichen Jugendschutzes sind in erster Linie Polizei, Staatsanwaltschaft und Strafgerichte. Für Straftaten Erwachsener, die sich gegen Kinder und Jugendliche richten oder Vorschriften verletzen, die dem Jugendschutz und der Jugenderziehung dienen, sogenannten Jugendschutzsachen, sind nach § 26 GVG neben den allgemeinen Strafgerichten auch die Jugendgerichte zuständig.
Polizei und Staatsanwaltschaft können nur tätig werden, wenn sie von Straftaten erfahren. Meist erstatten die Eltern Anzeige, wenn ihr Kind betroffen ist. Wenn der Täter aber zu den Angehörigen des Opfers gehört, gar einer der Eltern ist, sind die Strafverfolgungsbehörden im Interesse der oft schutzlosen Kinder auf die Mithilfe der Allgemeinheit angewiesen. Jeder Pädagoge, Erzieher, Sozialarbeiter oder -pädagoge und jeder verantwortungsbewußte Bürger sollte es als seine Aufgabe ansehen, bei der Aufklärung von Straftaten zum Nachteil von Kindern und Jugendlichen behilflich zu sein, um so weitere Schädigungen zu verhindern. Die Scheu, sich in fremde Angelegenheiten einzumischen und die Befürchtung, als Denunziant beschimpft zu werden, müssen zurücktreten vor dem wichtigeren Ziel, Kinder und Jugendliche vor körperlichen und seelischen Schäden zu bewahren. Wer sich nicht direkt an Polizei oder Staatsanwaltschaft wenden will, sollte das Jugendamt, soziale Fachkräfte oder kirchliche Stellen einschalten.

Jugendschutz nach dem StGB

§§	Tathandlung	geschützter Personenkreis
131	Verherrlichung von Gewalt	alle Personen
169	Personenstandsfälschung	alle Personen, besonders Kleinkinder
170 b.	Verletzung der Unterhaltspflicht	Verwandte in gerader Linie, Eheleute
170 d.	Verletzung der Fürsorge- oder Erziehungspflicht	Kinder und Jugendliche unter 16 Jahren
173 I	Blutschande (Beischlaf zwischen Verwandten)	Verwandte in gerader Linie, Geschwister
174 I 1	Sexueller Mißbrauch von Schutzbefohlenen	zur Erziehung usw. anvertraute Kinder und Jugendliche unter 16 Jahren
174 I 2	Sexueller Mißbrauch von Abhängingen	Kinder und Jugendliche, die dem Täter zur Erziehung usw. anvertraut und von ihm abhängig sind
174 I 3	Sexueller Mißbrauch eigener Kinder	Kinder und Jugendliche
174 a. IV	Sexueller Mißbrauch von Verwahrten und Gefangenen	Verwahrte und Gefangene
175	Homosexuelle Handlungen	männliche Kinder und Jugendliche
176	Sexueller Mißbrauch von Kindern	Kinder
180 I	Kuppelei (Förderung sexueller Handlungen Minderjähriger)	Kinder und Jugendliche unter 16 Jahren
180 II, III	Schwere Kuppelei (Förderung entgeltlicher sexueller Handlungen Minderjähriger oder Förderung sexueller Handlungen unter Mißbrauch der Abhängigkeit)	Kinder und Jugendliche
180 a. II 1	Förderung der Prostitution	Kinder und Jugendliche
180 a. IV	Verleitung zur Prostitution	Personen unter 21 Jahren
182 V	Verführung (zum Beischlaf)	Mädchen unter 16 Jahren
183	Exhibitionistische Handlungen	alle Personen
183 a.	Erregung öffentlichen Ärgernisses (durch sexuelle Handlungen)	alle Personen
184 I	Verbreitung (einfacher) pornographischer Schriften	Kinder und Jugendliche
184 III	Verbreitung (harter) pornographischer Schriften	alle Personen
184 b.	Jugendgefährdende Prostitution	Kinder und Jugendliche
221	Aussetzung	Kinder, Kranke, Gebrechliche
223	Körperverletzung (durch Überschreitung des Züchtigungsrecht)	Kinder und Jugendliche
223 b.	Kindesmißhandlung (Mißhandlung von Schutzbefohlenen)	Kinder und Jugendliche
235	Kindesentziehung	Personensorgeberechtigte
236	Entführung mit Willen (der Entführten)	Personensorgeberechtigte, Mädchen unter 18 Jahren

§ 24 Jugendschutz in der Öffentlichkeit

I. Gefahren

Wenn Kinder und Jugendliche ihre Freizeit in der Öffentlichkeit verbringen, sind sie einer Reihe von typischen Gefahren ausgesetzt, die das Gesetz zum Schutz der Jugend in der Öffentlichkeit vom 23. 8. 1962 abwenden will.
Das Gesetz schützt Kinder und Jugendliche. Es verwendet diese Begriffe wie das Jugendgerichtsgesetz (§ 1 Abs. 2 JGG, § 19 StGB) und das Gesetz über die Verbreitung jugendgefährdender Schriften (§ 1 Abs. 4 GjS). Kinder sind also die noch nicht 14jährigen und Jugendliche die 14–17jährigen (§ 1 Abs. 3 JSchÖG). Ausdrücklich ausgenommen sind verheiratete Jugendliche (§ 11 JSchÖG).

Das Gesetz unterscheidet drei verschiedene Gefahrenquellen:

Einmal handelt es sich um den Aufenthalt an jugendgefährdenden Orten. Hierzu zählen der Aufenthalt an allgemein gefährlichen Orten (§ 1 Abs. 1 JSchÖG), in Gaststätten (§ 2 Abs. 1 JSchÖG) und in Spielhallen (§ 7 Abs. 1 Nr. 1 JSchÖG).
Welche Orte allgemein jugendgefährdend im Sinne von § 1 Abs. 1 JSchÖG sind, hängt entscheidend von den Umständen des Einzelfalles ab. Dem jungen Menschen muß eine sittliche Gefahr oder Verwahrlosung drohen. Sittlich ist hier nicht auf den sexuell-erotischen Bereich beschränkt, sondern erfaßt als Oberbegriff im Sinne von Sittenordnung wie in § 1 GjS auch den geistigen, seelischen, charakterlichen und sozialen Bereich. Der Unterschied zwischen sittlicher Gefahr und Verwahrlosung liegt darin, daß Verwahrlosung einen drohenden oder bereits eingetretenen Entwicklungsschaden beschreibt, während Gefahr eine vorübergehende Beeinträchtigung der Entwicklung ist. Außerdem erfaßt die sittliche Gefahr im Gegensatz zur Verwahrlosung nicht den körperlichen Bereich.

Die zweite Gefahrenquelle liegt in der Teilnahme an jugendgefährdenden Veranstaltungen. Hierunter fallen die Teilnahme an öffentlichen Tanzveranstaltungen (§ 4 JSchÖG), an Varieté-, Kabarett- oder Revueveranstaltungen (§ 5 JSchÖG), an öffentlichen Filmveranstaltungen (§ 6 JSchÖG), die Teilnahme an öffentlichen Glückspielen (§ 7 Abs. 1 Nr. 2 JSchÖG) und an Veranstaltungen mit verrohendem Einfluß (§ 8 JSchÖG).
Als Veranstaltungen mit verrohendem Einfluß im Sinne von § 8 JSchÖG bezeichnet die Verordnung vom 2. 4. 1959 Catcherveranstaltungen, Ringkämpfe, die nicht nach sportlichen Regeln ausgetragen werden, Frauenringkämpfe, Ringkämpfe in Schlamm sowie Box- und Ringkämpfe auf Jahrmärkten und Volksfesten.

Als dritte Gefahrenquelle führt das Gesetz den Genuß von Alkohol (§ 3 JSchÖG) und Tabak (§ 9 JSchÖG) an.

Nicht von allen Gefahrenquellen gehen in jedem Fall wirklich Gefahren für die Jugendlichen aus. Man muß unterscheiden zwischen absoluten und relativen Gefährdungen. Als absolute kann man solche Gefährdungen bezeichnen, die erfahrungsgemäß immer und unter allen Umständen schädigend wirken. Dazu zählen Alkohol- und Tabakgenuß, der Aufenthalt an allgemein gefährlichen Orten und die Teilnahme an Veranstaltungen mit verrohendem Einfluß. Ob relative Gefährdungen sich schädlich auswirken, hängt von den Umständen ab. Der Aufenthalt in einer Gaststätte während einer Reise oder zur Einnahme einer Mahlzeit ist nicht zu beanstanden (§ 2 Abs. 2 JSchÖG). Tanz- und Filmveranstaltungen, auch Varieté-, Kabarett- und Revueveranstaltungen können jugendgefährdend oder jugendfördernd sein. Der Gesetzgeber hat darauf Rücksicht genommen und vorgesehen, daß auf Vorschlag des Jugendamtes bestimmte Verbote ausnahmsweise aufgehoben werden können, wenn die Teilnahme von Kindern und Jugendlichen ungefährlich oder aus erzieherischen Gründen angezeigt ist (vgl. § 4 Abs. 3, § 5 Abs. 2, § 7 Abs. 2 JSchÖG).

Wegen der einzelnen Gefahren und Ausnahmeregelungen kann auf den Wortlaut des Gesetzes und die folgenden Tabellen verwiesen werden.

Eine Reform des Gesetzes ist geplant.

Tabelle 1

Gefahrenquelle	Kinder	Jugendliche 14–15	Jugendliche 16–17
Aufenthalt an jugendgefährdenden Orten, § 1 I	verboten		
Abgabe und Genuß von Branntwein, § 3 I	verboten		
Anwesenheit bei Veranstaltungen mit verrohendem Einfluß, § 8	verboten		
Anwesenheit bei Varieté-, Kabarett-, und Revueveranstaltungen, § 5	verboten (Ausnahme möglich, § 5 II)		
Anwesenheit in Spielhallen, Teilnahme an Glücksspielen, § 7	verboten (Ausnahme möglich, § 7 II)		
Anwesenheit und Teilnahme an öffentlichen Tanzveranstaltungen, § 4	verboten (Ausnahme möglich, § 4 III)		erlaubt bis 22 Uhr ohne und bis 24 Uhr mit Erz.-Ber.
Rauchen in der Öffentlichkeit, § 9	verboten		erlaubt
Aufenthalt in Gaststätten, § 2 I Ausnahmen: jugendfördernde Veranstaltungen, Reisen, Mahlzeiten, § 2 II Nr. 1–3	verboten, erlaubt nur in Begleitung eines Erziehungsberechtigten		erlaubt
Abgabe von alkoholischen Getränken zum eigenen Verzehr, § 3 II	verboten	verboten, erlaubt in Begleitung eines Erziehungsber.	erlaubt
Filmveranstaltungen	siehe Tabelle 2		

Tabelle 2
Teilnahme an öffentlichen Filmveranstaltungen

Alter	Bei Vorführung von Filmen, die freigegeben sind ab 6 Jahren	12 Jahren	16 Jahren	18 Jahren	nicht freigegeben sind
0–5	verboten				
6–11	erlaubt bis 20 Uhr	verboten			
12–15	erlaubt bis 22 Uhr		verboten		
16–17	erlaubt bis 23 Uhr			verboten	

II. Träger des Jugendschutzes in der Öffentlichkeit

Das Gesetz richtet sich in erster Linie an diejenigen, die für die Gefahrenquellen verantwortlich sind, also die Veranstalter und Unternehmer (Gewerbetreibende). Sie können für Verstöße gegen das Gesetz zur Verantwortung gezogen werden.
An zweiter Stelle wendet sich das Gesetz an die Erziehungsberechtigten. Dieser Begriff ist in § 1 Abs. 4 JSchÖG klargestellt: Es sind die Personensorgeberechtigten, die kraft Gesetzes zur Erziehung des Minderjährigen berechtigt und verpflichtet sind, also Eltern, Vormünder und Pfleger (§§ 1631 Abs. 1, 1793, 1909 BGB). Außerdem zählen hierzu Personen über 21 Jahre, die den Minderjährigen auf Veranlassung der Personensorgeberechtigten „zur Erziehung, Ausbildung, Aufsicht oder Betreuung in ihre Obhut genommen haben" (§ 1 Abs. 4 Satz 2 JSchÖG). Zu diesem Personenkreis der Erziehungsberechtigten kraft Übertragung gehören beispielsweise Pflegeeltern, Ausbilder, Erzieher in Heimen oder Arbeitgeber, in deren Haushalt der Jugendliche lebt. Es wird ein Autoritätsverhältnis von einiger Dauer verlangt. Damit ist beispielsweise ausgeschlossen, daß ein über 21 Jahre alter Freund eines noch jugendlichen Mädchens mit Einwilligung der Eltern die Rolle eines Erziehungsberechtigten spielt und so den gemeinsamen Aufenthalt in Gaststätten oder die Teilnahme an Tanzveranstaltungen ermöglicht (vgl. § 2 Abs. 1, § 3 Abs. 2 Nr. 2, § 4 Abs. 2 JSchÖG).
Schließlich will das Gesetz alle Erwachsenen auffordern, sich für die Ziele des Gesetzes einzusetzen und die zuständigen Stellen und Behörden (§ 1 Abs. 1 JSchÖG) in ihrer Arbeit zu unterstützen.
Die Durchsetzung und Überwachung der Bestimmungen obliegt vor allen der Polizei und den Ordnungsbehörden. Deren Ermächtigung (Rechtsgrundlage) und Zuständigkeit richten sich nach Landesrecht (Polizeiverwaltungs- und Ordnungsbehördengesetze). Sie sind die primären Träger des Jugendschutzes in der Öffentlichkeit. Sie nehmen ihre Aufgaben in enger Zusammenarbeit mit den örtlichen Jugendämtern (z. B. durch gemeinsame Jugendschutzstreifen, Jugendschutztrupps) wahr, denen die Einleitung der weiteren Maßnahmen übertragen ist (§ 1 Abs. 1, § 12 JSchÖG, § 4 Nr. 7 JWG). Gefährdete Kinder und Jugendliche können und sollten aber von allen anderen Behörden, Einrichtungen, Trägern der freien Jugendhilfe, ja selbst von Privatpersonen,

insbesondere von Lehrern und Erziehern, dem Jugendamt gemeldet werden, damit ein möglichst umfassender Schutz gewährt werden kann. Polizei und Ordnungsbehörden sind oft überlastet und können sich deshalb den Aufgaben des Jugendschutzes nicht mit der nötigen Sorgfalt widmen.
Für die Verfolgung der Straftatbestände und Ordnungswidrigkeiten der §§ 13 und 14 JSchÖG sind die Staatsanwaltschaften, Ordnungsbehörden und Gerichte zuständig. Diese sind damit gleichfalls Träger des Jugendschutzes nach dem Gesetz zum Schutz der Jugend in der Öffentlichkeit.

III. Schutzmaßnahmen

Die Maßnahmen, die den primären Trägern des Jugendschutzes zur Gefahrenabwehr zur Verfügung stehen, sind in § 1 Abs. 1 und 2 JSchÖG abschließend aufgezählt. Es sind:

- Meldung an das Jugendamt,
- Beseitigung der Gefahr,
- Platzverweis (Anhalten zum Verlassen des Ortes),
- Zwangsentfernung,
- Zuführung an die Erziehungsberechtigten,
- Zuführung in die Obhut des Jugendamtes.

Insoweit sind die allgemeinen polizeilichen und ordnungsbehördlichen Vorschriften über die Gefahrenabwehr näher ausgestaltet (konkretisiert). Die sechs möglichen Maßnahmen stehen in einem Subsidiaritätsverhältnis. Die jeweils nächste einschneidendere Maßnahme darf erst ergriffen werden, wenn die vorhergehende mildere keinen Erfolg verspricht. Das ergibt sich aus dem allgemeinen Polizeirecht.
Wegen der Maßnahmen, die das Jugendamt gegen gemeldete oder ertappte Minderjährige einzuleiten hat, verweist das Gesetz auf die Vorschriften des Bürgerlichen Gesetzbuches und des Gesetzes über Jugendwohlfahrt (§ 12 JSchÖG). Dem Jugendamt werden also keine neuen Befugnisse eingeräumt. Das Gesetz gewährt insbesondere kein eigenes Festhalterecht in den Fällen, in denen die Polizei den Minderjährigen nach § 1 Abs. 2 Satz 2 JSchÖG der Obhut des Jugendamtes überstellt. Falls nicht telefonisch oder telegraphisch eine Ermächtigung der Sorgeberechtigten zum Festhalten bis zur Abholung eingeholt werden kann, muß eine richterliche Entscheidung (Haftbefehl, Unterbringung, vorläufige Fürsorgeerziehung) herbeigeführt oder der Betreffende polizeilich festgenommen werden, sofern die besonderen Voraussetzungen für diese Maßnahmen gegeben sind.

Nach § 1631 Abs. 2 BGB in Verbindung mit § 48 c JWG kommen als Maßnahmen des Jugendamtes in Betracht: Meldung an das Elternhaus, Schule, Erzieher, Ausbilder oder Arbeitgeber, Rücksprache mit den Eltern, ggf. deren Belehrung und Ermahnung, Ermahnung des Minderjährigen, Erteilung von Geboten, Androhung der Einschaltung des Vormundschaftsgerichts. Außerdem kann das Jugendamt einen Erziehungsbeistand bestellen (§§ 55, 56 JWG), Freiwillige Erziehungshilfe gewähren (§§ 62, 63 JWG) und weitere Maßnahmen beim Vormundschaftsgericht anregen. Aus allem ergibt sich, daß das Jugendamt verpflichtet ist, aus Anlaß einer Meldung nach § 1 JSchÖG den Erziehungsstand des jungen Menschen zu überprüfen. Nur so kann es entscheiden, ob und welche Erziehungsmaßnahmen zu veranlassen sind. Natürlich gilt auch hier der Grundsatz der Verhältnismäßigkeit. Wird beispielsweise eine 17jährige einmal nach 22 Uhr auf einer öffentlichen Tanzveranstaltung angetroffen (§ 4 Abs. 2 JSchÖG), bedarf es keiner oder jedenfalls keiner eingehenden Ermittlungen, da allenfalls eine Ermahnung in Betracht kommt.

Falls Maßnahmen des Jugendamtes nicht ausreichen, kann das Vormundschaftsgericht eingeschaltet werden. Ebenso wie das Jugendamt wird der Vormundschaftsrichter vornehmlich Erziehungshilfe nach § 1631 Abs. 2 BGB leisten oder einen Erziehungsbeistand bestellen. Es sind aber auch Maßnahmen nach § 1666 BGB denkbar, also notfalls Beschränkung oder Entzug der Personensorge sowie die Unterbringung in einer anderen Familie oder in einer Erziehungsanstalt. Dafür und für mögliche Fürsorgeerziehung reichen natürlich einzelne Verstöße gegen die Bestimmungen des Gesetzes allein nicht aus.

Das Gesetz räumt dem Vormundschaftsrichter in § 12 Satz 2 JSchÖG außerdem das Recht ein, dem Minderjährigen (nicht auch dessen Eltern) Weisungen zu erteilen, die die Lebensführung des Jugendlichen regeln und dadurch seine Erziehung fördern. Die Befolgung der Weisungen kann der Vormundschaftsrichter allerdings nicht – wie in § 11 Abs. 2 JGG der Jugendrichter – durch Jugendarrest erzwingen. Das Scheitern des Erziehungsversuchs kann nur Anlaß sein, schärfere Maßnahmen zu ergreifen.

Ein vorsätzlicher Verstoß gegen die §§ 2–9 des Gesetzes durch Veranstalter und Gewerbetreibende kann nach § 13 JSchÖG als Vergehen mit Freiheits- und Geldstrafe geahndet werden. In der Praxis spielt diese Bestimmung jedoch keine Rolle, da sowohl eine leichtfertig begangene schwere Gefährdung der körperlichen, geistigen oder sittlichen Entwicklung des Minderjährigen (§ 13 Nr. 1 JSchÖG) als auch eine beharrliche Wiederholung (§ 13 Nr. 2 JSchÖG) nur sehr schwer nachzuweisen sind.

Die weniger schwerwiegenden Verstöße gegen das Gesetz können als Ordnungswidrigkeiten mit Geldbußen bis zu 1000 DM belegt werden. Ordnungswidrig handeln die Veranstalter und Gewerbetreibende, die vorsätzlich oder fahrlässig gegen die Bestimmungen der §§ 2–10 JSchÖG verstoßen (§ 14 Nr. 1 JSchÖG). Außerdem können andere Personen über 21 Jahre zur Verantwortung gezogen werden, die jugendschutzwidriges Verhalten Minderjähriger herbeiführen oder fördern (§ 14 Nr. 2 JSchÖG).

§ 25 Literarischer Jugendschutz

Die Vorschriften des Strafgesetzbuches über die Verbreitung von Pornographie und Gewaltverherrlichung stellen nur einen Ausschnitt der Bestrebungen dar, die Verbreitung jugendgefährdender Darstellungen (Schriften, Ton- und Bildträger, Abbildungen und andere Darstellungen, § 1 Abs. 3 GjS) zu verhindern. Der umfassende Schutz ist Aufgabe des Gesetzes über die Verbreitung jugendgefährdender Schriften vom 9. 6. 1953.

Ein solcher Schutz ist notwendig. Jugendliche und erst recht Kinder haben noch keine festen Vorstellungen über Recht und Sitte, Gemeinschaft und Gesellschaft. Ihnen fehlen Standpunkt, Maßstab und Erfahrung, um Abstand zu halten, Vergleiche zu ziehen und Kritik zu üben. Sie sind somit leicht zu beeinflussen und unterliegen der Gefahr, verzerrende, unrealistische Darstellungen für die Wirklichkeit zu halten und so zu falschen Wertvorstellungen und Anschauungen zu kommen.

Wie groß die von unsittlichen Darstellungen ausgehende Jugendgefährdung tatsächlich ist, weiß man nicht genau. Ebenso wie bei der Pornographie hält die Mehrzahl der Jugendpsychologen heute für zweifelhaft, ob und in welchem Umfang sich junge Menschen durch solche Dinge überhaupt negativ beeinflussen lassen. Solange die Frage jedoch nicht geklärt und eine Gefährdung der Jugend nicht auszuschließen ist, muß der Schutz erhalten bleiben.

I. Gefahren

Jugendgefährdend sind Schriften und die ihnen nach § 1 Abs. 3 GjS gleichstehenden Darstellungen, „die geeignet sind, Kinder oder Jugendliche sittlich zu gefährden" (§ 1 Abs. 1 Satz 1 GjS). Die Auslegung dieses unbestimmten Rechtsbegriffes erleichtert das Gesetz, indem es als Beispiele für sittliche Gefährdungen „unsittliche, verrohend wirkende, zu Gewalttätigkeit, Verbrechen oder Rassenhaß anreizende sowie den Krieg verherrlichende Schriften" nennt.

Aus dieser Aufzählung ergibt sich, daß Sittlichkeit – wie in § 1 Abs. 1 JSchÖG – nicht allein den erotisch-sexuellen Bereich meint. Sittlichkeit als Oberbegriff ist vielmehr im Sinne der allgemeinen sittlichen und sozialen Wertordnung, des Sittengesetzes in Art. 2 Abs. 1 GG, zu verstehen. Sie ist nicht mit der christlich-abendländischen Weltanschauung identisch.

Die sittliche Gefährdung besteht darin, daß der junge Mensch der Gefahr einer Fehlentwicklung in sittlicher, charakterlicher und sozialer Hinsicht ausgesetzt ist. Verhindert werden soll ein Zustand, der nach gesicherten Erfahrungsgrundsätzen der Pädagogik und Jugendpsychologie voraussichtlich (nicht nur vermutlich) geeignet ist, die Entwicklung junger Menschen zu sittlich, seelisch, charakterlich und sozial gefestigten Persönlichkeiten (vgl. § 1 Abs. 1 JWG) negativ zu beeinflussen Die Minderjährigen brauchen die falschen Wertvorstellungen nicht endgültig zu übernehmen. Es reicht aus, daß ihre Entwicklung gestört wird, weil sie durch die schädlichen Einflüsse verwirrt und unsicher gemacht werden. Bei der Beurteilung der Gefährlichkeit ist auf den durchschnittlichen jungen Menschen abzustellen. Man darf nicht diejenigen zum Maßstab nehmen, die kraft Veranlagung oder Erziehung gegen schädigende Einflüsse dieser

Art ohnehin weitgehend geschützt sind (positive Auslese). Andererseits kann man die Grenzen nicht erst bei drohender sexueller Verwahrlosung und krankhafter Anfälligkeit ziehen (negative Auslese). Zu beachten ist, daß Labilität und leichte Beeinflußbarkeit zum normalen Bild der Jugend gehören.

Die als Regelbeispiel in § 1 Abs. 1 Satz 2 GjS aufgeführten „unsittlichen" Schriften sind ein Ausschnitt aus dem Oberbegriff Sittlichkeit. Hier bezeichnet „unsittlich" den erotisch-sexuellen Bereich, der weitgehend mit der Pornographie übereinstimmt. Der Begriff ist aber weiter. Als unsittlich kann man eine Schrift bezeichnen, wenn ihr Inhalt objektiv geeignet ist, das Scham- und Sittlichkeitsgefühl in geschlechtlicher Hinsicht zu verletzen. Die subjektiven Merkmale des Pornographiebegriffs brauchen nicht erfüllt zu sein. In der Praxis bereitet die Abgrenzung bisweilen Schwierigkeiten, ob eine Schrift schon unsittlich oder nur geschmacklos ist.

Das Bundesverfassungsgericht hat übertriebene Vorstellungen berichtigt und entschieden, daß Schriften und Abbildungen, die für Freikörperkultur werben, nicht grundsätzlich unsittlich sind und deshalb den früheren § 6 Abs. 2 GjS für verfassungswidrig erklärt, der diese Schriften unterschiedslos den „offensichtlich schwer jugendgefährdenden Schriften (vgl. jetzt § 6 Nr. 3 GjS) gleichgestellt hatte.

Verrohend wirken solche Schriften, die Sadismus, Grausamkeit, Brutalität, Gewalttätigkeit, Hinterlist, Heimtücke, gemeine Schadenfreude und andere niedrige Gesinnungen wecken oder fördern.

Zur Gewalttätigkeit wird angereizt, wenn Gewalt als angemessenes Mittel hingestellt wird, sich im Leben durchzusetzen, zum Erfolg zu kommen oder Konflikte zu lösen.

Als Sonderfall des Verbots der jugendgefährdenden Schriften ist jetzt das Verherrlichen von Gewalt und das Anstacheln zum Rassenhaß in § 131 StGB zum selbständigen Straftatbestand erhoben, der, wie Abs. 1 Nr. 3 zeigt, auch dem Jugendschutz dient. Die Vorschrift wendet sich insbesondere gegen Gewaltdarstellungen, die nach dem Urteil der Jugendpsychologen wahrscheinlich schädlich sind, weil sie aggressionsstimulierend wirken oder die Hemmschwelle für aggressive oder kriminelle Verhaltensweisen herabsetzen können. Verboten ist die Darstellung von Gewalt gegen Menschen, nicht gegen Tiere und Sachen, wenn die Schilderung unmenschlich, insbesondere grausam, ist und mit dem Ziel geschieht, Gewalttätigkeiten zu verherrlichen oder zu verharmlosen. Es kommt nicht darauf an, ob die Gewalttat selbst unmenschlich oder grausam ist. Entscheidend ist die Art der Schilderung. Wegen der weiteren Einzelheiten wird auf den Gesetzeswortlaut verwiesen. In § 131 Abs. 4 StGB findet sich wieder ein Erzieherprivileg. Zum Verbrechen reizen Schriften an, die Leben und Taten von Kriminellen verherrlichen oder verharmlosen und dadurch zur Nachahmung verleiten.

Rassenhaß ist die heftige Abneigung gegen Gruppen, die sich von anderen Menschen durch erbliche Merkmale unterscheiden, wobei sich der Haß ohne Unterschied der Person gegen jeden Angehörigen der Gruppe richtet. Das Verbot der Anreizung zum Rassenhaß konkretisiert den Gleichheitsgrundsatz des Art. 3 Abs. 3 GG.

Den Krieg verherrlichen Darstellungen, die bewaffnete Auseinandersetzungen zwischen Nationen als romantisches Abenteuer, als Bewährungsprobe männlicher Tugenden und heldischer Fähigkeiten, als erstrebenswerte Gelegenheit zum Erwerb von Anerkennung, Auszeichnung und Ruhm schildern und den Krieg dadurch bejahen und positiv bewerten.

Trotz möglicher Jugendgefährdung kann eine Schrift in drei Fällen nicht in die Liste der jugendgefährdenden Schriften aufgenommen (indiziert) werden.

Es handelt sich einmal um die sog. Tendenzklausel, die verhindern will, daß – an Stelle einer durch Art. 5 Abs. 1 Satz 3 GG verbotenen Zensur – Schriften allein wegen ihrer politischen, sozialen, religiösen oder weltanschaulichen Tendenz indiziert werden (§ 1 Abs. 2 Nr. 1 GjS).

Von größerer Bedeutung ist der – den Inhalt des Art. 5 Abs. 3 GG wiederholende – sog. Kunstvorbehalt (§ 1 Abs. 2 Nr. 2 GjS). Die Freiheit der Kunst und Wissenschaft, Forschung und Lehre ist absolut. Sie darf auch unter dem Gesichtspunkt des Jugendschutzes nicht eingeschränkt werden. Man hat das mit dem Satz „Kunstschutz geht vor Jugendschutz" ausgedrückt. Fraglich kann im Einzelfall nur sein, ob eine beanstandete Schrift oder Darstellung zur Kunst gehört. Bundesprüfstelle und Gerichte sind bei der Beurteilung dieser Frage oft auf die Hilfe von Sachverständigen angewiesen.

Schließlich kann die Verbreitung einer an sich jugendgefährdenden Schrift im öffentlichen Interesse liegen (§ 1 Abs. 2 Nr. 3 GjS). Zu denken ist an Schriften über Sexualaufklärung oder an Gerichtsberichterstattung. Diese Ausnahme ist wie die Tendenzklausel nicht absolut. In § 1 Abs. 2 Nr. 3 GjS ist dem Gedanken des Jugendschutzes dadurch Rechnung getragen, daß die Art der Darstellung beanstandet werden kann.

II. Träger des literarischen Jugendschutzes

Über die Aufnahme in die Liste der jugendgefährdenden Schriften entscheidet die Bundesprüfstelle (§ 8 GjS), die sich aus dem Vorsitzenden und elf Beisitzern zusammensetzt (§ 9 GjS). Die Beisitzer werden teilweise von den Ländern ernannt, im übrigen aus acht gesellschaftlichen Interessengruppen ausgewählt (vgl. § 9 Abs. 2 Nr. 1 bis 8 GjS). Das Verfahren der Bundesprüfstelle und die Anfechtbarkeit ihrer Entscheidungen sind in den §§ 12–20 GjS und einer Verordnung vom 23. 8. 1962 geregelt. Sie brauchen hier nicht erläutert zu werden.

Zu den Trägern des Jugendschutzes gehören ferner als Antragsberechtigte die Jugendämter, Landesjugendämter, oberste Jugendbehörden der Länder und der Bundesminister für Jugend, Familie und Gesundheit (§ 2 der VO vom 5. 5. 1978).

Der Polizei und den Ordnungsbehörden ist (nach Landesrecht) die Aufgabe übertragen, den Buch- und Zeitschriftenhandel daraufhin zu überwachen, ob die Vorschriften des Gesetzes eingehalten werden. Für die Ermittlung und Verfolgung der Straftaten nach dem Gesetz über die Verbreitung jugendgefährdender Schriften sind die Staatsanwaltschaft und die Gerichte zuständig.

Für eine systematische Marktbeobachtung fehlt es dem Staat an Kräften. Es ist daher zu begrüßen, daß sich freie Vereinigungen der Jugendwohlfahrt (insbes. Aktion Jugendschutz, Volkwartbund) und verantwortungsbewußte Bürger dieser Aufgabe annehmen und Prüfungsverfahren anregen. Leider haben sich diese Initiativen in der Vergangenheit nahezu ausschließlich auf Schrifttum aus dem sexuell-erotischen Bereich beschränkt, obwohl gewaltverherrlichende Schriften wahrscheinlich für die jugendliche Entwicklung viel gefährlicher sind als unsittliche Schriften. Das Versagen auf diesem Gebiet war einer der Gründe, die Verherrlichung von Gewalttätigkeiten und die Anstachelung zum Rassenhaß in das Strafgesetzbuch aufzunehmen und besonders unter Strafe zu stellen (§ 131 StGB).

Als Träger des Jugendschutzes auf diesem Gebiet sind schließlich die Vereinigungen von Verlagen, Autoren, der Filmwirtschaft sowie des Buch- und Zeitschriftenhandels zu nennen, die in unterschiedlichem Umfang freiwillige Selbstkontrolle üben (z. B. Börsenverein des Deutschen Buchhandels, Deutscher Presserat, Freiwillige Selbstkontrolle der Filmwirtschaft).

III. Schutzmaßnahmen

Die Aufnahme von jugendgefährdenden Schriften oder Darstellungen in die Liste der jugendgefährdenden Schriften und die Bekanntmachung der Aufnahme im Bundesanzeiger (§ 1 Abs. 1 Satz 1, § 19 GjS) lösen die Vertriebs- und Werbebeschränkungen der §§ 3–5 GjS aus.

Durch § 3 GjS wird der Vertrieb von jugendgefährdenden Schriften an Kinder und Jugendliche untersagt (beschränktes Vertriebsverbot). Die Vorschrift umfaßt alle Vertriebs f o r m e n , durch die junge Menschen mit Willen eines anderen von jugendgefährdenden Schriften Kenntnis nehmen können (anbieten, überlassen, zugänglich machen, ausstellen, vorführen, anschlagen). In § 4 GjS werden dagegen bestimmte Vertriebs a r t e n (Reisegewerbe, Kioskverkauf, Versandhandel, gewerbliche Leihbüchereien) mit einem absoluten Verbot belegt, so daß selbst Erwachsene auf diesen Wegen keine jugendgefährdenden Schriften erhalten können. Es bleibt nur der Ladenhandel. Da jedoch § 5 GjS neben dem Verbot der Werbung mit dem Hinweis auf die Aufnahme in die Liste (§ 5 Abs. 1 GjS) jede öffentliche Werbung (§ 5 Abs. 2 GjS) untersagt, ist der Vertrieb für den normalen Buchhandel regelmäßig uninteressant. Die Aufnahme in die Liste führt so im Ergebnis zu einem Verbreitungsstopp, von dem nur die Sexläden ausgenommen sind.

Die Vertriebs- und Werbebeschränkungen gelten ohne Indizierung für gewaltverherrlichende oder zum Rassenhaß anstachelnde Schriften im Sinne von § 131 StGB, für Pornographie nach § 184 StGB und solche Schriften, „die offensichtlich geeignet sind, Kinder und Jugendliche sittlich schwer zu gefährden". Dadurch wird für wirklich klar liegende Fälle, in denen jedermann die Schädlichkeit erkennen kann, auf das Verfahren vor der Bundesprüfstelle verzichtet. In Verbindung mit der Strafandrohung des § 21 GjS gewährleistet diese Regelung einen Jugendschutz, der schon bei Erscheinen der Schrift einsetzt.

Vorsätzliche oder fahrlässige Verstöße gegen die Vertriebs- und Wettbewerbsverbote können mit Freiheitsstrafe oder mit Geldstrafe geahndet werden (§ 21 Abs. 1–3 GjS). Das Gericht kann von Strafe absehen, wenn eine jugendgefährdende Schrift von einem Jugendlichen oder unter Angehörigen verbreitet wird (§ 21 Abs. 5 GjS). Außerdem enthält Absatz 4 der Strafvorschrift ein Erzieherprivileg (vgl. § 131 Abs. 4 StGB, § 180 Abs. 1 Satz 2, § 184 Abs. 4 StGB).

Wenn der Täter ein Kind oder ein Jugendlicher ist, können – wie nach § 12 JSchÖG – Jugendamt und Vormundschaftsgericht „auf Grund der bestehenden Vorschriften" Maßnahmen ergreifen (vgl. § 24 III). Der Vormundschaftsrichter kann Weisungen erteilen (§ 21 Abs. 6 GjS).

§ 26 Jugendarbeitsschutz

I. Gefahren

Die berufstätige Jugend ist Gefahren ausgesetzt, die ungleich größer sind als die durch das Gesetz zum Schutz der Jugend in der Öffentlichkeit und das Gesetz über die Verbreitung jugendgefährdender Schriften bekämpften Gefährdungen. Bezeichnend ist, daß man früher unter Jugendschutz nur den Schutz der arbeitenden Jugend verstand. Noch das Gesetz über Kinderarbeit und über die Arbeitszeit der Jugendlichen vom 30. 4. 1938 hieß allgemein „Jugendschutzgesetz". Das wird verständlich, wenn man die geschichtliche Entwicklung des Arbeitsschutzes für Kinder und Jugendliche betrachtet.

Die Ausbeutung und Zerstörung der Arbeitskraft und Gesundheit von Kindern und Jugendlichen in Fabriken und Bergwerken zu Beginn der Industrialisierung vom Ende des 18. bis zur Mitte des 19. Jahrhunderts zählt zu den dunkelsten Kapiteln in der Geschichte der Neuzeit. Frühere Generationen hatten zwar kaum Bedenken gegen Kinderarbeit. Mithilfe und Mitarbeit in Haus, Hof, Handwerk, Handel und Gewerbe der Eltern waren allgemein üblich. Noch der berühmte Pädagoge und Sozialreformer Pestalozzi (1746–1827) vertrat beispielsweise die Auffassung, Armenkinder und Waisen sollten ihren Lebensunterhalt im Alter von 5 bis 7 Jahren zur Hälfte und ab 7 Jahren völlig selbst verdienen. Aber auch unter Berücksichtigung dieser Vorstellungen erfüllt uns die „Kindersklaverei", die in der ersten Hälfte des vorigen Jahrhunderts in englischen und deutschen Fabriken und Bergwerken herrschte, noch heute mit Entsetzen und Scham. Kinder im Alter von 8 und 9 Jahren, vereinzelt auch jüngere bis zum Alter von 4 und 5 Jahren, arbeiteten tags oder nachts bis zu 16 Stunden unter erbärmlichsten Bedingungen und für Hungerlöhne. Wachstums- und Entwicklungsschäden, schwere Krankheiten, Arbeitsunfälle, frühe Invalidität und hohe Frühsterblichkeit waren die Folgen.

Entsprechend der damals herrschenden liberalistischen Gesellschaftslehre, wurde es nicht als Aufgabe des Staates angesehen, gegen diese Auswüchse des Kapitalismus einzuschreiten. Wie ein Hohn mutet es an, daß nicht die entsetzliche Lage und rücksichtslose Ausbeutung der arbeitenden Kinder, sondern erst anhaltende Beschwerden des Militärs über eine zu geringe Zahl von Wehrdiensttauglichen gesetzliche Maßnahmen auslösten. Im Jahre 1839 wurde gegen erhebliche Widerstände der Industrie das „Preußische Regulativ über die Beschäftigung jugendlicher Arbeiter in Fabriken" erlassen. Es untersagte die Beschäftigung von Kindern unter 9 Jahren in Fabriken und Bergwerken und beschränkte die tägliche Arbeitszeit der Kinder und Jugendlichen unter 16 Jahren auf 10 Stunden (ebenso die kgl. bayr. VO vom 15. 1. 1840). Die bis dahin weithin übliche Nachtarbeit wurde für die Zeit von 21 bis 5 Uhr, die Sonntagsarbeit ganz verboten. Die Einhaltung des Gesetzes wurde jedoch nicht kontrolliert, so daß sich die Zustände nicht wesentlich besserten.

Im Jahre 1853 wurde das Regulativ durch ein „Fabrikgesetz" ersetzt, das den Jugendarbeitsschutz fühlbar verstärkte. Das Schutzalter wurde von 9 auf 12 Jahre erhöht, die Arbeitszeit der Kinder zwischen 12 und 14 Jahren auf 6 Stunden gekürzt und Pflichtpausen vorgeschrieben. Zur Überwachung der Kinderarbeit wurden Fabrikinspektoren eingesetzt. Später wurde dieser Jugendschutz in die Gewerbeordnung übernommen.

Erst 1903 wurde im „Kinderschutzgesetz" das Mindestalter für gewerblich beschäftigte Kinder auf 13 Jahre erhöht und die tägliche Arbeitszeit der Kinder auf 6 Stunden, die der Jugendlichen bis zu 16 Jahren auf 10 Stunden begrenzt. Im Jahre 1908 wurden die ab 1891 auch für Werkstätten mit Motorbetrieb geltenden Vorschriften auf alle gewerblichen Betriebe und Handwerksbetriebe mit mehr als zehn Beschäftigten ausgedehnt. Für kleinere Betriebe, Handel, Land- und Forstwirtschaft, Haushalt und öffentlichen Dienst gab es noch immer keinen Schutz der arbeitenden Jugend, so daß noch 1898 mehrere tausend Kinder im Alter von 6–7 Jahren arbeiteten. Nach dem 1. Weltkrieg wurde die zulässige Arbeitszeit allgemein auf 8 Stunden täglich beschränkt, um mehr Arbeitsplätze für die heimkehrenden Soldaten zu schaffen. Das Gesetz vom 30. 4. 1938 setzte insbesondere das Schutzalter auf 18 Jahre herauf und erweiterte den Geltungsbereich.
In diesem geschichtlichen Überblick sind die wichtigsten Gefahren für die berufstätige Jugend bereits angesprochen: die Kinderarbeit und die Beschäftigung berufsunreifer oder für bestimmte Berufe ungeeigneter Jugendlicher, zu lange oder ungünstig liegende Arbeitszeiten, ungenügende Ruhepausen und Ferien sowie die Beschäftigung mit gefährlichen Arbeiten.

II. Träger des Jugendarbeitsschutzes

Träger des Jugendarbeitsschutzes sind in erster Linie die nach § 51 JArbSchG von den Landesregierungen bestimmten Aufsichtsbehörden, die örtlichen Gewerbeaufsichtsämter und für den Bergbau die Bergämter. Ihnen obliegt die Aufsicht über die Ausführung und Einhaltung des Gesetzes und der zahlreichen (auf Grund des Gesetzes von 1938 und nach § 26 JArbSchG erlassenen) Verordnungen.
Die Rechte und Aufgaben der Aufsichtsbehörden bestimmt § 51 Abs. 2 JArbSchG. Danach haben die Beamten der Aufsichtsbehörden das Recht, Arbeitsstätten während der üblichen Betriebs- und Arbeitszeit zu überprüfen. Sie können sich den Zutritt notfalls mit Gewalt erzwingen und sich dazu polizeilicher Hilfe bedienen. Im Interesse der jugendlichen Arbeitnehmer sehen die Beamten vornehmlich darauf, daß die Vorschriften der Gesetze und der Verordnungen beachtet und daß Mißstände abgestellt werden. Dazu reichen meist Ermahnungen und (gebührenfreie oder gebührenpflichtige) Verwarnungen aus. Bei schwerwiegenden Verstößen müssen die Beamten Anzeige bei der Bußgeldstelle oder der Staatsanwaltschaft und bei den nach dem Berufsbildungsgesetz oder der Handwerksordnung zuständigen Stelle erstatten.
Durch die Verfolgung von strafbaren Verstößen gegen das Jugendarbeitsschutzgesetz nehmen auch die Gerichte und die Staatsanwaltschaften Aufgaben des Jugendarbeitsschutzes wahr.
Das Jugendamt betreut nur Kinder und Jugendliche, die im Familienhaushalt beschäftigt werden (§§ 1 Abs. 2 Nr. 1 b–c JArbSchG, § 4 Nr. 5 JWG).
Zu den Trägern des Jugendarbeitsschutzes zählen ferner die Ausschüsse für Jugendarbeitsschutz bei den obersten Landesbehörden und den Aufsichtsbehörden (§§ 55 und 56 JArbSchG). Diese Ausschüsse setzen sich zusammen aus Vertretern der Arbeitgeber und Arbeitnehmer, Vertretern der Arbeits-, Jugend- und Gesundheitsämter, der Jugendringe, der beruflichen Bildung und Ärzten (§§ 55 Abs. 2, 56 Abs. 2 JArbSchG).

Sie sollen Aufklärung auf dem Gebiet des Jugendschutzes betreiben und die örtlichen und überörtlichen Aufsichtsbehörden beraten (§ 57 JArbSchG).
Die Gewerkschaften betrachten den Jugendarbeitsschutz als eine ihrer wichtigsten Aufgaben. Ohne ihren langen Kampf um die Verbesserung der Arbeitsbedingungen der jugendlichen Arbeitnehmer wäre der heutige Stand nicht erreicht worden.
Jugendarbeitsschutz liegt auch im richtig verstandenen Interesse der Arbeitgeber. Aus ihrer Sicht ist der Schutz der arbeitenden Jugend nötig, um stets über genügend voll einsatzfähige Arbeitskräfte verfügen zu können. Jedenfalls hat ihnen das Gesetz weitgehend die Verantwortung für die Erhaltung der Arbeitskraft und Gesundheit der in ihren Betrieben beschäftigten Jugendlichen übertragen.
Im einzelnen Betrieb gehört die Überwachung des Jugendarbeitsschutzes zu den Obliegenheiten des Betriebsrates und der Jugendvertretung (§§ 80 Abs. 1 Nr. 1, § 70 Abs. 1 Nr. 2 BetrVG).
Zu dem Kreis der Verantwortlichen sind auch die Berufsschullehrer zu zählen, die in systematischem Unterricht und bei vielen anderen Gelegenheiten über die gesetzlichen Bestimmungen aufklären und die Jugendlichen beraten können.
Schließlich müssen sich die Eltern der jugendlichen Arbeitnehmer darum kümmern, daß die Rechte ihrer Kinder gewahrt werden und Gesundheit und Arbeitskraft erhalten bleiben.

III. Schutzmaßnahmen

1. Übersicht

Das Gesetz zum Schutz der arbeitenden Jugend vom 12. 4. 1976 gilt für Kinder und Jugendliche (persönlicher Geltungsbereich). Der Begriff „Kind“ ist hier über das 14. Lebensjahr erweitert und an die Schulpflicht geknüpft (§ 2 Abs. 3 JArbSchG). Durch die allgemeine Einführung des 9. Schuljahres ist das Schutzalter praktisch auf 15 Jahre heraufgesetzt. Die Vorschriften über den Berufsschulbesuch gelten ausnahmsweise auch für noch berufsschulpflichtige junge Arbeitnehmer über 18 Jahre (§ 9 Abs. 4 JArbSchG).
Die Aufzählung in § 1 Abs. 2 JArbSchG (sachlicher Geltungsbereich) erfaßt alle Beschäftigungen und Dienstleistungen von Kindern und Jugendlichen. Ausgenommen sind nur gelegentliche geringfügige Hilfeleistungen aus Gefälligkeit, auf Grund familienrechtlicher Vorschriften, in Einrichtungen der Jugendhilfe oder zur Eingliederung Behinderter (§ 1 Abs. 2 Nr. 1 a–d JArbSchG) und die Beschäftigung von verwandten Kindern und Jugendlichen durch Personensorgeberechtigte (§ 1 Abs. 2 Nr. 2 JArbSchG). Soweit die Beschäftigung verwandter Kinder und Jugendlicher im Familienhaushalt zu Gefährdungen führt, ist ein Schutz nur durch das Vormundschaftsgericht nach § 1666 BGB oder §§ 1837, 1838 BGB möglich.
Der Schutz der arbeitenden Jugend wird vornehmlich durch Regelung der Arbeitsbedingungen erreicht. Das geschieht auf vier verschiedenen Wegen.
Das Gesetz stellt eine Reihe von Beschäftigungsverboten auf. Dazu zählen

- das allgemeine Verbot der Kinderarbeit (§§ 5–7 JArbSchG),
- das Verbot der Beschäftigung zu bestimmten Zeiten, nämlich unter Überschreitung der zulässigen Arbeitszeit (§ 8 JArbSchG), an Berufsschultagen (§ 9 JArbSchG),

während der Nachtzeit (§ 14 Abs. 1 JArbSchG) und an Samstagen sowie Sonn- und Feiertagen (§§ 16–18 JArbSchG),

- das Verbot der Beschäftigung mit gefährlichen Arbeiten (§§ 22–25 JArbSchG),
- das Verbot der Beschäftigung ohne ausreichende ärztliche Erst- oder Nachuntersuchung (§§ 32–36 JArbSchG).

Ferner bestimmt das Gesetz Dauer und Verteilung der Arbeitszeit. Hierunter fallen die Vorschriften über die Begrenzung der täglichen und wöchentlichen Arbeitszeit (§§ 8, 12 und 15 JArbSchG), die Anrechnung des Berufsschulunterrichts auf die Arbeitszeit (§ 9 Abs. 2 und 10 JArbSchG), Ruhepausen (§ 11 JArbSchG), tägliche Freizeit (§ 13 JArbSchG), Nachtruhe (§ 14 JArbSchG) und Urlaub (§ 19 JArbSchG).

Das Gesetz verpflichtet den Arbeitgeber außerdem zu einer gesteigerten Fürsorge gegenüber dem jugendlichen Arbeitnehmer. Er muß am Arbeitsplatz alle Vorkehrungen zum Schutz von Gesundheit und Arbeitskraft der beschäftigten Jugendlichen treffen (§ 28 JArbSchG) und für mehr als zehn jugendliche Arbeitnehmer besondere Pausenräume einrichten (§ 11 Abs. 3 JArbSchG). Über drohende Gefahren muß er sie besonders belehren (§ 29 JArbSchG). Bei Aufnahme eines Minderjährigen in die häusliche Gemeinschaft hat er für angemessene Unterkunft, Verpflegung und gesundheitliche Betreuung zu sorgen (§ 30 JArbSchG). Der Arbeitgeber muß minderjährige Arbeitnehmer vor Züchtigungen und Mißhandlungen sowie vor sittlichen Gefährdungen durch andere Betriebsangehörige schützen (§ 31 Abs. 2 JArbSchG). Er muß ihnen Freizeit für ärztliche Untersuchungen gewähren (§ 43 JArbSchG) und die Untersuchungszeugnisse aufbewahren (§ 41 JArbSchG). Er ist verpflichtet, den Gesetzestext zur Einsicht bereitzuhalten, Beginn und Ende der Arbeitszeit und der Pausen der Jugendlichen auszuhängen und ein Verzeichnis der beschäftigten Jugendlichen zu führen (§§ 48, 49 JArbSchG).

Als vierte Gruppe von Maßnahmen des Jugendschutzes ordnet das Gesetz ärztliche Untersuchungen der berufstätigen Jugendlichen an (§ 32 JArbSchG).

Die Einhaltung der Vorschriften erzwingt das Gesetz durch Androhung von Strafen und Bußgeldern. Vorsätzlich oder fahrlässig begangene Verstöße werden mit Freiheitsstrafe und/oder Geldstrafe geahndet, wenn durch die Tat die Arbeitskraft oder Gesundheit des Arbeitnehmers gefährdet wird (§ 58 Abs. 5 und 6 JArbSchG). Alle anderen gegen das Gesetz verstoßenden Handlungen des Arbeitgebers werden als Ordnungswidrigkeit verfolgt (§§ 58, 59 JArbSchG). Es können Geldbußen bis zu 20 000 DM verhängt werden.

Die Aufgaben der Bußgeldstellen in Angelegenheiten des Jugendarbeitsschutzes sind von den Ländern gleichfalls den Gewerbeaufsichtsämtern oder Bergämtern in ihrer Eigenschaft als Aufsichtsbehörde nach dem Jugendarbeitsschutzgesetz übertragen.

Die Vorschriften des Gesetzes können hier nicht ausführlich erläutert werden. Es werden nur die wichtigsten Bestimmungen herausgehoben.

2. *Verbot der Kinderarbeit*

Kinderarbeit ist grundsätzlich verboten (§§ 5 Abs. 1 und 7 Abs. 1 JArbSchG). Ausnahmen gelten für

- Beschäftigungs- und Arbeitstherapie und Betriebspraktika während der Vollschulzeitpflicht (§5 Abs. 2 JArbSchG),

- für über 3 Jahre alte Kinder bei kulturellen Aufführungen, Werbeveranstaltungen, Film-, Foto- oder Tonaufnahmen (§ 6 Abs. 1 JArbSchG),
- für über 13 Jahre alte Kinder bei Beschäftigungen in der Landwirtschaft, mit Austragen von Zeitungen und mit Handreichungen bei Sportveranstaltungen (§ 5 Abs. 3 JArbSchG),
- für über 14 Jahre alte Jugendliche, die nicht mehr voll schulpflichtig sind (§ 7 Abs. 2 JArbSchG).

3. Arbeitszeitschutz

Die Vorschriften der §§ 8–21 JArbSchG bezeichnet man als Arbeitszeitschutz. Sie regeln Dauer und Lage der Arbeitszeit, der Pausen, der Freizeit und des Urlaubs.

Die Höchstdauer der Arbeitszeit ist durch § 8 Abs. 1 JArbSchG in zweifacher Hinsicht begrenzt. Die tägliche Arbeitszeit darf 8 Stunden nicht überschreiten. Dabei rechnen Ruhepausen nicht mit (§ 4 Abs. 1 JArbSchG). Die sog. Höchstschichtzeit (Arbeitszeit einschließlich Pausen) darf 10 Stunden – im Bergbau unter Tage 8 Stunden – nicht überschreiten (§ 12 JArbSchG). Außerdem besteht eine Begrenzung der wöchentlichen Arbeitszeit, die für Jugendliche 40 Stunden und für Jugendliche über 16 Jahren, die während der Erntezeit in der Landwirtschaft beschäftigt sind, 85 Stunden in der Doppelwoche beträgt (§ 8 Abs. 3 JArbSchG).

Für die Berechnung der Arbeitszeit sind die Bestimmungen über den Berufsschulunterricht von Bedeutung. Der Arbeitgeber muß dem Jugendlichen die zur Erfüllung der Berufsschulpflicht erforderliche Freizeit gewähren (§ 9 Abs. 1 JArbSchG). Diese Zeit ist unter vollem Lohnausgleich auf die Arbeitszeit anzurechnen (§ 9 Abs. 2 und 3 JArbSchG). An Berufsschultagen mit einer Unterrichtszeit einschließlich Pausen von 5 Stunden und in Berufsschulwochen mit Blockunterricht von mindestens 25 Stunden an mindestens 5 Tagen ist der Jugendliche von der Arbeit freizustellen (§ 9 Abs. 1 Nr. 2 und 3 JArbSchG).

Die §§ 11–18 JArbSchG regeln die Dauer der Ruhepausen, und zwar während der Arbeit (§§ 11 und 12 JArbSchG) und während der Freizeit (§§ 13–19 JArbSchG). Die Vorschriften beruhen auf der Erkenntnis, daß Jugendliche entwicklungsbedingt längere Zeit brauchen, um sich zu entspannen, auszuruhen und zu erholen.

Neben der Mindestdauer der Pausen, die von der Dauer der Arbeitszeit abhängen (§ 11 Abs. 1 JArbSchG), schreibt das Gesetz dem Arbeitgeber die Bereitstellung von besonderen Aufenthaltsräumen oder Plätzen im Freien vor, wo die Jugendlichen getrennt von den Erwachsenen ihre Pausen verbringen sollen (§ 11 Abs. 3 JArbSchG). Während der Nacht sowie an Sonnabenden, Sonn- und Feiertagen dürfen Jugendliche grundsätzlich nicht arbeiten (§§ 14, 16–18 JArbSchG). Das gleiche gilt für die Zeit ab 14 Uhr am 24. und 31. Dezember (§ 18 Abs. 1 JArbSchG). Diese Vorschriften sollen ebenso wie die Bestimmung über die tägliche Mindestfreizeit (§ 13 JArbSchG) den Jugendlichen ausreichende Erholungszeiten garantieren. Die Vorschriften über die Nachtruhe, die Samstags-, Sonntags- und Feiertagsruhe sehen für bestimmte Wirtschaftszweige weitgehende Ausnahmen vor (vgl. §§ 16 Abs. 2–4, 17 Abs. 2 und 3, 18 Abs. 2 und 3 JArbSchG).

Der Erholungsurlaub beträgt für Jugendliche unter 16 Jahren 30 Werktage, für Jugendliche unter 17 Jahren 27 Werktage und für Jugendliche im 18. Lebensjahr 25 Werk-

tage. Jugendliche, die im Bergbau unter Tage beschäftigt sind, erhalten zusätzlich 3 Werktage Urlaub.
Die Vorschriften über tägliche oder wöchentliche Dauer der Arbeitszeit, Ruhepausen, Freizeit, Nachtruhe und das Wochenende können in Notfällen durchbrochen werden, wenn für vorübergehende und unaufschiebbare Arbeiten keine erwachsenen Beschäftigten zur Verfügung stehen (§ 21 JArbSchG).

4. Beschäftigungsverbote

Von den in der Übersicht aufgezählten Beschäftigungsverboten sollen die in §§ 22 bis 25 JArbSchG Gefahren abwenden, die aus der Art der Arbeit und der Person des Arbeitgebers erwachsen können.
Allgemein verboten ist die Beschäftigung eines Jugendlichen mit Arbeiten, die seine körperlichen Kräfte übersteigen oder durch die er sittlichen Gefahren ausgesetzt wird, oder mit besonders unfallträchtigen oder durch schädliche Einwirkungen (Hitze, Kälte, Nässe, Lärm, Strahlen, Gifte usw.) besonders gefährlichen Arbeiten (§ 22 Abs. 1 JArbSchG).
Bekannt ist die Gesundheitsgefährdung durch Akkord- und Fließbandarbeit mit vorgeschriebenem Arbeitstempo und durch sonstige Beschäftigungen mit Lohnanreiz und Tempoabhängigkeit. Sie ist für Jugendliche verboten (§ 38 JArbSchG). Erfahrungsgemäß lassen sich junge Menschen durch die Aussicht auf höheren Verdienst besonders leicht dazu verleiten, ihre Kräfte übermäßig anzustrengen und sich dadurch Schäden zuzufügen.
Meist kann man nur im Einzelfall entscheiden, ob eine Arbeit den Jugendlichen gefährdet. Die Aufsichtsbehörde kann bestimmte Arbeiten verbieten (§ 27 Abs. 3 JArbSchG). Von einer Reihe von Tätigkeiten oder Werkstoffen weiß man dagegen, daß sie für Jugendliche gefährlich sind. Darauf zielt die Ermächtigung zum Erlaß von Rechtsverordnungen ab, durch die der Bundesminister für Arbeit und Sozialordnung die Beschäftigung in bestimmten Betrieben oder mit bestimmten Arbeiten verbieten kann, die Leben, Gesundheit und Arbeitskraft gefährden oder die körperliche oder geistige Entwicklung beeinträchtigen (§ 26 Nr. 2 JArbSchG). Eine gleiche Ermächtigung enthielt § 20 Abs. 1 des „Jugendschutzgesetzes" vom 30. 4. 1938. Auf Grund dieser Ermächtigung sind zahlreiche Jugendarbeitsschutzverordnungen ergangen. Verboten ist beispielsweise die Beschäftigung in Bleifabriken, Zigarrenfabriken, Glashütten, Haarhutfabriken, Steinbrüchen, Zuckerfabriken, Anlagen zur Herstellung von Feuerwerkskörpern usw.
Das Verbot der Beschäftigung durch bestimmte Personen (§ 25 JArbSchG) will verhindern, daß Jugendliche von Personen beschäftigt, ausgebildet (vgl. auch § 20 Abs. 2 BBiG), angewiesen oder beaufsichtigt werden, gegen deren charakterliche oder sittliche Eignung und Zuverlässigkeit auf Grund von Bestrafungen (§ 25 Abs. 1 Nr. 1–5 JArbSchG) oder wiederholten groben Pflichtverletzungen als Ausbilder (§ 25 Abs. 2 JArbSchG) schwere Bedenken bestehen und denen man deshalb keine Jugendlichen anvertrauen darf.

5. Besondere Fürsorgepflichten des Arbeitgebers

Gegenüber einem jugendlichen Arbeitnehmer hat der Arbeitgeber Fürsorgepflichten, die über seine allgemeine Fürsorgepflicht hinausgehen.

Die Verpflichtung, für einen sicheren Arbeitsplatz der Kinder und Jugendlichen zu sorgen (§ 28 JArbSchG), ist aus den ähnlichen Bestimmungen der §§ 617, 618 BGB und §§ 120 a, 120 b GewO übernommen. Der Sorge um die Erhaltung von Gesundheit und Arbeitskraft dient ferner die Verpflichtung des Arbeitgebers, Kinder und Jugendliche eingehend über Unfall- und Gesundheitsgefahren zu belehren, denen sie am Arbeitsplatz ausgesetzt sind (§ 29 JArbSchG). Die Belehrungspflicht ist besonders hervorgehoben für die erstmalige Beschäftigung an Maschinen oder an gefährlichen Arbeitsstellen oder für Arbeiten mit gesundheitsgefährdenden Stoffen. Die Belehrungen sind in angemessenen Zeitabständen zu wiederholen.

Durch § 31 JArbSchG ist das früher auf Gewohnheitsrecht beruhende Züchtigungsrecht des Arbeitgebers endgültig aufgehoben worden. Darüber hinaus macht § 31 Abs. 2 JArbSchG dem Arbeitgeber zur Pflicht, den Jugendlichen vor Züchtigung, Mißhandlung und unsittlicher Gefährdung durch andere Arbeitnehmer zu schützen. Außerdem sind die Verbote der §§ 3 und 9 JSchÖG ergänzt und insofern auf den Arbeitsbereich der Jugendlichen erstreckt, als dem Arbeitgeber untersagt ist, alkoholische Getränke und Tabakwaren an Jugendliche abzugeben.

6. *Gesundheitliche Betreuung*

Eine allgemeine gesundheitliche Betreuung und Überwachung der arbeitenden Jugend brachte erstmalig das Jugendarbeitsschutzgesetz vom 9. 8. 1960. Früher bestanden nur Sonderregelungen für einzelne besonders gefährdete Berufe und Gewerbe. Die neue Regelung will verhindern, daß Jugendliche Berufe ergreifen oder zu Arbeiten herangezogen werden, für die sie auf Grund ihrer Gesundheit und ihres Kräftezustandes nicht geeignet sind. Die gesundheitliche Betreuung ist ein hervorragendes Mittel, Gesundheit und Arbeitskraft des Jugendlichen zu erhalten und Frühinvalidität zu vermeiden. Der Gesetzgeber hat jedoch nur die Erstuntersuchung und die erste Nachuntersuchung zur Pflicht gemacht. In das Grundrecht der freien Berufswahl nach Art. 12 GG, in die Entscheidungsfreiheit und Selbstverantwortlichkeit der Jugendlichen und der Personensorgeberechtigten, ist nicht eingegriffen worden. Sie können einen Beruf gegen den ärztlichen Rat wählen und ausüben. Der Gesetzgeber vertraut aber darauf, daß die Beteiligten im eigenen Interesse die ärztlichen Empfehlungen befolgen und sich auch Ausbilder und Arbeitgeber danach richten.

Der Jugendliche kann den Arzt, von dem er untersucht werden will, frei wählen. Die Kosten der Untersuchung trägt das Land. Der Arbeitgeber hat dem Jugendlichen die erforderliche Freizeit zu gewähren (§ 43 JArbSchG). Leider werden die Vorschriften über die Pflichtuntersuchungen noch häufig mißachtet. Es wird auch darüber geklagt, daß nicht genügend qualifizierte Ärzte zur Verfügung stehen.

Das Gesetz unterscheidet Erstuntersuchungen und Nachuntersuchungen. Die Erstuntersuchung soll den Gesundheits- und Entwicklungsstand des Jugendlichen und seine körperliche Verfassung feststellen. Die Nachuntersuchungen sollen sich außerdem auf die Auswirkungen der ausgeübten Beschäftigung auf Gesundheit und Entwicklung des Jugendlichen erstrecken (§ 37 Abs. 1 JArbSchG).

Die Erstuntersuchung ist Voraussetzung für die Arbeitsaufnahme. Der Arbeitgeber darf einen Jugendlichen erst beschäftigen, wenn ihm die Bescheinigung über eine ärztliche Untersuchung aus den letzten 9 Monaten vorliegt (§ 32 Abs. 1 Nr. 1 und 2 JArbSchG).

Nach Ablauf des ersten Beschäftigungsjahres muß sich der Arbeitgeber eine Bescheinigung über eine ärztliche Nachuntersuchung vorlegen lassen. Legt der Jugendliche die Bescheinigung nicht rechtzeitig vor, dann muß der Arbeitgeber den Jugendlichen unter Hinweis auf das Beschäftigungsverbot schriftlich zur Vorlage der Bescheinigung auffordern und Durchschriften des Schreibens den Personensorgeberechtigten, dem Betriebs- oder Personalrat und der Aufsichtsbehörde zusenden. Legt der Jugendliche trotzdem die Bescheinigung nicht vor, darf er nicht weiterbeschäftigt werden (§§ 33 Abs. 2 und 3 JArbSchG). Außer diesen beiden absoluten Beschäftigungsverboten enthält § 47 Abs. 2 JArbSchG ein weiteres für den Fall, daß der Arzt in seinem Untersuchungsbefund Arbeiten aufgeführt hat, die für den Jugendlichen gefährlich sind (§ 46 Abs. 3 JArbSchG). Mit solchen Arbeiten darf der Jugendliche nicht mehr beschäftigt werden.

Der Arzt soll eine weitere Untersuchung anordnen, wenn bei der Erstuntersuchung oder der Nachuntersuchung ein Entwicklungsrückstand oder gesundheitliche Schwächen oder Schäden festgestellt worden sind oder wenn sich Auswirkungen der Beschäftigung auf die Entwicklung des Jugendlichen noch nicht übersehen lassen (§ 35 JArbSchG). Leider sieht das Gesetz keine Möglichkeiten vor, diese Nachuntersuchung durchzusetzen.

Damit die Eltern und sonstigen Personensorgeberechtigten ihrer Verantwortung für das gesundheitliche Wohl der Kinder nachkommen können, muß der Arzt ihnen das wesentliche Ergebnis der Untersuchung, die Anordnung einer Nachuntersuchung und die gesundheitsgefährdenden Arbeiten schriftlich mitteilen (§ 39 JArbSchG). Eine ähnliche Mitteilungspflicht hat die Aufsichtsbehörde, wenn sie befürchtet, daß bestimmte Arbeiten die Gesundheit des Jugendlichen schädigen könnten (§ 48 JArbSchG). Sie hat dann eine ärztliche Untersuchung zu fordern, die aber nicht erzwungen werden kann.

Der Jugendliche kann sich nach der ersten Nachuntersuchung in jährlichen Abständen nachuntersuchen lassen (weitere Nachuntersuchungen § 34 JArbSchG).

2. Abschnitt: Der junge Rechtsbrecher

Der Ausdruck „Rechtsbrecher" wird vielfach nur für kriminelle Täter gebraucht. Das erscheint zu eng. Es besteht kein grundsätzlicher Unterschied darin, ob ein Täter gegen Strafgesetze oder Vorschriften aus anderen Rechtsgebieten verstößt. Vorsätzliche und bewußt fahrlässige Rechtsverletzungen unterschiedlicher Art lassen sich regelmäßig auf dieselbe Ursache zurückzuführen: ein gestörtes Verhältnis zum Recht und zur Gesellschaft. Es ist daher vertretbar, die Haftung für unerlaubte Handlungen und strafbare Handlungen gemeinsam zu behandeln.

1. HAFTUNG FÜR FORDERUNGSVERLETZUNGEN UND UNERLAUBTE HANDLUNGEN

§ 27 Grundsätze des Schadenrechts

I. Schaden und Haftung

Die Frage, unter welchen Voraussetzungen und in welchem Umfang ein Geschädigter einen anderen für ein schädigendes Ereignis verantwortlich machen, von ihm Schadenersatz verlangen kann, gehört zu den von sozialen, wirtschaftlichen und sittlichen Anschauungen abhängigen Grundfragen unserer Rechtsordnung.

Einen Schaden, den jemand zufällig (Zufall, höhere Gewalt) oder durch eigenes Verschulden erleidet, muß er grundsätzlich selbst tragen. Zwar kann man zahlreiche Risiken durch Versicherungen abdecken. Zunehmend hilft in besonderen Notlagen auch der Staat auf Grund seiner dem Sozialstaatsprinzip (Art. 20, 28 GG) entspringenden allgemeinen Fürsorgepflicht. Das sind jedoch Ausnahmen. Einen anderen Menschen kann man für einen Schaden nur dann verantwortlich machen, wenn dieser durch eine rechtswidrige und schuldhafte Handlung ein bestimmtes Rechtsgut verletzt und dadurch den Schaden verursacht hat. Voraussetzungen für einen Schadenersatzanspruch nach der sog. Verschuldenshaftung sind also:

- ▶ Rechtsgutverletzung,
- ▶ Rechtswidrigkeit,
- ▶ Verschulden,
- ▶ Schaden.

Schaden ist jeder Nachteil, den jemand durch eine Rechtsgutverletzung an seinem Vermögen oder an seinen sonstigen rechtlich geschützten Gütern erleidet. Art, Inhalt und Umfang der Schadenersatzleistung werden insbesondere durch die §§ 249–253 BGB bestimmt. Einzelheiten können hier nicht erläutert werden. Für das Jugendrecht gelten insoweit keine Besonderheiten.

II. Rechtsgutverletzung

Bei den Rechtsgütern muß man unterscheiden zwischen solchen Rechten, die auf einem bestimmten vertraglichen (schuldrechtlichen) oder gesetzlichen Rechtsverhältnis beruhen, und absoluten oder durch Schutzgesetze geschützten Rechten. Im einen Fall spricht man von Forderungsverletzungen, im anderen Fall von unerlaubten Handlungen.

Welche Verpflichtungen sich aus einem Schuldverhältnis, einem Vertrag oder aus einem gesetzlichen Rechtsverhältnis ergeben, hängt von den Umständen des einzelnen Falles ab. Bei einem Kaufvertrag muß der Verkäufer beispielsweise dafür einstehen, daß die verkaufte Sache ohne Mängel ist. Der Mieter haftet für Beschädigungen der Mietsache, die Eltern oder ein Vormund müssen für die ordnungsgemäße Verwaltung des Vermögens des Kindes sorgen. Meist können die Parteien den Umfang ihrer Pflichten und die Folge von Pflichtverletzungen vertraglich festlegen. Während also bei Forderungsverletzungen Inhalt und Umfang der Verpflichtungen durch den Vertrag oder das gesetzliche Rechtsverhältnis bestimmt werden, bestehen vor einer unerlaubten Handlung zwischen dem Schädiger und dem Geschädigten regelmäßig keine Beziehungen, aus denen sich die Rechte und Pflichten der Beteiligten entnehmen lassen. Darauf beruht es, daß im Recht der Forderungsverletzungen einige allgemeine Regeln genügen, während im Recht der unerlaubten Handlungen die Rechtsgrundlagen, insbesondere der Kreis der geschützten Rechte, normiert sein müssen. Einige Rechtsgüter, die der Gesetzgeber des vorigen Jahrhunderts für besonders wichtig hielt, sind in § 823 Abs. 1 BGB aufgezählt: Leben, Körper, Gesundheit, Freiheit und Eigentum. Nach heutigem Rechtsempfinden fehlen die Ehre und das Persönlichkeitsrecht. Unter den „sonstigen Rechten" in § 823 Abs. 1 BGB werden nur solche Rechte verstanden, die – wie die aufgezählten (ausschließlichen) Rechtsgüter – von jedem zu beachten sind, vornehmlich andere dingliche Rechte wie Besitz oder Grundpfandrechte, ferner Namensrechte, Familienrechte u. a. Das Vermögen in seiner Gesamtheit ist unmittelbar nicht geschützt.

Neben diesen aufgezählten Rechtsgütern stehen solche, die durch gesetzliche Bestimmungen besonders geschützt sind. Als Beispiele seien hier genannt: viele Bestimmungen des besonderen Teils des Strafgesetzbuches, zahlreiche Bestimmungen der Jugendschutzgesetze, Verkehrsvorschriften.

III. Rechtswidrigkeit

Die Verletzung eines fremden Rechtsgutes ist grundsätzlich nicht erlaubt, also widerrechtlich. Nur ausnahmsweise kann die Rechtswidrigkeit ausgeschlossen sein. Am bekanntesten ist wohl der Rechtfertigungsgrund der Notwehr (§ 227 BGB, § 32 StGB). An anderer Stelle sind schon behandelt die Rechtfertigungsgründe der Einwilligung des Verletzten und das elterliche Züchtigungsrecht. Ferner kommen in Betracht: Notstand (§ 228 BGB, § 34 StGB), Selbsthilfe (§§ 229, 230 BGB), Wahrnehmung berechtigter Interessen (vgl. § 193 StGB), Handeln kraft Dienststellung und auf Befehl (Gerichtsvollzieher, Justizverwaltungsbeamte, Erzieher in Fürsorgeerziehungsheimen), übergesetzlicher Notstand, Pflichtenkollision.

IV. Verschulden

Als Verschuldensformen kennt unser Recht Vorsatz und Fahrlässigkeit.
Vorsätzlich handelt, wer weiß und will, daß durch sein Verhalten der Schaden eintritt (direkter Vorsatz) oder wer den Schaden zwar nicht will, es aber darauf ankommen läßt (bedingter Vorsatz). Man kann etwas ungenau Vorsatz und Absicht gleichsetzen.
Nach der gesetzlichen Begriffsbestimmung in § 276 Abs. 1 BGB handelt fahrlässig, „wer die im Verkehr erforderliche Sorgfalt außer acht läßt", es also im Rechtsverkehr an der nötigen Aufmerksamkeit und Umsicht fehlen läßt. Welche Sorgfalt „erforderlich" ist, hängt von den Umständen des Einzelfalles ab. Von einem Jäger verlangt man beispielsweise eine bestimmte Sorgfalt im Umgang mit Schußwaffen. Wie sich ein Kraftfahrer verhalten muß, ist in der Straßenverkehrsordnung näher bestimmt. Wichtig ist, daß das Maß der Sorgfalt im Zivilrecht nicht subjektiv von dem Wissen und Können des einzelnen Täters bestimmt wird (so aber im Strafrecht), sondern objektiv von den typischen Kenntnissen und Fähigkeiten eines Angehörigen der Gruppe, der der Täter angehört. Es kommt somit auf die Sorgfalt eines ordentlichen und gewissenhaften Jägers, Arztes, Erziehers, Kraftfahrers usw. an.
Dieser Grundsatz ist für das Jugendrecht von erheblicher Bedeutung. Von einem Jugendlichen können nicht die Einsicht, Kenntnisse, Fähigkeiten und Erfahrungen eines Erwachsenen verlangt werden. Fahrlässig handelt daher ein Jugendlicher nur, wenn er die Sorgfalt mißachtet, die einem Angehörigen seiner Altersgruppe obliegt. Mit anderen Worten: Nicht die individuellen Fähigkeiten des jugendlichen Täters entscheiden, sondern es ist darauf abzustellen, ob ein normal entwickelter Jugendlicher der Altersgruppe die Gefährlichkeit seines Tuns hätte voraussehen und dieser Einsicht gemäß handeln müssen. Bei der Prüfung ist zu berücksichtigen, daß typisch kindlich-jugendliche Eigenschaften wie gesteigerter Spieltrieb, Neugierde, Trotz, Abenteuerlust das objektiv pflichtwidrige Verhalten eines Jugendlichen, der diese typischen Eigenschaften noch nicht steuern kann, entschuldigen können.
Man unterscheidet zwischen bewußter Fahrlässigkeit (Täter hat mit Schadensmöglichkeit gerechnet, aber fahrlässig darauf vertraut, es werde schon gut gehen), unbewußter Fahrlässigkeit (Täter hat Schadensmöglichkeit fahrlässig nicht erkannt) sowie zwischen grober Fahrlässigkeit (Täter hat erforderliche Sorgfalt in ungewöhnlich großem Maß mißachtet), gewöhnlicher Fahrlässigkeit und leichter Fahrlässigkeit (Täter trifft nur ganz geringes Verschulden).
Zum Verschulden gehört ferner die Zumutbarkeit, sich entsprechend der Erkenntnis der Gefährlichkeit einer pflichtwidrigen oder unerlaubten Handlung zu verhalten. Man muß sagen können, daß es dem Täter, der die Gefährlichkeit seines Tuns erkannt hat oder hätte erkennen können und müssen, zumutbar war, auf die Handlung zu verzichten. Daran scheitert die Annahme von Fahrlässigkeit etwa dann, wenn die Wahrscheinlichkeit eines Schadens so gering ist, daß sich deswegen niemand von der Handlung abhalten läßt. Hinter dieser Zumutbarkeitsklausel verbirgt sich die Einsicht, daß viele Tätigkeiten wie Spiel, Sport, Verkehr usw. gewisse sozialtypische Gefahren beinhalten, die im Interesse eines gedeihlichen sozialen Lebens einfach hingenommen werden müssen.

Grundsätzlich wird für jede Form und jeden Grad des Verschuldens gehaftet. Der Grad des Verschuldens kann aber für die Höhe eines Schmerzensgeldes (§ 847 BGB), für eine vertragliche oder gesetzliche Beschränkung der Haftung (vgl. §§ 276 Abs. 2, 277, 1664 BGB), für einen Billigkeitsanspruch nach § 829 BGB und beispielsweise im Arbeitsrecht für einen Schadenersatzanspruch des Arbeitgebers gegen den Arbeitnehmer von Bedeutung sein.

Neben der Verschuldenshaftung gibt es die sog. Gefährdungshaftung. Sie beruht auf dem Gedanken, daß derjenige, der die Gemeinschaft durch schadengeneigte Einrichtungen und Tätigkeiten gefährdet, für die besonderen Gefahren einzustehen hat. Beispiele für die Gefährdungshaftung sind die Haftung des Tierhalters und des Kraftfahrzeughalters (§ 833 BGB, § 7 StVG). Regelmäßig ist auch hier Verschulden erforderlich. Im Gegensatz zur Verschuldenshaftung, bei der der Geschädigte die Voraussetzungen seines Anspruchs einschließlich des Verschuldens des Schädigers nachweisen muß, wird aber in den Fällen der Gefährdungshaftung das Verschulden vermutet. Wie bei der Verletzung der Aufsichtspflicht muß der Verursacher der Gefahr sich entlasten. Er kann seine Schadensersatzpflicht nur abwenden, wenn er nachweist, daß das schädigende Ereignis wegen höherer Gewalt oder aus anderen Gründen für ihn unabwendbar war oder auf eigenem Verschulden des Geschädigten beruhte. Nur Luxustierhalter, Jagdberechtigte und Unternehmer von Energieanlagen haften ausnahmsweise ohne Verschulden (§ 833 Abs. 2 BGB, § 29 BJagdG, § 1 a HaftpflichtG, § 25 Atomgesetz). Von den Fällen der Gefährdungshaftung ist für das Jugendrecht nur die Haftung des Kraftfahrzeughalters nach § 7 StVG von praktischer Bedeutung.

Man kann auch im Zivilrecht vier Elemente der Schuld unterscheiden, nämlich die Schuldfähigkeit, die Zurechenbarkeit, die Zumutbarkeit und das Bewußtsein der Rechtswidrigkeit.

Die Zurechenbarkeit ist der Oberbegriff für Vorsatz und Fahrlässigkeit. Die Zumutbarkeit ist bereits als Element der Schuld erwähnt worden. Das Bewußtsein der Rechtswidrigkeit gehört zur Zurechenbarkeit: Wer in Unkenntnis seiner Pflichten oder in der irrigen Annahme handelt, er sei zu einem bestimmten Tun berechtigt, handelt zum Beispiel nicht vorsätzlich. Einzelheiten sind streitig. Sie können hier nicht erörtert werden.

Wichtig für das Jugendrecht ist die Schuld- oder Zurechnungsfähigkeit: Nur dem Täter kann Verschulden vorgeworfen werden, der schuldfähig ist. Diese Frage wird herkömmlich als Deliktsfähigkeit bezeichnet. Das Gesetz spricht von fehlender Verantwortlichkeit und schließt diese aus für Bewußtlose, Geisteskranke und Kinder bis zur Vollendung des 7. Lebensjahres (§§ 827, 828 Abs. 1 BGB).

Drei Altersstufen und damit drei Stufen der Deliktsfähigkeit sind zu unterscheiden:

- ► Bis zur Vollendung des 7. Lebensjahres ist ein Kind deliktsunfähig und damit – abgesehen von der Ausnahme des § 829 BGB – für einen von ihm verursachten Schaden mangels Verschulden nicht verantwortlich (§ 828 Abs. 1 BGB),

- ► Zwischen dem 7. und 18. Lebensjahr ist ein junger Mensch bedingt deliktsfähig. Seine Schuldfähigkeit hängt davon ab, ob er die zur Erkenntnis der Verantwortlichkeit erforderliche Einsicht hat (§ 828 Abs. 2 BGB). Ist die Einsichtsfähigkeit vorhanden, haftet der Minderjährige, andernfalls nicht.

- ► Ein junger Mensch, der das 18. Lebensjahr vollendet hat, ist voll deliktsfähig. Er ist grundsätzlich schuldfähig und deshalb voll verantwortlich.

Deliktsunfähigkeit und volle Deliktsfähigkeit sind unproblematisch. Die bedingte Deliktsfähigkeit bedarf dagegen der Erläuterung.

Die Verantwortlichkeit eines bedingt Deliktsfähigen hängt davon ab, ob er nach seinem Entwicklungsstand, also seinem Alter, seiner geistigen, sittlichen und sozialen Reife sowie seinen Kenntnissen und Erfahrungen, in der Lage ist, das Unrecht seiner Handlung und die Verpflichtung zu erkennen, in irgend einer Weise dem anderen für die Folgen seines Tuns selbst einstehen zu müssen. Es ist nicht erforderlich, daß der Minderjährige im einzelnen die Pflicht- oder Gesetzwidrigkeit seines Verhaltens beurteilen kann oder genaue Vorstellungen über Art und Umfang des Schadens hat. Ein allgemeines Verständnis und die altersgemäße Einsicht, daß sein Handeln gefährlich ist, zu irgend einem Schaden führen kann und daß er für einen Schaden einstehen muß, reichen aus. Wichtig ist die Art der schädigenden Handlung. Jungen wissen schon sehr früh, daß eingeworfene Scheiben bezahlt werden müssen oder daß Spiele mit Pfeil und Bogen oder gar mit Feuer gefährlich sind und teuer werden können. Dagegen kann beispielsweise erst bei fortgeschrittener Entwicklung die Einsicht erwartet werden, daß unvorsichtiges Öffnen einer Wagentür auf den Fahrradweg zu erheblichem Schaden führen kann.

Einsichtsfähigkeit und Aufsichtsbedürftigkeit entsprechen sich: Je größer die Aufsichtsbedürftigkeit, desto geringer ist die Einsichtsfähigkeit und umgekehrt. Die beiden Begriffe schließen sich aber nicht aus. Für einen Schaden, den ein schon einsichtsfähiger, aber noch aufsichtsbedürftiger Jugendlicher verursacht, können also neben ihm nach § 832 BGB seine Eltern haften (vgl. § 13 III 1).

Anders als die Zurechenbarkeit (Vorsatz oder Fahrlässigkeit), die der Geschädigte beweisen muß, ist es im Prozeß Sache des in Anspruch genommenen Minderjährigen, sich zu entlasten und seine fehlende Einsichtsfähigkeit zu beweisen. Entscheidend ist nur die Fähigkeit zur Einsicht. Es kommt also nicht darauf an, ob ein einsichtsfähiger Jugendlicher im Einzelfall die Einsicht tatsächlich hatte.

Während ein Jugendlicher nach § 3 JGG erst dann strafrechtlich verantwortlich ist, wenn er außer der Einsichtsfähigkeit die Fähigkeit besitzt, nach dieser Einsicht zu handeln, wird diese sog. Steuerungsfähigkeit für die zivilrechtliche Verantwortlichkeit nicht verlangt. Ein Jugendlicher, dessen Willenskraft hinter der seiner Altersgenossen zurückgeblieben ist und der deshalb für eine Straftat nicht vom Jugendrichter bestraft oder gemaßregelt werden kann, muß bei vorhandener Einsichtsfähigkeit vom Zivilrichter verurteilt werden, den Schaden zu ersetzen, den er durch seine Handlung angerichtet hat. Um einem verbreiteten Irrtum zu begegnen, sei darauf hingewiesen, daß es hier nur um die Frage geht, ob der junge Mensch überhaupt haftet. Dafür spielt es keine Rolle, ob er nach seinen wirtschaftlichen Verhältnissen schon jetzt in der Lage ist, den Schaden zu ersetzen. Aus einem Urteil kann die Forderung zuzüglich der inzwischen angelaufenen Zinsen 30 Jahre lang vollstreckt werden.

V. Billigkeitshaftung

Von dem Grundsatz, daß schuldunfähige junge Menschen für angerichtete Schäden nicht haften, bringt § 829 BGB für einen Schaden aus unerlaubter Handlung unter vier Voraussetzungen eine Ausnahme.

Die Verantwortlichkeit des Minderjährigen darf erstens nur an der fehlenden Schuldfähigkeit im Sinne von § 828 Abs. 1 oder 2 BGB scheitern. Alle anderen Voraussetzungen für einen Schadenersatzanspruch aus unerlaubter Handlung müssen vorliegen, insbesondere also Zurechenbarkeit. Man muß sagen können, daß das Verhalten bei einem Erwachsenen als schuldhaft angesehen werden müßte. Es ist daher mißverständlich, wenn gelegentlich gesagt wird, ein Anspruch nach § 829 BGB setze kein Verschulden des Minderjährigen voraus. Das ist nur richtig, wenn – wie hier – die Schuldfähigkeit als Teil des Verschuldens angesehen wird.

Der Geschädigte darf zweitens nicht die Möglichkeit haben, von einem aufsichtspflichtigen Dritten Schadenersatz zu erlangen. Dabei bleibt es gleich, ob der Dritte nicht haftet, weil er seine Aufsichtspflicht nicht verletzt hat, oder ob er nicht leistungsfähig ist.

Die Billigkeit muß drittens erfordern, daß der Minderjährige jetzt oder später den Schaden ganz oder teilweise ersetzt. Es darf mit Treu und Glauben nicht zu vereinbaren sein, den Geschädigten leer ausgehen zu lassen. Bei der Beurteilung dieser Frage sind etwaiges Mitverschulden des Geschädigten, die Umstände der Tat, der Grad des Verschuldens, das Bestehen einer Haftpflichtversicherung und insbesondere die wirtschaftlichen Verhältnisse der Parteien zu berücksichtigen. Es wäre beispielsweise unbillig, einem Geschädigten, der in schlechten wirtschaftlichen Verhältnissen lebt, wegen fehlender Schuldfähigkeit des Täters keinen Anspruch zuzubilligen, obwohl das Kind erhebliches Vermögen oder Einkommen hat.

Die Ersatzpflicht darf viertens nicht dazu führen, daß dem Minderjährigen die Mittel für seinen angemessenen Unterhalt oder für die Erfüllung seiner gesetzlichen Unterhaltspflichten entzogen werden.

2. HAFTUNG FÜR STRAFBARE HANDLUNGEN

Die Haftung junger Menschen für strafbare Handlungen ist Gegenstand des Jugendstrafrechts.

Heute ist uns selbstverständlich, daß das kritische Übergangsstadium zwischen Kindheit und Erwachsenenalter mit seinen vielfältigen biologisch-psychologischen, charakterologischen und soziologischen Eigenheiten eine besondere Behandlung jugendlicher Straftäter verlangt. Ausdrücke wie Pubertät und Akzeleration sowie weitgehendes Verständnis der durch sie bezeichneten schwierigen körperlichen und geistig-seelischen Reifungsprozesse gehören heute zum Allgemeinwissen. Es bedarf auch keiner Begründung mehr, daß Labilität und Unausgeglichenheit, Unreife und Unsicherheit, Formbarkeit und Verführbarkeit typisch jugendliche Charaktereigenschaften sind, die in Verfahren gegen junge Straftäter zu berücksichtigen sind.

Ein Sonderstrafrecht für Jugendliche gibt es erst seit unserem Jahrhundert. Zwar wurden jugendliche Straftäter teilweise schon in ältesten Zeiten anders behandelt als Erwachsene. Im Spätmittelalter unterschied man beispielsweise drei Altersgruppen. Die „infantes" (lat. = Kinder, bis 7 Jahre) konnten nicht bestraft, sondern nur leicht gezüchtigt werden. Die Bestrafung der „impuberes" (lat. = Unreife, 7–13 Jahre) hing von ihrer Entwicklung ab. Die „minores" (lat. = jüngere Leute, 14–25 Jahre) waren grundsätzlich wie Erwachsene zu bestrafen. Für Jugendliche bis etwa zum 14. Lebensjahr waren Milderungen der für Erwachsene geltenden Strafen verbreitet. In zahllosen Fällen wurden aber Todesurteile gegen 13- und 14jährige verhängt und vollstreckt. Im 19. Jahrhundert wurde die Strafmündigkeit über 8, 10 und 12 Jahre auf das 14. Lebensjahr heraufgesetzt. Das Reichsstrafgesetzbuch von 1871 senkte die Strafmündigkeit wieder auf 12 Jahre und machte die Bestrafung der 12- bis 18jährigen von der „zur Erkenntnis der Strafbarkeit erforderlichen Einsicht" abhängig.

Ende des 19. Jahrhunderts begannen Bestrebungen nach einem besonderen Jugendstrafrecht („moderne Schule" der Strafrechtswissenschaft, Jugendgerichtsbewegung). Vereinzelt wurden schon 1908 Jugendgerichte gebildet, 1912 wurde das erste Jugendgefängnis eingerichtet. Aber erst im Jahre 1923 konnte das für Jugendliche von 14 bis 18 Jahren geltende Jugendgerichtsgesetz verabschiedet werden. In der Bundesrepublik gilt jetzt das – inzwischen mehrfach geringfügig geänderte – Jugendgerichtsgesetz vom 4. 8. 1953.

Der Diskussionsentwurf eines Jugendhilfegesetzes hatte vorgeschlagen, Teile des Jugendstrafrechts zur Jugendhilfe zu ziehen. Das beruhte auf der Annahme, daß Jugendkriminalität oder jedenfalls die weniger schwerwiegenden Erscheinungsformen als Ausdruck der Dissozialität am besten mit Erziehungs- und Sozialisationshilfen, also Maßnahmen der Jugendhilfe, zu behandeln seien. Aus verschiedenen Gründen wird diese Lösung nicht mehr verfolgt. Somit bleibt es bei der Zweispurigkeit von Jugendhilfe und Jugendstrafrecht.

§ 28 Grundsätze des Jugendstrafrechts

Aus der Erkenntnis, daß die weitaus überwiegende Zahl der von Jugendlichen begangenen Straftaten darauf beruht, daß ihre Entwicklung und Sozialisation noch nicht abgeschlossen oder gestört sind, ergeben sich die besonderen Aufgaben des Jugendstrafrechts:

- Es muß Erziehungsstrafrecht sein. Nicht Vergeltung, Sühne, Abschreckung oder Sicherung der Allgemeinheit, sondern das Bemühen um Erziehung, Sozialisierung oder Resozialisierung müssen Art und Maß der Reaktion auf eine Straftat bestimmen.
- Daraus folgt, daß das Jugendstrafrecht Täterstrafrecht sein muß. Nicht die Tat, sondern die umfassend gewürdigte Persönlichkeit des Täters hat im Vordergrund zu stehen.

I. Geltung des allgemeinen Strafrechts

Die Erforschung der Persönlichkeit und der besondere Strafzweck bedingen Unterschiede im Verfahrensrecht, in der Strafzumessung und im Strafvollzug. Es ist dagegen nicht notwendig, besondere Straftatbestände zu schaffen. Welche Verfehlungen strafbar sind, richtet sich nach den allgemeinen Vorschriften (§ 1 Abs. 1 JGG). Das Gesetz verweist damit auf das Strafgesetzbuch und strafrechtliche Nebengesetze, in denen bestimmt ist, welche Handlungen mit Strafe bedroht sind und unter welchen weiteren Voraussetzungen ein Täter, der eine strafbare Handlung begeht, bestraft werden kann. Zunächst müssen die bestimmten Merkmale eines strafgesetzlichen Tatbestandes erfüllt sein. Ein Verhalten, das nicht den Tatbestand einer Strafvorschrift erfüllt, bleibt straflos, mag es auch noch so verwerflich oder unmoralisch erscheinen. Wegen Diebstahls kann beispielsweise nur bestraft werden, wer „eine fremde bewegliche Sache einem anderen in der Absicht wegnimmt, dieselbe sich rechtswidrig zuzueignen" (§ 242 StGB). Der unbefugte Gebrauch einer fremden Sache ist somit grundsätzlich (Ausnahme: Kraftfahrzeuge und Fahrräder, § 248 b StGB) nicht strafbar, weil die beim Diebstahl erforderliche Zueignungsabsicht fehlt.
Eine Bestrafung setzt ferner voraus, daß die Straftat rechtswidrig und schuldhaft begangen worden ist. Die möglichen Rechtfertigungsgründe, die die Rechtswidrigkeit ausschließen, sind bereits bei der Haftung für unerlaubte Handlungen aufgezählt worden. Auch die vier Elemente der Schuld sind dort aufgeführt (§ 27 IV).
Erst nachdem Tatbestandsmäßigkeit, Rechtswidrigkeit und Schuld bejaht sind, folgt die Frage der Strafzumessung. Danach ergibt sich folgende Übersicht:

1. Tatbestandsmäßigkeit,
2. Rechtswidrigkeit,
3. Schuld,
   a) Schuldfähigkeit (§ 3 JGG, §§ 20, 21 StGB),
   b) Zurechenbarkeit (Vorsatz oder Fahrlässigkeit),
   c) Bewußtsein der Rechtswidrigkeit,
   d) Zumutbarkeit,
4. Strafzumessung.

Die sich an die gesetzliche Beschreibung eines Straftatbestandes anschließende Strafandrohung („. . . wird mit Freiheitsstrafe bis zu fünf Jahren bestraft") gilt im Jugendstrafrecht nicht. Das Jugendstrafrecht hat besondere Rechtsfolgen entwickelt. Erwachsenenstrafrecht und Jugendstrafrecht unterscheiden sich daher im wesentlichen nur in der Frage der Schuldfähigkeit und in der Strafzumessung.

II. Alters- und Reifestufen

Das Jugendgerichtsgesetz kennt Kinder (bis zu 13 Jahren), Jugendliche (14–17 Jahre) und Heranwachsende (18–20 Jahre). Im Jugendstrafvollzug können sogar junge Erwachsene bis zur Vollendung des 24. Lebensjahres sein (§ 92 Abs. 2 JGG).

1. *Strafmündigkeit*

Die Frage, ab wann und unter welchen Voraussetzungen junge Menschen im strafrechtlichen Sinne schuldfähig sind, bezeichnet man als Strafmündigkeit. Drei Stufen der Strafmündigkeit sind zu unterscheiden: Strafunmündigkeit, bedingte Strafmündigkeit und volle Strafmündigkeit.
Kinder sind strafrechtlich nicht verantwortlich (§ 1 Abs. 3 JGG, § 19 StGB). Sie sind strafunmündig. Gegen Kinder, die strafbare Handlungen begangen haben, kann nur der Vormundschaftsrichter Erziehungshilfen anordnen.
Heranwachsende sind wie Erwachsene voll strafmündig. Die folgenden Besonderheiten der Strafmündigkeit Jugendlicher gelten nicht für sie (vgl. § 105 Abs. 1 JGG).
Jugendliche sind bedingt strafmündig. Die strafrechtliche Verantwortlichkeit eines Jugendlichen hängt von der Bedingung ab, daß „er zur Zeit der Tat nach seiner geistigen und sittlichen Entwicklung reif genug ist, das Unrecht der Tat einzusehen und nach dieser Einsicht zu handeln" (§ 3 Satz 1 JGG). Diese Formel enthält vier Voraussetzungen:

- Der Jugendliche muß eine ausreichende Verstandesreife (geistige Entwicklung) haben.
- Er muß über eine ausreichende ethisch-soziale Reife (sittliche Entwicklung) verfügen.

  Auf Grund dieser geistig-sittlichen Reife muß er
- Einsichtsfähigkeit in das Unrecht der Tat und
- Steuerungsfähigkeit (Handlungsfähigkeit entsprechend der richtigen Einsicht) besitzen.

Nach seiner intellektuellen Entwicklung muß der Jugendliche erkennen können, daß seine Handlung rechtlich nicht erlaubt ist, daß sie mit einem geordneten Zusammenleben der Menschen unverträglich ist und deshalb von der Rechtsordnung nicht geduldet werden kann. Der Jugendliche muß nicht nur allgemein Recht und Unrecht unterscheiden, sondern den Unrechtsgehalt (nicht die Strafbarkeit) der von ihm begangenen Tat begreifen können. Nicht ausreichend ist die Fähigkeit, das Unmoralische oder Sittenwidrige einer Tat zu erkennen. Moral und Sitte decken sich nicht völlig mit dem Recht.

Nur die Einsichtsfähigkeit wird verlangt. Es kommt nicht darauf an, ob der Jugendliche das Unrecht tatsächlich eingesehen hat.

Zu dieser Verstandesreife muß hinzutreten ein Entwicklungsstand der ethisch-sozialen Reife, der den Jugendlichen befähigt, die rechtliche Norm als sittlich-sozialen Wert zu empfinden. Daß ein Jugendlicher das Unrecht seiner Tat verstandesmäßig begreift, bedeutet nicht, daß er auch in der Lage ist, auf Grund der ihm durch Erziehung vermittelten Wertvorstellungen und Leitbilder das dem rechtlichen Verbot zugrunde liegende sittliche Gebot zu erfassen. Das ist kaum zweifelhaft bei einfachen Straftatbeständen wie Diebstahl, Unterschlagung oder Sachbeschädigung. Schon ein Schulkind hat ziemlich genaue Vorstellungen davon, daß man nicht stehlen oder fremde Sachen behalten oder beschädigen darf. Bei anderen Tatbeständen, etwa Betrug oder Sexualdelikten, kann jüngeren oder zurückgebliebenen Tätern die Einsichtsfähigkeit fehlen.

Neben der Fähigkeit, das Unrecht der Tat einzusehen, muß die Fähigkeit vorhanden sein, nach dieser Einsicht zu handeln. Der Jugendliche muß nach seiner geistigen und sittlich-sozialen Reife einer Versuchung widerstehen können. Er muß Hemmungsvermögen und Willensbildungsfähigkeit besitzen. Man bezeichnet diese Eigenschaft als Steuerungsfähigkeit, weil der Jugendliche befähigt sein muß, seine Wünsche und Triebe entsprechend seiner Einsicht zu steuern. Namentlich der Geschlechtstrieb kann in der Pubertät so übermächtig werden, daß männliche Jugendliche trotz vorhandener richtiger Einsicht und Wertung falsch handeln. Andere typisch jugendliche Antriebe und Reize, die die Steuerungsfähigkeit beeinträchtigen können, sind beispielsweise Besitztrieb, Heimweh, Furcht vor Strafe, Furcht vor Sanktionen der Gruppe, falsche Kameradschaft.

Die Strafmündigkeit ist teilbar. Sie kann nicht einheitlich für Straftaten aller Art bejaht oder verneint werden. Ein Jugendlicher mit Reifeverzögerung kann für einen Diebstahl verantwortlich sein, während es vielleicht ausgeschlossen ist, ihn für eine Fundunterschlagung zu bestrafen.

Von den Reifemängeln oder -störungen im normalen psycho-sozialen Entwicklungsprozeß müssen andere Ursachen unterschieden werden, die die Schuldfähigkeit berühren können. Neben der jugendlichen Schuldunfähigkeit des § 3 JGG kann unabhängig die allgemeine Schuldunfähigkeit nach § 20 StGB stehen. Oft ist schwierig zu erkennen, ob die fehlende Einsichts- und/oder Steuerungsfähigkeit eines Jugendlichen auf mangelnde Reife oder etwa auf Geistesschwäche oder Psychopathie zurückzuführen ist. Nicht selten trifft beides zusammen.

Die Strafmündigkeit muß zur Zeit der Tat vorhanden sein. Die Beurteilung kann schwierig sein, wenn zwischen Tat und Urteil längere Zeit liegt. Kann nicht positiv festgestellt werden, daß der Jugendliche im Sinne von § 3 JGG verantwortlich ist, dann muß er nach dem Grundsatz „im Zweifel für den Angeklagten" (lat. = in dubio pro reo) freigesprochen werden.

Gegen einen Jugendlichen, der mangels Reife strafrechtlich nicht verantwortlich ist, kann der Jugendrichter dieselben Erziehungshilfen anordnen wie der Vormundschaftsrichter (§ 3 Satz 2 JGG). Dessen Möglichkeiten sind jedoch bekanntlich sehr beschränkt. Nach § 1631 Abs. 2 BGB kann er die Erziehung des Kindes durch „geeignete Maßnahmen" unterstützen, allerdings nur auf Antrag der Eltern. In Frage kommen nur verhältnismäßig milde Maßnahmen wie Belehrungen, Ermahnungen oder Weisungen. Zuchtmittel nach dem Jugendgerichtsgesetz darf der Jugendrichter nicht verhängen, obwohl sie, da sie keine Strafen sind, eigentlich nicht Schuldfähigkeit, sondern nur Erziehungsfähigkeit voraussetzen. Zur Zeit kann der Jugendrichter gegen schuldunfähige Jugendliche neben den Erziehungshilfen nach § 1631 Abs. 2 BGB nur noch Erziehungsbeistandschaft und Fürsorgeerziehung anordnen, wenn die besonderen Voraussetzungen der §§ 55 ff. oder 64 ff. JWG vorliegen.

2. Heranwachsende

Die Jugendgerichtsgesetze 1923 und 1943 galten nur für Jugendliche. Erst 1953 wurde die insbesondere durch jugendpsychologische Untersuchungen bestätigte Erkenntnis berücksichtigt, daß in der Altersgruppe der Heranwachsenden zahlreiche Täter sind, die in ihrer Entwicklung noch Jugendlichen gleichstehen. Das Gesetz schreibt die Anwendung von Jugendrecht in zwei Fällen vor: bei Reifeverzögerungen oder typischen Jugendverfehlungen.

Reifeverzögerung

Eine Reifeverzögerung (Retardierung) ist anzunehmen, wenn die Gesamtwürdigung der Persönlichkeit des Täters und seiner Umwelt ergibt, daß er zur Zeit der Tat nach seiner geistigen und sittlichen Entwicklung noch einem Jugendlichen gleichstand (§ 105 Abs. 1 Nr. 1 JGG).
Nach heute allgemeiner Ansicht ist diese Formel dem Gesetzgeber mißglückt, weil es keine eindeutigen Merkmale zur Unterscheidung von Jugendlichen und Heranwachsenden gibt. Jugendpsychologen, Jugendpsychiater und Jugendstrafrechtler haben sich bemüht, Anhaltspunkte für die schwierige Entscheidung zu finden, ob ein über 18 Jahre alter Täter in seiner Entwicklung so zurückgeblieben ist, daß er als Jugendlicher behandelt werden muß. Als Merkmale einer noch in der Entwicklung stehenden Persönlichkeit werden angesehen:

- ungenügende Ausformung der Persönlichkeit, Vorherrschen des Gefühls- und Trieblebens mit unmotivierten Stimmungsschwankungen und impulsivem Verhalten, Neigung zu Überschwang und zu Übertreibung,
- unzureichender Wirklichkeitsbezug, übersteigerter Abenteuer-, Erlebnis- oder Geltungsdrang, spielerische Einstellung zur Arbeit, Mangel an Pflicht- und Verantwortungsgefühl, fehlende Lebensplanung, Neigung zu Tagträumen oder Hineinleben in selbstwerterhöhende Rollen, Selbstüberschätzung, Selbsttäuschung,
- Abhängigkeit von den Urteilen und Wertungen der Umgebung, naiv-vertrauensseliges Verhalten mit starkem Anlehnungsbedürfnis und leichter Beeinflußbarkeit,
- Unsicherheit und Unbeständigkeit in den Beziehungen zu Mitmenschen, Schüchternheit, Überempfindlichkeit, Gefühl des Nichtverstandenseins,
- hinter Trotz und Arroganz versteckte Hilflosigkeit und Unsicherheit gegenüber der unverstandenen Ordnung der Erwachsenenwelt, oft verbunden mit Widerstand gegen erzieherische Einflüsse und jede Autorität, Drang zur Selbständigkeit.

Auf die körperliche Entwicklung kommt es nach dem Gesetz nicht an. Eine Verzögerung der körperlichen Reife kann aber Anzeichen für eine bestehende geistige oder sittliche Retardierung sein. Andererseits täuscht das äußere Erscheinungsbild eines akzelerierten Jugendlichen oder Heranwachsenden leicht einen Entwicklungsstand vor, der in Wirklichkeit noch nicht erreicht ist. Durchschnittliche oder überdurchschnittliche Intelligenz allein besagt wenig über den Grad der sittlichen, charakterlichen und sozialen Reife. Ein blendender Abschluß der schulischen oder beruflichen Ausbildung schließt eine Reifungsdisharmonie nicht aus.

Als Zeichen einer weitgehend abgeschlossenen Entwicklung gelten:

- eine gewisse Lebensplanung mit ernsthafter Einstellung zur Arbeit,
- die Fähigkeit zu selbständigen und selbst begründeten Urteilen und Entscheidungen,
- Eigenständigkeit gegenüber anderen Menschen, gelungene Lösung vom Elternhaus.

Die Entscheidung, ob ein Heranwachsender noch einem Jugendlichen gleichsteht, ist oft schwierig. Der Jugendrichter ist zur Erforschung der Persönlichkeit auf den genauen und möglichst ausführlichen Bericht der Jugendgerichtshilfe angewiesen, da der Eindruck in der Hauptverhandlung unvollkommen ist und aus vielerlei Gründen oft täuscht. In Zweifelsfällen muß ein Sachverständiger für Jugendpsychologie und/oder Jugendpsychiatrie gehört werden.

Die Art der Tat, ihre Ausführung und sonstige Begleitumstände allein erlauben keine ausreichend sicheren Rückschlüsse auf den Entwicklungsstand des Täters. Genaue Planung, Dreistigkeit, (scheinbare) Kaltblütigkeit usw. kommen auch bei Jugendlichen vor und lassen sich oft mit jugendlicher Abenteuerlust, Geltungsdrang oder Nachahmung erklären. Entscheidend ist, ob das Gesamtbild der Persönlichkeit des Täters mehr dem eines unreifen jungen Menschen oder mehr dem eines Erwachsenen entspricht. Auf eine eindeutige Zuordnung zur einen oder anderen Gruppe kommt es nicht an, da auch ein altersgemäß gereifter Heranwachsender nicht ganz reif ist und einem Erwachsenen nicht gleichgestellt werden kann.

In der Praxis hat sich als Kontrolle der Entscheidung die Frage bewährt, welche Rechtsordnung die für den Täter am besten geeignete Maßnahme enthält. Wenn die Anwendung der Rechtsfolgen des Jugendstrafrechts (Erziehungsmaßregeln, Zuchtmittel, Jugendstrafe) noch Erfolg verspricht, der Täter also noch erziehungsbedürftig und erziehungsfähig ist, sollte er als Jugendlicher eingestuft werden.

Die Erfahrungen der letzten Jahre haben gezeigt, daß viel häufiger Jugendrecht anzuwenden ist, als der Gesetzgeber angenommen hatte. Bezeichnend ist, daß in der Praxis der Jugendgerichte die Häufigkeit der Anwendung des Jugendstrafrechtes mit zunehmender Schwere der Tat steigt. Das beruht auf der viel gründlicheren Persönlichkeitserforschung bei schweren Straftaten. Dabei werden öfter Sachverständige hinzugezogen, die verborgene Entwicklungsstörungen erkennen und entwicklungsbedingte Hintergründe der Tat aufdecken.

Diese Rechtsungleichheit und die erörterte allgemeine Unsicherheit bei der Feststellung der geistig-sittlichen Reife haben zu der Forderung geführt, die Heranwachsenden grundsätzlich dem Jugendstrafrecht zu unterstellen oder jedenfalls immer dann, wenn nicht ausnahmsweise eindeutig feststeht, daß die Entwicklung im wesentlichen abgeschlossen ist. Vereinzelt wird entsprechend der geltenden Regelung für Heranwachsende sogar die Einbeziehung der jungen Erwachsenen (bis 25 Jahre) in das Jugendstrafrecht vorgeschlagen.

Jugendverfehlung

Eine Jugendverfehlung ist eine Tat dann, wenn sie nach ihrer Art, ihrem äußeren Erscheinungsbild und ihren Umständen oder den Beweggründen jugendtümliches Verhalten offenbart. Es muß sich um den Rückfall eines altersgemäß gereiften Heranwachsenden in die typische Verhaltensweise eines Jugendlichen handeln. Die Art der Straftat ist nicht entscheidend. Auch schwere Verfehlungen, die nur selten von Jugendlichen begangen werden, wie Meineid, Hehlerei, Betrug, Untreue oder gar Tötungsdelikte, können auf Grund der Beweggründe Jugendverfehlungen sein. Eine Jugendverfehlung kann nicht schon deshalb ausgeschlossen werden, weil auch Erwachsene in der gleichen Art und aus ähnlichen Beweggründen genauso handeln.

III. Erziehungsstrafrecht

Im Erwachsenenstrafrecht wird die Strafzumessung auch heute noch in erster Linie durch das Prinzip der gerechten Sühne für die schuldhafte Tat bestimmt. Der irrationale Sinn der Strafe liegt in der symbolischen Wiederherstellung der durch die Tat verletzten Rechtsordnung (Hegel: Das Verbrechen ist Negation des Rechts, Strafe ist Negation der Negation des Rechts). Die Strafe soll den Täter entsühnen und mit der Rechtsordnung und der Gesellschaft „versöhnen". Andere Strafzwecke, insbesondere die Resozialisierung, spielen nur eine untergeordnete Rolle (§ 46 StGB).

Das Jugendstrafrecht wird dagegen vom Erziehungszweck beherrscht (vgl. §§ 5, 10 Abs. 1, 11, 16 Abs. 3, 18 Abs. 2, 21 Abs. 1 Satz 1, 23 Abs. 1 Satz 1, 91 Abs. 1 JGG usw.). Erziehung bedeutet hier Sozialisation. Das kommt beispielsweise in dem Begriff „Resozialisierung" zum Ausdruck. Von der Jugendstrafe wegen besonders schwerer Schuld (vgl. § 17 Abs. 2, 2. Alternative JGG) einmal abgesehen, darf nicht um der Sühne oder Vergeltung willen gestraft werden. Natürlich haben jugendrichterliche Maßnahmen wie Fürsorgeerziehung, Auflagen und Jugendarrest, vor allem aber die Jugendstrafe, eine Sühnefunktion, weil sie vom Täter als Übel empfunden werden. Das ist aber nicht ihr eigentlicher Zweck.

Die Strafzwecke der Abschreckung der Allgemeinheit (Generalprävention) oder Sicherung der Gesellschaft haben im Jugendstrafrecht grundsätzlich nichts zu suchen. Der Gedanke der Abschreckung des Täters (Spezialprävention) kann dagegen zur Unterstützung der Erziehung herangezogen werden. Die Strafe darf nie Selbstzweck, sondern immer nur Mittel der erzieherischen Beeinflussung und Besserung des Täters sein.

Die unterschiedlichen Strafzwecke erklären, daß die Rechtsfolge einer Jugendstraftat im Einzelfall milder oder strenger sein kann und muß, als die von einem Erwachsenen für eine gleiche Tat verwirkte Strafe. Erweist sich etwa, daß die dringend notwendige erzieherische Beeinflussung eines erstmals straffällig gewordenen Jugendlichen nur durch eine Jugendstrafe zu erreichen ist, dann kann ausnahmweise für einen Kaufhausdiebstahl eine längere Jugendstrafe ohne Strafaussetzung zur Bewährung sinnvoll sein, während die gleiche Tat bei einem Erwachsenen regelmäßig mit einer geringen Geldstrafe geahndet wird. In Unkenntnis dieses grundlegenden Unterschiedes zwischen Schuldstrafe und Erziehungsstrafe werden Urteile der Jugendgerichte gelegentlich heftig kritisiert. In Wirklichkeit ist ein Vergleich der Maßnahmen des Jugendrichters mit den Strafen des Erwachsenenrechts nicht möglich.

Die obere Grenze der Strafe wird aber auch im Jugendstrafrecht durch das Maß der Schuld gezogen, da nach verfassungsrechtlichen Grundsätzen keine Strafe außer Verhältnis zur Schuld stehen darf (Schuldprinzip). Diese Begrenzung ergibt sich auch aus dem Erziehungsgedanken: Fehler in der Strafzumessung können im Jugendstrafrecht leicht zum Mißerfolg des erzieherischen Bemühens führen. Einerseits kann eine als ungerecht empfundene Härte den Jugendlichen in eine Trotz- und Abwehrhaltung drängen, so daß er sich gegen jede erzieherische Beeinflussung sperrt. Andererseits zeigen die Erfahrungen der Praxis, daß der Jugendrichter durch unangebrachte Milde das Verfestigen von Fehlhaltungen begünstigen und Hangtäter heranziehen kann, gegen die dann längere Jugendstrafen ausgesprochen werden müssen. Vielfach werden Jugendliche durch nicht erfüllte Straferwartungen geradezu ermuntert, weitere Delikte zu begehen. Es ist darum falsch, als Jugendrichter nur erziehen und nicht strafen zu wollen. Der straffällig gewordene Jugendliche muß aus erzieherischen Gründen erfahren, daß die Gesellschaft auf Verstöße gegen die Strafrechtsordnung mit fühlbaren Strafen reagiert.

IV. Subsidiaritätsprinzip

Aus dem Erziehungszweck ergibt sich der Grundsatz der Subsidiarität (Nachrangigkeit). Gegen einen straffällig gewordenen Jugendlichen müssen die Maßnahmen angeordnet werden, die notwendig und ausreichend sind, um den Erziehungserfolg zu erreichen.

In erster Linie ist zu prüfen, ob Erziehungsmaßregeln nötig sind und ausreichen oder ob die Unterbringung in einem psychiatrischen Krankenhaus eine Ahndung durch den Jugendrichter entbehrlich macht (§ 5 Abs. 2 und 3 JGG). Zuchtmittel sind zu verhängen, wenn Erziehungsmaßregeln nicht ausreichen und Jugendstrafe nicht geboten ist (§ 13 Abs. 1 JGG). Die Jugendstrafe als letztes Mittel setzt voraus, daß „Erziehungsmaßregeln oder Zuchtmittel zur Erziehung nicht ausreichen" (§ 17 Abs. 2, 2. Alternative JGG). Dieser Wertigkeit entspricht die Ausdrucksweise: Erziehungsmaßregeln werden angeordnet, Zuchtmittel verhängt (vgl. § 5 Abs. 1 und 2 JGG). Erst die Jugendstrafe ist eine echte Bestrafung.

Bei der Wahl zwischen Erziehungsmaßregeln und Zuchtmitteln darf jedoch nicht rein schematisch die Reihe der Rechtsfolgen so durchgeprüft werden, als ob Maßnahmen der zweiten Stufe (Zuchtmittel) erst nach Erschöpfung der Maßnahmen der ersten Stufe (Erziehungsmaßregeln) möglich seien. Erziehungsmaßregeln setzen Erziehungsbedürftigkeit und Erziehungsfähigkeit voraus. Erziehungsbeistandschaft, Fürsorgeerziehung und manche Weisungen greifen schwerer in die Rechte des Betroffenen ein als Verwarnung und Auflagen. Sie dürfen daher nur angeordnet werden, wenn die Straftat auf einem Erziehungsmangel beruht und die Maßregel die Beseitigung des Mangels erwarten läßt. Der böse Streich eines wohlerzogenen Jungen kann also nicht mit Erziehungsmaßregeln, sondern nur mit Zuchtmitteln geahndet werden, sofern nicht sogar die Einstellung des Verfahrens nach den §§ 45, 47 JGG in Betracht kommt.

Eine weitere Folge des Subsidiaritätsprinzips ist, daß keine stationären Maßnahmen angeordnet werden dürfen, wenn ambulante Einwirkung genügt.

Der Grundsatz der Subsidiarität darf aber nicht zu falscher Milde führen. Eine schwerwiegendere Maßnahme ist nur dann nachrangig, wenn der Erziehungserfolg durch eine weniger einschneidendere Maßnahme erreicht werden kann.

V. Einheitsprinzip

Schließlich folgt aus dem Erziehungszweck der Grundsatz der Einheitlichkeit der Rechtsfolge. Auch bei mehreren Straftaten eines jugendlichen Täters und sogar bei mehreren Straftaten in verschiedenen Altersstufen wird einheitlich nur auf eine erzieherisch gebotene Strafe, Maßnahme oder Kombination von Maßnahmen erkannt, wenn das Schwergewicht bei der nach Jugendstrafrecht zu beurteilenden Tat liegt (§ 31, 32, 66 JGG). Der Jugendrichter muß rechtskräftige Verurteilungen, soweit sie noch nicht vollstreckt sind, in die neue Verurteilung einbeziehen. Er kann Erziehungsmaßregeln und Zuchtmittel für erledigt erklären, wenn sie neben einer Jugendstrafe keine erzieherische Bedeutung haben (§ 31 Abs. 2 und 3 JGG).

VI. Täterstrafrecht

Jugendstrafrecht ist Täterstrafrecht. Im Mittelpunkt steht nicht die Tat, sondern der Täter.
Die erzieherisch richtige Auswahl und Bemessung der Rechtsfolgen des Jugendstrafrechts setzen die eingehende Erforschung der Persönlichkeit des Täters voraus. Da der persönliche Eindruck in der Hauptverhandlung nur selten ausreicht, ist der Jugendrichter darauf angewiesen, daß die zur Beurteilung der Persönlichkeit des Täters maßgebenden Umstände vor der Hauptverhandlung ermittelt werden.

1. Jugendgerichtshilfe

Diese Aufgabe obliegt der Jugendgerichtshilfe. Sie hat die erzieherischen, sozialen und fürsorgerischen Gesichtspunkte vorzubringen und bei der Erforschung der Persönlichkeit, der Entwicklung und der Umwelt des Beschuldigten zu helfen (§ 38 JGG). Die Jugendgerichtshilfe faßt ihre Ermittlungen üblicherweise in einem schriftlichen Bericht zusammen. Die wesentlichen Gesichtspunkte sind in § 43 Abs. 1 JGG aufgezählt: die Lebens- und Familienverhältnisse, der Werdegang, das bisherige Verhalten sowie alle zur Beurteilung der seelischen, geistigen und charakterlichen Eigenart dienenden Umstände.
An Stelle weiterer Ausführungen wird ein Schema abgedruckt, das der Verfasser als Anleitung für Sozialarbeiter eines Jugendamtes entwickelt hat.

Schema für JGH-Berichte

I. Familiäre Verhältnisse

1. Beschuldigter: Name, Geburtsdatum, Geburtsort, Wohnung; eheliche oder nichteheliche Geburt, Legitimation, Adoption;
2. Eltern: Namen, Alter, Herkunft; Leumund, soziales Verhalten, Strafverfahren, Geisteskrankheiten oder Trunksucht; Unvollständigkeit der Familie; fehlende Familienerziehung, erzieherische Einstellung, Eignung und Einsatz der Eltern, erzieherische Diskontinuität; Zustand der Ehe, harmonisches Zusammenleben, chronische Spannungen insbes. Scheidung, wann und aus wessen Verschulden; Regelung der elterlichen Gewalt, Besuchsregelung, Kontakte des nicht sorgeberechtigten Elternteils zum Beschuldigten; Wiederverheiratung; Entziehung (von Teilen) der elterlichen Gewalt oder Verwirkung, wann, warum, Aktenzeichen des Verfahrens;
3. Geschwister: Namen, Alter; Angabe, ob sie im Elternhaus leben, evt. warum nicht; soziale Auffälligkeiten, insbesondere Verwahrlosung und Jugendkriminalität; Bindung des Beschuldigten zu den Geschwistern.

II. Lebensverhältnisse

1. Pflege-, Ernährungs- und Gesundheitszustand; chronische Erkrankungen, Sinnesdefekte, grobe körperliche Auffälligkeiten;
2. Wirtschaftliche Verhältnisse: Beruf des Vaters; Berufswechsel; Berufstätigkeit der Mutter; Einkommensverhältnisse, Wirtschaftlichkeit, Schulden;
3. Wohnverhältnisse: Größe, Ausstattung, Pflegezustand der Wohnung; Hat der Beschuldigte ein eigenes Zimmer? Leben weitere Personen im Haushalt?
4. Soziale Umwelt: Wohngegend, Umgang;

III. Entwicklung des Beschuldigten

1. Kindliche Entwicklung: sprachliche oder motorische Entwicklungsstörungen, Stottern, Einnässen, auffällige Ängstlichkeit oder Aggressivität; schwere Erkrankungen oder Unfälle, insbesondere mit möglichen Spätfolgen; Heimaufenthalte; Erziehung durch Eltern? Häufiger Wechsel der Bezugsperson?
2. Schulische Entwicklung: rechtzeitige Einschulung; Gründe für Wiederholungen oder Wechsel in Sonderschule; Leistungen (Zeugnisse eingesehen?), evtl. mit Angabe der Abschlußnoten; Führung; Schwänzen (Ursachen?); Verhalten in der Klassengemeinschaft; Beurteilung durch frühere Lehrer; bei Sonderschülern evtl. Kenntnisse im Lesen, Rechnen und Allgemeinwissen prüfen; Ist Rückstand aufgeholt worden?
3. Berufliche Entwicklung: Art der Ausbildung; Gründe für Versagen, Aufgabe oder Wechsel der Ausbildung, grundsätzlich mit Stellungnahme des Beschuldigten; Beurteilung durch Ausbilder; Leistung, Führung und Verhalten in der Berufschule; Prüfungsergebnisse; Gründe für häufigen Stellenwechsel oder Arbeitslosigkeit; berufliche Pläne; Ist der Beschuldigte mit seinem Beruf und seiner Stellung im Beruf zufrieden?
4. Bisheriges soziales Verhalten: Auffälligkeiten als Strafunmündiger; bisherige Strafverfahren mit Daten, ggf. Stand der Vollstreckung; Entweichungen aus dem Elternhaus mit Gründen und Stellungnahme des Beschuldigten; Straftaten oder grob unsoziales Verhalten im Familienkreis; erzieherische Schwierigkeiten; Anzeichen für Verwahrlosung; vormundschaftsgerichtliche Maßnahmen, Erziehungsbeistandschaft, FEH oder FE, Stand der Ausführung, Führung im Heim?
5. Sonstige Entwicklung: altersgemäße körperliche Reife; seelische, geistige oder charakterliche Besonderheiten; etwa vorliegende Gutachten beifügen oder angeben, wo, wann und durch wen die Untersuchung erfolgt ist; bei Sittlichkeitsdelikten ausreichende Sexualaufklärung?
6. Wirtschaftliche Verhältnisse des Beschuldigten: Höhe des Einkommens, Verwendung, besondere Verpflichtungen; Taschengeld, hält der Beschuldigte es für ausreichend?, Kostgeld; Wird die Verwendung des freien Geldes überwacht?
7. Freizeitgestaltung: besondere Interessen; Mitgliedschaften in Vereinen, Jugendclubs oder Interessengemeinschaften; werden Jugendheime oder Lokale besucht, welche? Einzelgängertum? feste Freundschaften, Bekanntenkreis; Bindungen zum anderen Geschlecht? Alkohol- und Tabakkonsum; Mitarbeit im Haushalt; regelmäßige Zeitungslektüre; wird überhaupt gelesen und was? politisches Interesse; sportliche Betätigung, sportliches Interesse; religiöse Bindungen.

IV. Stellungnahme des Beschuldigten zur Tat

1. Wird die Tat zugegeben?
2. Wie steht der Beschuldigte zu seiner Verfehlung?
3. Verhalten des Beschuldigten gegenüber der JGH?
4. Mit welchem Ausgang des Verfahrens rechnet der Beschuldigte?

V. Reaktion der Angehörigen

1. Allgemein: Wie stehen die Angehörigen zur Verfehlung? Wird die Tat bagatellisiert oder der Beschuldigte in Schutz genommen? Wird die Arbeit der JGH unterstützt?
2. Erziehungsmaßnahmen aus Anlaß der Tat?

VI. Ursachen der Verfehlung

1. Angaben des Beschuldigten,

2. Angaben der Eltern,
3. Stellungnahme der JGH.

VII. Strafrechtliche Verantwortlichkeit und Reife

1. § 3 JGG? §§ 20, 21 StGB?
2. Wird Untersuchung angeregt?
3. Stellungnahme zu § 105 Abs. 1 Nr. 1 und 2 JGG,
4. Wird Untersuchung nach § 43 Abs. 3 JGG vorgeschlagen?

VIII. Vorschläge für Ahndung oder sonstige Maßnahmen

1. Strafverfahren: Erziehungsmaßregeln, ggf. Vorschläge für Weisungen und Überwachung; Zuchtmittel, ggf. Höhe der Buße und Vorschlag, an wen die Buße gezahlt werden soll, Art und Dauer eines Jugendarrestes; Schuldspruch nach § 27 JGG? bei Jugendstrafe auch zur Frage der Strafaussetzung zur Bewährung Stellung nehmen;
2. Besteht Anlaß, das Verfahren nach §§ 45, 47 JGG, § 153 StPO einzustellen?
3. Werden vormundschaftsgerichtliche Maßnahmen für erforderlich gehalten?

Die Jugendgerichtshilfe soll möglichst früh ein umfassendes Bild der Persönlichkeit des Beschuldigten mit allen seinen sozialen Beziehungen zeichnen und die „soziale Diagnose" stellen. Dazu müssen notfalls Sachverständige herangezogen werden, wenn sich ein Anhalt dafür ergibt, daß die Verfehlung mit einer Geisteskrankheit zusammenhängt, der Jugendliche durch seelische, geistige oder körperliche Besonderheiten auffällt oder ohne erkennbare Ursache erheblich verwahrlost. Das Gericht kann anordnen, daß der Jugendliche zur Beobachtung und (kriminalbiologischen) Untersuchung bis zu sechs Wochen in einer geeigneten Anstalt untergebracht wird (§ 73 JGG).
Auch alle anderen Personen und Einrichtungen, die etwas zur Persönlichkeit, Entwicklung und Umwelt des Beschuldigten beitragen können, sollen gehört werden: Eltern, Vormünder, Erziehungsbeistände, Lehrer, Ausbilder, Erzieher, die Heimleitung und das Landesjugendamt bei außerfamiliärer Erziehung, Bewährungshelfer, die Vollzugsanstalt bei Untersuchungshäftlingen. Alle erreichbaren Akten und Unterlagen über frühere Strafverfahren, Strafvollstreckung, vormundschaftsgerichtliche Verfahren, Personalakten usw. sind beizuziehen und auszuwerten.
Natürlich gilt auch hier der Grundsatz der Verhältnismäßigkeit. Bei unbedeutenden Verfehlungen wie Verkehrsübertretungen, Jugendstreichen und leichter Gelegenheitskriminalität genügen eine kurze Überprüfung der Verhältnisse auf Besonderheiten und ein mündlicher Bericht (vgl. auch § 38 Abs. 3 Satz 3 JGG).

2. *Prognoseverfahren*

Die richtige Strafzumessung, insbesondere aber die Frage, ob schädliche Neigungen als Voraussetzung für Jugendstrafe vorliegen oder ob eine Jugendstrafe zur Bewährung ausgesetzt werden kann, hängen von der voraussichtlichen Entwicklung des Jugendlichen ab. Der Jugendrichter muß deshalb eine kriminologische Prognose stellen. Das geschieht bisher ganz überwiegend auf Grund von Lebenserfahrung, Menschenkenntnis, Erfahrung im Umgang mit straffälligen Jugendlichen, Vergleich mit bekannten ähnlichen Fällen usw. (intuitive Methode). Das Verfahren ist notwendig unsicher, weil die Ergebnisse entscheidend von nicht überprüfbaren kriminologischen und psychologischen Kenntnissen, Auffassungen, Alltagstheorien und Vorurteilen der Jugendrichter beeinflußt werden. In schwieriger erscheinenden Fällen werden Sachverständige, insbesondere Fachärzte für Jugendpsychiatrie und Jugendpsychologen, eingeschaltet, die nach ambulanten oder stationären Untersuchungen auch zu Fragen der Prognose Stellung nehmen (klinische Methode). Meist geschieht das im Rahmen von Gutachten, die zur Schuldfähigkeit oder Reife erstattet werden. Da aber auch die Wissenschaft kaum über zuverlässige Methoden verfügt, die Rückfallwahrscheinlichkeit festzustellen, hängen – wie bei der intuitiven Methode – die Ergebnisse entscheidend von der Eignung und Erfahrung der Sachverständigen ab und sind somit oft unbefriedigend.

Im Ausland, insbesondere in den Vereinigten Staaten, sind als Hilfe für die kriminologische Prognose sog. Prognosetafeln entwickelt worden. Sie beruhen auf statistischen Untersuchungen über Eigenschaften, Umstände und Umweltbedingungen, die erfahrungsgemäß Kriminalität begünstigen (kriminogene Faktoren) oder hindern. Indem man diesen Merkmalen bestimmte Werte beimißt (Gut- oder Schlechtpunktsystem), läßt sich schematisch errechnen, ob und mit welcher Wahrscheinlichkeit der Betreffende wieder straffällig werden wird.

In Deutschland hat sich diese Methode bisher nicht durchsetzen können. Gegen sie spricht, daß bisher wenig Zuverlässiges über die Wirkung kriminogener Faktoren bekannt ist, daß statistische Ergebnisse nichts Verbindliches über den einzelnen Täter aussagen können und daß eine schematisch-mechanische Anwendung wegen der fehlenden Gesamtschau und in der Tafel nicht erfaßter Gesichtspunkte leicht zu Fehlbeurteilungen führen kann.

§ 29 Ahndung der Jugendstraftat

Das Jugendgerichtsgesetz stellt dem Jugendrichter drei Reaktionsmöglichkeiten zur Verfügung:

- ► Erziehungsmaßregeln (§§ 9–12 JGG),
- ► Zuchtmittel (§§ 13–16 JGG),
- ► Jugendstrafe (§§ 17–30 JGG).

Von den Maßregeln der Sicherung und Besserung des allgemeinen Strafrechts dürfen nur die Unterbringung in einem psychiatrischen Krankenhaus oder einer Entziehungsanstalt sowie der Entzug der Fahrerlaubnis angeordnet werden (§ 7 JGG).
Maßnahmen und Jugendstrafe können weitgehend miteinander verbunden werden, um eine möglichst nachhaltige erzieherische Einwirkung zu erreichen. Allerdings gilt der Grundsatz der Einspurigkeit der freiheitsentziehenden Maßnahmen. Fürsorgeerziehung und Jugendarrest oder Jugendstrafe sowie Jugendstrafe (mit oder ohne Strafaussetzung zur Bewährung) und Jugendarrest dürfen nicht miteinander verbunden werden (§ 8 Abs. 2 Satz 1 und Abs. 2 JGG). Streitig ist, ob neben einem Schuldspruch nach § 27 JGG Fürsorgeerziehung angeordnet oder Jugendarrest verhängt werden darf.
Man kann die Rechtsfolgen des Jugendstrafrechts in ambulante (offene) und stationäre (freiheitsbeschränkende) Maßnahmen einteilen. Ambulante Erziehungsmittel des Jugendgerichtsgesetzes sind: Weisungen (§ 10 JGG), Erziehungsbeistandschaft (§ 12 JGG), Verwarnung (§ 14 JGG), Auflagen (§ 15 JGG), Jugendstrafe mit Strafaussetzung zur Bewährung (§ 21 JGG) und Schuldfeststellung (§§ 27 ff. JGG). Zur Gruppe der stationären Maßnahmen zählen: Unterbringung (§ 7 JGG), Fürsorgeerziehung (§ 12 JGG), Jugendarrest (§ 16 JGG) und Jugendstrafe ohne Strafaussetzung zur Bewährung (§§ 17–19 JGG).

I. Erziehungsmaßregeln

Die schon aus dem Jugendhilferecht bekannten Erziehungshilfen (§ 19 IV 1) heißen im Jugendstrafrecht Erziehungsmaßregeln. Sie werden „aus Anlaß" einer Straftat angeordnet. Diese Formulierung weist darauf hin, daß Erziehungsmaßregeln keine Sühnefunktion haben oder sonstige Strafzwecke verfolgen, sondern daß die Verfehlung nur Anlaß gibt, die Frage der Erziehungsbedürftigkeit zu prüfen und einen Erziehungsmangel mit Erziehungsmaßregeln zu bekämpfen. Das schließt nicht aus, daß Erziehungsmaßregeln, insbesondere Fürsorgeerziehung, aber auch manche Weisungen, dem Betroffenen als harter Eingriff in seine Rechte erscheinen und damit Sühnewirkung haben.
Die Anordnung von Erziehungsmaßregeln setzt voraus, daß durch die Tat Erziehungsmängel hervorgetreten sind und diese Mängel durch Erziehungsmaßregeln beseitigt oder bekämpft werden können. Jugendstreiche aus Übermut, leichte Verkehrsübertretungen, Fahren ohne Führerschein, sind regelmäßig nicht Ausdruck von Erziehungsmängeln, so daß Erziehungsmaßregeln unzulässig sind. Wird bei der Persönlichkeitserforschung ein Erziehungsmangel festgestellt, der mit der Straftat nicht zusammenhängt, darf der Jugendrichter keine Erziehungsmaßregeln anordnen. Stellt sich heraus, daß der Jugendliche z. B. wegen Geistesschwäche nicht erziehbar ist (medizinische

Unerziehbarkeit, vgl. § 75 Abs. 2 Satz 2 JWG), dann scheiden Erziehungsmaßregeln gleichfalls aus.

Es gibt drei Formen von Erziehungsmaßregeln:

- Weisungen,
- Erziehungsbeistandschaft,
- Fürsorgeerziehung.

1. Weisungen

Weisungen sind Gebote und Verbote, die die Lebensführung des Jugendlichen regeln (§ 10 Abs. 1 Satz 1 JGG, vgl. auch § 56 c StGB). Die Aufzählung in § 10 Abs. 1 Nr. 1–6 JGG ist nur beispielhaft.

Weisungen hinsichtlich des Aufenthaltsortes (Stadtteile, bestimmte Lokale, Kirmesplätze usw.), der Wohnung (z. B. Lehrlingsheim) sowie der Arbeit und Ausbildung bedürfen keiner Erläuterung (§ 10 Abs. 1 Nr. 1–3 JGG). Oft geht es darum, den Jugendlichen aus einem schädlichen Milieu zu entfernen. Die in die gleiche Richtung zielende Weisung, den Umgang mit bestimmten Personen oder den Besuch bestimmter Lokale zu unterlassen (§ 10 Abs. 1 Nr. 5 JGG), sollte nur erteilt werden, wenn sie ausreichend überwacht werden kann.

Die Weisung, eine Arbeitsleistung zu erbringen (§ 10 Abs. 1 Nr. 4 JGG), darf nicht als Vergeltung oder an Stelle eines Zuchtmittels verhängt werden, um dem Jugendlichen das Unrecht seiner Tat zum Bewußtsein zu bringen (vgl. § 13 Abs. 1 JGG), sondern vornehmlich, um die Einstellung des Täters zur Arbeit, seine Arbeitsmoral, günstig zu beeinflussen. Bei unsozialem Verhalten kann aber zur Stärkung des sozialen Verantwortungsbewußtseins die Weisung angebracht sein, in einer Sozialeinrichtung Dienst zu tun. Es ist vorgeschlagen worden, diese Weisung in eine Auflage nach § 15 JGG umzuwandeln, zumal Schadenwiedergutmachung durch Arbeit gerade bei Jugendlichen erzieherisch günstig sein kann.

Durch Teilnahme an einem Verkehrsunterricht (§ 10 Abs. 1 Nr. 6 JGG) sollen dem Jugendlichen fehlende Verkehrsvorschriften vermittelt oder verkehrsgerechtes Verhalten beigebracht werden.

Es bleibt dem Jugendrichter überlassen, in Zusammenarbeit mit der Jugendgerichtshilfe (vgl. § 38 Abs. 3 Satz 3 JGG) weitere Weisungen zu finden, durch die festgestellte Erziehungsmängel wirksamer bekämpft werden können als durch die gesetzlich geregelten Weisungen. In Frage kommen beispielsweise: Auflagen hinsichtlich der Verwendung des Einkommens; Übernahme von bestimmten Pflichten in Elternhaus, Schule oder am Arbeitsplatz; einen Besinnungsaufsatz zu schreiben; bestimmte Bücher zu lesen, Filme, Fernsehsendungen oder Theaterstücke zu sehen, darüber zu berichten oder an einer Diskussion teilzunehmen; sich für eine bestimmte Zeit der erzieherischen Betreuung durch einen Sozialarbeiter zu unterstellen; an einem Erziehungskurs teilzunehmen; aus einem die Erziehung gefährdenden Verein auszutreten oder sich einer Jugendgruppe eigener Wahl anzuschließen; bei Heranwachsenden: in einer betreuten Wohngemeinschaft zu leben.

Die Laufzeit der Weisungen ist auf zwei Jahre (ausnahmsweise drei Jahre) beschränkt.

Bei allen Weisungen ist zu beachten, daß sie keine unzumutbaren Anforderungen an die Lebensführung des Jugendlichen stellen (§ 10 Abs. 1 Satz 2 JGG) und nicht die

Grenzen staatlicher Strafgewalt überschreiten dürfen. Unzulässig wäre etwa die Weisung, einen bestimmten Beruf zu ergreifen (Art. 12 GG), ein geschwängertes Mädchen zu heiraten, regelmäßig zur Kirche zu gehen, einem bestimmten Verein, einer Gewerkschaft oder einer Partei beizutreten, den Umgang mit Personen zu unterlassen, die keinen schädlichen Einfluß ausüben.

Die Weisung, sich einer heilerzieherischen (psychotherapeutischen, psychagogischen, heilpädagogischen) Behandlung zu unterziehen, ist in § 10 Abs. 2 JGG besonders geregelt. Sie ist nur mit Zustimmung der Sorgeberechtigten und nach Vollendung des 16. Lebensjahres auch nur mit Zustimmung des Jugendlichen möglich.

Wenn es aus Gründen der Erziehung geboten ist, kann der Jugendrichter Weisungen nachträglich ändern, auch verschärfen, oder von ihnen befreien. Anlaß kann die Beseitigung des Erziehungsmangels, eine günstige oder ungünstige Änderung der persönlichen Verhältnisse des Jugendlichen oder die Erkenntnis sein, daß die Weisung ungeeignet ist.

Befolgt der Jugendliche Weisungen nicht freiwillig, dann kann er durch Jugendarrest dazu gezwungen werden (§ 11 Abs. 2 JGG). Dabei handelt es sich um einen nur dem Jugendstrafrecht bekannten besonderen Straftatbestand des Ungehorsams gegen eine richterliche Anordnung.

Im Jahre 1975 sind 16 029 Jugendlichen und 4292 Heranwachsenden Weisungen erteilt worden (1969: 8941/2304, 1972: 11 082/2860).

Nach neuem Jugendhilferecht soll der Ausdruck Erziehungsmaßregeln durch „Erziehungshilfen" ersetzt werden. Nach Art. 3 Abs. 1 Nr. 5 JHGRefE 74 soll § 9 JGG folgende Fassung erhalten:

„Erziehungshilfen sind:

1. die Erteilung von Weisungen,
2. die Anordnung, an einem Erziehungskurs teilzunehmen (§ 57 JHG),
3. die Bestellung eines Erziehungsbeistandes (§ 58 JHG),
4. die Anordnung der Erziehung in einer anderen Familie (§ 60 JHG),
5. die Anordnung, in einer Wohngemeinschaft zu leben (§ 62 JHG),
6. die Anordnung der Erziehung in einem Heim (§ 63 JHG),
7. die Anordnung der Erziehung in einem sozialtherapeutischen Jugendheim (§ 64 JHG)."

In Art. 3 Abs. 1 Nr. 5 JHGRef 77 sind die Nummern 4., 5. und 7. nicht mehr enthalten.

2. *Erziehungsbeistandschaft und Fürsorgeerziehung*

Die Voraussetzungen, Ausführung, Durchführung und Beendigung dieser Erziehungshilfen richten sich nach dem Jugendwohlfahrtsgesetz (§ 12 Satz 1 JGG). Es wird daher auf die früheren Ausführungen verwiesen (§ 19 IV). Durch Jugendrichter wurde 1975 in 175 Fällen gegen Jugendliche und in 2 Fällen gegen Heranwachsende (!) Fürsorgeerziehung angeordnet (1969: 397/37, 1971: 281/13) und in 436 bzw. 20 Fällen Erziehungsbeistandschaft (1969: 572/147, 1971: 521/93).

II. Zuchtmittel

Zuchtmittel liegen zwischen Erziehungsmaßregeln und Jugendstrafe. Sie haben neben der erzieherischen eine unterschiedlich große sühnende Wirkung. Die Zufügung eines

Strafübels ist jedoch wie bei den vergleichbaren elterlichen Erziehungsstrafen nicht Selbstzweck, sondern Erziehungsmittel (Erziehung durch Strafe).
Nach § 13 Abs. 1 JGG ist eine Straftat mit Zuchtmitteln zu ahnden, um dem Jugendlichen eindringlich zum Bewußtsein zu bringen, daß er für das begangene Unrecht einzustehen hat. Durch eine fühlbare Reaktion auf die Straftat sollen das Ehrgefühl und Verantwortungsbewußtsein des Täters angesprochen und er zu der Einsicht gebracht werden, daß er sich in die soziale Gemeinschaft einzuordnen hat und nicht ohne erhebliche Nachteile gegen deren Normen verstoßen darf (Denkzettelwirkung). Zuchtmittel dürfen nur gegen im Grunde gutartige Jugendliche verhängt werden, bei denen zu erwarten ist, daß sie zur Einsicht und Besinnung kommen. Bei tiefgreifenden Erziehungsmängeln oder Verwahrlosung sind Zuchtmittel ungeeignet.
Zuchtmittel haben nicht die Rechtswirkung einer Strafe (§ 13 Abs. 2 Satz 1 JGG). Sie werden nicht in das Zentralregister eingetragen, der Täter ist nicht „vorbestraft".
In der Praxis der Jugendgerichte werden etwa 90% aller Fälle mit Zuchtmitteln geahndet. Es gibt drei Zuchtmittel:

- ► Verwarnung,
- ► Auflage,
- ► Jugendarrest.

1. Verwarnung

Die Verwarnung (§ 14 JGG) ist die energische Zurechtweisung des Täters durch den Jugendrichter. Durch einen scharfen Tadel und eindrucksvollen Appell sollen dem Jugendlichen das Unrecht der Tat, die Folgen für den Geschädigten, ihn selbst und seine Angehörigen vorgehalten werden. Die Wirkung der Verwarnung hängt entscheidend von der Persönlichkeit, dem pädagogischen Geschick und dem Einsatz des Jugendrichters ab. Wenn es ihm nicht gelingt, den Jugendlichen anzusprechen und nachhaltig zu beeindrucken, besteht die Gefahr, daß dieser meint, er sei nicht zur Verantwortung gezogen worden.
Die Verwarnung unterscheidet sich von der weniger strengen Ermahnung des § 45 JGG im wesentlichen dadurch, daß die Ermahnung zur Einstellung des Verfahrens führt, während die Verwarnung nur durch Urteil ausgesprochen werden kann.
Die Verwarnung ist nur bei leichten Fällen angebracht. Häufig ist eine ausreichende erzieherische Einwirkung nur zu erreichen, wenn Verwarnungen mit Weisungen oder Auflagen verbunden werden. Im Jahre 1975 sind 23 776 Jugendliche und 10 970 Heranwachsende verwarnt worden (1969: 21 256/9194, 1971: 24 762 / 12 553).

2. Auflage

Es ist nicht möglich, die Auflagen (früher: besondere Pflichten, § 15 JGG) von den Weisungen eindeutig abzugrenzen. Ein Unterschied besteht darin, daß Weisungen unmittelbar die Lebensführung beeinflussen wollen, während Auflagen den erzieherischen Erfolg mittelbar, auf dem Umweg über Besinnung und Einsicht, anstreben. Außerdem ist der Kreis der Auflagen geschlossen. Es können nur Schadenwiedergutmachung, Entschuldigung und Geldbuße auferlegt werden (§ 15 Abs. 1 Nr. 1–3 JGG). Der Jugendrichter darf sich nicht weitere geeignete Auflagen ausdenken, sondern allenfalls Auflagen mit Weisungen verbinden.

Auch durch Auflagen dürfen keine unzumutbaren Anforderungen gestellt werden (§ 15 Abs. 2 JGG). Eine nachträgliche Änderung ist ausgeschlossen, allerdings kann der Jugendrichter den Verurteilten von der (weiteren) Erfüllung der Auflage befreien, wenn das aus erzieherischen Gründen geboten ist. Die schuldhafte Nichterfüllung kann wie die Zuwiderhandlung gegen Weisungen mit Jugendarrest geahndet werden (§ 15 Abs. 3 JGG).

Die Wiedergutmachung des Schadens (§ 15 Abs. 1 Nr. 1 JGG) hat großen erzieherischen Wert. Der Jugendliche wird so eindringlich auf die Folgen seines Handelns hingewiesen. Neben einer meist nicht ausreichenden Zahlungsverpflichtung kann Arbeitsleistung für den Geschädigten angeordnet werden. Die strafrechtliche Verpflichtung zur Schadenwiedergutmachung schließt den zivilrechtlichen Entschädigungsanspruch nicht aus.

Die persönliche Entschuldigung bei dem Verletzten (§ 15 Abs. 1 Nr. 2 JGG) kommt aus erzieherischen Gründen nur dann in Betracht, wenn der Jugendliche aus Einsicht zur Abbitte bereit ist und nicht die Gefahr einer unzumutbaren Demütigung besteht. Grundsätzlich soll der Jugendliche dieser Auflage im Anschluß an die Hauptverhandlung in Gegenwart des Jugendrichters nachkommen.

Die Verpflichtung zur Zahlung einer Geldbuße (§ 15 Abs. 1 Nr. 3 JGG) an eine gemeinnützige Einrichtung hat in der Praxis große Bedeutung. Sie ähnelt der Geldstrafe des Erwachsenenstrafrechts. Die Geldbuße hat aber nur dann Sinn, wenn der Jugendliche sie aus eigenen Mitteln zahlt (§ 15 Abs. 2 Nr. 1 JGG) und sich dadurch Einschränkungen auferlegen muß. Notfalls muß der Jugendrichter die Eltern entsprechend belehren. Es kann sinnvoll sein, für eine größere Geldbuße Ratenzahlung zu bewilligen, damit der Täter längere Zeit an die Folgen seiner Verfehlung erinnert wird. Eine Geldbuße soll einen etwaigen Gewinn der Tat entziehen (§ 15 Abs. 2 Nr. 2 JGG).

Im Jahre 1975 wurden 21 076 Jugendlichen und 18 412 Heranwachsenden Auflagen (besondere Pflichten) erteilt (1969: 21 250 / 15 883, 1971: 25 084 / 21 279).

3. *Jugendarrest*

Jugendarrest ist kurzfristiger Freiheitsentzug mit sühnendem und erzieherischem Charakter. Durch einen strengen Vollzug soll eine Schockwirkung erzielt, der Jugendliche zur Selbstbesinnung gebracht und so von weiteren Straftaten abgehalten werden. Jugendarrest ist sinnvoll bei Tätern, die noch gutartig und nicht verwahrlost sind. Er eignet sich für die sog. mittlere Kriminalität ohne kriminelle Neigungen, also insbesondere für Gelegenheitsdelikte, Konfliktkriminalität, Verfehlungen, die auf Übermut, Unachtsamkeit, Trotz, Abenteuerlust, Verführung und dergleichen beruhen. Falsch ist aber, es zunächst mit Jugendarrest zu versuchen, wenn Jugendstrafe oder Fürsorgeerziehung geboten sind. Kriminelle oder verwahrloste Jugendliche legen das als Schwäche aus und werden erfahrungsgemäß dadurch zu weiteren Straftaten ermuntert.

Der strenge Freiheitsentzug wird durch zahlreiche weitere erzieherische Mittel verstärkt (vgl. 31 I). Neuerdings wird erprobt, den Vollzug von (mindestens dreiwöchigem) Jugendarrest mit einem Erziehungskurs zu verbinden. Die guten Erfolge des Jugendarrestes zeigen sich in einer verhältnismäßig geringen Rückfallquote. Jugendarrest gibt es in drei Formen:

- Freizeitarrest,
- Kurzarrest,
- Dauerarrest.

Freizeitarrest (§ 16 Abs. 2 JGG) wird für die wöchentliche Freizeit des Jugendlichen verhängt, dauert also regelmäßig von Samstagmorgen bis Sonntagabend. Freizeitarrest kann bis zu vier Freizeiten dauern. Mehr als zwei Freizeiten sollten aber nur verhängt werden, wenn durch den erzieherisch günstigeren zusammenhängenden Vollzug Nachteile für das Ausbildungs- oder Arbeitsverhältnis drohen. Für andere Fälle ist der Kurzarrest bis zu sechs Tagen gedacht (§ 16 Abs. 3 JGG).

Die wirksamste Form des Jugendarrestes ist der Dauerarrest, der mindestens eine Woche und höchstens vier Wochen beträgt (§ 16 Abs. 4 JGG). Die besten Erfolge werden mit Dauerarrest von zwei Wochen erzielt, da bei längerer Dauer die Schockwirkung nachläßt und statt dessen Gewöhnung oder Abstumpfung eintreten. Um das zu verhüten, kann der Vollstreckungsleiter den Vollzug abkürzen (§ 87 Abs. 3 Satz 1 JGG). Aus den gleichen Gründen ist die wiederholte Verhängung von Jugendarrest meist nicht nur sinnlos, sondern sogar schädlich.

Im Jahre 1975 wurde gegen 13 996 Jugendliche und 7096 Heranwachsende Jugendarrest verhängt. Der Vergleich mit den Zahlen aus den Jahren 1971 (16 395 / 7920) und 1967 (20 000 / 10 777) zeigt einen deutlichen Rückgang, zumal unter Berücksichtigung des Anstiegs der Jugendkriminalität.

III. Jugendstrafe

Die Jugendstrafe ist die einzige kriminelle Strafe des Jugendstrafrechts. Sie führt zum Strafmakel, der Verurteilte ist „vorbestraft".
Die Jugendstrafe ist in erster Linie Erziehungsstrafe (Strafzweck der Re- und Sozialisierung). Sie trägt aber auch dem Gedanken der Sühne Rechnung, da sie ein Strafübel ist, das dem Täter als Vergeltung für begangenes Unrecht zugefügt wird und ihm Sühne (= Befreiung von Schuld) ermöglichen soll durch bewußtes Aufsichnehmen und Verarbeiten des ihm auferlegten Leidens.

Jugendstrafe muß verhängt werden, wenn entweder schädliche Neigungen vorhanden sind oder wegen der Schwere der Schuld Strafe erforderlich ist (§ 17 Abs. 2 JGG).

1. *Schädliche Neigungen*

Schädliche Neigungen sind erhebliche Anlage- oder Erziehungsmängel, die die Gefahr begründen, daß der Jugendliche ohne eine längere Gesamterziehung im Strafvollzug die Gemeinschaftsordnung durch weitere Straftaten stören wird. Der Täter muß sich daran gewöhnt haben, aus einer in seiner Persönlichkeit wurzelnden falschen Trieb- oder Willensrichtung oder aus Haltlosigkeit Straftaten zu begehen oder dazu ohne wesentliche Hemmungen bereit sein.

Gelegenheits-, Konflikts- und Notkriminalität beweisen ebensowenig schädliche Neigungen wie typische Jugendverfehlungen und Straftaten, die sich als Ausfluß normaler Entwicklung erklären lassen. Andererseits kann man von schädlichen Neigungen nicht erst bei Tätern sprechen, die bereits einen Hang (= starke Neigung) zu Straftaten zeigen und sich zu Gewohnheitsverbrechern zu entwickeln drohen. Die wichtigste Aufgabe des Jugendstrafrechts ist die Verhinderung des Rückfalls. Deshalb muß Jugendstrafe als Erziehungsmittel schon einsetzen, wenn sich die Gefahr abzeichnet, daß sich der Jugendliche der Kriminalität zuwendet.

Im allgemeinen zeigen sich schädliche Neigungen durch die wiederholte Begehung von Straftaten. Sie können aber schon in einer ersten Straftat zum Ausdruck kommen.

Schädliche Neigungen beruhen vielfach nicht auf dem Verschulden des Jugendlichen. Bei unverschuldeten Anlage- oder Entwicklungsmängeln, negativen Umwelteinflüssen oder Erziehungsfehlern kann man in Wirklichkeit nicht von einer „Lebensführungsschuld" sprechen und dem Jugendlichen vorwerfen, er sei mit seinen schädlichen Neigungen nicht fertig geworden. Auf ein Verschulden kommt es aber nicht an. Entscheidend ist, daß der Anspruch des jungen Menschen auf Erziehung erfüllt wird. Sofern Erziehungshilfen nicht ausreichen, muß im eigenen Interesse des Jugendlichen und im Interesse der Gesellschaft versucht werden, die schädlichen Neigungen durch Jugendstrafe zu bekämpfen und den Täter so zu erziehen.

Die schädlichen Neigungen müssen in der Tat hervortreten. Die einmalige persönlichkeitsfremde sexuelle Verfehlung eines zu Diebstählen neigenden Jugendlichen rechtfertigt zum Beispiel keine Jugendstrafe. Der Grundsatz der Subsidiarität gebietet, daß Jugendstrafe nur verhängt werden darf, wenn andere Maßnahmen des Jugendgerichtsgesetzes nicht ausreichen (§ 17 Abs. 2 JGG).

Das rechtzeitige Erkennen schädlicher Neigungen gehört zu den schwierigsten Aufgaben des Jugendrichters. Läßt sich nach Erschöpfung aller Erkenntnismöglichkeiten nicht mit Sicherheit beurteilen, ob schädliche Neigungen vorhanden sind, dann kann der Richter die Schuld feststellen, aber die Entscheidung über die Verhängung von Jugendstrafe zur Bewährung aussetzen (§§ 27 ff. JGG).

2. Schwere der Schuld

Jugendstrafe kann ferner verhängt werden, „wenn wegen der Schwere der Schuld Strafe erforderlich ist" (§ 17 Abs. 2, 2. Alternative JGG). Damit ist der Gedanke der Erziehungsstrafe bewußt zugunsten der Schuldstrafe und des Sühnegedankens durchbrochen. Eine länger als vier Jahre dauernde Strafe ist auch bei schwersten Erziehungsmängeln erzieherisch nicht zu rechtfertigen, sondern schädlich, weil sie zur Verhärtung, Abstumpfung und Lebensuntüchtigkeit führt.

Wenn das Gewicht der Tat und die persönliche Vorwerfbarkeit so groß sind, daß es aus Gründen der Gerechtigkeit unerträglich wäre, statt zu strafen nur zu erziehen, dann muß Jugendstrafe ausgesprochen werden. Begeht etwa ein Jugendlicher, bei dem keinerlei schädliche Neigungen und keine Erziehungsmängel erkennbar sind, einen Mord, dann wäre es mit dem Gerechtigkeitsempfinden der Allgemeinheit und dem Sühnebedürfnis des Täters nicht zu vereinbaren, nur einen Jugenddauerarrest zu verhängen.

Die Schwere der Schuld wird bestimmt einmal von dem Gewicht der Tat, der Art ihrer Ausführung und ihren Folgen, zum anderen von den Beziehungen des Täters zur Tat, namentlich seinen Beweggründen, der Stärke seines verbrecherischen Willens, seinem Vorleben, seinen persönlichen und wirtschaftlichen Verhältnissen, seinem Verhalten nach der Tat und dem Maß seiner strafrechtlichen Verantwortlichkeit.

3. Strafzumessung der Jugendstrafe

Die Jugendstrafe wegen schädlicher Neigungen ist so zu bemessen, daß die erforderliche erzieherische Einwirkung möglich ist (§ 18 Abs. 2 JGG). Um das sicherzustellen, beträgt ihr Mindestmaß sechs Monate (§ 18 Abs. 1 Satz 1 JGG, vgl. §§ 62, 64 JWG wegen der Mindestdauer der Fürsorgeerziehung). In geringerer Zeit können schädliche Neigungen nicht bekämpft werden. Regelmäßig muß die Strafe wesentlich länger sein. Zu kurze Strafen sind ebenso gefährlich wie Jugendarrest in ungeeigneten Fällen. Das Höchstmaß der normalen Jugendstrafe beträgt fünf Jahre. Bei Kapitalverbrechen wie Mord, Totschlag, Raub, räuberischer Erpressung, schwerer Brandstiftung kann eine Jugendstrafe bis zu zehn Jahren verhängt werden (§ 18 Abs. 1 Satz 2 JGG).

Jugendstrafe gibt es in zwei Formen: einmal wie im allgemeinen Strafrecht als bestimmte Jugendstrafe mit fester Strafhöhe, zum anderen als Jugendstrafe von unbestimmter Dauer (§ 19 JGG).

Selbst bei gründlicher Persönlichkeitserforschung kann man nur schwer im voraus beurteilen, welche Zeit nötig ist, um den angestrebten Erziehungserfolg zu erreichen. Bei der bestimmten Jugendstrafe kann dieser Unsicherheit dadurch begegnet werden, daß die Strafe reichlich bemessen und dem Vollstreckungsleiter (§ 82 JGG) dadurch ermöglicht wird, den Jugendlichen nach Teilverbüßung zur Bewährung zu entlassen (§ 88 JGG). Der Jugendrichter als Vollstreckungsleiter kann besser beurteilen, ob die schädlichen Neigungen eines verwahrlosten oder kriminellen Täters beseitigt oder ausreichend gebessert sind. Von der Entlassung zur Bewährung wird viel Gebrauch gemacht. Sie ist die letzte Stufe eines fortschrittlichen Vollzuges und bei Jugendlichen deswegen besonders geeignet, weil der Übergang in die volle Freiheit durch die Hilfe eines Bewährungshelfers erleichtert wird.

Die Jugendstrafe von unbestimmter Dauer trägt der Problematik dadurch Rechnung, daß sie die schwierige Prognose nach der zur Erziehung erforderlichen Strafdauer von Anfang an aus dem Erkenntnisverfahren in die Strafvollstreckung verweist. Im Urteil werden nur Mindest- und Höchstmaß der Strafe festgelegt. Innerhalb dieser Grenzen ist die Strafdauer unbestimmt. Die Entscheidung über die endgültige Dauer der Strafe obliegt dem Jugendrichter als Vollstreckungsleiter (§ 89 JGG).

Die Jugendstrafanstalten klagen immer wieder darüber, daß die Jugendgerichte entgegen § 18 Abs. 2 JGG die bestimmten Jugendstrafen zu kurz bemessen und so mögliche Erziehungserfolge vereiteln, weil erfolgversprechende Erziehungsprozesse vorzeitig abgebrochen werden müssen. Zu viele Jugendrichter sind dem Schuldstrafrecht des Erwachsenenstrafrechts verhaftet. Von der unbestimmten Jugendstrafe machen die Jugendgerichte ebenfalls zu wenig Gebrauch, obwohl das Schrifttum und der Jugendstrafvollzug nahezu einmütig dazu raten, die unbestimmte Jugendstrafe als Regel und die bestimmte Jugendstrafe als Ausnahme zu betrachten.

Im Jahre 1975 wurden gegen 6207 Jugendliche und gegen 9776 Heranwachsende Jugendstrafen verhängt (1969: 4486/6803, 1971: 5205/8209), und zwar in 4603 bzw. 6602 Fällen bis zu 1 Jahr (1969: 3418/4829, 1971: 3841/5598), in 1292 bzw. 2996 Fällen mehr als 1 Jahr (1969: 582/1559, 1971: 979/2299) und in 312 bzw. 178 Fällen unbestimmte Dauer (1969: 486/415, 1971: 385/312).

4. Strafaussetzung zur Bewährung

Die Vollstreckung einer bestimmten Jugendstrafe von nicht mehr als einem Jahr (ausnahmsweise 2 Jahre, § 21 Abs. 2 JGG) soll zur Bewährung ausgesetzt werden, „wenn zu erwarten ist, daß der Jugendliche sich schon die Verurteilung zur Warnung dienen lassen und auch ohne die Einwirkung des Strafvollzugs unter der erzieherischen Einwirkung in der Bewährungszeit künftig einen rechtschaffenen Lebenswandel führen wird" (§ 21 Abs. 1 Satz 1 JGG). Unbestimmte Jugendstrafe und Jugendarrest können nicht zur Bewährung ausgesetzt werden.

Jugendstrafe wegen schädlicher Neigungen und Strafaussetzung zur Bewährung sind auf den ersten Blick logische Widersprüche. Einerseits muß der Jugendrichter feststellen, daß Jugendstrafe erforderlich ist, um die schädlichen Neigungen durch eine Gesamterziehung im Strafvollzug zu bekämpfen, andererseits muß er erwarten, daß der Jugendliche sich auch ohne die Einwirkung des Strafvollzugs bessert. Die Praxis setzt sich aber zu Recht über diese Bedenken hinweg. Regelmäßig liegt eine längere Zeit zwischen Tat und Verurteilung. Dann können ohne Widerspruch schädliche Neigungen zur Tatzeit und berechtigte Hoffnung auf Besserung ohne Strafvollzug zur Zeit der Verurteilung miteinander vereinbar sein. Manchmal wird eine günstige Veränderung der Lebensverhältnisse Anlaß zur Prüfung geben, ob die Vollstreckung der Strafe nötig ist (§ 19 Abs. 1 Satz 2 JGG). Auch eine Untersuchungshaft kann zur Selbstbesinnung geführt und einen Wandel eingeleitet haben. Im übrigen lassen sich durch Strafaussetzung zur Bewährung die oft schädlichen Folgen des Vollzugs einer kurzen Freiheitsstrafe vermeiden, wenn Jugendstrafe wegen schwerer Schuld verhängt worden ist, beispielsweise bei einer fahrlässigen Tötung.

Voraussetzung für die Strafaussetzung zur Bewährung ist eine günstige Täterprognose. Wieder ergibt sich die Notwendigkeit einer umfassenden Persönlichkeitserforschung. Dabei muß besonderer Wert gelegt werden auf das Verhalten des Täters nach der Tat, vornehmlich auf eine günstige Änderung der Gewohnheiten oder eine Besserung der Umweltverhältnisse. Zu überlegen ist auch, ob und mit welcher Aussicht auf Erfolg eine günstige Veränderung der Verhältnisse durch Bewährungsauflagen erreicht werden kann.

Falls sich das Gericht dazu entscheidet, die Vollstreckung einer Jugendstrafe zur Bewährung auszusetzen, bestimmt der Jugendrichter eine Bewährungszeit zwischen zwei und drei Jahren (§ 22 JGG), stellt einen Bewährungsplan mit erzieherisch geeigneten Auflagen und Weisungen auf (§ 23 JGG) und ordnet einen (meist hauptamtlichen) Bewährungshelfer bei (§§ 24, 25 JGG). Dieser steht dem Jugendlichen während der Bewährungszeit helfend und betreuend zur Seite. Außerdem überwacht er die Erfüllung der gerichtlichen Auflagen (§ 24 Abs. 2 JGG), berichtet regelmäßig über die Lebensführung des Verurteilten und etwaige „gröbliche oder beharrliche Verstöße gegen die Bewährungsauflagen" (§ 25 Abs. 2 und 3 JGG).

Wenn der Jugendliche erneut straffällig wird, gegen die Bewährungsauflagen verstößt oder sich der Bewährungsaufsicht entzieht und dadurch zeigt, daß er die in ihn gesetzten Erwartungen nicht erfüllt, widerruft der Jugendrichter die Strafaussetzung zur Bewährung (§ 26 JGG). Dann muß die Jugendstrafe verbüßt werden. Hat sich der Verurteilte dagegen bewährt, wird die Strafe nach Ablauf der Bewährungsfrist erlassen und der Strafmakel als beseitigt erklärt (§§ 26 a, 100 JGG).

Der Strafaussetzung zur Bewährung ähnelt die Entlassung zur Bewährung, die der Jugendrichter als Vollstreckungsleiter nach Teilverbüßung einer bestimmten oder unbestimmten Jugendstrafe anordnen kann (§§ 88, 89 JGG). Auch in solchen Fällen werden die Verurteilten unter Bewährungsaufsicht gestellt und ihre weitere Lebensführung durch Auflagen beeinflußt.

5. *Bedingte Verurteilung*

Neben der unbestimmten Jugendstrafe kennt das Jugendstrafrecht eine weitere Möglichkeit der Ahndung, die dem allgemeinen Strafrecht fremd ist. Es handelt sich um die aus dem englischen Recht übernommene Trennung von Schuldspruch und Strafausspruch. Sie ist bestimmt für die Fälle, in denen der Richter nach Erschöpfung der Ermittlungsmöglichkeiten nicht mit Sicherheit beurteilen kann, ob schädliche Neigungen vorhanden sind, welchen Umfang sie haben und ob sie zur Verhängung von Jugendstrafe zwingen oder noch mit Erziehungsmaßregeln oder Zuchtmitteln bekämpft werden können. Trotz ausführlicher Ermittlungen der Jugendgerichtshilfe und Anhörung von Sachverständigen gelingt es manchmal nicht, das Persönlichkeitsbild eines Jugendlichen hinreichend aufzuklären und eine überzeugende Prognose zu stellen. Das kommt in Wirklichkeit häufiger vor, als die Praxis wahrhaben will. Auch die guten Erfolge der bedingten Verurteilung sprechen dafür, die Möglichkeiten häufiger und nicht nur ausnahmsweise anzuwenden.

In geeigneten Fällen stellt der Jugendrichter die Schuld fest, bejaht also Tatbestandsmäßigkeit, Rechtswidrigkeit und Schuld. Das Urteil lautet beispielsweise: „Der X ist des Diebstahls in zwei Fällen schuldig." Die Entscheidung über die Frage der Strafzumessung bleibt zunächst offen. Allerdings ist sie vorentschieden, weil bei einem späteren Strafausspruch nur noch Jugendstrafe verhängt werden und deren Vollstreckung nicht zur Bewährung ausgesetzt werden darf (§§ 27, 30 Abs. 1 Satz 2 JGG). Die Entscheidung über die Verhängung der Jugendstrafe wird auf die Dauer von ein bis zwei Jahren zur Bewährung ausgesetzt (§ 28 JGG). Der Jugendliche bekommt einen Bewährungshelfer. Seine Lebensführung kann durch Auflagen beeinflußt werden (§ 29 JGG).

Stellt sich während der Bewährungszeit heraus, daß die Tat doch auf schädliche Neigungen erheblichen Umfangs zurückzuführen war, dann findet eine neue Verhandlung statt, in der der Richter durch ein zweites Urteil auf die Strafe erkennt, „die er im Zeitpunkt des Schuldspruchs bei sicherer Beurteilung der schädlichen Neigungen des Jugendlichen ausgesprochen hätte" (§ 30 Abs. 1 Satz 1 JGG). Als Beispiel für weitere Erkenntnismöglichkeiten nennt das Gesetz „schlechte Führung während der Bewährungszeit". Ferner kommen neue strafbare Handlungen oder die Entdeckung von Straftaten in Betracht, die der Jugendliche vor der Schuldfeststellung begangen hatte. Alle diese Umstände sind aber nur insofern von Bedeutung, als sie den Rückschluß rechtfertigen, daß schon zur Zeit der Schuldfeststellung schädliche Neigungen in solchem Umfang vorlagen, daß Jugendstrafe hätte verhängt werden müssen.

Bewährt sich der Jugendliche oder läßt sich bis zum Ablauf der Bewährungszeit keine Klarheit gewinnen, dann wird der Schuldspruch getilgt (§ 30 Abs. 2 JGG). Der Jugendliche gilt dann wieder als nicht vorbestraft.

Schaltstellen des Jugendstrafrechts

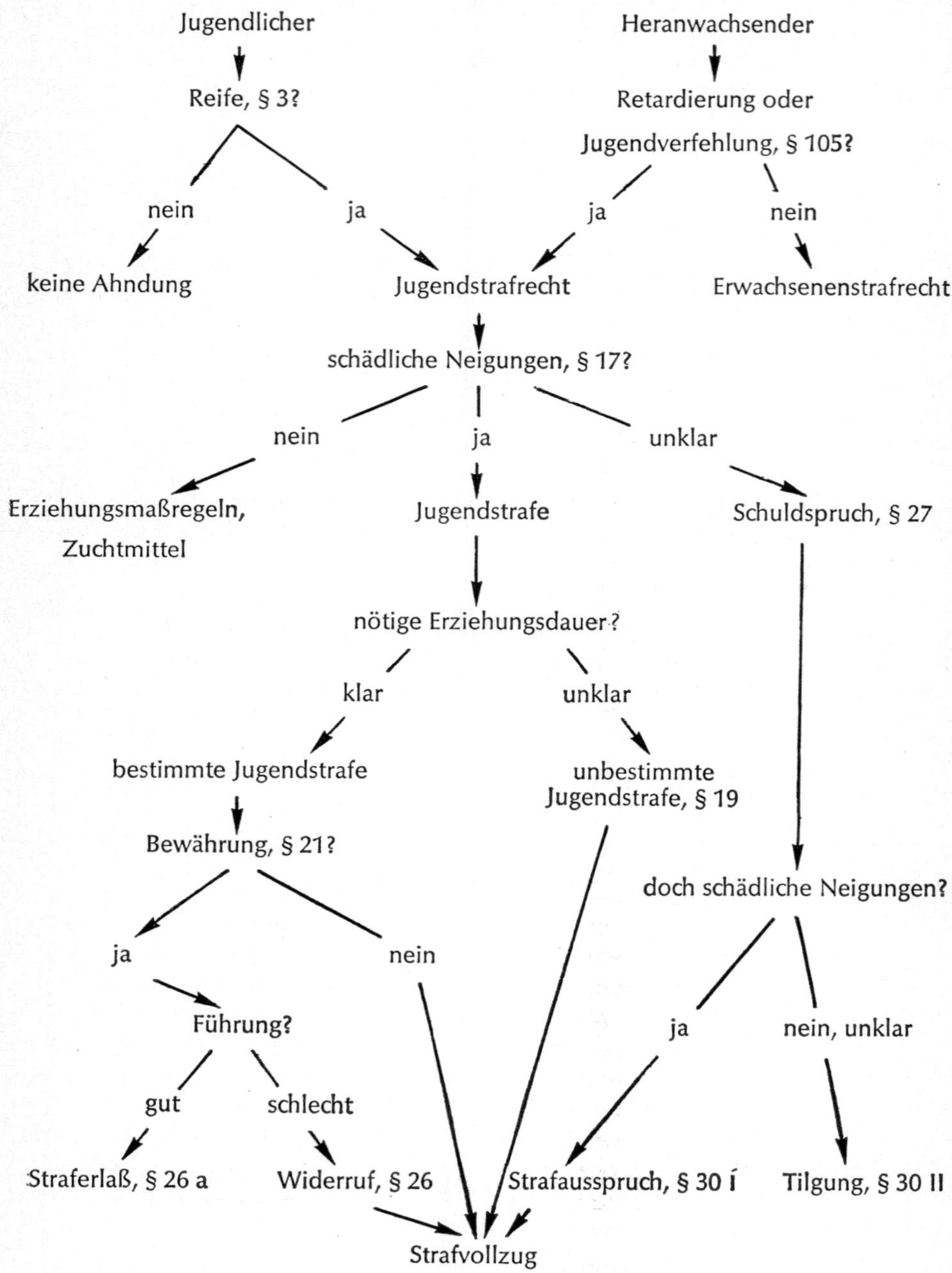

Sanktionen des Jugendrichters

I. Erziehungsmaßregeln (Erziehungshilfen)
   1. Weisungen,
   2. Erziehungsbeistandschaft,
   3. Fürsorgeerziehung,

II. Zuchtmittel
   1. Verwarnung,
   2. Auflagen,
      a) Schadenwiedergutmachung,
      b) Entschuldigung,
      c) Geldbuße,
   3. Jugendarrest,
      a) Freizeitarrest,
      b) Kurzarrest,
      c) Dauerarrest,

III. Jugendstrafe
   1. bestimmte Jugendstrafe,
      a) ohne Strafaussetzung zur Bewährung,
      b) mit Strafaussetzung zur Bewährung,
   2. unbestimmte Jugendstrafe,
   3. bedingte Verurteilung.

§ 30 Jugendstrafverfahren

I. Jugendgerichte

Die wirksame Arbeit der Jugendrichter und Jugendstaatsanwälte hängt entscheidend von ihren erzieherischen Fähigkeiten und Erfahrungen ab (§ 37 JGG). Außerdem verlangt die Behandlung straffällig gewordener Jugendlicher Kenntnisse aus den Bereichen der Pädagogik, Psychologie, Psychiatrie und Soziologie, die in der juristischen Ausbildung nicht vermittelt werden. Schon aus diesen Gründen, aber auch wegen der zahlreichen Besonderheiten des Verfahrens und der Strafzumessung war es nötig, besondere Jugendgerichte zu bilden.

Jugendgerichte sind:

- der Jugendrichter,
- das Jugendschöffengericht,
- die Jugendkammer.

Jugendgerichte sind für die Verfehlungen Jugendlicher und Heranwachsender sowie für Jugendschutzsachen (§§ 26, 74 b GVG) zuständig.

1. Jugendrichter

Angelpunkt der Jugendgerichtsverfassung ist der Jugendrichter beim Amtsgericht. Er vereinigt in sich eine Vielzahl von Aufgaben und Funktionen.

Zunächst ist er als Ermittlungsrichter mit den richterlichen Anordnungen im Vorverfahren befaßt (§ 34 Abs. 1 JGG, §§ 114 ff., 133 ff., 162 ff. StPO). Ihm obliegen also der Erlaß von Haftbefehlen, Haftkontrolle und Haftprüfung, die Anordnung von Beschlagnahmen, Durchsuchungen, Untersuchungen, die Vornahme des richterlichen Augenscheins, die richterliche Vernehmung der Beschuldigten und Zeugen in allen Verfahren, die zur späteren Zuständigkeit der Jugendgerichte gehören. Er ist ferner für die Vernehmung von jugendlichen und heranwachsenden Beschuldigten und Zeugen im Wege der Rechtshilfe für auswärtige Gerichte zuständig.

In seiner Eigenschaft als Jugendeinzelrichter soll der Jugendrichter grundsätzlich nur solche Verfehlungen Jugendlicher ahnden, die voraussichtlich mit Erziehungsmaßregeln oder Zuchtmitteln belegt werden (§ 39 JGG). Das schließt nicht aus, daß er im Einzelfall Jugendstrafe verhängt. Allerdings ist seine Strafgewalt dann begrenzt. Der Jugendeinzelrichter darf nicht auf bestimmte Jugendstrafe von mehr als einem Jahr und nicht auf unbestimmte Jugendstrafe erkennen (§ 39 Abs. 2 JGG). Notfalls muß er das Verfahren an das Jugendschöffengericht abgeben.

Der Jugendrichter soll nach Möglichkeit zugleich Vormundschaftsrichter sein oder wenigstens die vormundschaftsgerichtlichen Erziehungsaufgaben für Jugendliche über 14 Jahre wahrnehmen (§ 34 Abs. 2 und 3 JGG). In der Praxis ist das wegen des zu großen Arbeitsanfalls oft nicht durchführbar.

Der Jugendrichter ist ferner Vorsitzender des Jugendschöffengerichts (§ 33 Abs. 1 Satz 1 JGG). Für Entscheidungen, die das Jugendschöffengericht außerhalb der Hauptverhandlung zu treffen hat, beispielsweise die Zulassung der Anklage oder die Beiordnung eines Pflichtverteidigers, ist er allein zuständig.

Der Jugendrichter ist außerdem Vollstreckungsleiter (§§ 82 ff. JGG) und – sofern in seinem Bezirk eine Jugendarrestanstalt liegt – Vollzugsleiter (§ 90 Abs. 2 Satz 2 JGG). Schließlich ist er in manchen Ländern auch noch Gnadenbehörde (vgl. z. B. § 4 Abs. 1 Nr. 2 GnONRW).

2. *Jugendschöffengericht*

Das Jugendschöffengericht ist in der Hauptverhandlung mit dem Jugendrichter als Vorsitzendem und zwei Jugendschöffen, einem Mann und einer Frau, besetzt (§ 33 Abs. 3 JGG). Die Jugendschöffen, die erzieherisch befähigt und in der Jugenderziehung erfahren sein sollen (§ 35 Abs. 2 Satz 2 JGG), werden vom Jugendwohlfahrtsausschuß vorgeschlagen und von einem Wahlausschuß gewählt, der aus dem Jugendrichter, einem Verwaltungsbeamten und zehn Vertrauenspersonen der Vertretungskörperschaft (Rat, Kreistag usw.) besteht (§ 35 JGG, § 40 GVG).
Die Schöffen haben während der Hauptverhandlung die gleichen Befugnisse wie ein Berufsrichter als Beisitzer einer Strafkammer. Sie haben also das Recht, Fragen zu stellen und Vorhalte zu machen (§ 30 GVG, § 240 StPO). Ihre Stimme wiegt ebenso wie die eines Berufsrichters (§§ 194 ff. GVG). Bei einem Jugendschöffengericht können die Jugendschöffen den Jugendrichter also überstimmen.
Das Jugendschöffengericht hat die „allgemeine" Zuständigkeit. Es ist für alle Verfahren zuständig, die nicht vor ein anderes Jugendgericht gehören (§ 40 Abs. 1 JGG). Die Strafgewalt des Jugendschöffengerichts ist bei Anwendung von Jugendstrafrecht nicht beschränkt. Falls es bei Heranwachsenden oder in Jugendschutzsachen allgemeines Strafrecht anwendet, ist es dagegen an die für Schöffengerichte geltende Begrenzung auf höchstens drei Jahre Freiheitsstrafe (§ 24 Abs. 2 GVG) gebunden.
Besonders umfangreiche Verfahren, die die Leistungsfähigkeit des Jugendschöffengerichts übersteigen, kann der Vorsitzende des Jugendschöffengerichts der Jugendkammer zur Übernahme vorlegen. In Frage kommen vor allem Verfahren mit vielen Angeklagten (Bandensachen) und/oder zahlreiche Straftaten (§ 40 Abs. 12 JGG).

3. *Jugendkammer*

Die Jugendkammer beim Landgericht besteht aus drei Berufsrichtern und zwei Jugendschöffen.
Die Jugendkammer hat eine doppelte Funktion: Sie ist einmal erkennendes Gericht des ersten Rechtszuges in Schwurgerichtssachen (§ 74 Abs. 2 GVG), Jugendschutzsachen (§§ 26, 74 b GVG) und solchen Verfahren, die sie wegen des besonderen Umfangs vom Jugendschöffengericht übernommen hat (§ 41 Abs. 1 Nr. 1 und 2 JGG). Ein Schwurgericht gibt es für Jugendliche und Heranwachsende nicht. Außerdem ist die Jugendkammer Rechtsmittelgericht. Sie entscheidet über die Berufungen gegen die Urteile des Jugendrichters und des Jugendschöffengerichts (§ 41 Abs. 2 JGG) sowie über die Beschwerden gegen deren sonstige Entscheidungen (§ 41 Abs. 2 Satz 2 JGG).

Über Revisionen gegen Urteile des Jugendrichters und des Jugendschöffengerichts sowie über Beschwerden gegen sonstige Entscheidungen der Jugendkammer entscheidet ein Strafsenat des Oberlandesgerichts (§ 121 GVG). Revision gegen die Berufungsurteile der Jugendkammer gibt es in Jugendstrafverfahren nicht (§ 55 Abs. 2 JGG). Zur Entscheidung über Revisionen gegen erstinstanzliche Urteile der Jugendkammer ist der Bundesgerichtshof zuständig (§ 135 GVG).

Beim Oberlandesgericht und beim Bundesgerichtshof wirken keine Jugendschöffen mit.

Jugendgerichte

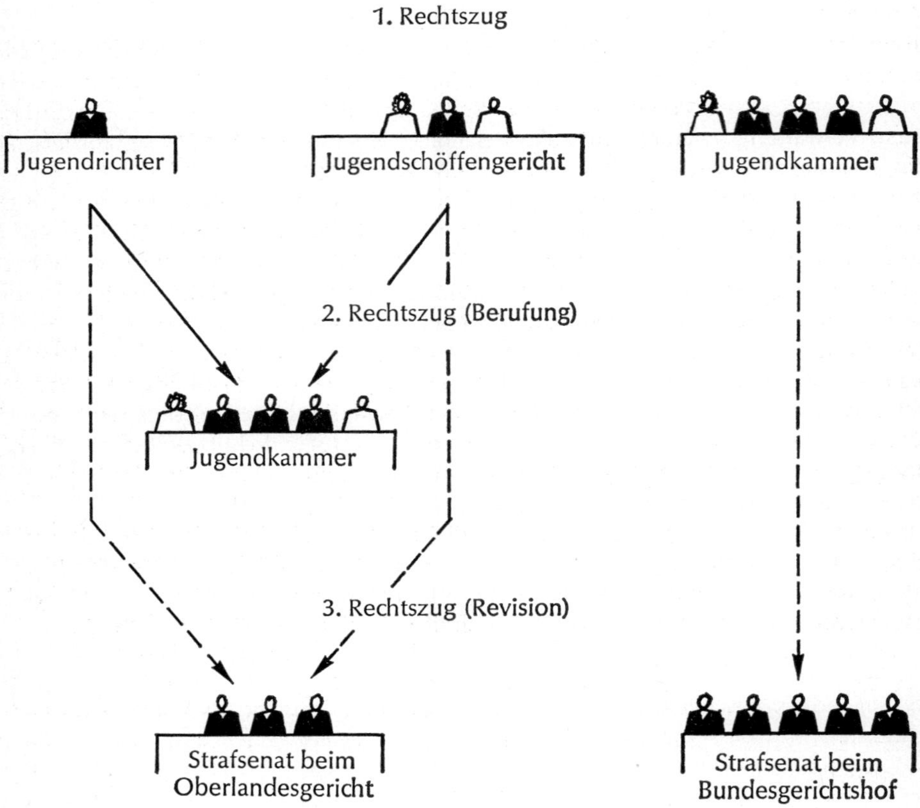

II. Andere Verfahrensbeteiligte

Außer dem Beschuldigten und dem Jugendgericht sind der Jugendstaatsanwalt, der Verteidiger, die Erziehungsberechtigten und die Jugendgerichtshilfe am Jugendstrafverfahren beteiligt.

1. Jugendstaatsanwalt

Staatsanwälte, die Jugendstrafsachen bearbeiten, sollen erzieherisch befähigt und erfahren sein (§§ 36 und 37 JGG). Die Vertretung der Anklagen in der Hauptverhandlung, die richtige „Behandlung" von Beschuldigten und jugendlichen Zeugen, der Strafantrag und seine Begründung sind erzieherisch ebenso verantwortungsvoll wie die richterliche Tätigkeit während der Hauptverhandlung. Ohne Kenntnis der Besonderheiten des Jugendstrafverfahrens ist eine gedeihliche Zusammenarbeit zwischen Jugendstaatsanwalt und Jugendrichter nicht möglich. Es kommt hinzu, daß der Jugendstaatsanwalt abweichend vom Legalitätsprinzip (Verfolgungszwang) von einer Anklage absehen kann, wenn er aus erzieherischen Gründen eine Ahndung durch Urteil für entbehrlich hält (§ 45 JGG).

2. Verteidiger

Wie jeder Beschuldigte kann sich ein Jugendlicher oder Heranwachsender durch einen Verteidiger seiner Wahl vertreten lassen. Ein jugendlicher Beschuldigter ist in seinem Verfahren voll prozeßfähig und kann daher trotz fehlender voller Geschäftsfähigkeit selbständig einen Rechtsanwalt mit seiner Verteidigung beauftragen. Allerdings nur mit Wirkung für das Strafverfahren; der privatrechtliche Vertrag zwischen ihm und dem Anwalt ist schwebend unwirksam (§§ 106, 107, 108 Abs. 1 BGB), so daß weder der Jugendliche noch seine gesetzlichen Vertreter zur Zahlung der entstehenden Rechtsanwaltsgebühren verpflichtet sind. Besondere gesetzliche Anforderungen für Verteidiger in Jugendstrafsachen gibt es nicht. Die Richtlinien für das Jugendstrafverfahren empfehlen dem Jugendrichter aber, in Fällen notwendiger Verteidigung (vgl. § 140 StPO, § 68 JGG) zu Pflichtverteidigern nur solche Rechtsanwälte zu bestellen, die erzieherische Eignung und Erfahrung haben. Tatsächlich wird ein verantwortungsbewußter Verteidiger das wohlverstandene Interesse des Jugendlichen verfolgen und sich dabei vom Erziehungsgedanken leiten lassen. Er darf seine Aufgabe nicht darin sehen, Augenblickserfolge zu erzielen, sondern muß die Maßnahme anstreben, die dem Jugendlichen auf Dauer nützt. Ein in diesem Sinne „schlechter" Verteidiger kann die erzieherischen Bemühungen des Jugendgerichts vereiteln, wenn er beispielsweise die Verfehlungen seines Mandanten bagatellisiert oder versucht, die Schuld auf Mittäter oder Opfer abzuwälzen. Es wird dann nur schwer gelingen, den Jugendlichen von seiner Schuld zu überzeugen und ihn zur Einsicht zu bringen.
Natürlich darf die gebotene Berücksichtigung erzieherischer Gesichtspunkte den Verteidiger nicht davon abhalten, einen unberechtigten Schuldvorwurf abzuwehren. Aber auch in einem solchen Fall kann es angebracht sein, an Stelle eines zweifelhaften Freispruchs mangels Beweises die erzieherisch günstigere Einstellung des Verfahrens anzuregen.

3. Erziehungsberechtigte

Eltern, Vormünder oder Sorgerechtspfleger sind am Jugendstrafverfahren zu beteiligen, da jede Maßnahme des Jugendrichters einen mehr oder weniger schweren Eingriff in ihr Erziehungsrecht darstellt. Außerdem sollen Erziehungsberechtigte und Jugendrichter im Interesse des Jugendlichen zusammenarbeiten und nicht gegeneinander. Die Erziehungsberechtigten sind berechtigt und verpflichtet, an der Hauptverhandlung teilzunehmen. Sie haben ein Recht auf Gehör, können Fragen (an Angeklagte, Zeugen und Sachverständige) und Anträge stellen und selbständig Rechtsmittel einlegen (§ 67 JGG).

4. Jugendgerichtshilfe

Zu den Verfahrensbeteiligten gehört schließlich die Jugendgerichtshilfe. Selbst wenn ein schriftlicher Bericht gemäß § 38 Abs. 2 JGG vorliegt, ist der Vertreter der Jugend-

gerichtshilfe von dem Termin zu benachrichtigen. Nur ganz ausnahmsweise kann auf seine Anwesenheit verzichtet werden. Ihm ist auf Verlangen das Wort zu erteilen (§ 51 Abs. 3 JGG). Daraus folgt aber nicht das Recht, Fragen oder Anträge zu stellen oder gar Rechtsmittel einzulegen. Vor der Erteilung von Weisungen ist der Vertreter der Jugendgerichtshilfe stets zu hören (§ 38 Abs. 3 Satz 4 JGG).
Der Bewährungshelfer eines unter Bewährung stehenden Angeklagten ist dagegen nicht Verfahrensbeteiligter. Er ist aber zuzuziehen und anzuhören, weil nur so eine umfassende Persönlichkeitserforschung und Sachaufklärung (§ 43 JGG, § 244 StPO) möglich ist.

III. Verfahrensrechtliche Besonderheiten

Für das Verfahren vor den Jugendgerichten gelten grundsätzlich die allgemeinen Regeln der Strafprozeßordnung (StPO) und des Gerichtsverfassungsgesetzes (GVG), die hier nicht dargestellt werden können. Das Jugendgerichtsgesetz bringt nur einige Besonderheiten, die durch den Zweck des Jugendstrafverfahrens bedingt sind.
Allgemein läßt sich sagen, daß auch das Verfahren vor den Jugendgerichten vom Erziehungsgedanken und dem Subsidiaritätsprinzip beherrscht wird. Das Gesetz gibt jede Möglichkeit, ein jugendgemäßes Verfahren durchzuführen und stellt sogar besondere formlose oder vereinfachte Verfahren zur Verfügung, die es erlauben, die Verfahrensart der Schwere der Verfehlung und der Erziehungsbedürftigkeit des Beschuldigten anzupassen.

1. Vorverfahren

Schon im Vorverfahren muß mit der Ermittlung der persönlichen und sozialen Verhältnisse des Beschuldigten begonnen werden (§ 43 JGG). Der frühzeitigen Persönlichkeitserforschung soll auch die Vernehmung des Beschuldigten im Ermittlungsverfahren durch den Jugendrichter oder Jugendstaatsanwalt in schweren Fällen dienen, in denen Jugendstrafe zu erwarten ist (§ 44 JGG).
Das Vorverfahren endet mit der Erhebung der Anklage oder Einstellung des Verfahrens. Zu den normalen Einstellungsgründen wie fehlender Tatverdacht, fehlendes Verschulden, Geringfügigkeit usw. kommt im Jugendstrafverfahren die Einstellung mangels Reife (§ 3 JGG). In solchen Fällen wird der Vormundschaftsrichter benachrichtigt, damit er prüfen kann, ob Erziehungshilfen anzuordnen sind.
Außerdem kann der Jugendstaatsanwalt das Verfahren (ohne Zustimmung des Jugendrichters) einstellen, wenn bereits eine ausreichende erzieherische Maßnahme angeordnet oder durchgeführt ist (§ 45 Abs. 2 Nr. 1 JGG). Wenn die Eltern oder andere Personen, beispielsweise Polizeibeamte, Lehrer oder Jugendgerichtshelfer, den Beschuldigten bereits ausreichend ermahnt oder anderweitig zur Verantwortung gezogen haben, kann es – vornehmlich in Bagatellfällen – aus erzieherischen Gründen verfehlt sein, ein Strafverfahren durchzuführen. Das gilt natürlich erst recht in Fällen, in denen aus Anlaß der Straftaten Erziehungshilfen, insbesondere Erziehung außerhalb der eigenen Familie, gewährt oder angeordnet worden sind.
Der Jugendstaatsanwalt kann bei den mit Erziehungsaufgaben betrauten Personen oder Stellen ferner geeignete Erziehungsmaßnahmen anregen und dann das Verfahren einstellen.

Dieser Gedanke ist in § 45 Abs. 1 JGG als besonderes formloses jugendrichterliches Erziehungsverfahren weiter ausgestaltet: Wenn der Staatsanwalt nach den sachlichen und persönlichen Umständen des Falles eine Ahndung der Tat durch ein mit Urteil abschließendes förmliches Verfahren für entbehrlich hält, kann er bei dem Jugendrichter anregen, dem Jugendlichen bestimmte Weisungen (Arbeitsauflage, Teilnahme am Verkehrsunterricht) oder Auflagen (§ 15 JGG) zu erteilen oder ihn zu ermahnen. Diese Ermahnung darf nicht mit dem Zuchtmittel der Verwarnung verwechselt werden. Folgt der Jugendrichter der Anregung des Staatsanwalts, dann muß dieser das Verfahren einstellen. Das formlose jugendrichterliche Erziehungsverfahren setzt voraus, daß der Jugendliche geständig ist, also Tat und Verschulden einräumt.
Bei hinreichendem Tatverdacht erhebt der Jugendstaatsanwalt Anklage beim Jugendrichter, beim Jugendschöffengericht oder bei der Jugendkammer. Ist der Jugendrichter als Einzelrichter zuständig, dann kann der Staatsanwalt an Stelle der formellen Anklage den Antrag stellen, im vereinfachten Verfahren zu entscheiden (§§ 76 ff. JGG).

2. Hauptverfahren

Das Hauptverfahren beginnt wie in Strafverfahren gegen Erwachsene mit der Zulassung der Anklage (§ 203 StPO) durch den Jugendrichter als Einzelrichter oder als Vorsitzender des Jugendschöffengerichts oder durch die Berufsrichter der Jugendkammer.
In geeigneten Fällen, in denen nicht schon der Jugendstaatsanwalt von der Verfolgung abgesehen hat (§ 45 JGG), kann der Jugendrichter mit Zustimmung des Jugendstaatsanwalts in vier Fällen das Verfahren einstellen (§ 47 JGG). Die erste Möglichkeit setzt voraus, daß der Jugendrichter im formlosen jugendrichterlichen Erziehungsverfahren Maßnahmen des § 45 Abs. 1 JGG anordnet (§ 47 Abs. 1 Nr. 1 JGG). Eine Einstellung kommt zweitens in Betracht, wenn eine erzieherische Maßnahme im Sinne von § 45 Abs. 2 Satz 1 JGG bereits angeordnet ist, etwa nach Erhebung der Anklage, oder wenn drittens die Schuld des Täters oder die Folgen der Tat im Sinne von § 153 StPO unbedeutend sind (§ 47 Abs. 1 Nr. 2). Schließlich ist das Verfahren einzustellen, wenn der Angeklagte mangels Reife nicht verantwortlich ist (§ 47 Abs. 1 Nr. 3 JGG). Dazu kommt es vornehmlich dann, wenn nach Anklageerhebung ein Gutachten über den Entwicklungsstand des Angeklagten eingeholt wird (vgl. § 43 Abs. 3 Satz 1 JGG).
In allen diesen Fällen kann das Verfahren auch noch in der Hauptverhandlung eingestellt werden (§ 47 Abs. 2 JGG). Oft ergeben sich die maßgebenden Gesichtspunkte erst nach Anhörung der Verfahrensbeteiligten und mündlicher Erörterung der Sache.
Kernstück des Hauptverfahrens ist die Hauptverhandlung. Die allgemeinen Vorschriften (§§ 226–275 StPO, §§ 169–191 GVG) sind für das Jugendstrafverfahren insbesondere hinsichtlich der Öffentlichkeit und der Anwesenheit des Angeklagten abgeändert.
Aus erzieherischen Gründen sind Verhandlungen der Jugendgerichte gegen Jugendliche (leider nicht auch gegen Heranwachsende) nicht öffentlich (§ 48 Abs. 1, vgl. § 109 Abs. 1 Satz 2 JGG). Der Jugendliche soll nicht durch die Anwesenheit einer großen Anzahl unbeteiligter Personen eingeschüchtert werden. Dadurch könnte ein falsches Bild von seiner Persönlichkeit entstehen und die Wahrheitsfindung beeinträchtigt werden. Der Jugendliche soll auch nicht das Gefühl haben, im Mittelpunkt des

allgemeinen Interesses zu stehen und dadurch verleitet werden, sich als „Held" aufzuspielen oder eine „Schau abzuziehen". Man möchte ferner verhindern, daß der Angeklagte und seine Tat durch Zuschauer einer breiten Öffentlichkeit bekannt werden und ihm dadurch vermeidbare berufliche und soziale Nachteile ersparen, die die Resozialisierung erschweren.
Auf die Anwesenheit des Angeklagten kann wegen des zur Persönlichkeitserforschung nötigen persönlichen Eindrucks des Gerichts von dem Angeklagten nur selten verzichtet werden (vgl. § 50 JGG, §§ 276–295 StPO). Andererseits kann das Gericht den Angeklagten zeitweise von der Verhandlung ausschließen, wenn Nachteile für seine Erziehung drohen, beispielsweise während der Erörterung von Anlagemängeln, geistigen Erkrankungen oder nachteiligen Eigenschaften der Eltern (z. B. Erziehungsunfähigkeit, Vorstrafen). Aus dem gleichen Grund werden dem Angeklagten erzieherisch nachteilige Ergebnisse der Ermittlungen oder der Beweisaufnahme nicht mitgeteilt (§§ 47 Abs. 2 Satz 2, 46, 54 Abs. 2 JGG).

3. Rechtsmittelverfahren

Noch mehr als im Erwachsenenstrafrecht kommt es im Jugendstrafrecht darauf an, die Zeitspanne zwischen Tat und Strafe möglichst abzukürzen und nicht durch Rechtsmittelverfahren zu verlängern. Wenn der Jugendliche seine Schuldgefühle verdrängt und so die innere Beziehung zur Tat verloren hat, empfindet er die Strafvollstreckung nicht mehr als einleuchtende und notwendige Reaktion auf seine Verfehlung, sondern erduldet sie ohne innere Einsicht als lästiges Übel. Der Erziehungszweck ist dann zumindest gefährdet.
Im Jugendstrafverfahren ist deshalb die Zahl der Rechtsmittel und die sog. Strafmaßberufung eingeschränkt. Jeder Anfechtungsberechtigte kann nur ein Rechtsmittel einlegen, also entweder Berufung (neue Tatsacheninstanz) oder Revision (nur Prüfung auf Rechtsverletzung). Außerdem ist die Berufung wegen der Strafzumessung ausgeschlossen, wenn das Jugendgericht lediglich auf Erziehungsmaßregeln oder Zuchtmittel erkannt oder die Auswahl dieser Maßnahmen gem. § 53 JGG dem Vormundschaftsrichter übertragen hat. In solchen Fällen kann die Berufung nicht darauf gestützt werden, die Maßnahmen seien falsch ausgewählt oder falsch zugemessen worden. Einzige Ausnahme bildet die Anordnung von Fürsorgeerziehung (§ 55 Abs. 1 Satz 2 JGG). Der Schuldspruch kann dagegen stets angefochten werden. Eine Berufung gegen diese weniger einschneidenden Urteile kann ferner mit der Begründung eingelegt werden, die angeordnete Maßnahme sei rechtswidrig (§ 10 Abs. 1 Nr. 2, § 15 Abs. 2 JGG).

4. Besondere Verfahrensarten

Strafbefehlsverfahren (§§ 405 ff StPO), beschleunigtes Verfahren (§§ 212 ff StPO), Privatklage (§§ 374 ff StPO) und Nebenklage (§§ 395 ff StPO) gegen einen Jugendlichen (nicht auch gegen einen Heranwachsenden) sind unzulässig, ebenso die Entschädigung des Verletzten (§§ 403 ff. StPO), weil diese Verfahren entweder keine ausreichende Persönlichkeitserforschung gestatten oder durch Überbetonung der Interessen des Verletzten den Erziehungsgedanken gefährden.
Neben dem erwähnten formlosen jugendrichterlichen Erziehungsverfahren gibt es das vereinfachte Verfahren. Dabei handelt es sich um ein nur dem Jugendstrafrecht be-

kanntes Hauptverfahren, bei dem „zur Vereinfachung, Beschleunigung und jugendgemäßen Gestaltung des Verfahrens" weitgehend von Verfahrensvorschriften abgewichen werden kann. Der Jugendstaatsanwalt nimmt regelmäßig an der Hauptverhandlung nicht teil (§ 78 Abs. 2 Satz 1 JGG). Nur vereinzelt treten Verteidiger auf. Zumeist verzichten die Jugendrichter auf einen Protokollführer, so daß es in dem kleinen Kreis der Beteiligten (Richter, Angeklagter, Eltern, Jugendgerichtshelfer) leichter gelingt, den Jugendlichen erfolgreich anzusprechen.

Das vereinfachte Verfahren eignet sich in Fällen leichter bis mittlerer Kriminalität, in denen keine umfangreiche Beweisaufnahme erforderlich ist. Fürsorgeerziehung und Jugendstrafe dürfen im vereinfachten Verfahren nicht verhängt werden (§§ 78 Abs. 1 Satz 2, 76 Abs. 1 Satz 1 JGG). Der Jugendrichter kann die Entscheidung im vereinfachten Verfahren ablehnen. Dann muß der Staatsanwalt eine Anklageschrift einreichen (§ 77 JGG).

Die jugendrichterliche Verfügung (§ 75 JGG) ist weggefallen, seitdem die Übertretungen in Ordnungswidrigkeiten umgewandelt worden sind.

5. *Verfahren gegen Heranwachsende*

Die Verfahrensvorschriften des Jugendgerichtsgesetzes gelten nur teilweise für Strafverfahren gegen Heranwachsende (§ 109 JGG). Immer sind die Regeln über die Persönlichkeitserforschung anwendbar (§ 109 Abs. 1 Satz 1 JGG). Das Verfahren ist grundsätzlich öffentlich. Das gilt leider auch, wenn Jugendliche und Heranwachsende zusammen angeklagt sind. Die Öffentlichkeit kann aber im Interesse der Erziehung des Angeklagten ausgeschlossen werden (§ 109 Abs. 1 Satz 2 JGG).

Im übrigen gilt allgemeines Verfahrensrecht. Hervorzuheben ist, daß gegen Heranwachsende das Strafbefehlsverfahren zulässig ist. Die damit erstrebte Vereinfachung und Beschleunigung der Verfahren führen notwendig zu einer Vernachlässigung der Persönlichkeitserforschung, so daß die Frage, ob gem. § 105 JGG Jugendrecht anzuwenden ist, meist nicht ausreichend geprüft wird. Widersprüchliche Entscheidungen bleiben nicht aus. So kommt es nicht selten vor, daß ein Wiederholungstäter zunächst im Strafbefehlsverfahren als Erwachsener bestraft wird und bei weiteren Taten als Jugendlicher behandelt werden muß.

6. *Strafaussetzung zur Bewährung*

Verfahrensrechtliche Besonderheiten der Aussetzung der Jugendstrafe zur Bewährung (§§ 21 ff JGG) und der Aussetzung der Verhängung der Jugendstrafe (§§ 27 ff JGG) sind in den §§ 57–64 JGG enthalten. Eine Besonderheit gegenüber dem Erwachsenenstrafrecht liegt darin, daß die Entscheidung über die Strafaussetzung zur Bewährung nicht nur im Urteil, sondern bis zum Beginn der Strafvollstreckung auch nachträglich durch Beschluß geschehen kann (§ 57 Abs. 1 Satz 1 JGG).

Gang des Jugendstrafverfahrens

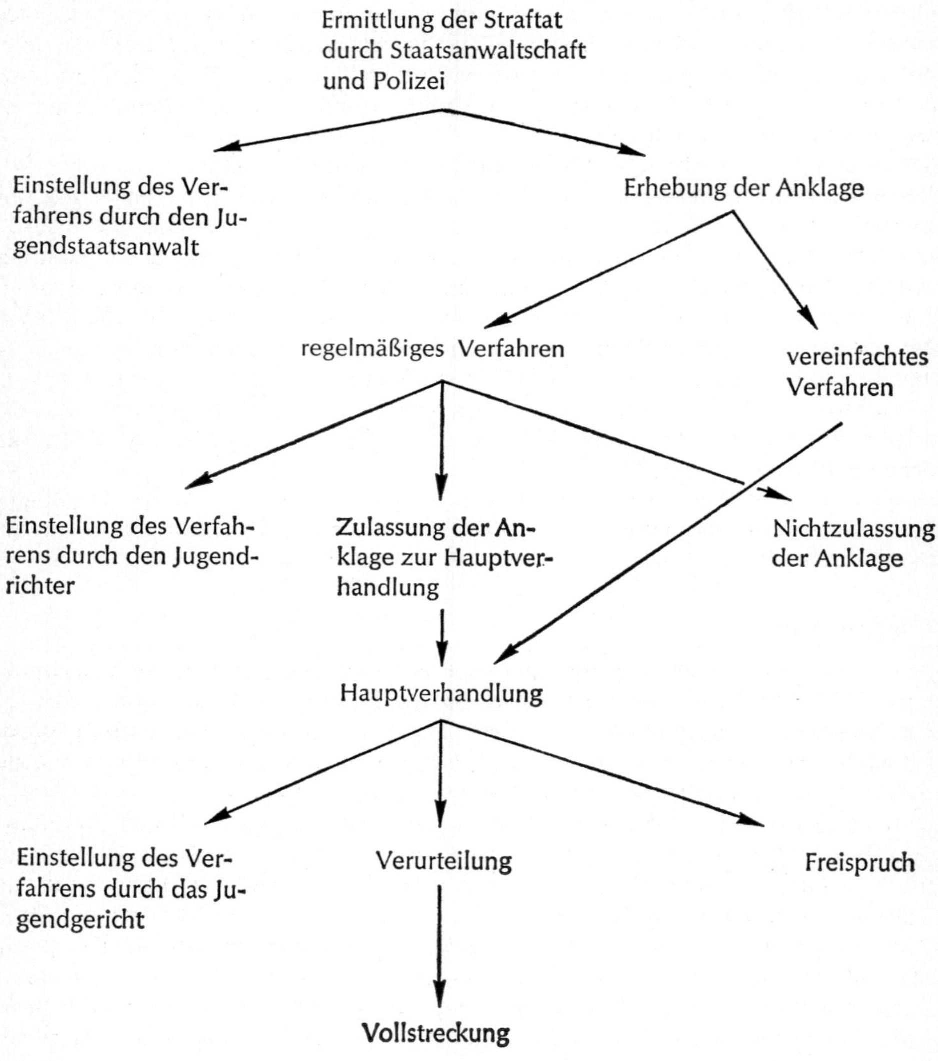

§ 31 Vollstreckung und Vollzug

Über Vollstreckung und Vollzug der auf Freiheitsentzug lautenden rechtskräftigen Urteile der Jugendgerichte enthält das Jugendgerichtsgesetz nur wenige Vorschriften, die die allgemeinen Regeln der Strafprozeßordnung (§§ 449 ff. StPO) und des Strafvollzugsgesetzes (StVollzG) ergänzen. Daneben bestehen Rechtsverordnungen über den Vollzug des Jugendarrestes (JAVollzO) und der Jugendstrafe (JVollzO) sowie bundeseinheitliche Richtlinien für den Jugendstrafvollzug (VVJug).
Hier können nur einige Fragen aus dem umfangreichen Gebiet der Strafvollstreckung gestreift werden.
Das Gesetz unterscheidet zwischen Vollstreckung und Vollzug (vgl. den Unterschied zwischen Ausführung und Durchführung der FE und FEH). Vollstreckung bedeutet die Gesamtheit der richterlichen und justizverwaltungsmäßigen Tätigkeiten, die auf Verwirklichung der rechtskräftigen Gerichtsentscheide zielen. Neben dem Vollzug fallen darunter beispielsweise Gewährung von Strafaufschub, Umwandlung von Freizeitarrest in Kurzarrest (§ 86 JGG), Abgabe der Vollstreckung an den Vollzugsleiter (§ 85 JGG) oder Entlassung zur Bewährung (§§ 88, 89 JGG). Vollstreckungsleiter ist der Jugendrichter (§ 82 JGG).
Unter Vollzug versteht man die unmittelbare Verwirklichung der im Urteil erkannten Rechtsfolge, beim Freiheitsentzug also die Aufnahme in Jugendarrest- oder Jugendstrafanstalten. Diese Anstalten unterstehen dem Vollzugsleiter.

I. Jugendarrest

Jugendarrest wird in besonderen Jugendarrestanstalten oder Freizeitarresträumen vollzogen (§ 90 Abs. 2 JGG). Vollzugsleiter ist der Jugendrichter (§ 90 Abs. 2 Satz 2 JGG).
Die Aufgabe des Jugendarrestes ist in § 90 Abs. 1 JGG umrissen: Der Vollzug soll das Ehrgefühl des Jugendlichen wecken und ihm eindringlich zum Bewußtsein bringen, daß er für das begangene Unrecht einzustehen hat (vgl. § 13 JGG).
Der Jugendarrest ist wegen seiner kurzen Dauer kaum geeignet, einen Erziehungsprozeß durchzuführen oder auch nur einzuleiten. Er muß sich darauf beschränken, einen nachhaltigen Anstoß zur Besinnung zu geben (Denkzettelwirkung). Dieses Ziel kann nur durch einen strengen und eindrucksvollen Vollzug erreicht werden. Soweit möglich, soll der Vollzug jedoch so gestaltet werden, daß die körperliche, geistige und sittliche Entwicklung des Jugendlichen gefördert wird (§ 10 Abs. 1 JAVollzO). Deshalb befassen sich der Vollzugsleiter und seine Mitarbeiter, zu denen nach Bedarf auch Psychologen, Sozialpädagogen, Sozialarbeiter, Lehrer und andere Fachkräfte gehören (§ 3 Abs. 3 JAVollzO), mit der Persönlichkeit und den Lebensverhältnissen des Jugendlichen (§ 7 JAVollzO). In neuester Zeit werden in einigen Jugendarrestanstalten Versuche unternommen, in Übungs- und Erfahrungskursen Erziehungsarbeit zu leisten. Eine nachgehende erzieherische Betreuung durch Sozialarbeiter wird gefordert und vereinzelt erprobt (§ 26 JAVollzO).
Große Bedeutung hat die persönliche Aussprache des Vollzugsleiters mit dem Arrestanten (§ 10 Abs. 2 JAVollzO). Dem Jugendlichen sollen Bedeutung und Folgen seiner Verfehlung klargemacht und ihm möglichst die Ursachen seines Fehlverhaltens aufgezeigt werden, um so die durch den Schock der Freiheitsentziehung eingeleitete

Selbstbesinnung zu verstärken. Außerdem umfaßt die Erziehungsarbeit soziale Einzelhilfe, Gruppenarbeit und Unterricht (§ 10 Abs. 2 Satz 2 JAVollzO).
Der Arrestant ist zur Arbeit und zur Teilnahme am Unterricht oder an anderen ausbildenden Veranstaltungen sowie an Sportveranstaltungen verpflichtet (§§ 11 Abs. 1 und 16 Abs. 1 JAVollzO). Eine sinnvolle Freizeitgestaltung ist anzustreben (§ 18 JAVollzO). Der Vollstreckungsleiter kann einen Teil des Arrestes erlassen, wenn er das aus erzieherischen Gründen für geboten hält (§ 87 Abs. 3 Satz 1 JGG).

II. Jugendstrafe

Jugendstrafe wird in Jugendstrafanstalten vollzogen. In den meisten Ländern bestehen differenzierte Anstalten für die verschiedenen Gruppen von Verurteilten, vor allem für Jugendliche, Heranwachsende, Erstbestrafte und Wiederholungstäter sowie für die Vollstreckung bestimmter und unbestimmter Jugendstrafen (§ 3 Abs. 1 JVollzO). Viele Vollzugsanstalten unterhalten offene oder halboffene Lager oder Heime für junge Gefangene.
Jugendstrafe wird heute in Stufen vollzogen. Am Anfang steht Einzelhaft in der Zugangsabteilung (Aufnahmevollzug). Während dieser Zeit, die nicht länger als drei Monate dauern darf (§ 28 Abs. 1 Satz 2 JVollzO), werden auf Grund des Urteils, des Berichts der Jugendgerichtshilfe, Gesprächen des Gefangenen mit dem Vollzugsleiter oder dem Erziehungsgruppenleiter sowie Untersuchungen durch Psychologen und Ärzte eine kriminologische Begutachtung vorgenommen und ein Vollzugsplan aufgestellt. In diesen Plan werden insbesondere aufgenommen: Unterbringung im geschlossenen oder offenen Vollzug, Maßnahmen der schulischen oder beruflichen Aus- und Fortbildung oder Umschulung, Teilnahme an anderen weiterbildenden Veranstaltungen, Arbeitseinsatz, besondere Hilfs- und Erziehungsmaßnahmen, Teilnahme an Sport- und Freizeitveranstaltungen, Gestaltung der Außenkontakte, Lockerungen des Vollzugs und Urlaub, Maßnahmen zur Vorbereitung der Entlassung (Nr. 3 VVJug).
Daran schließt sich der Regelvollzug an. Der Gefangene wird tagsüber in Gemeinschaftshaft untergebracht. Er erhält einen Arbeits- oder Ausbildungsplatz und wird einer Wohn- und Erziehungsgruppe zugeteilt. In einigen Jugendstrafanstalten bestehen Gesprächsgruppen, in denen therapeutische Gruppenarbeit erprobt wird. Der Regelvollzug kann innerhalb der Anstalt gelockert und in freien Formen durchgeführt werden (§ 91 Abs. 3 JGG). Der Gefangene kann in Außenstellen der Anstalt oder in halboffenen oder offenen Lagern oder Heimen untergebracht werden. Es ist sogar möglich, die Jugendlichen ohne Beaufsichtigung durch Vollzugsbeamte tagsüber in Freiheit arbeiten oder zur Schule gehen zu lassen (sog. Freigänger). Geeignete Gefangene können bis zu 21 Tagen im Jahr beurlaubt werden, damit ihre sozialen Bindungen nicht völlig abreißen (Familienurlaub) und sie sich bei einer bevorstehenden Entlassung Wohnung und Arbeit beschaffen können (Sonderurlaub).
Als dritte Stufe folgt der Entlassungs- oder Übergangsvollzug, der weitgehend in halboffenen oder offenen Einrichtungen vollzogen wird.
Durch diesen progressiven Behandlungsvollzug werden dem Gefangenen mit fortschreitendem Erziehungserfolg mehr und mehr Freiheiten eingeräumt, um ihn so wieder auf das eigenverantwortliche Leben in Freiheit vorzubereiten und durch das

gewährte Vertrauen sein Verantwortungsgefühl zu stärken. Letzte Stufe dieses Vollzugs ist die Entlassung zur Bewährung.

Die Aufgabe des Jugendstrafvollzugs umschreibt § 91 JGG: Der Verurteilte soll durch Ordnung, Arbeit, Unterricht, Leibesübungen und sinnvolle Beschäftigung in der freien Zeit dazu erzogen werden, künftig einen rechtschaffenen und verantwortungsbewußten Lebenswandel zu führen.

An erster Stelle der Erziehungsmittel wird die Ordnung genannt. Es ist klar, daß das Leben vieler Menschen auf engem Raum nicht ohne eingehende Ordnungvorschriften möglich ist. Heute ist jedoch allgemein bekannt, daß die totale Reglementierung des Tagesablaufs und des Verhaltens des Gefangenen durch die Hausordnung und die Befehle der Vollzugsbeamten kein geeignetes Mittel ist, Menschen zur Ordnung in Freiheit zu erziehen. Manche verwahrloste Verurteilte müssen aber zunächst einmal ein Mindestmaß an Ordnung lernen.

Wichtigstes Erziehungsmittel im Jugendstrafvollzug sind Arbeit und Ausbildung. Dabei geht es nicht nur darum, schädlichen Müßiggang zu vermeiden und die Gefangenen an regelmäßiges Arbeiten zu gewöhnen. Viele jungen Gefangene haben keine oder keine abgeschlossene berufliche Ausbildung. Die Jugendstrafanstalten unterhalten deshalb Lehrwerkstätten und veranstalten Grund- und Fortbildungskurse. Die Gefangenen müssen, soweit sie noch schulpflichtig sind, am Berufschulunterricht teilnehmen. Sie können Facharbeiter- oder Gesellenprüfungen ablegen. Die Anstalten sind sehr darum bemüht, nur in solchen Berufen auszubilden, die auf dem Arbeitsmarkt gefragt sind. Es werden auch Berufsberater des Arbeitsamtes eingeschaltet.

Große Bedeutung hat der Unterricht. Nach § 41 JVollzO muß jeder junge Gefangene wöchentlich mindestens 4 volle Stunden, verteilt auf 2 Tage, unterrichtet werden. Gefangene mit mangelhaften Volksschulkenntnissen sollen außerdem 1–2 Nachhilfestunden erhalten.

Streitig ist aber schon, welches Ziel der Unterricht verfolgen soll. Es wird die Auffassung vertreten, man könne nicht anstreben, die oft großen Lücken im Schulwissen der jungen Gefangenen auszufüllen, sondern müsse sich um die versäumte Charakterbildung und die Vermittlung der fehlenden Werte und Leitbilder bemühen (Gesinnungsunterricht). Demgemäß bestimmt § 36 Abs. 2 JVollzO, daß der Unterricht den Zielen des Jugendstrafvollzugs zu dienen hat und „die Bereitschaft des jungen Gefangenen zu einwandfreier Lebensführung und zur Einordnung in die Volksgemeinschaft wecken und stärken, ihn geistig regsam erhalten und ihm die allgemeinen und beruflichen Kenntnisse vermitteln (soll), die er zu seinem Fortkommen im Leben braucht". Nach verbreiteter Ansicht geht es in erster Linie darum, die arbeitsfreie Zeit des Gefangenen sinnvoll auszufüllen (Lückenbüßertheorie). Demgegenüber wird gefordert, daß der junge Gefangene in seiner Erziehungs- und Bildungsbedürftigkeit allen anderen Jugendlichen gleichzustellen sei und durch den Freiheitsentzug nicht an einer seiner Begabung und seinen Fähigkeiten entsprechenden Bildung und Ausbildung gehindert werden dürfe; deshalb habe der Unterricht in den Jugendstrafanstalten keine andere Aufgabe zu erfüllen als der Unterricht an den anderen Schulen, und es müßten in der Strafanstaltsschule alle Schulformen organisatorisch vereinigt werden (etwa nach dem Modell der Gesamtschule). Hier müssen diese Fragen offen bleiben. Theorie und

Praxis sind gerade auf diesem Gebiet noch weit auseinander. Nicht einmal die geringen Anforderungen des § 41 Abs. 1 JVollzO werden überall erfüllt.

In Nordrhein-Westfalen gliedert sich die schulische Ausbildung in den Jugendstrafanstalten in Unterricht für ehemalige Sonderschüler, die etwa 30% der jungen Gefangenen stellen, Kurse zur Vermittlung des Haupt- oder Realschulabschlusses und Berufsschulunterricht für diejenigen, die in einem Beruf ausgebildet werden. Die Gefangenen ohne Hauptschulabschluß können in Vollzeitkursen ein sog. Berufsgrundschuljahr, dessen erfolgreicher Abschluß dem Hauptschulabschluß gleichsteht, oder sog. Berufsvorbereitungsjahre verschiedener Typen mitmachen, durch die sie die Fähigkeit zur Teilnahme an einer beruflichen Ausbildung oder zur Aufnahme einer Berufstätigkeit erreichen sollen.

Der allgemeine Unterricht besteht nach § 40 Abs. 2 JVollzO aus einer Folge in sich abgeschlossener freier Lehrgänge. Unterrichtsgegenstände sollen neben der Auffrischung und Ergänzung der Volksschulkenntnisse Themen aus dem Bereich der Sozial- und Rechtskunde sein. Der Unterricht soll auch an bedeutsame Tagesereignisse anknüpfen (§ 37 JVollzO). Der Fachunterricht gliedert sich in einzelne Lehrgänge, die den allgemeinen Lehrplänen des Berufschulunterrichts folgen müssen. Grundsätzlich soll der Unterrichtsleiter für die freie Zeit schriftliche Arbeiten oder Lernarbeiten aufgeben.

Schließlich wird die Freizeitgestaltung als Erziehungsmittel eingesetzt. Durch die allgemeine Verringerung der Arbeitszeit ist der Anteil der arbeitsfreien Zeit der Gefangenen auf mehr als 70% der Strafzeit gestiegen. Nach Abzug der Zeiten für Ruhen, Mahlzeiten, hygienische Bedürfnisse, Unterricht und Aufgaben verbleiben immer noch mehrere Stunden täglich, die „sinnvoll" ausgefüllt werden müssen.

An erster Stelle ist der Sport zu nennen. Jeder junge Gefangene ist täglich zu Leibesübungen, Frühsport und mindestens 30 Minuten Turnunterricht heranzuziehen (§§ 43 bis 47 JVollzO). Es werden ferner Spiel- und Arbeitsgemeinschaften mit unterschiedlichen Zielsetzungen gebildet. Als Beispiele seien Chöre, Laienspielkreise, Schachgruppen, Zeichen-, Mal- und Bastelgruppen, allgemeinbildende Lehrgänge oder Sprachkurse sowie Diskussionskreise genannt. Alle Strafanstalten unterhalten außerdem Büchereien und bemühen sich, die Gefangenen an gute Literatur heranzuführen. Daneben stehen rein unterhaltende Veranstaltungen wie Film- und Theateraufführungen oder Teilnahme am Fernsehprogramm.

III. Rückfälligkeit als Erfolgsmaßstab

Erfolg oder Mißerfolg der Vollstreckung von Jugendarrest und Jugendstrafe sowie der Maßnahmen selbst werden an Rückfallquoten gemessen. Man untersucht, ob die nach Verbüßung entlassenen Jugendlichen oder Heranwachsenden in einem bestimmten Zeitraum (5–6 Jahre) rückfällig werden, indem sie Straftaten von einigem Gewicht begehen.

Beim Jugenddauerarrest beträgt die Rückfallquote etwa 63–65 %, wobei das Bild allerdings stark durch Arrestungeeignete (Verwahrloste, FE-Zöglinge, Arrestwiederholer, Täter mit erheblichen schädlichen Neigungen) getrübt wird, die 30–35% der Arrestanten ausmachen.

Bei der Jugendstrafe muß man zwischen bestimmter und unbestimmter Jugendstrafe unterscheiden. Die günstigsten Ergebnisse mit etwa 50% lassen sich bei Erstbestraften feststellen, die ihre (bestimmte) Jugendstrafe in offenen oder halboffenen Einrichtungen verbüßen. Diese Gruppe stellt allerdings eine gute Auslese der Gefangenen dar. Die Rückfallquote für geschlossene Anstalten liegt dagegen zwischen 60 und 65%. Alle Untersuchungen beweisen, daß die zu kurze Jugendstrafe nutzlos und schädlich ist. Bei Strafen von 9–12 Monaten beispielsweise beträgt die Rückfallquote nur 50%, während sie bei Strafen von 6–9 Monaten auf etwa 65% ansteigt.

Die Rückfallquote bei unbestimmten Jugendstrafen liegt bei 68%. Dieser hohe Prozentsatz spricht nur auf den ersten Blick gegen die unbestimmte Jugendstrafe. Man muß berücksichtigen, daß die zu unbestimmter Jugendstrafe Verurteilten eine ausgesprochen schlechte Auslese darstellen, weil die Gerichte die unbestimmte Jugendstrafe meist nur als letztes Mittel gegen mehrfach Vorbestrafte verhängen. An dieser Ausgangssituation gemessen, werden mit der unbestimmten Jugendstrafe mehr Erfolge erzielt als mit der bestimmten Jugendstrafe.

Insgesamt scheinen die hohen Rückfallquoten gegen den Jugendstrafvollzug als geeignetes Erziehungsmittel zu sprechen. Daran ist richtig, daß der Jugendstrafvollzug die an ihn gestellten Anforderungen noch nicht in jeder Hinsicht erfüllt. Die ungenügende personelle Ausstattung der Anstalten mit Sozialarbeitern, Sozialpädagogen, Fürsorgern, Ausbildern, Psychologen, Psychiatern und Psychotherapeuten verhindert einen wirksamen Behandlungsvollzug und macht manche Jugendstrafanstalten praktisch zu Verwahranstalten, in der zahlreiche Jugendliche durch die dort herrschende Subkultur mehr geschädigt als gebessert werden. Die Überlastung der wenigen Fachkräfte, zu große Erziehungsgruppen, unzureichende psychologische und psychotherapeutische Betreuung führen zwangsläufig zu Mißerfolgen. Wie schon erwähnt, werden die Ergebnisse auch durch zu kurze Strafen beeinträchtigt, die eine ausreichende erzieherische Einwirkung nicht erlauben. Es ist ohnehin sehr schwierig, jahrelange Erziehungsfehler und eingeschliffene Fehlhaltungen in wenigen Monaten zu berichtigen. Das Bemühen ist notwendig zum Scheitern verurteilt, wenn die dafür zur Verfügung gestellte Zeit von vornherein zu kurz bemessen ist. Die Rückfallquote wird ferner verschlechtert durch die Gruppe der Schwachsinnigen, Psychopathen und Neurotiker, für die besondere Einrichtungen geschaffen werden müssen, weil sie einer besonderen Behandlung oder Betreuung bedürfen, die in den dafür nicht bestimmten und nicht eingerichteten Jugendstrafanstalten nicht erbracht werden kann.

Bevor nicht bessere Vollzugseinrichtungen und -bedingungen geschaffen sind, ist kein sicheres Urteil darüber möglich, was der Jugendstrafvollzug als Erziehungsmittel überhaupt leisten kann.

Einige Kritiker des Jugendstrafvollzugs scheinen im übrigen die Möglichkeiten zu überschätzen, durch Behandlung und Erziehung im Strafvollzug dauerhafte Verhaltensänderungen zu erreichen. Zu bedenken ist auch, daß eine Reihe von kriminogenen Faktoren durch den Jugendstrafvollzug überhaupt nicht beeinflußt werden können. So werden die aus ungünstigen Umweltbedingungen kommenden Täter zumeist wieder in die alte Umgebung entlassen und geraten dort erneut in Versuchung.

Wer schließlich wegen der hohen Rückfallquoten den Jugendstrafvollzug oder die Jugendstrafe überhaupt ablehnt, sollte aufzeigen, welche der in der Kriminologie diskutierten Möglichkeiten bessere Erfolge versprechen und – das ist entscheidend – in unserem Staat politisch durchsetzbar sind. Die in den ersten Entwürfen eines Jugendhilfegesetzes vorgesehenen sozial-therapeutischen Jugendzentren (§ 57 JHG-DiskE, § 64 JHGRefE 74) werden wahrscheinlich nicht eingerichtet. Die Erfahrungen mit sozial-therapeutischen Anstalten im Ausland werden als negativ bezeichnet, weil sie nicht geeignet seien, Rückfälle zu verhindern oder deren Zahl zu mindern. Im neuesten Referentenentwurf eines Jugendhilfegesetzes sind (deshalb?) sozial-therapeutische Jugendheime nicht mehr vorgesehen. Eine verstärkte ambulante Betreuung straffällig gewordener junger Menschen durch Bewährungshelfer und mit Psychiatern, Psychologen und Sozialpädagogen besetzten Behandlungsdiensten, mit der bei einem Versuch in Kalifornien beachtliche Erfolge erzielt wurden, scheitert in der Bundesrepublik Deutschland daran, daß die Politiker, also letztlich die Gesellschaft, nicht bereit sind, die erforderlichen Mittel zu bewilligen. Zur Zeit müssen viele Bewährungshelfer bis zu 80 Probanden „betreuen". Die Sollzahl von 45 Probanden wird nur selten erreicht und ist für die intensive Arbeit, die den Strafvollzug ersetzen könnte, immer noch viel zu hoch. Bei dem Experiment in Kalifornien kamen 5–12 straffällig gewordene Jugendliche auf einen Bewährungshelfer, der zudem von bürokratischen Arbeiten entlastet war und einen Behandlungsdienst zur Seite hatte. Aber auch wenn es möglich wäre, insoweit einen grundlegenden Wandel zu erreichen, bliebe die Frage, was mit den rückfälligen Probanden, deren Zahl auch bei dem Versuch in Kalifornien 30% ausmachte, und mit den Jugendlichen geschehen soll, die wegen der Art ihrer Straftaten (in den USA: Mord, Notzucht, Raub und andere Gewaltdelikte) oder wegen zu geringer Erfolgswahrscheinlichkeit (in den USA wurde 75% gefordert!) von der intensiven ambulanten Betreuung ausgeschlossen bleiben.

Rechtserhebliche Altersstufen

vor der Zeugung:

1. Das noch nicht gezeugte Kind kann als Nacherbe und Vermächtnisnehmer eingesetzt werden, §§ 2201, 2162 Abs. 2 BGB.
2. Zugunsten des Unerzeugten können Verträge geschlossen werden, § 331 Abs. 2 BGB.
3. Das noch nicht gezeugte Kind ist parteifähig, soweit das zur Wahrung seiner Rechte aus § 331 Abs. 2 oder §§ 2101, 2162 Abs. 2 BGB erforderlich ist (beschränkte Parteifähigkeit).

nach der Zeugung:

1. Schutz vor Abtreibung, § 218 StGB.
2. Verträge zugunsten des Kindes im Mutterleib möglich, § 331 Abs. 2 BGB.
3. Für die „Leibesfrucht" kann ein Pfleger bestellt werden, §§ 1708, 1912 BGB.
4. Für nichteheliche Kinder kann schon vor ihrer Geburt durch einstweilige Verfügung der Unterhalt für die ersten 3 Monate geltend gemacht werden, § 1615 o Abs. 2 BGB.
5. Das Kind hat Schadenersatzansprüche, wenn vor seiner Geburt ein Unterhaltspflichtiger getötet wird, § 844 Abs. 2 BGB, § 10 Abs. 2 StVG u. a.

Beginn der Geburt:

Ende des Schutzes vor Abtreibung nach § 218 StGB, Beginn des Schutzes vor vorsätzlicher Tötung, §§ 211 ff. StGB.

ab Vollendung der Geburt:

1. Beginn der Rechtsfähigkeit, § 1 BGB.
2. Beginn der (vollen) Grundrechtsfähigkeit.
3. Beginn der Parteifähigkeit, § 50 Abs. 1 Satz 1 ZPO.
4. Beginn der gesetzlichen Amtspflegschaft oder der gesetzlichen Amtsvormundschaft bei einem nichtehelichen Kind, §§ 1709, 1791 c BGB, §§ 40 Abs. 1 Satz 1, 41 Abs. 1 Satz 1 JWG.

ab Vollendung des 2. Monats:

Einwilligung der Eltern zur Adoption des Kindes möglich, § 1747 Abs. 3 BGB.

ab Vollendung des 3. Lebensjahres:

1. Beschäftigung bis zu 2 Stunden täglich möglich, § 6 Abs. 1 Nr. 2 a JArbSchG.
2. Aufnahme in Kindergärten möglich, Kindergartengesetze.

ab Vollendung des 5. Lebensjahres:

Eigene Rechte zum Namensanschluß für nichteheliche Kinder bei Namensänderung der Mutter, § 1617 Abs. 2 BGB, und für Kinder, deren Familienname sich durch die Adoption eines Elternteils ändert, § 1757 Abs. 1 Satz 4 BGB.

ab Vollendung des 6. Lebensjahres:

1. Beginn der Schulpflicht.
2. Besuch von Filmveranstaltungen bis 20 Uhr erlaubt, § 6 Abs. 2 Nr. 1 JSchÖG.
3. Beschäftigung bis zu 3 Stunden täglich möglich, § 6 Abs. 1 Nr. 2 b JArbSchG.

ab Vollendung des 7. Lebensjahres:

1. Beginn der beschränkten Geschäftsfähigkeit, § 106 BGB.
2. Beginn der bedingten Deliktsfähigkeit, § 828 Abs. 2 BGB.
3. Partielle Geschäftsfähigkeit und Prozeßfähigkeit möglich, §§ 112, 113 BGB, §§ 50, 52 ZPO; § 1600 k Abs. 1 Satz 1 BGB, § 640 b ZPO; § 62 Abs. 1 VerwGO, § 58 FGO.
4. Vertretung durch den Minderjährigen möglich, § 165 BGB.
5. Anerkennung der nichtehelichen Vaterschaft und Anfechtung der Anerkennung muß vom Minderjährigen selbst erklärt werden, §§ 1600 d Abs. 1 Satz 1, 1600 k Abs. 1 Satz 1 BGB.

6. Einwilligung zur vormundschaftsgerichtlichen Genehmigung der Anfechtung der Ehelichkeit oder Anfechtung der Anerkennung einer nichtehelichen Vaterschaft durch das Kind kann die minderjährige Mutter nur selbst erteilen, § 1597 Abs. 2 und 3, Satz 3, § 1600 k Abs. 3 BGB.

ab Vollendung des 10. Lebensjahres:

Anhörungsrecht nach § 2 Abs. 3 RelKErzG

ab Vollendung des 12. Lebensjahres:

1. Beschränkte Religionsmündigkeit, § 5 Satz 2 RelKErzG.
2. Lockerung des Verbotes der Kinderarbeit bei Beschäftigung in der Landwirtschaft und durch Verwandte, §§ 9, 71 Abs. 2 JArbSchG.
3. Besuch von Filmveranstaltungen bis 22 Uhr erlaubt, § 6 Abs. 3 Nr. 2 JSchÖG.

ab Vollendung des 13. Lebensjahres:

Lockerung des Verbots der Kinderarbeit, § 5 Abs. 3 JArbSchG.

ab Vollendung des 14. Lebensjahres:

1. Volle Religionsmündigkeit, § 5 Satz 1 RelKErzG.
2. Ehelichkeitserklärung auf Antrag des Vaters erfordert persönliche Einwilligung des Kindes, §§ 1726 Abs. 1, 1729 Abs. 1 Satz 2 BGB.
3. Ehelichkeitserklärung auf Antrag des Kindes ist nur noch auf persönlichen Antrag des Kindes möglich, §§ 1740 a Abs. 1 Satz 1, 1740 c Satz 1 BGB.
4. Ein Kind kann nur selbst in seine Adoption einwilligen, § 1746 Abs. 1 BGB.
5. Ein nichteheliches Kind kann sich nur durch eigene Erklärung einer Namensänderung seiner Mutter anschließen, § 1617 Abs. 2 Satz 2 BGB.
6. Ein nichteheliches Kind, das durch Heirat seiner Eltern legitimiert wird, kann wählen, ob es seinen bisherigen Familiennamen beibehalten oder den Ehenamen der Eltern annehmen will, § 1720 BGB.
7. Ein nichteheliches Kind kann die Einwilligung zur Einbenennung nur selbst erteilen, § 1618 Abs. 2 Satz 1 BGB.
8. Anhörungsrechte
   a) des Mündels vor einer vormundschaftsgerichtlichen Genehmigung seines Lehr- oder Arbeitsvertrages oder seiner Entlassung aus der deutschen Staatsangehörigkeit, § 1827 Abs. 1 BGB,
   b) des Mündels vor einer vormundschaftsgerichtlichen Genehmigung wichtiger Rechtsgeschäfte, § 1827 Abs. 2 mit §§ 1821 und 1822 Nr. 3 BGB,
   c) des nichtehelichen, auf Antrag des Vaters für ehelich erklärten Kindes vor Rückübertragung der elterlichen Sorge auf die Mutter bei Ausfall der elterlichen Sorge des Vaters, § 1738 Abs. 2 BGB,
   d) des adoptierten Kindes vor Rückübertragung der elterlichen Sorge auf die leiblichen Eltern bei Ausfall der elterlichen Sorge der Adoptiveltern, § 1765 Abs. 2 Satz 2 BGB.
9. Antragsrechte
   a) des Adoptivkindes auf Aufhebung des Adoptionsvertrages, §§ 1770, 1751 Abs. 2 BGB,
   b) des Mündels auf Entlassung eines Amts- und Vereinsvormundes, § 1887 Abs. 2 BGB.
10. Beschwerderechte
    a) in vormundschaftsgerichtlichen Verfahren in allen persönlichen Angelegenheiten, § 59 FGG,
    b) bei Anordnung der Erziehungsbeistandschaft oder Fürsorgeerziehung, §§ 57 Abs. 4 Satz 1, 65 Abs. 4, 67 Abs. 2 Satz 1 JWG.
11. Beginn der strafrechtlichen Verantwortlichkeit (bedingte Strafmündigkeit) als Jugendlicher, §§ 1 Abs. 2, 3 JGG.
12. Ende des strafrechtlichen Jugendschutzes nach § 176 (sexuelle Handlungen mit Kindern).
13. Recht, die Art der Bestattung selbst zu bestimmen, § 5 Feuerbestattungsgesetz.
14. Ende des Verbots der Kinderarbeit, § 5 Abs. 1 JArbSchG.

ab Vollendung des 15. Lebensjahres:

1. Ende der normalen Schulpflicht, Beginn der Berufsschulpflicht, z. B. § 5 Schulpflichtgesetz NRW.
2. Ende des Verbotes, Kraftfahrzeuge zu führen, § 7 Abs. 1 Nr. 5 StVZO.
3. Beginn des aktiven und passiven Wahlrechts zur Jugendvertretung, § 61 Abs. 1 und 2 BetrVG, § 58 Abs. 1 PersVG.
4. Sozialrechtliche Handlungs- und Prozeßfähigkeit, § 36 SGB.

ab Vollendung des 16. Lebensjahres:

1. Beginn der bedingten Ehemündigkeit, § 1 Abs. 2 EheG.
2. Beschränkte Testierfähigkeit, §§ 2229 Abs. 1, 2247 Abs. 4 BGB.
3. Anhörungsrecht vor Änderung des Familiennamens durch Verwaltungsakt, § 2 Abs. 2 NamÄndG.
4. Beschränkte Prozeßfähigkeit in Ehesachen, § 612 Abs. 1 ZPO, und in Kindschaftssachen § 640 b ZPO.
5. Beginn der Eidesfähigkeit und der Fähigkeit, in einem Rechtsstreit als Partei vernommen zu werden, §§ 393 Nr. 1, 455 Abs. 2 ZPO, § 60 Nr. 1 StPO.
6. Erwerb der Fahrerlaubnisse der Klassen 4 und 5 möglich, § 7 Abs. 1 Nr. 4 StVZO.
7. Erwerb des Jugendjagdscheins möglich, § 16 BJagdG.
8. Ende des Schutzes als Pflegekind in Familienpflege oder Heimpflege, §§ 27 und 79 JWG.
9. Ende des strafrechtlichen Jugendschutzes nach:
   a) § 170 d StGB (Verletzung der Fürsorge- oder Erziehungspflicht),
   b) § 174 Abs. 1 Nr. 1 (sexuelle Handlungen mit Abhängigen),
   c) § 180 Abs. 1 StGB (Kuppelei),
   d) § 182 StGB (Verführung).
10. Lockerung der Verbote nach dem Gesetz zum Schutz der Jugend in der Öffentlichkeit:
    a) Aufenthalt in Gaststätten erlaubt, § 2 Abs. 1 JSchÖG,
    b) Abgabe von alkoholischen Getränken erlaubt, § 3 Abs. 2 Nr. 2 JSchÖG,
    c) Teilnahme an Tanzveranstaltungen erlaubt bis 22 Uhr ohne und bis 24 Uhr mit Erziehungsberechtigtem, § 4 Abs. 2 JSchÖG,
    d) Rauchen in der Öffentlichkeit erlaubt, § 9 JSchÖG,
    e) Besuch von Filmveranstaltungen bis 23 Uhr erlaubt, § 6 Abs. 1 Nr. 3 JSchÖG.
11. Verpflichtung zum Besitz eines Personalausweises, § 1 des Gesetzes über Personalausweise.
12. Ende des Schutzes für kindliche und jugendliche Zeugen in Strafverfahren, §§ 241 a Abs. 1, 247 Satz 2 StPO.
13. Die Weisung sich einer Heilbehandlung oder Entziehungskur zu unterziehen, soll der Jugendrichter dem Jugendlichen nur mit dessen Einverständnis auferlegen, § 10 Abs. 2 JGG.

ab Vollendung des 17. Lebensjahres:

Fürsorgeerziehung (FEH oder FE) darf nicht mehr gewährt oder angeordnet werden, §§ 62, 64 Satz 1 JWG; vorläufige Fürsorgeerziehung darf nicht mehr ausgesetzt werden, § 68 Abs. 1 Satz 4 JWG.

ab Vollendung des 18. Lebensjahres:

1. Volljährigkeit, § 2 BGB, damit verbunden:
   a) Beginn der vollen Geschäftsfähigkeit, § 106 BGB,
   b) Beginn der vollen Prozeßfähigkeit, §§ 51, 52 ZPO,
   c) Beendigung der elterlichen Sorge, § 1626 Abs. 1 BGB,
   d) volle Ehemündigkeit, § 1 Abs. 1 EheG,
   e) Beendigung einer Vormundschaft oder Pflegschaft wegen Minderjährigkeit, §§ 1882, 1773, 1909, 1915 BGB,
   f) Fähigkeit zum Vormund oder Pfleger, §§ 1781 Nr. 1, 1915 BGB,
   g) Unbeschränkte Testierfähigkeit und Erbvertragsfähigkeit, §§ 2247 Abs. 4, 2275 Abs. 1 BGB,
   h) Anerkennung der Vaterschaft bedarf nicht mehr der Zustimmung der gesetzlichen Vertreter, § 1600 d Abs. 1 Satz 1 BGB,

i) Ehelicherklärung auf Antrag des Vaters bedarf nicht mehr der Einwilligung der Mutter, § 1726 Abs. 1 Satz 1 BGB,
j) Adoption bedarf nicht mehr der Einwilligung der Eltern, § 1747 Abs. 1 BGB,
k) Neuer Fristbeginn für die Anfechtung der Ehelichkeit und Anfechtung der Anerkennung der Vaterschaft, wenn der gesetzliche Vertreter die Frist versäumt hatte, §§ 1598, 1600 k Abs. 4 BGB,
l) Ein nichteheliches Kind kann der Anerkennung der Vaterschaft selbst zustimmen, § 1600 d Abs. 2 Satz 1 BGB,
m) Ende verschiedener Bevorrechtigungen im Unterhaltsrecht (§§ 1602 Abs. 2, 1603 Abs. 2, 1609, 1611 Abs. 2 BGB, § 850 d Abs. 2 a ZPO),
n) Ende der Regelung über den Regelunterhalt, § 1615 f. Abs. 1 Satz 1 BGB,
o) Selbständige Begründung eines Wohnsitzes möglich, § 11 BGB,
p) Ende der Hemmung einer Verjährung von Ansprüchen zwischen Eltern und Kindern, § 204 Satz 2 BGB,
q) Schwebend unwirksame Verträge kann der junge Mensch selbst genehmigen, §§ 108 Abs. 3, 1929 Abs. 3 BGB,
r) Eine Reisegewerbekarte kann nicht mehr wegen Minderjährigkeit versagt werden, § 57 a GewO,
s) passives Wahlrecht als Mitglied der Vollversammlung der Industrie- und Handelskammer, § 5 Abs. 2 Satz 1 des Gesetzes zur vorläufigen Regelung des Rechts der Industrie- und Handelskammern,
t) Beendigung von Erziehungsbeistandschaft, Freiwilliger Erziehungshilfe und Fürsorgeerziehung, §§ 61 Abs. 1, 75 Abs. 1 JWG,
u) aktives und passives Wahlrecht zum Bundestag, den Landtagen und den Kommunalvertretungen, Art. 38 Abs. 2 GG, Art. 31 Abs. 2 Verfassung des Landes NRW, § 7 Kommunalwahlgesetz NRW usw.

2. Volle Deliktsfähigkeit, § 828 Abs. 2 BGB.
3. Aktives und passives Wahlrecht zu den Arbeitnehmervertretungen, §§ 7, 8 Abs. 1 BetrVG, §§ 13 Abs. 1, 14 Abs. 1 PersVG.
4. Ende der Berufsschulpflicht.
5. Ende des (außerstrafrechtlichen) Jugendschutzes, § 1 Abs. 3 JSchÖG, § 3 GjS, §§ 1 Abs. 1, 2 Abs. 2 JArbSchG; Ende der zahlreichen Beschäftigungsverbote für bestimmte Gewerbe.
6. Ende des strafrechtlichen Jugendschutzes nach:
   a) § 174 Abs. 1 Nr. 2 StGB (sexuelle Handlungen mit Abhängigen unter Mißbrauch der Abhängigkeit),
   b) § 174 Abs. 1 Nr. 3 StGB (sexuelle Handlungen mit eigenen Kindern oder Adoptivkindern),
   c) § 175 StGB (homosexuelle Handlungen),
   d) § 180 Abs. 2 und 3 StGB (schwere Kuppelei),
   e) § 180 a Abs. 2 Satz 1 StGB (Förderung der Prostitution),
   f) § 180 a Abs. 4 StGB (Verleitung zur Prostitution),
   g) § 184 Abs. 1 StGB (Verbreitung einfacher Pornographie),
   h) § 223 StGB (Körperverletzung durch Überschreitung des Züchtigungsrechts),
   i) § 223 b StGB (Kindesmißhandlung),
   j) § 235 StGB (Kindesraub),
   k) § 236 (Entführung mit Willen der Entführten).
7. Volle Strafmündigkeit mit der Möglichkeit, bis zum 21. Lebensjahr Jugendstrafrecht anzuwenden, §§ 1 Abs. 1, 105 Abs. 1 JGG.
8. Fähigkeit, einen Strafantrag zu stellen, § 77 Abs. 3 StGB.
9. Erteilung eines Reisepasses kann nicht mehr wegen fehlender Zustimmung der gesetzlichen Vertreter versagt werden, § 7 Abs. 2 b des Gesetzes über das Paßwesen.
10. Fähigkeit, als Zeuge bei Eheschließungen oder Beurkundungen mitzuwirken, § 15 der Verordnung zur Ausführung des Personenstandsgesetzes, § 26 Abs. 2 Nr. 2 BeurkundG.
11. Herausnahme aus dem Jugendstrafvollzug möglich, § 92 Abs. 2 Satz 1 JGG.

12. Ende des Verbotes, Jugendliche in einem nicht anerkannten Ausbildungsberuf auszubilden, § 28 Abs. 2 BBiG.
13. Passives Wahlrecht als Mitglied der Gesellenausschüsse und als Wahlmann für die Wahl der Gesellenmitglieder für die Vollversammlung der Handwerkskammer, §§ 71 Abs. 1 Nr. 2, 98 Abs. 3 HandwO; aktives Wahlrecht zur Wahl der Mitglieder der Vollversammlung der Handwerkskammer, §§ 96 Abs. 1 Satz 2 HandwO.
14. Beginn der Wehrpflicht, Art. 12 a GG.

ab Vollendung des 19. Lebensjahres:

Erteilung einer Erlaubnis zur Fahrgastbeförderung mit Krankenwagen möglich, § 15 e Abs. 1 Nr. 2 StVZO.

ab Vollendung des 20. Lebensjahres:

1. Ende der Anfechtungsfristen nach §§ 1598, 1600 k Abs. 4 BGB.
2. Beginn des Kündigungsschutzes nach dem Kündigungsschutzgesetz, § 1 Abs. 1 KSchG.

ab Vollendung des 21. Lebensjahres:

1. Erwerb der Fahrerlaubnis der Klasse 2 möglich, § 7 Abs. 1 Nr. 2 StVZO.
2. Erteilung einer Fahrerlaubnis zur Fahrgastbeförderung (Taxi-Führerschein) möglich, § 15 e Abs. 1 Nr. 2 StVZO.
3. Ende der Möglichkeit, Jugendstrafrecht anzuwenden, §§ 1 Abs. 1, 105 Abs. 1 JWG.
4. Altersgrenze für Entwicklungshelfer, § 1 Abs. 1 Nr. 1 des Entwicklungshelfergesetzes.
5. Passives Wahlrecht als Gesellenmitglied der Vollversammlung der Handwerkskammer, § 99 Nr. 1 HandwO.
6. Mindestalter des jüngeren Ehegatten bei Ehegattenadoption, Annahme des eigenen nichtehelichen Kindes oder eines Kindes des Ehegatten möglich, § 1743 Abs. 1 und 3 BGB.

ab Vollendung des 22. Lebensjahres:

Ende einer Erziehungshilfe für einen Soldaten durch den Disziplinarvorgesetzten, § 112 b Abs. 3 Satz 2 JGG.

ab Vollendung des 23. Lebensjahres:

Erteilung einer Fahrlehrererlaubnis möglich, § 2 des Fahrlehrergesetzes.

ab Vollendung des 24. Lebensjahres:

1. Ende des passiven Wahlrechts als Jugendvertreter des Betriebsrates, § 61 Abs. 2 BetrVG.
2. Ende des Jugendstrafvollzugs, § 92 Abs. 2 Satz 3 JGG.
3. Mindestalter zur Lehrlingsausbildung, § 21 Abs. 3 HandwO, vgl. auch § 76 Abs. 1 BBiG.

ab Vollendung des 25. Lebensjahres:

1. Todeserklärung wegen allgemeiner Verschollenheit zulässig, § 3 Abs. 2 Verschollenheitsgesetz.
2. Fähigkeit zum Arbeitsrichter (§ 21 Abs. 1 ArbGG) und zum Sozialrichter (§ 16 Abs. 1 SozGG).
3. Annahme eines Kindes möglich, § 1743 Abs. 2 BGB.
4. Ausbildungshilfe nach dem BSHG nur noch ausnahmsweise.
5. Fähigkeit zum Schöffen (§§ 33 Nr. 1, 84 GVG).

ab Vollendung des 26. Lebensjahres:

Ende des passiven Wahlrechts zur Jugendvertretung des Personalrates, § 58 Abs. 2 PersVG.

ab Vollendung des 27. Lebensjahres:

Ernennung zum Beamten auf Lebenszeit möglich, § 9 Abs. 1 Nr. 2 BBG.

ab Vollendung des 30. Lebensjahres:

Fähigkeiten zum Landesarbeitsrichter (§ 37 Abs. 1 ArbGG) und Landessozialrichter (§ 35 SozGG)

Stichwortverzeichnis